中国文联晚霞文库

含艺咀华

罗杨 著

中国文联出版社

图书在版编目（CIP）数据

含艺咀华 / 罗杨著.-- 北京 : 中国文联出版社,
2022.9
ISBN 978-7-5190-4898-3

Ⅰ. ①含… Ⅱ. ①罗… Ⅲ. ①中华文化－研究 Ⅳ.
① K203

中国版本图书馆 CIP 数据核字(2022)第 132318 号

作　　者　罗　杨
责任编辑　周小丽
责任校对　潘传兵
装帧设计　王　堃

出版发行　中国文联出版社有限公司
地　　址　北京市朝阳区农展馆南里 10 号　　　邮编　100125
电　　话　010-85923025（发行部）　　010-85923091（总编室）
经　　销　全国新华书店等
印　　刷　北京虎彩文化传播有限公司

开　　本　710 毫米×1000 毫米　　1/16
印　　张　33.5
字　　数　482 千字
版　　次　2022 年 9 月第 1 版第 1 次印刷
定　　价　108.00 元

序 多彩的收获与多重内含的成果

冯骥才

进入 21 世纪，一方面社会长足阔步突飞猛进，人们渴望物质生活的日新月异；一方面传统在被忽略，历史个性遭遇消泯和人文价值不再崇高。这集中表现在文化遗产陷于濒危。

于是在文化领域里一些具有文化先觉意识的人，投入文化遗产的抢救、保护和弘扬之中，渐而形成一种时代性的文化的正能量与潮流。在其中，罗杨是出色的一员。

由于他身在中国民协主持工作，而中国民协是我国民间文化工作者的专业性的社会团体，又是中国民间文化遗产抢救工程的发动者和组织者，他理所当然发挥着至关重要的作用。更由于他对传统文化由衷的热爱，由于他家学深厚，由于他长期在文化主管部门工作积累的素养和本身具有很强的事业责任感，因而他所做的一切既是本职的，又是个人志趣的和情感的。

因之主动、全力、尽心、动情。

他主持的工作富于光彩。

我和罗杨在中国民协并肩工作近十年，与他相识却要更早。他给我的印象温文尔雅，有涵养，写一笔好字，习惯于思考，听人说话时很专注，可以自然而然地与他交流工作中的发现和看法，是一个可以深谈的人。我们是工作的搭档，也是好友。我偶尔也会在报刊上看到他发表的关于文化遗产工作的文章。但是，当我把现在这部汇总为洋洋近四十万言的文稿拿在手中时，还是感到了惊讶。

他有长期文字工作的经验与积累，富于逻辑和清晰的思路是他的优长。他的文笔明快流畅，他还有很强的提炼与阐发的能力。然而更使我惊讶的是，他对民间文化广泛的热爱和深入的认知与理解。从节日文化的意义到慈孝风俗保存的必要，从各个地域文化的不同的内涵到各个民族各异的特性，从古村落保护的要害到民艺传承的关键。他特别重视民间文化的朴素本质，民风的自然而然，古村落的原真性。他强调和谐发展，提倡尊重历史，致力探求传统与时代的契合。一切为了"让生活更美好"。

从这部厚重的文集的大量文章中，可以看到他关注之广泛，涉猎之缤纷，用心之深切，以及穿山涉水之辛苦。正因为这样，中国民协的工作才将博大绚烂的民间文化紧紧拥起。

我还注意到文集中他论及书法、书画、物质遗产、园林以及思辨传统文化精神特性的文字，这些文章有他独到的见解，读来颇能引起文化思考与文化兴致。应该说这些见解和修养是他能够深入认知民间文化本质与价值的重要的通识性的基础。

这部文集是罗杨一部作品，也是一个自我的全面的文化总结；是思想的成果，也是行为的记录、多彩的成果。

对于过往时代——特别是21世纪初中国民间文化遗产保护事业来说，这无疑是一部生动的侧记，散文化的存档，包含许多珍贵细节的历史的见证。这又是一部具有多重内含的文集。

当文集出版之际，以此短序，表示由衷的祝贺。

目　录

第一辑　凝望田野

守住诗意栖息的最后家园……………………………………… 003

用文化艺术展现美好的"中国梦"…………………………… 008

神话让生活如此迷人…………………………………………… 016

走进藏羌碉楼…………………………………………………… 019

和藏族兄弟一起转山…………………………………………… 023

深入西藏高原最后的秘境……………………………………… 027

在苗疆腹地的山寨中穿行……………………………………… 033

一首传唱了千年的童谣………………………………………… 040

妙峰山的情结与纠结…………………………………………… 044

文化自觉视野下的新疆民间艺术考察………………………… 050

扑向群众生活的深处…………………………………………… 060

文化产业摭谈…………………………………………………… 065

汲取传统文化正能量…………………………………………… 079

应接如流水行云………………………………………………… 082

当文化成为一种力量…………………………………………… 086

万里长城的人文意蕴 …………………………………… 090

他山之石可以攻玉 ……………………………………… 095

清明节的地域文化意义 ………………………………… 099

第二辑　参望万象

让孝德成为时代风尚 …………………………………… 107

从关中民俗文化说起 …………………………………… 109

用形象演绎幸福中国 …………………………………… 113

黄杨本身就是艺术品 …………………………………… 115

云中盼有锦书来 ………………………………………… 117

永恒的黄土恋 …………………………………………… 120

中国传统文化的创新基因 ……………………………… 124

成人礼释放正能量 ……………………………………… 127

超越成功的伟大 ………………………………………… 130

渔俗文化的恋歌 ………………………………………… 133

故事点亮心灵 …………………………………………… 137

让人生充满诗意 ………………………………………… 139

云中的霓裳 ……………………………………………… 142

探索史诗研究的中国学派 ……………………………… 146

让故事插上翅膀飞 ……………………………………… 149

文化要有自觉的眼光与情怀 …………………………… 154

从古老村落中打捞乡愁的记忆 ………………………… 156

堂号钩沉 ………………………………………………… 159

建筑与音乐交融的和谐乐章 …………………………… 162

人类不能没有故事 ……………………………………… 165

中国传统文化的和谐观 ………………………………… 167

中华魂和中国风的价值 ………………………………… 169

玉雕让生活如此雅致 …………………………………… 171

第三辑　探望神州

手艺苏州 …………………………………………… 177

叩开鬼谷子的智慧之门 …………………………… 184

寻觅春节的足迹 …………………………………… 186

冶铁之都的文化软实力 …………………………… 188

会当水击三千里 …………………………………… 190

打起莲湘唱起歌 …………………………………… 192

擦亮麒麟的文化名片 ……………………………… 194

民间艺术让婺源更美 ……………………………… 196

春秋淹城鼓舞来 …………………………………… 198

十里红妆扮靓宁海 ………………………………… 200

绝技绝艺的精彩绽放 ……………………………… 202

蔚州窗花正红 ……………………………………… 204

西湖秋月分外明 …………………………………… 206

要始终站在人民之间 ……………………………… 208

五彩的瑶家文化密码 ……………………………… 210

嫦娥：一个美丽的传说 …………………………… 212

永嘉有个桃花源 …………………………………… 214

长江奇石的正能量 ………………………………… 217

在青海湖邂逅拉伊 ………………………………… 219

民间文艺令苏州绚丽精彩 ………………………… 222

文化如老酒般陈香 ………………………………… 225

陈明青和明清园 …………………………………… 227

千帆竞发展民俗新风 ……………………………… 231

含英咀华弄紫砂 …………………………………… 234

匠心与自然的和谐之美 …………………………… 238

隐性技艺和人性温度 ……………………………… 241

雕栏玉砌今犹在 …………………………………… 243

情歌飘入行云飞 …………………………………… 245

云朵里有片黑帐篷 …………………………………… 247

以艺术的名义与佛相约 ……………………………… 251

常州自古处处园 ……………………………………… 253

风穴寺禅宗 …………………………………………… 257

诗意栖居的家园 ……………………………………… 259

打捞乡愁的文化记忆 ………………………………… 265

不废黄河万古流 ……………………………………… 268

第四辑　计望传承

山歌好比春江水 ……………………………………… 275

一缕来自远古的清风 ………………………………… 277

端午的文化记忆和精神张扬 ………………………… 279

寻找七夕的当代契合点 ……………………………… 281

团圆，历久弥新的主题 ……………………………… 283

春节：民间文化的精彩绽放 ………………………… 286

社火为什么这么火 …………………………………… 289

清明遐想 ……………………………………………… 292

让我们的七夕火起来 ………………………………… 295

拓展传统节日的文化空间 …………………………… 297

永远的手艺 …………………………………………… 299

当元宵节邂逅情人节 ………………………………… 302

正月十五年味正浓 …………………………………… 306

春节是一出中国人的团圆大戏 ……………………… 313

和着生活的节拍才有年味 …………………………… 318

为什么选择屈原 ……………………………………… 321

当茂腔成为遗产 ……………………………………… 324

剪纸：迎接新年的符号 ……………………………… 328

让元宵节闹起来 ……………………………………… 332

匠心永恒 ……………………………………………… 334

文化遗产的两个当代考题 ············ 337

打通文化遗产保护的壁垒 ············ 341

榫卯发微 ························· 345

从守望者到传承人 ················· 348

欲流之远者，必浚其泉源 ············ 353

香山帮踵事增华 ··················· 356

从遗弃到遗产 ····················· 358

第五辑　守望民艺

守望中绽放辉煌 ··················· 367

有一种信念叫守望 ················· 369

走在新农村文化建设前沿 ············ 371

民间文化的本色不能丢 ············· 375

民间艺术遗产化的命运走向 ·········· 377

破解维权难题　呵护民间文艺 ········ 380

敬畏民俗 ························· 382

民间文化遗产保护的辉煌十年 ········ 384

中国民间艺术走出去不是梦 ·········· 388

多彩的民间信仰世界 ··············· 391

民间文艺不仅仅是名片 ············· 394

市场经济语境下的民间文艺 ·········· 398

优秀民间文化是社会主义核心价值观的深厚根基 ······ 403

农民画　中国梦 ··················· 406

民间文艺不是摇钱树 ··············· 409

民间艺术让生活更美好 ············· 411

第六辑　回望乡愁

守望养育我们的故乡 ··············· 417

诗意地栖居在大地上 ·· 424

给古村落一个美好的未来 ····································· 428

古村落最怕的就是开发 ······································· 430

翁丁重建可以缓行

    ——与《西部时报》记者席昕问答 ················· 432

第七辑　相望丹青

雅与俗的辨析 ·· 439

仓颉南乐有遗篇 ·· 441

文化是书法的核心 ·· 443

书法的精神境界和追求 ······································ 449

"笔墨当随时代"的悖论 ····································· 453

诗与书的缠绵缱绻 ·· 456

疫情对书法的启示 ·· 458

春天就该属于书法 ·· 461

毛泽东书法的艺术高度 ······································ 464

被束缚文人的书法内在抗争 ·································· 467

美与丑的辨析 ·· 470

园林的点睛之笔 ·· 474

不应止于练字 ·· 477

书法与建筑的审美通感 ······································ 480

第八辑　仰望前贤

启功先生二三事 ·· 487

吹尽狂沙始见金 ·· 492

取会风骚之意

    ——沈鹏书法的学术阐释 ························· 494

唯"原点"有大师 ·· 497

百岁学人贾芝的草根情怀⋯⋯⋯⋯⋯⋯⋯⋯⋯⋯⋯⋯⋯ 500

被民间文艺润泽的华美人生⋯⋯⋯⋯⋯⋯⋯⋯⋯⋯⋯⋯ 503

他们照亮了中华民族文化复兴的前夜⋯⋯⋯⋯⋯⋯⋯ 506

满目青山夕照明⋯⋯⋯⋯⋯⋯⋯⋯⋯⋯⋯⋯⋯⋯⋯⋯⋯ 508

镌刻在文化长城上那个雄赳赳的身影

　　——回忆周巍峙⋯⋯⋯⋯⋯⋯⋯⋯⋯⋯⋯⋯⋯⋯ 512

古村落保护的第一支嚆矢⋯⋯⋯⋯⋯⋯⋯⋯⋯⋯⋯⋯ 516

大师之爱⋯⋯⋯⋯⋯⋯⋯⋯⋯⋯⋯⋯⋯⋯⋯⋯⋯⋯⋯⋯ 521

后　记⋯⋯⋯⋯⋯⋯⋯⋯⋯⋯⋯⋯⋯⋯⋯⋯⋯⋯⋯⋯⋯ 523

第一辑

凝望田野

2013 年 3 月 13 日，考察泸县石刻、龙脑桥

守住诗意栖息的最后家园

"竹篱茅屋趁溪斜，春入山村处处花。"苏东坡笔下的诗意景致，描绘的是我们祖先代代沿袭的生活环境，也是我们美好记忆传承的精神家园。

然而，随着城市化进程的加快，这些饱经沧桑的古老村落正在迅速消失。如何让传统村落以及依附于其上的民间文化得以保存和传承，如何在城镇化的进程中寻找传统村落保护与发展的平衡点，都成为当今亟待破解的难题。

青山翠竹、粉墙黛瓦，牧笛山歌、蛙声蝉鸣……这些传统村落中农耕文明的恬美情境，是祖先遗馈给我们的一笔丰厚的精神遗产。然而，在经济高速发展、城市化进程不断加快的今天，古老的村落正在迅速消失。据民政部统计，2002 年，我国尚有自然村落 363 万个，至 2012 年已锐减至 271 万个，10 年间消失约 90 万个，平均每天消失约 300 个。

城镇化是人类文明发展的必然，但是，我们也有必要对曾经的文明加以传承和梳理，不能让一个民族失去对往日的文化记忆。

"另类遗产"的新视野

我国的古村落是遵循中国传统"天人合一"观念的居住方式，是我们祖先长期适应自然、利用自然的见证。它如同一部历史教科书，记录和镌刻着民族的文化基因和历史记忆。古村落不仅仅是一个地点和空间，它还保存着年轮的印痕和光阴的故事。保护古村落，绝非被动地对抗岁月的磨蚀，而应更加注重对其人文生命的挖掘与扬弃。梁漱溟先生曾说过：中国新文化的嫩芽绝不会凭空萌生，它离不开那些虽已衰老却还蕴含生机的老根——乡村。

古村落是一个完整的生命体，有自己的外形和内核、精神和灵魂。完整的古村落不仅包括民宅建筑、桥梁、祠堂、古戏台等丰富的物质文化遗产，还包括与之密切关联的各种民俗、生产生活方式、婚丧嫁娶仪式、民间信仰崇拜、民间艺术等无形的非物质文化遗产。理解古村落就可以理解中国文化的民族密码和历史细节，读懂古村落就可以读懂民间文化的百科全书。中国文化遗产的丰富性留存在古村落里，中国非物质文化遗产的精华闪烁在古村落里，中国文化的多样性散落在古村落里，中国民间文化的独特魅力汇聚在古村落里，中华文化的根脉深扎在古村落里。冯骥才先生评价说，中国最大的物质文化遗产是万里长城，最大的非物质文化遗产是春节，最大的物质和非物质文化遗产就是古村落。

诚如冯骥才所言，古村落是物质文化遗产和非物质文化遗产的综合体，是另一类文化遗产。我们之所以把它归为另一类，就在于这是一类过去没有在学术理论中专门涉及的遗产类别。联合国确定的文化遗产理念分为"物质文化遗产"和"非物质文化遗产"两大类，而古村落则不同，我们要保护的不仅是物化的遗产形式。比如村落的建筑，同时还要保护非物质的遗产，比如那些活态的文化样式。更为重要和特别的是，这些村落至今还在生长着、发展着。村里的建筑还可能会改造、修整，村里的人们在传承文化的同时还在与时俱进地创造着活态的文化。因而，古村落成为一个物质与非物质的完美结合，不仅蕴含历史，而且面向未来。

有鉴于此，住房和城乡建设部、文化部、财政部、国家文物局等部门于 2012 年 4 月启动了有关全国传统村落的摸底调查工作，并于同年 9 月 29 日发布了全国传统村落调查结果。结果显示，我国 31 个省、自治区、直辖市共登记上报了 11567 个村落信息，登记上报 1000 个以上的省有云南、山西和贵州，占登记上报总数的 31.8%。此外，有 16 个省级行政区分别登记上报了 300 个以上传统村落，共计 10259 个，占登记上报总数的 88.7%。这说明各地增强了对古村落保护的意识，并采取了积极的行动。2013 年初，住建部等部门正式公布了《传统村落评价认定指标体系（试行）》，北京市房山区南窖乡水峪村等 648 个村落入选第一批传统村落推荐名单，标志着古村落保护进入新的阶段。在以往的研究中"古村落""古民居""乡土建筑""乡土文化"等多种提法，统一为"传统村落"的新理念。

化解危机　寻求平衡

在城市化浪潮的强力冲击下，人们产生了一种误解：城市化就是消灭农村，现代化就是消灭农民。其实，这种认识是有违科学发展观的。传统并非落后的代名词，农业国家一样可以成为现代化国家。农业文明有着许多低能耗、低污染、可持续等城市及工业文明所不具备的优势。

从文化相对论的视角审视，城市并不比村庄呈现出多少优越性，可为什么越来越多的人涌向城市、追求城市的生活呢？这与长期以来我国城乡之间不同的资源配置有关。相对而言，城里有更多的就业机会、更高的收入、更好的教育和医疗条件。我们不应该把城市建设的规律照搬到农村，不能按照城市人的逻辑理念想当然地规划改建农村，而应尽可能多地保留农村的历史文化积淀和地方文脉。我们应当把优质的教育、医疗资源等现代文明送到农村，实现农业现代化、农村现代化、农民现代化，让那里的人们享受比城市更宜居且更富有诗意的田园生活。保护传统村落并不会阻碍现代化的发展，反而可以增强可持续发展的后劲和动力。

历史经验告诉我们，很多美好的东西只有失去时才发现它的宝贵。在城市化进程中，鳞次栉比的水泥森林再次唤醒了人们对古村落的重新认识。田园牧歌式的居住方式不仅是古代人的生活理想，更是当代人的精神诉求。我们在渴望享受现代城市文明的同时，也渴望留住那些曾经养育了我们的祖辈、温暖了我们心灵的原生态、多样性的传统村落。

保护与开发似乎是一对矛盾，是把传统村落作为文化基因完整地加以保护，还是为了推动经济大肆开发，这是摆在我们面前亟待解决的重要问题。因此，寻求保护与发展的平衡点就成为一个新的难点和课题。对传统村落的保护、建设和开发一定要按客观规律办事，切忌在开发和建设中造成不可补救的破坏，以避免饱经沧桑而幸存的传统村落在不当开发中消亡。各级政府在古村落保护工作中应本着高度的文化自觉，以历史的情怀、超前的眼光、长远的规划和持之以恒的决心，注重其文化内涵的活态传承，正确面对历史与现实，正确处理经济与文化，正确看待遗产与利益，正确评判政绩与公益，寻找出一个适合中国国情的传统村落保护与发展的两全之策，逐步建立起科学有效的传承保护机制，从而不断增强传统村落的魅力和生命力。

为传统村落保护立法

传统村落的保护相对以往的物质文化遗产和非物质文化遗产保护，不仅没有先例可循，而且没有法律可依，因此在实际工作中存在着诸多难点。

由于我国民间文化领域在城镇化中及早发现了传统村落保护的重要性，我国政府当机立断，开启了保护传统村落的先河。由于相应法律法规相对滞后，虽然我们已有第一批传统村落挂上了被保护的牌子，而实际上这些村落仍处于缺乏有效监管和维护的状态。2012年8月出台的《传统村落评价认定指标体系（试行）》尚不具备已有的"文物法"及"名城名村保护条例"的法律地位，被挂牌的传统村落基本上属于行政概念，尚未纳入法制保护的轨道。比如，传统村落中的民居均为个人所有，不能依照《文物保护法》成为国有单位，这就引发了对房屋的拆改建如何管理、保护房屋的原有风貌由谁负责等一系列新的问题。

一些对传统村落保护较早的地区，已在实践中探索出一套自己的保护方法。如江苏省对传统村落古民居的保护主要有四种方式：一是将古民居列为文物保护单位；二是以建筑群的形式加以保护；三是地方政府将其适当开发成旅游资源，大范围地整理包装；四是依靠单位和个人自发保护。江苏省文化部门总结古民居最理想的出路，是将其列入文物保护单位，同时维持其原生态的状态，即依旧让居民住在里面，保持原有的人口结构、生活方式及文化习惯，让古民居在现代社会中发挥民居功能。只有这样，才称其为一种活态的保护。不可否认，对于传统村落这样一项最为大宗的、另类的文化遗产，仅仅停留在发现、认定、挂牌，殊难达到真正保护的目的。因此，当务之急是尽快出台相关法规法律，使那些已经挂上牌子的传统村落得到真正的保护。

本文原载于 2013 年 6 月 29 日《经济日报》

用文化艺术展现美好的"中国梦"

受美国纽约艺术基金会，加拿大艺术理事会和古巴作家艺术家联盟的邀请，以中国文联党组书记赵实为团长的中国文联代表团一行于5月6日开始对美国、加拿大和古巴三国进行了为期8天的访问交流，代表团本着缩减行程、简化接待、注重实效的原则，日夜兼程，马不停蹄，克服了时间短、任务重、活动多的困难，圆满完成了艺术节"聚焦中国·艺术节——中国民间文化周"的开幕表演及多项会谈、签约、调研等外事活动及任务，对于扩大中国文化在国际上的影响力，加强中国文艺界与美国、加拿大、古巴三国的交流与合作都起到了富有实效的积极的推动作用。

文化沟通心灵，民间艺术的魅力打动美国观众

与中国文联代表团同时出发的还有一支由19名民间艺术家组成的展演团，参加于5月8日至12日在美国得克萨斯州的达拉斯市和艾迪森市举办的"聚焦中国·国际节——中国民间文化周"。

该国际节活动创办于2008年，现已成为北得克萨斯州一年一度的国际文化盛会。自2013年起，每届国际节选一个国家为主题国，鉴于当代中国文化的影响力，中国成为第一个被选为主题国的国家。主办方希望通过"国际节"，让美国观众领略中国悠久的历史文化和当代文化，了解中国人民，了解中国在国际社会中的重要性。

5月8日，北得州"聚焦中国·国际节——中国民间文化周"在达拉斯市克劳亚洲艺术博物馆举行开幕式，中国文联代表团团长赵实、中国驻休斯敦总领事许尔文、达福地区世界事务委员会主席法尔克、克劳家族基金会主席克劳、艾迪森市长麦厄尔、中国驻休斯敦总领馆文化参赞蔡炼及达福地区政、商、文和侨界共100人出席。

中国文联代表团团长赵实在开幕式上作了热情洋溢的讲话，她表示，文化艺术是国家和民族的亮丽名片，中国和美国都有着丰富灿烂的文化艺术，这些人类文明的共同财富，折射出两国人民对真善美的共同追求和对美好生活的向往。同时，两国文化之间的差别和鲜明特色，也使中美文化艺术交流在共同维护和发展文化多样性上获得了更丰富的内涵、更显著的优势、更长足的发展。日益扩大、成效显著的文化交流与合作，使两国文化得以互相借鉴、共同进步，也使人们的生活更加丰富多彩。此次民间工艺展演的民间艺术家将为美国朋友展示不同民族、不同地域的精美工艺品和精湛的技艺。古老而现代的民间艺术，展示着人类生生不息的创造力和想象力，将为塑造我们的美好生活带来有益的推动力。

中国驻休斯敦总领事许尔文表示，"中国民间文化周"将给达拉斯民众留下深刻印象。她称赞已设立四所孔子学院的得克萨斯州将成为中美文化交流的典范。法尔克主席、克劳主席和麦厄尔市长分别致辞，感谢中国文联和总领馆支持北得州"聚焦中国·国际节"，达拉斯和艾迪森作为北得州两大重镇，经贸、金融、科技产业发达，一直走在对华经贸交流与合作的前沿，相信"中国民间文化周"成为一个新的契机，将北得州对华人文化交流和务实合作推进到一个新的台阶。

在"中国民间文化周"期间，展演团为美国观众呈现了包括芦苇画、蛋雕、面塑、内画、剪纸、风筝、泥塑、编织、料器等丰富多彩的中国传统民间工艺的现场展示，以及具有浓厚地方特色的中国传统宫灯展、中国布鞋文化展和皮影现场表演。展演团的艺术家们力争多层次、多角度、全方位地向美国观众展示中国文化的魅力。巧夺天工的蛋雕、情趣盎然的面塑、引人入胜的内画、神奇精美的剪纸等民间工艺在民间艺术大师的神奇演绎下让美国观众惊叹不已；风筝艺术家向观众介绍着风筝的历史并现场放飞手中的小风筝；泥塑艺术家为观众现场塑像，吸引了大批观众围观；编织工艺家现场教观众们编织中国结和手链，许多观众亲手制作了平生第一件中国传统手工艺品；宫灯展和布鞋展让观众在欣赏展品的同时细细地体味着中国文化；皮影艺术家们为美国观众带来了《鹤与龟》《魔女巧梳妆》《武打》等经典皮影剧目表演。每天刚一开馆，皮影戏台下就坐满了美国小观众，在欣赏完表演之后，艺术家们还与观众互动，邀请他们到幕后亲自体验控制影人来表演皮影戏。艺术家们精彩的现场表演，生动、有趣的互动让美国民众与中国民间艺术真正地有了一次亲密接触，让中国民间艺术真正地走进了美国民众的生活。"中国民间文化周"在克劳亚洲艺术博物馆、达拉斯市北园购物中心和艾迪森旅游中心三个场地举行，共吸引观众上万人，得到了邀请方和活动承办方的充分肯定，受到当地观众的热烈欢迎，活动效果远远超出了预期。正如艺术博物馆负责人所说："神奇美妙的中国古老文化沟通了我们的心灵。"

在美国短暂逗留的两天里，中国文联代表团与美国纽约艺术基金会在纽约进行了实质性工作会谈，并就中美文化艺术交流合作达成意向。赵实与基金会主席共同签署了《合作谅解备忘录》，并确定于今年7月由中国文联选派近30名文艺工作者赴美进行培训。赵实还在会谈中建议双方建立高层互访机制，加强友好往来，形成常态化的交流；认真做好首次合作的培训项目；充分发挥交流平台的互动作用，促进艺术家和文化活动的交流；加强文艺资源信息方面的交流和共享。美国纽约艺术基金会主席惠特尼·斯帝文斯女士和行政总监迈克·罗易斯先生对赵实的建议表示赞同。中国驻纽约总领事馆文化参赞王燕生出席会谈。

成立于1971年的美国纽约艺术基金会致力于为全美艺术家，以及文艺管理者的创作和职业发展提供服务与支持，具体形式包括资金支持、网络资源提供和职业发展培训等。自成立以来，该基金会已经为数千名艺术家及中小艺术机构提供超过三千万美元的资金支持，目前管理的遍布全美艺术组织资金超过五千万美元。

在会谈中我们还了解到，该基金会过去的经费来源几乎全由美国政府资助。随着金融危机的爆发，政府的资助锐减，目前，美国政府每年资助的经费只占全年经费的7%，与当代中国党和政府高度重视文化事业，文化支出逐年递增所出现的文化事业大发展大繁荣的局面形成鲜明对比。

文化架起的桥梁使中国文联与加拿大的交流不断拓展

中国文联与加拿大联邦艺术委员会已有30年的交流与合作，建立起了深厚的友谊，有了成功的交流机制。在友好的会谈中赵实说，中国文联十分珍视这种友谊，此次会谈旨在进一步拓宽双方合作的广阔渠道，把文化交流引向深入。赵实提出，建议进一步巩固双方互派团组互访机制；希望艺委会能资助有关团体到中国参加第九届中国国际民间艺术节；希望加大双方管理人员交流的力度；互派人员到对方考察学习，互派团组到对方展览展示；希望双方共同合作努力推动2014年世界艺术峰会。加方负责人介绍了加拿大联邦艺术委员会的性质和工作情况。在热情友好的会谈中，在赵实的提议下，双方一致同意继续签订中国文联与加拿大联邦艺术委员会的友好协议，共同推动中加文化交流的良性发展。

通过会谈我们了解到，由于体制的不同，加拿大联邦艺术委员会属非政府组织，但基本行使政府文化部门的业务职能。政府不干预文化艺术的发展，加拿大政府每年拨出1.5亿加元，由艺委会决定用于支持哪些团体、个人及文化项目。目前，艺委会的工作重心放在"文化输出"上。加方表示出对当代中国文化艺术发展的极大兴趣，很希望了解在中国举办的国际性文化活动的情况。

文化凝聚起的力量使中古两国的传统友谊牢不可破

受古巴中央委员、作家艺术家联盟主席米盖尔的邀请，中国文联代表团到古巴进行了为期两天的友好访问。中国文联代表团直接走进古巴文联办公地与古巴文联领导层进行了亲切会谈。因为同是社会主义国家，有着良好的情感基础，赵实见面第一句话就是"我虽然是第一次来古巴，但我是从小唱着《美丽的哈瓦那》儿歌长大的"。一下子拉近了双方距离，使会谈变得亲切热烈。

古巴文联主席米盖尔·巴尔内特介绍说，古巴文联是全国性文学和艺术家专业联合会，全国有 9000 多名会员，文联框架内有作家协会、造型艺术家协会、音乐家协会等众多专业社团。古巴文联十分期待与中国文联开展交流合作。他表示，古巴文化除了深受西班牙文化、非洲文化的影响外，中国文化亦对古巴文化产生过重要影响。古巴出版过中国的一些文学作品，但是，对于中国当代文学艺术的发展状况不是很了解，希望今后在此领域加强交流。赵实说：中古两国同为社会主义国家，我们有许多共同的语言，也有许多互通的经验。来这里目睹了古巴人民在古巴共产党卡斯特罗领导下艰苦奋斗的事迹，非常感慨，看到今天的古巴到处充满活力、富于生机，非常振奋。赵实还向古方介绍了中国文联的概况，包括有 10 多万名会员、12 个所属全国性文艺家协会、32 个省级文联和 10 余个行业文联。她谈道，中古两国文联签订的2010—2013 年合作计划今年底将到期，希望双方续签 2014—2016 年合作计划，并据此开展具体的交流活动。中国和古巴有着特殊的历史渊源，中国华工在古巴的生活、奋斗的历史将是很好的文学、影视作品素材，今后双方可以共同拍摄此类题材的影视作品。她说，在两国友好交往的历史上也有着文化交往的美好记忆，两国的文艺工作者有着深厚友谊。文化不仅是国家交流的纽带，也是国家友谊的凝聚力。中国驻古大使张拓出席本次会议。

为实际了解古巴文艺界的实情，中国文联代表团还专程走进古巴知名画家的家中实地调研考察，进而了解到古巴当代文艺界的一些真实情况。古巴虽然实行计划经济，但是仍然有一部分文艺工作者，如这名画家等在体制外生存，成为文化市场上的自由文艺工作者，靠向全世界艺术品市场销售作品谋生，而且生活相对富有，有自己的别墅、工作室和经纪人。她的两个子女也在家从事绘画销售。她希望有机会来中国开拓市场，赵实表示欢迎。经过深入调研我们发现，古巴虽然高度集权并对意识形态实行管控，但在文化艺术方面却很开放。比如允许放映国外包括美国的电影，可以播放美国的电视节目，甚至还允许共产党员信仰宗教。尽管如此，从我们看到的情景，古巴的文化市场和经济现状仍处于一种极度贫乏的状态之中。

几点感想和启示

实现中华文化的伟大复兴，实现伟大的"中国梦"，既需要中国人的共同努力，也需要在世界上传播中华文化，输出中华文化的精髓和价值观。正如赵实同志所说："文化艺术是国家的亮丽名片。"拿着文化的名片走出去，不仅是一种文化交流，也是一种国家宣传。

一、学会用文化艺术的名片打开对外交往的新窗口

文化艺术既有很强的政治色彩和意识形态属性，也有很强的自身特点和规律，无疑是塑造国家良好形象，承载"中国梦"的最佳载体。以往我们的对外文化交流，长期偏重强调其政治属性，无论在内容和形式上都带有明显的官方意识形态标签。因此，由于社会制度原因，西方国家尤其是美国对我国政府的政治宣传常常进行抑制，从而造成我国的对外文化宣传难以达到预期效果，甚至对政府部门派出的团组加以抵制。而由中国文联组团，在西方人眼里是非营利组织、人民团体的属性，这样就使我们以民间艺术的形式进行中华文化精髓——传统文化和价值观的输出很容易被西方在润物细无声中悄然接受。这次由中国民间艺术家用皮影戏讲述的中国故事和民间工艺品所表演的中国精神，不仅吸引了众多的美国中小学生，并且在他们心里种下了中国不仅古老神秘而且和平友好的友谊种子。可以说一场民间文艺展演胜过上百次说教。用这种没有语言障碍的民间艺术进行文化交流，可以吸引更多外国人的眼球，打开很多新的窗口。但是我们也感到在这方面中国文联尚缺少经费的支持，建议国家参照政府文化部门对外文化交流经费的拨款，每年

给中国文联拨款 5 亿元由中国文联推动更多的民间艺术走出去。

二、学会用国际通行的方式进行对外文化交流

近年，随着中国国力的迅速攀升，中国文化的影响也不断增强，面对文化走出去的大好机遇，如何使中国文化真正走出去，如何传播中国的价值观，如何传达中国的意志是摆在文化主管部门和文化工作者面前的重大课题。比如代表团了解到美国得克萨斯州邀请我国的书画展，但我方迟迟不能提供出符合国际上通行的策划书和方案，致使展览无法推进。因此我们急需培养和造就一批懂得国际文化市场运作规则的文化艺术的经纪人、策划人、策展人和经营家。

三、学会用国际的方式讲述中国的故事

在对外文化交流的内容上，在突出宣传中国价值观的同时还要善于抓住全球性的共同话题，用国际的方式讲述中国的故事，要善于利用具有数千年历史的中华文化的丰厚资源和崇高声誉，不失时机地运用传统文化智慧对当今世界的焦点热点话题做出回应和阐释。在调研中我们发现，使领馆和外宾经常提到孔子学院的影响作用，可见孔子学院是一个很好的平台。因此，建议进一步利用孔子学院的条件充实中国民间艺术的相关内容，使孔子的影响力和民间文化的魅力交相辉映，发挥出更大的软实力。

四、学会用市场的经营方式输出文化

中华五千年文明史为我们留下了丰厚的资源，但是文化资源的优势并不能自然而然地转化为文化竞争优势。中华民族文化的竞争力，既体现在继承文化底蕴，更在于不断结合时代要求，创作出富有时代要求和民族特色的文化产品。毋庸讳言，在这方面中国文化走出去的现状尚不乐观。目前全球文化市场的份额由美国占去了 43%，欧洲各国占去了 34%，中国只有不到 4%，基本是文化产品输出赤字的国家。因此，要使中国文化有序、有效、持久地走出去，使中华文明在世界舞台上占据更大的市场，就必须学会现代经营模式和理念，充分利用博览会、影视节、文化周、博览展销、国际赛事等机会，不断拓展对外文化交流渠道，整合民间力量，除了已有的官方渠道外，开拓更加广阔的民间渠

道，特别是借助中国文联的有利形式，打破国际文化市场上的西方垄断，重构中国文化的主体地位。据驻得州领事馆介绍，目前中国在美国的经济投资有 83% 都在得州，而缺少文化上的投资。达拉斯是驰名的电子制造和工业化城市，正好是一块有待开发的文化沙漠，美方在这方面也向中国文联赵实同志提出类似的要求。因此建议由国家财政拨款 2 亿元，抓住有利时机，向达拉斯输出中国民间文化，从而实现全球化文化视野中的"中国梦"。

　　本文是笔者随中国文联代表团访问美国、加拿大、古巴的工作笔记，发表于 2013 年 7 月《中外文化交流》

神话让生活如此迷人

　　走进奇峰古林、诗画天成的西畴腹地，仿佛来到历史与现实纵横交错的路口。一个传承了千年的神话，让你穿越神秘的时光隧道去感受壮族先民对太阳的崇拜；一种古老的祭祀仪式，让你身临其境地去体验带着远古遗韵的女性崇拜的民俗。

　　这就是位于北回归线上的神秘的壮族村寨上果，壮语发音近"炭果"，意为"太阳躲身的地方"。循着古老的歌谣，我们走进群山怀抱的小寨，如约与壮族兄弟姐妹一起共度"女子太阳节"，即女人祭太阳的仪式。这是一个来自远古母系社会的遗风，来源于母系社会的太阳崇拜，是壮族原生宗教和女性崇拜的载体，也是壮族女性成年的祭祀礼仪。这个不知延续了多少代的仪式，每年的农历二月初一都会在村中的太阳山举行。这天，女人是当然的主角。从一大早开始，男人们就要下厨房为女人们蒸制金黄色的糯米饭，还要到传说中太阳女神沐浴的河滩上为女人们制作传统美食。上午，十六岁以上的成年女子必须到小河里沐浴净身，穿上传统民族盛装；中午，艳阳高照，她们则唱诵着祭祀太阳的古歌进行祈祷；傍晚，成年女子聚集到河滩上陪太阳女神共进晚餐。

　　这些迷人的风俗来自一个远古的神话。相传远古时天上有十二个太阳，轮流照耀大地，人间昼夜不分，难以为生。于是众人推举力神郎星去射日，射下了十一个，而剩下的一个太阳躲了起来，天地一片漆黑。这时妇女们推举美丽善良、身怀六甲的妇女乜星，历经十二年的传奇经历找到并感化了躲着的太阳重回天上。为了纪念太阳重新回到天上的日子，为了祈求风调雨顺和人丁兴旺，便有了流传至今的"女子太阳节"。

纵观人类自然神话和自然崇拜的神灵体系，关于太阳的神话可谓最为丰富多彩。太阳的光芒在给人类送来无限的光明温暖的同时也给人们带来美好的希望，更由于万物的生长都离不开灿烂的阳光，太阳给予人类的恩惠使人类充满感激与敬畏，因此人类在描绘太阳的传说时大都具有很高的思想性和艺术性。就像身临"女子太阳节"，不仅会给我们带来审美的愉悦，还给我们带来心灵上的震撼。我们惊叹这里的壮族同胞对自然的崇拜，与自然的和谐相处，对自然力的美妙想象和人性化的适应与征服。这也是对马克思在《政治经济学批判·导言》中所说的："任何神话都是用想象和借助想象以征服自然力、支配自然力，把自然力加以形象化"的最好诠释。而这种诠释不也正是一种生命的回归，一种人与自然和谐相处的生活方式，一种人对自然的感恩和敬畏吗？也正是这种敬畏给上果村带来了几千年的祥和与宁静，并赋予这里的自然以生机，给生灵以关爱。

今天，人类进入现代工业文明社会，城市化带来了水泥的森林，跨海的大桥，高速的公路，飞驰的汽车，爆炸的信息等，这些便捷生活方式在带给人类现代化享受的同时，也给自然环境和人类本身带来了沉痛的生态负担和远离神话的美感。英国诗人约翰·济慈说："牛顿将'富有诗意'的彩虹变成了三棱镜，破坏了它的美感。"这句话也从另一个视角给我们以警示。在物欲横流的社会中，人们的精神层面充斥着功利主义和拜金观念，人们对名利地位趋之若鹜。若要重拾纯朴善良的价值观，则应将现实生活从世俗中剥离，找回人类原来的质朴、浪漫的情怀。走进上果村就像走进了一个仙境，这里给人以梦境的向往与遐想，唤起人们童年的情结，寄托着人们对美好生活的向往。这些美好的民风民俗对于当今构建和谐社会，建设生态文明，弘扬民族精神，践行社会主义核心价值观，无疑具有巨大的借鉴作用。

由一个美丽的神话演绎的一种迷人风俗，已成为一种久远的文化传统，一种渗透进上果村人祖祖辈辈血液中的传统，一种在现实社会中依然活跃并不断绽放着生活光彩的传统。我相信，无论人类社会和科技如何发展，那些古老的神话和迷人的风俗仍然会给我们带来生生不息的生命礼赞，拼搏抗争的英雄气概，天人合一的理想状态，憧憬幸福的人生情怀。

本文原载于 2014 年 3 月 19 日 《中国艺术报》

走进藏羌碉楼

莫洛藏寨，是一个充满神秘，富有诱惑的地方。我从资料上查找到它的时候了解到的是一个神话传说，而走进它的时候，我竟看到了一个童话般的世界。

莫洛村位于四川省甘孜州丹巴县境内，是梭坡乡乡公所所在地。村寨坐落于葱郁的层林之中，面临玉带般之碧水，旖旎环绕，神秘静谧，风光无限。特别是远远就能望见的那几座高耸沧桑的古碉楼，突兀于葱翠之间，昭示着莫洛的历史坐标和鲜明的文化色彩。追溯这块五千年以前就有人类活动的土地，不难发现历经千年风雨洗礼沉淀下来的厚重历史人文信息，抚触风蚀雨打的碉楼，上面印满了社会变迁的遗痕印迹。碉楼宛如历史巨人，见证了藏羌等各族人民创造的辉煌；宛若一颗璀璨的明珠，在大渡河水的冲刷下愈加熠熠生辉。

前往莫洛村，要经过大渡河上一座正在重修的危桥和一段荒坡上正兴建的公路。将近日落时分，我们才赶到山脚下的村口。这里独有的风光和原生态风貌，令我们不禁庆幸交通不便为这座驰名于世的寨子带来的完美如初。在入寨途中一段神秘幽静的古树林中，我们巧遇收工回家的藏族大姐丹增智玛，在她的指引下我们得以穿越丛林山路顺利进寨，并有幸到她的家中做客。丹增智玛年方四十开外，汉语娴熟，一聊便知，她是典型的热情质朴好客的藏家人，开朗热情的举止让人感到她见过大世面。她表示，自己的藏语说得不太好，她的爷爷奶奶会说藏语，小孩在县城学校上学，有"双语"教学。她说，虽然没出去过，但来这里的人很多，尤以外国人、摄影家、文化学者居多。

从这个现实版的藏族家庭，我们了解到典型的藏族民居。房屋的材质为木石结构，采用传统片石砌墙技术，通高三层，底层为家畜圈，其上依次为锅庄室、储藏室、居室和经堂，其中二、三楼分别有天井和露天大阳台，并与一座已被列为国家文物保护对象的碉楼相连接。在丹增智玛的引导下，我们爬上了碉楼。这是一座高 20 米，内部为六层的四角碉楼，层与层之间仅用一个圆形木材相连，且圆木并不固定，随手可以撤走。圆木上用刀砍出齿槽，每次只能一个人侧身上下，可以说我们是"连滚带爬"地上去又下来的。站在碉楼顶端放目远眺，村寨中的民居外墙大多以白色、褐色与黑色圈涂成条纹，并有日、月、星辰和吉祥动物图案，整个藏房的外形犹如一个虔诚的佛教徒正襟危坐盘腿诵经，体现出了紧凑合理的设计理念、与自然环境融于一体的生态观念和浓厚的宗教氛围。村寨中，由错落的藏族民居组成的莫洛村寨依山傍水、因地制宜，并与外围的雪山、海子、森林、草原遥相呼应，保持着空间和精神上的紧密联系，形成了有着极高审美价值的文化景观。目前，这一村寨已列为闻名于世的藏羌碉楼文化走廊文化保护区。

莫洛村寨在历史上是一个重要的民族走廊和南北交通的自然通道。由于长期受各种外部文化的影响，形成了农耕、半农半耕、牧业三种经济形态及由此而产生的生产生活方式。莫洛村寨的主体民族为嘉绒藏族，他们保留了藏传佛教与苯教并存的宗教信仰、墨尔多神山原始崇拜、农牧并举的传统生产方式、各类神话传说和以服饰、礼仪、饮食、节庆、技艺等为代表的民风民俗。其中藏族建筑石砌技艺为国家级非物质文化遗产；丹巴兔儿锅庄、酿酒技艺、顶毪衫、成人仪式为省级非物质文化遗产；嘉绒藏族刺绣、弓箭舞（嘉绒十三战神舞）、狮灯舞和嘉绒肝病疗法为县级非物质文化遗产；嘉绒藏族文化的完整保存和延续，也是这里古碉群保护最大的文化和社会优势。在丹增智玛家的经室参观时，我猛然发现在最显眼的位置挂着一幅毛主席画像，从墙上落满的轻尘上可以看出，画像已经有年头了。我有意问道，这是谁？丹增智玛说："神啊！"我说："这是毛主席啊。"丹增智玛说："是啊，没有毛主席就没有我们今天的幸福生活。"此时我想，藏族是全民信仰宗教的民族，而这种信仰或宗教对于质朴的老百姓来说，可能不仅仅是一种精神的，也是物化的现实的，那就是这个民族对美好理想的不懈追求，对天地自然的虔诚、感恩和敬畏，对家庭美满和民族兴旺、国家强大的永恒企盼。也许这些就是一个民族的价值观，也是一个民族藏于心灵深处最不容易因时而变的。这就是他们的宗教、语言和习俗，即被当代人称之为非物质的那部分文化。

随着与外界接触的增多，在时代大潮冲击下，莫洛村在悄然变化着。外出学习或工作的人越来越多，外来的观光旅游、考察者也越来越多。丹增智玛的丈夫在外地打工，两个孩子寄宿上学每月回来一次。我们在村中基本上没见到壮劳力和儿童。就像我们在来的路上几经颠簸才找到有显著标志的"康巴汉子村"，偌大的一个村寨，家家闭户，静得出奇，几乎没有见到村民。这是一个被人文学者称之为"最优秀人种"的地方。男人魁梧健壮，女子漂亮出奇。随我们同行的甘孜州文化体育广播局副局长向巴启绕颇有遗憾地告诉我们：女人们都出去了，在世界的各个舞台上，那些最漂亮的模特可能都是从这里走出去的。男的也被聘请到各地，不愿出去的现在这个时节都上山挖虫草去了，很难见到。而外面世界的印迹和影子都纷纷落在眼前这块莫洛村的古老土地上。传统的生产生活方式在变化着，传统的生产生活用具正被新的用具所取代，进而逐步演变为一种展示品和旅游纪念品。传统的藏装正被当下城镇中常见的便装取代，当地古老的传统节日正在淡化，甚至最重要的藏历年的文化色彩，也在与当代节日的互相参照混用中逐步褪色。农耕文明的传统在人们的头脑中依然存在着，但是影响力和生命力已经越来越弱了。

莫洛村与外界的邂逅，历史与时代的碰撞，都显示出当今莫洛村与以往历史上任何一个时期的不同特点。今天的莫洛人仅靠自己的力量已无力与外界的变化融合相适。此时的莫洛人显得有些力不从心。变化的世界也在不断刺激着莫洛人，让莫洛人欣喜，因为他们看到了新的希望；同时莫洛人也茫然，因为他们还没找到一个完全与时代接轨的交点。在甘孜州，像"康巴汉子村"和莫洛村寨这种"集体出走"的现象并不罕见。一个地区文化的传承主体是人，而传承的主体不在了，文化由谁来传承呢？会不会就像我们经常看到的，传统的文化遗产在旅游的催生下成为近乎时尚的娱乐表演？

回顾人类文明发展史我们就可以看到，任何文化都不是静止不变的，运动、变化、波澜式的前进是历史的规律，也是文化的规律。但这种变化可能有两种类型，一类属于主动的，即人们为了应对自然和人文环境之变所做出的自主选择，即所谓文化自觉；另一类属于被动的，被动的结果可能会导致本民族的人看到外来文化的先进与进步，盲目地认为自己的文化已经陈旧与落后而妄自菲薄，从而选择迅速脱离自己的传统文化，转而急迫地向外来文化学习，失去对自己文化的自豪感和自信。此行将近结束时，丹巴县文化旅游和广播影视体育局局长罗布加他告诉我们，国家文物局已拨出一笔专款请北京的设计单位为他们做设计规划。我特别希望规划中文化保护的比重比旅游更大。而丹增智玛和村民们一样都在盼着旅游商机的到来，周边的一些村寨已经热火朝天了。看到寨子里别人家盖新房，丹增智玛很着急。她说，这个碉楼是文物不让动，她家的房子一直想拆了盖新的，但文化局的人说让留下用来发展旅游，所以还没拆。因此，我最担心的是，在当代中国文化遗产的保护现状中，尽管政府和专家们要求那些文化遗产的传承者们坚守自己的传统文化，而"传承人"们却想着尽快地从旧的文化中解脱出来，尽快走进现代化的新文化、新生活。因此，如何既能保护好莫洛村的文化遗产属性，又能使这里的人跟上时代前进的步伐；妥善解决好保护与发展的矛盾，将古人的智慧与当代社会发展有机地结合起来，在原有文化的根脉上，建设起美好的新家园，是我们所要面对和解决的新课题。

本文原载于 2014 年 5 月 30 日《中国艺术报》

和藏族兄弟一起转山

"要想知道梨子的味道，就得亲口尝一尝"；要想知道转山的奥秘，就得亲自走一走。今年是农历马年，正逢阿尼玛卿雪山的本命年。在藏族兄弟的心里，阿尼玛卿雪山是一座被赋予神圣人格和超强神性的圣山。它就像一个富有巨大引力的磁场，吸引你不由自主地跟随转山者们的脚步走进一个神奇美妙的童话境界，随着时光隧道陷入历史和文化的旋涡。这种引力绝不止于欣赏阿尼玛卿雪山的大美风光，不限于发现藏族兄弟的奇异民俗，不在于探秘宗教仪式的神秘和体验高山缺氧的感受，而是切身体味大自然的神奇幻化和藏族兄弟所创造文化的迷人魅力。转山在给人的意志磨出厚厚的一层茧的同时，也会给人的灵魂带来一次净化与升华。

阿尼玛卿雪山海拔 6282 米，位于青海省果洛藏族自治州玛沁县，被誉为藏传佛教的四大圣山之一。阿尼玛卿雪山不仅雄伟壮丽、风光旖旎，且被各种民间传说和历史故事赋予了一层神秘的色彩。"阿尼"藏语意为先祖，并含有美丽心房、幸福或博大之意；"玛卿"藏语意为黄河源头最大的山，并有雄伟壮观之意。阿尼玛卿雪山的神灵转自开天辟地九大造化神之一，也是藏族英雄格萨尔的寄魂山。

阿尼玛卿转山活动在安多藏区是一种传承久远的民俗，也是藏族兄弟表示敬畏与虔诚的一种自修方式。由于阿尼玛卿雪山的崇高地位，一年四季前来朝圣的转山者络绎不绝。近年，随着我国人民生活水平的提高，很多旅行家和探险者也加入转山的行列中，使转山呈现出多样性文化的色彩。目前阿尼玛卿雪山有里外大小三圈转山路线，一般的徒步者多在内圈的山腰部分行走，行程近百公里。转山的人们携带着简单的行装，顶风冒雪，跋山涉水，风餐露宿，至少需要三四天的时间。而其中一些行五体投地叩拜三步一叩者，则要花费几十天甚至上百天的时间。不难发现，来自各地的旅行者有很多人在仿效藏族习俗，也有许多年轻的藏族兄弟已装束了时尚的"户外"行头。

由于习俗观念和时间的关系，我们走的是一条车行路线，用了将近 3 天时间在海拔 4000 至 5000 米的缺氧高寒地带完成了一圈转山考察。按藏族的传统，过去转山皆为步行，而随着现代交通的发展，最初有人骑摩托车转山，后来又有人驾车转山，如今驾车转山已普遍为人们所接受，转山的公路上已形成车水马龙的壮观景观。三圈转山路线互有连接，因此行人与机动车常有交叉相汇之处。

我下车向几位行三步一叩等身长头的徒步者请教："你们这样行进不觉得累吗？"

他们停下来并用双手在地上画了一道线，以示再次前行时需从此处开始。

见他们并无倦意，我便以"宗教式的逻辑思维"接着问："你们如此辛苦地虔诚叩拜是要向神山请什么愿吗？"

他们愣愣地看着我，一脸茫然。

我又问："你们现在的人生有什么不如意吗？家里有病人吗？抑或有什么需要神山帮助吗？"

他们面面相觑。

我再问："你们做了什么错事？是来忏悔的？来赎罪的？"

他们断然地摇头。

我急忙问同行的青海民协秘书长、藏族干部索南多杰："他们是不是没有听懂我说的普通话？"

索南多杰笑着对我说："你说的他们都听懂了，只是你把他们问糊涂了。我们藏族不是像你们想的那样，遇到事情才去祈祷，碰到困难才去拜佛，想到利益才去烧香。你们喜欢'许愿'，而我们多为'发愿'。

他们出发前一定都发过愿，比如：一路上一定要点燃几盏酥油灯，一路上一定要行三步一叩之礼，一定要戒烟酒、戒杀生、戒撒谎，等等。总之都是要行好事善事，仅此而已，别无他求。"我说，这些不都是对自己的约束和限制，而没有为自己得到一点实际利益的诉求吗？

索南多杰说"当然啊"。转山不仅仅是向神灵祈祷，也不是听天由命，而是用豁达乐观的心态去面对人生和生活，绝不应带着某种功利目的。带着功利之心不仅起不到转山的作用，也对身心无益。

开车的藏族小伙久美告诉我：年初他家里有位亲属去世了，告别时他的舅舅发愿说一定要为逝者去一趟拉萨大昭寺，后来很多亲属就花了近三个月时间徒步去了西藏。没别的，就是为了让逝者安息。

我想，这不就是我们经常提倡的为他人着想的利他行为吗？不就是所谓的与人为善吗？什么是好人，好人就是想到别人的时候比想到自己的多。什么是与人为善？就是一种出于自愿去帮助别人的美德。古人讲："人为善，福虽未至，祸已远离"，一个人有了向善之心，人生才能完美，一个社会有了向善之心，社会将会和谐。

我又问索南："藏族兄弟是不是每个人都转过山啊？"索南说："应该说能够亲自转山是每个藏族人的夙愿。我是在6岁时第一次被父母带着转山的。"

我问："转山对你的人生产生了什么影响呢？"

索南说："说实话，当时太小，只是懵懵懂懂的有一些印象而已，但是那次转山让我从小就懂得了敬畏，知道了我们永远有无法到达的地方和无法达到的境界，从而培育了信仰的种子。信就是感恩，仰就是敬畏，使我在以后的人生道路中有勇气在黑暗中不停地探索，在失败中不停地奋斗，在挫折中不懈地追求。"

我又问："有没有具体的呢？"

索南说："你是说'因果'吧，佛学中有句话叫'众生畏果，菩萨畏因'，就像你们常说的'种瓜得瓜，种豆得豆'，种下种子是因，开花结果是果，但是如果没有阳光、空气、土壤、水分等条件，种子是不会发芽的，如果把因果看得立竿见影就成了真正的世俗观念了。"

我说："那就没有什么看得见的吗？"

索南说："你是想问转山有什么用吧，我们还真没往那上面想。"

听了索南的话我就想，什么是所谓有用和没用呢？其实人生中最美好和最重要的东西可能都是不能用的，比如爱情、道德、正义、荣誉、人格、尊严、文明，这些都是能够在黑暗中拯救心灵的灵丹妙药，但并不能在世俗功利上产生实际功效，而这些又恰恰正是人生中最值得珍惜的无价之宝，是值得人们用一生去追求的最美好的东西啊！

不可否认，我们正处在一个物质极度丰富的时代，每个人都在为一种不可预见的幸福拼搏，这是一种被商业和功利稀释过的幸福，甚至连圣洁的阿尼玛卿雪山也没能逃脱俗尘的纷扰。今年是阿尼玛卿雪山的本命年，按藏族的传统观念，圣山会在这一年更加活跃，产生更大的磁场，因此这种年份转山的人会更多。而受当代社会世俗观念的影响，人们开始以本命年转山的"量化"解说吸引转山者，即这一年转山所积的功德相当于其他年份转山一圈的13倍，并具有念经13亿遍的功用，等等。

或许没有人能揭开转山的奥秘，或许其中的奥秘也无须解释。转山并非昭示人生圆满和愿望索取之举，而是意味着一种心灵上的抵达和升华。转山不是为了某种终极目标的实现，而是一种梦想的追寻过程。每个人都有着自己的人生梦想和价值追求，千万人的梦想汇成了一个伟大民族的梦想，一个民族有什么样的梦想，国家就有什么样的国运，拜金功利思想盛行，社会就会失范；价值观正确，正能量充盈，社会就会充满阳光。

汽车行驶到一处与步行者交汇的路上，正在修的路令汽车所过之处一路扬起飞尘。我不好意思地看着窗外的行人，而那些徒步的人们没有丝毫抱怨，反而一边让路一边招手微笑，令我心中顿时涌起一股深深的内疚。我心就像被揪了一下，不由得感慨道："藏族同胞，你们真是善良伟大的民族。"

和藏族兄弟一起转山是一种境界。眺望入云的阿尼玛卿雪山山峰，我想起了一句诗：灵魂永远在最高处。

本文原载于 2014 年 8 月 1 日《中国艺术报》

深入西藏高原最后的秘境

初秋的雪域高原正迎来一些高山地区的雨季，要攀上海拔近5千米的高原，走进山上人家，本来已非常吃力，加上雨水使山路变得泥泞则又增加了几分危险，稍有不慎就会酿成事故。然而高原上洁净的空气和雨后的彩虹吸引着中国民协赴西藏文艺志愿服务小分队一行顶风冒雨迎着彩虹登上了世界屋脊，在海拔4000米以上的雪域高原，开展了一场以"送欢乐、下基层"和古村落调研为主题的志愿服务活动。十天里，队员们战胜了高原缺氧导致身体不适的苦厄，勇闯生命禁区，走进被称为西藏最后秘境的吉隆山区，领略了西藏民族民间文化的博大精深，感受了藏族同胞的款款深情，学到了很多难以言传的东西。在任务结束时，队员们兴奋地说："不经历风雨，就难见彩虹，来到神秘的西藏，不虚此行。"有了这次人生经历，一生都会充实，对艰苦的回味远胜于对甘甜的咀嚼。

不经历痛苦的磨炼，就体会不到真正的欢乐

今年是西藏自治区成立50周年。50年来，西藏的经济社会发生了翻天覆地的变化。西藏的民族民间文艺事业发展取得了巨大的成就。把西藏作为今年"送欢乐、下基层"的目的地，就是要深扎雪域高原，向藏族同胞学习，为藏族同胞服务。在志愿服务中，大家抱定了向西藏人民学习，为西藏发展尽力的态度和决心，任何艰难困苦也都仿佛

微不足道了。

高原反应是来到"世界屋脊"面临的第一个严峻的考验。在海拔3700米的拉萨，大家都感觉到头晕头疼、胸闷气短。经历短时间的适应后，小分队踏上了征途——前往600公里外的中国传统村落错高村。一路上，要翻越5013米的玛拉山口，所有人都领教了高原的厉害。在颠簸的道路上连续行驶半天的时间，也只能前行100公里。很多队员头痛欲裂，呼吸急促。

来到距离错高村10公里的宿营地结巴村时已经是晚上10点，村民告诉我们，这里的降雨已经持续一个月了。气温很低，有的同志因此感冒了，这可是在西藏高原上的大忌。按照计划，第二天要到错高村开展考察慰问，还要返回结巴村进行一场慰问演出。怎么办？"开弓没有回头箭"，所有同志咬牙坚持，第二天一早即冒雨赶赴错高村，10公里泥泞的山路竟然行驶了两个小时。

在村里，我们走进村民洛桑群佩、丹增旺杰居住的有着四百多年历史的老屋，详细了解该村民居特色、生活习俗、非遗项目等情况。继而走进73岁的藏刀工艺传承人平措朗杰简易的作坊里，向老人了解藏刀工艺传承的现状。

下午，在结巴村的小中心地带，尽管没有舞台、灯光和音响，志愿者已经和藏族村民们在绵绵细雨中载歌载舞，共同演出了精彩的节目。武警文工团歌唱家吴兢的一曲《我的中国》深情感人；中央民族歌舞团彝族歌手阿成演唱的彝族歌曲赢得热烈掌声；北京青年魔术师王亚亮表演的绳技、手技幽默诙谐，令藏族村民开怀大笑。

由错高村、结巴村十几位藏族同胞表演的《梗舞》是西藏自治区非遗项目，村民们的表演雄浑质朴，生动地表现了对祖先的崇敬和对生活的热爱。这欢乐的场面让大家忘记了劳累和不适，和藏族群众一起沉浸在幸福的喜悦中。

"问渠那得清如许，为有源头活水来。"民间文艺工作者要把握到生活的脉搏，就必须追溯到生活的源头，方能与时代同呼吸、与人民共命运。只有走到生活的极致，才能看到极致的生活。中国民间文艺志愿者选择到最艰苦、最需要关注的西藏高原播种文化的种子，探寻千年的历史，触摸雪域的文明，领略藏文化的辉煌。在走进西藏的 3000 多公里行程中，我们 6 次登上海拔 5000 米以上的高原，克服人类生存极限的挑战，大家深深地感到，"送欢乐"不是"施舍"，而是感恩，是回报，缘此，队员们在送欢乐的同时收获了更大的欢乐。

不踩两脚牛粪，就不了解真实的基层

只有带着一颗虔诚和敬畏的心往基层走，才能走得深，走得远，才能了解到基层的本来面目。西藏的传统村落什么样？过去我们不要说见过，连听都没有听说过。这次我们接连深入多个村庄，了解到藏族传统村落的现状，也洞悉了今天藏族地区村民的生活习性和文化变迁。

"踏作花泥透脚香。"在错高村，我们在满是泥巴和牛粪的小路上把全村走了个遍，向驻村的村党支部第一书记达娃卓嘎仔细了解了该村的情况。这是林芝地区唯一保存完整的古村落，距离工布江达县有 111 公里。全村 104 户，435 人，人均年收入 8164 元，主要从事农业和畜牧业，耕地面积 555 亩，草场面积 11 万亩。该村最具特色的是保存完好的石木结构的民居，历史在 100 年以上，最长的达到 400 多年。

同时，该村还保留了极有价值的传统文化活动——在每年的藏历正月十五立起长达 45 米高的经幡，同时跳起有着悠久历史的祭祀舞蹈"梗舞"。"梗舞"在 2008 年被列入西藏自治区非物质文化遗产保护名录，并被列为西藏自治区非物质文化遗产保护的重点项目。这个村子还是历史上著名的藏刀工艺村，工匠们制作的精美藏刀远近闻名。

这里建筑古朴，民风淳厚，沿袭至今的传统习俗蕴含着藏族同胞的宗教信仰、价值取向、审美观念等多种文化内涵，具有极高的保护和研究价值。和志愿者一起来到该村的西藏民协副主席张宗显已经多次来过该村调查，他告诉我们，每次来都有新的发现、新的收获。

回程的路上，车厢里飘来一阵阵泥土的芬芳，大家互相看着两脚的泥土和牛粪，不禁露出会心的微笑。中国民协副主席潘鲁生顾不上考察的疲倦，兴奋得连夜整理出"藏区传统村落见闻"的文稿。

哪里最危险，哪里最需要帮助，小分队就走进哪里。在位于日喀则地区的中国历史文化名村邦兴村，队员们踩着松动的乱石，冒雨详细了解和察看在尼泊尔地震中受损严重的古民居，听取当地村民解说有数百年历史的古村落的民居结构和建筑布局，了解地震改变的样貌。我们来到临时搭起的抗震帐篷里，看望受灾的木碗工艺传承人和藏族舞蹈传承人，为他们献上洁白的哈达。

我们来到达曼人家里，了解这个特殊的群落生活的现状。达曼人可谓是在中国土地上生活逾百年而最晚加入中国籍的，也是我国最小的族群，目前仅有 49 户人家、183 人。在村委会狭小的院落里，我们冒雨为从附近村落闻讯赶来的上百名藏族同胞演出。当《我爱你中国》的歌声唱起，激动的达曼人无不热泪盈眶，激动之情溢于言表。雨越下越大，村民们没有一个离开，他们把洁白的哈达献给演出的志愿者，拉着他们的手合影留念，队员们与藏族同胞共同跳起当地的民间舞蹈"同甲啦"。

演出结束，村民们把志愿者送到村口，仍久久不愿离去，志愿者深受感动。彝族歌手阿成说："把最动听的歌声洒向纯洁的青藏高原、献给可爱的藏族同胞是我一生最大的光荣。"

在查嘎尔达索寺所在的海拔 4300 米的山顶上，驻守着一个只有两个人的边防哨所。为了让两个战士听到歌声，吴兢走了两个小时的山路，站在哨所门前时已经上气不接下气了。她忍着高山缺氧的难受，"使出了吃奶的力气"，努力放开歌喉，此时，情感比歌声更能打动人心，两个战士一边听歌一边流泪。

不以人民为师，就找不到下基层的真谛

过去听说，西藏是歌舞的海洋，藏族同胞个个能歌善舞、充满智慧，但百闻不如一见。当我们来到最偏远的藏族村落，看到一个个淳朴的传承人，他们个个身怀绝技，传承、创造着优美的歌曲、欢快的舞

蹈、精美的草编、精致的藏刀、古朴的木碗、实用的建筑。他们在高原严酷的自然环境里，和谐地适应着自然，巧妙地利用着自然，创造出了美好的生活，表现出了极高的悟性和智慧。志愿者小分队里最年轻的魔术演员王亚亮今年 20 岁，他感慨地说："这 10 天经历的事情、学到的东西，比 20 年学到的还多！"

在西藏的经历使我们体会到，真正深入生活、贴近人民，就是要为人民放歌；富有成效地送欢乐下基层，就是要送得贴心，送进家门。

吴兢深有感慨地说："这次随中国民协来西藏送欢乐，既没有豪华的音响，也没有高雅的舞台和精美的布景，却让我体会到了真正的惠民性。"

阿成则说，咱们这次不像一些所谓的惠民演出那样，大张旗鼓地搞仪式，造声势，重形式。把文艺工作者作为主体和主角，为的是追求办起来热闹，看起来风光，汇报起来光彩，宣传起来红火。至于老百姓是否愿意，是否满意全都忘了，缺少了对文艺主体——人民的感恩和敬畏。

一路同行的西藏自治区党委宣传部副部长、自治区文联党组书记沈开远深有感触地说："这次文艺志愿服务小分队是真正真心地送欢乐下基层，真正做到了与藏族同胞同吃同住，拉家常零距离，连早餐有时都是自己做。"

吴兢深有感触地说："我知道来西藏是艰苦的任务，但没有想到这次走得这样艰苦，但苦中有乐。西藏之行，让我们了解了藏族同胞的生活方式、生活理想和信仰，深刻认识到了人民的伟大，真正体会到了感恩人民、感谢生活的真正含义。我要一辈子为人民歌唱！"

回顾几天的奔波，想到悬崖边上的行进以及目睹在山体滑坡和泥石流过程中的勇敢穿越，王亚亮不无后怕地感慨："太悬了，比变魔术还刺激，但危险让我体验到了什么是'无限风光在险峰'。"

生活永远是文艺创作的源泉，人民永远是文艺工作者的母亲。文艺志愿服务是一种精神，一种力量，一种乐观，一种旺盛，一种不懈的热情。文艺志愿服务决不能应付了事，决不能做表面文章，决不能搞形象工程，而是要以自己的艺术给人民带来欢乐，以激情给人民送去温暖。因此，志愿服务对于一名文艺志愿者来说，带去的不是一颗功利的心，而是一颗感恩的心。这就是参加本次赴藏志愿服务者的共同心声和最大收获。

本文为作者参加中国民协赴西藏文艺志愿服务小分队期间的随笔。原载于 2015 年 5 月 18 日《中国艺术报》

在苗疆腹地的山寨中穿行

　　缘起："纸上得来终觉浅，绝知此事要躬行。"按照中央文明办关于深入开展"我们的节日"活动和中国文联加强调研工作的要求，5月1日至7日，在贵州苗族传统节日"姊妹节"期间，中国民协会同贵州省文联组成采风调研组，深入黔东南"苗疆腹地"及侗族、水族聚居的山村，本着"深入生活、扎根人民"的精神，在层峦叠嶂的山脉中穿行，走进一个个由苗侗等各族人民世世代代营造的神秘村寨，探访先民们祖祖辈辈创造的璀璨民间文化。

　　初夏的黔东南山区细雨绵绵，考察组在泥泞的山间小路上攀行，在吊脚楼下与村民对话，在"美人靠"上与传承人攀谈，在崎岖的山路上寻找远古的文化遗迹，在"最后的鸟枪部落"里记录古风，在人口生育"第一村"里破解人文密码。所到之处，处处散发着苗岭古朴的民风，一路走来所获颇丰。

　　此番采风主要围绕古村落的保护与发展、民间手工艺的传承与保护、非物质文化遗产的存续现状、民族节日的时代演变等展开深入调研。通过现场考察，口述记录，实地参与民俗活动，调研组多视角、全方位地了解到来自民间文化遗产保护与发展第一线的情况，收集整理了大量生动鲜活的民族民间文化第一手资料。

一、多彩的民族节日文化

黔东南苗族侗族地区素有百节之乡之美誉。在这神奇的沃土中，蕴藏着丰富的节日文化资源，"大节三六九，小节月月有"。苗族姊妹节即是一颗璀璨的节日文化明珠。

姊妹节苗语的音译为"农嘎良"，源于苗族的一个经典爱情传说，是苗族青年特有的择偶恋爱的节日集会。相传苗族男孩金丹和女孩阿姣自由相爱，却遭到父母及族人的反对，阿姣通过做姊妹饭和金丹相约，最终成就了一段美好姻缘。后来，姑娘们纷纷效仿阿姣的方法，带上自己制作的"五彩姊妹饭"到山上去款待外村到本寨来找她们"游方"（找伴侣）的男青年。这种择偶方式曾经每逢农闲季节举行，而规模仅限于一村一寨，"农嘎良"即由此而来。后来，这种形式在一些地区有了固定的日期和地点，如被称为姊妹节的发源地老屯乡一带就把姊妹节的时间定在每年农历三月十五至三月十七。如今，姊妹节已被列入国家级非物质文化遗产名录。

随着社会的发展，当地政府和苗族群众已对这个可追溯上千年历史渊源的节日进行了新的时代阐释，并对节日的形式及内涵开展了多重文化的自觉探索。较之以往，我们参加的姊妹节已经发生了很多变化，更加迎合了旅游市场和商业需求。

作为民间文艺工作者，我们在看到姊妹节有序传承的同时，更希望当地政府及苗族群众在深入挖掘姊妹节潜在的文化内涵上下功夫，更加注重姊妹节民俗文化的内涵，使这一苗族人民独有的节日文化得以全面继承和发展，并使姊妹节固有的文化资源得到更加合理的开发和利用。

二、丰富的苗疆村落遗产

在考察雷山苗寨时，中国民协副主席刘华如是评价苗疆村落建筑的独到风貌：苗寨鳞次栉比的吊脚楼、既关风蓄气又遮风挡雨的风雨桥，侗寨考究的寨门、壮观的鼓楼以及或质朴或华丽的戏台，都凝聚着祖先的智慧、山水的灵动和自然的气韵。贵州因村寨而多彩，村寨因建筑而多彩，建筑因"活着"而多彩。活着的是人气，是村寨中动人的歌喉、热烈的舞步，以及那些可以绣花的巧手；活着的是乡风，是寨里寨外怡然自得的劳作、生活场景，以及太多的温馨细节；活着的是节庆，是五花八门却至今仍为各族群众乐此不疲地享受着的节日；活着的，还有民间的传统观念，这是村落文化的魂灵所在。贵州的村寨，愈是深入愈是精彩。

黔东南州是苗侗古村落的聚集地，全州共有276个村寨进入国家公布的传统村落名录，仅调研组所到的台江县就有36个村寨进入名录，占全县67个村的一半以上。在这些村落中保存了最原始的自然生态，最淳朴的生活方式，最本真的人性，最温暖的人情，最古老的人类文明和文化多样性的活化石。

在长期的历史发展过程中，苗侗人民根据自己的生活环境和地理特点，所有民居设计规划和建材运用均从实际出发，因地制宜，逐渐形成了独特的建筑风格，表现出了巧妙利用自然资源的民族特色。每一座村寨的自然景观、人文环境和风俗习惯都具有自身的个性和特点。如传统村落中古民居的木结构，苗族的"美人靠"，侗族的"吊脚""鼓楼"，都成为中国古建筑杰出的典型代表，表现出中国建筑文化的多元性和丰富性。长期居住在树木茂盛的山顶或山腰的苗族就地取材，充分体现出中国祖先"天人合一""道法自然"的哲学理念在人民生活中的应用。在这次考察中我们还发现，传统村落无论是彰显古村落风貌的物质文化遗产，还是源自远古的民风民俗，都不可幸免地在城镇化的浪潮中疾速变化着。

社会在发展，生活在改变，这是难以抗拒的历史潮流，但是我们希望这种改变能够与客观环境相协调，能够在发展的同时承接历史文脉，处理好传统与现代的关系，让人们记得住乡愁，或许这就是摆在我们面前的一个课题。其实在这些苗侗村落中，蕴藏着很多智慧，尚如同一个远未被开发的宝藏，等待着现代人去开启，切不可在没有发现时就被我们破坏了。

我们期待这里的政府和人民坚持"禁砍树，慎挖山，不填湖，少拆房"的做法，防止"不保护没破坏，小保护小破坏，大保护大破坏"的怪圈，切忌盲目套用"新理念，新材料，新方法，新规划，新布局"的思路，而是充分发掘本土文化营养和尊重当地地形的乡土建筑实践，运用传承了世世代代的行之有效的苗侗人民的村寨建设布局及建造智慧，让古老的村落保持住传统的风貌，使之不断焕发出新的生机和活力。

三、神秘的民族文化符号

多彩贵州有着多彩的民间艺术，调研组侧重从剪纸、刺绣、蜡染的传承方面入手调研，试图从中找到这些来自远古的手工艺与时代对接的契合点，进一步深入了解贵州苗族、侗族及水族民间手工艺在民族文化传承和生活中的作用。比如，苗族是一个没有文字的民族，苗族文化的传承除了依靠口头文学形式外，就是通过剪纸、蜡染、刺绣等手工艺途径完成的。这些手工技艺的造型和技法具有独特性、文化性、稀有性和不可复制性，在世界上堪称一绝。其中的剪纸、蜡染和刺绣有着同一种文化的渊源关系。

我们调查访谈的几位传承人身上都充分体现出了这些手工艺之间的衔接和递进关系。如台江老屯乡剪纸传承人张套你，13岁开始跟母亲学习剪纸，从事剪纸五六十年。她告诉我们，剪纸纹样都是根据苗族独特的口传文化剪刻，大部分通过古歌内容创作，是苗族人民世代智慧的结晶。在众多的贵州民间工艺中，剪纸是一项基础创作，她创作的剪纸都分别成为蜡染和刺绣的花纹底样及蓝本，成为第一道工序，再经过蜡染和刺绣工艺后，作为精美的蜡染和刺绣作品呈现出来。随着社会发展分工的细化，她现在专事剪纸的创作。在考察现场，张套你和古歌传承人刘永洪为我们合唱了经典古歌《姊妹节歌》。

在雷山县，塔石蜡染传承人杨月秀告诉我们，她所穿的苗服就是按照自己设想的纹样剪刻出来再绣到苗服上的。

调研组到达三都水族自治县时，马尾绣传承人韦应立正在一针一线静静地编织着她美好的马尾绣图案。她告诉我们，她的刺绣纹样也都来自剪纸，很多图样来自远古的传承。为了适应市场的需要，现在她组织了马尾绣刺绣协会，对马尾绣进行市场开发。然而，在赢得市场的同时，古老的马尾绣也容易失去很多古朴的传承。

毋庸置疑，在飞速发展的城市化进程中，这些古朴的民间手工艺正面临着严重危机，特别是商品属性的不断增强，使很多原本生长在田野乡间的民间艺术，因丧失了乡土的味道而被肢解成无数碎片，逐渐背离了原初的文化意义，变成一种仅仅被观赏的装饰品、收藏品和商品。

苗族文化专家余学军经多年的研究考察深有体会地说，对于贵州这些丰富多彩的民间手工艺的传承而言，最现实的问题就是村寨里的青年人舍弃了老一代传统的手工技艺而投入城市的怀抱，造成这些手工艺到了后继无人的地步。除了张、杨、韦等人在尽力艰难培养继承人外，大部分村寨民间艺术的失传还在继续着。

如何保持传统，如何接纳现代，目前尚很难找到一个行之有效的方法。但有一点我们应该明确，就是提倡和维护文化的多样性，正确地处理原生文化和新生文化的关系，是各级政府、各地民间文艺家和民间文艺工作者的重要使命和责任。

四、醉人的侗族大歌

"风生水起处，寻歌坐月时"，在侗族的山寨中穿行，有山便有水，有水便有寨，有寨便有楼，有楼便有歌。悠扬的歌声随时会从鼓楼和山寨里飘来，这就是被誉为人类非物质文化遗产的侗族大歌。调研组走进负有盛名的小黄村就如同走进音乐的殿堂，这里被称为侗族大歌的发源地。人们一提到小黄村自然就会想到侗族大歌，无论你在哪个地方听到侗族大歌，都会联想到小黄村。随着侗族大歌传遍天下，小黄村也名满天下。在这个村里，歌声和音乐仿佛就是村寨的灵魂，也是侗族人的一种生命表现形式，是他们生命的一部分。

侗族人喜欢歌，爱唱歌，事事用歌，处处用歌。歌的内容十分广泛，歌的形式也丰富多彩，有独唱、对唱、合唱，而最具特色的当属侗族大歌。大歌在侗语里的意思是大而庄重，所以唱大歌多在鼓楼、乐堂等地。我们走进小黄村，在寨中心鼓楼里面对面地领略了侗族大歌的魅力。侗族的男女老少聚在一起，没有指挥，没有伴奏和乐团，村民们都能自自然然地将结构复杂、韵律繁复的大歌唱得从容舒缓、融会贯通、和谐美妙，自由地唱出了人与自然浑然天成的意境。

随行的当地民间文艺家李文明告诉我们，演唱大歌的规模小到几人，大到几百人几千人，甚至数万人，人数众多，声如山洪，气势磅礴。低声部如潺潺流水，低沉，庄重，绵延；高声部宛若蝉唱溪涧，风过丛林，水流低谷，高低错落，节奏明快，嗓音圆润而清脆洪亮；多声部合唱起伏跌宕，时而像汹涌的海浪，轰然聚起洪涛；时而变成草木的欢歌，忽近忽远，飘渺空灵；时而恍若空谷传音，击破短暂的晨曦，无形间把人们的思绪导入邈远的追忆和遐想之中。

我们虽然听不懂歌词的内容，但是我们都感到，无论你是否懂得侗语，也不管你是否理解歌词，都可以体会到音乐是没有国界族别的，当那悠扬、婉转、深切的旋律回响于广宇之下，激荡于山水之间，澎湃飞扬于侗族人心中之时，那旋律和气势会拨动你的心弦，使你沉浸在歌的海洋中，更能深深地懂得"饭养身，歌养心"那句侗家俗语的寓意。难怪侗族大歌被称为"天籁之音""一个民族的声音，一种人类的文化""清泉闪亮的音乐"。

最让我们高兴的是，在社会发展的历程中，这种起源于农耕文明的文化至今仍紧紧地伴随着侗族人民的生活。村民告诉我们，侗家没有自己的文字，从他们祖先开始就用唱歌来记事和传承文化。在这个有着七百多户的村寨里，有着六十多个歌堂，每个歌堂有十多个人，村里每诞生一个新生命就会从满周岁时被编入一个歌堂中，这些儿童从牙牙学语开始，歌声就贯穿他的生命始终，从而验证了"会说话就会唱歌"的传说。我们所见到的几位 80 多岁的老人，至今还在唱着动听的大歌，美妙的大歌伴随着他们走过了近一个世纪的生命历程，这令我们不禁震撼，不得不让我们肃然起敬。这样一种文化传承的方式正是我们盼望和期待的。一个民族有了如此的文化自觉和文化自信，何愁这个民族的文化不能永续地传承下去呢。

结　语

在美丽的"苗疆腹地"山寨中，延续着人类童年时代的纯真，保存着人类农耕文明时期的梦想和智慧。通过这次采风调研我们感到，在新的历史条件下，为了有效保存传统的延续性和稳定性，在一定区域内适当地保留具有悠久历史文化价值典型的民间文艺的文化场域和文化空间，保持传统的民风民俗，提倡手工劳动，在相对的时空内维持民间艺术传承的稳定，使传承不被旅游化和商业化所割裂，从而使那些优秀的民间艺术得以生存和自然发展，这是我们共同期待的。衷心期望贵州民间艺术的明天会更好，能为我们民族的精神家园留下一份珍贵的遗产。

本文原载于 2015 年 5 月 18 日《中国艺术报》

一首传唱了千年的童谣

　　童谣是最能拨动人类童年时代心弦的情感表达。脍炙人口的童谣妙语连珠，每个字都跳动着悦耳的音符，以致让我们很难用"字正腔圆"的标准普通话读出那些简浅的句子。不信你可以试试："小燕子，穿花衣，年年春天来这里……"看到这样的句子，你自然就会带着情感读出节奏、读出韵律，读出怦然心动的陶醉。

　　云南省西畴县地处北回归线"黄金十字带"上的高原喀斯特绿洲之上。在这片遍布神秘的瑰丽土地上，既呈现着地球生物的多样性，也孕育出人类文化的多样性。西畴壮族是世居民族，也是歌伴一生、舞伴生活的民族。这里的每一个壮族村寨，不论男女老少，个个能唱童谣，人人能歌童谣。《讨晌午》《舂粑粑》《吹喇叭》《丢手巾》《菜花开》等很多古老的、后来的、原生态的、再生态的、新生态的，反映生产生活的童谣在这里村村传唱，代代相传，蔚然成风。

　　恰逢西畴壮族女子太阳节之际，我们走进了素有壮族童谣之乡的汤果村。我听不懂壮语，但当我们在村口的大树下听到壮族儿童们唱起那首传唱了千年的《水母鸡》的童谣时，甜美的声韵真的让我醉了。这首童谣的汉语大意为："老人常嘱咐，神仙有旨意；男大应当婚，女大应当嫁；水母鸡呀水母鸡！为我寻幸福，去找好人家；牛满圈，马满槽；田地多又多，山美人也美；水母鸡，放心飞，飞到壮乡去，飞到田里边，建立幸福家，圆我女儿梦！"西畴被称作"找回太阳的地方"；《水母鸡》作为多彩壮族文化的标识，折射出壮族文化的美丽意象，放飞着希望和梦想，寄托着对幸福婚姻的向往，象征着人性的纯洁高尚。

　　这里是西畴县鸡街乡鸡街河畔壮族地区，作为这支动听的《水母鸡》童谣的起源地，《水母鸡》在普遍流传，曲调大同小异，歌词则以个人的卜婚幻想即兴而作。水母鸡是生长在水稻田里的一种昆虫，手拇指般大小，既能潜水，又能腾空高飞。壮族是稻作民族，对水母鸡有浓厚兴趣。每逢薅稻秧的季节，壮家姑娘就喜欢捕捉水母鸡放在手掌上爬行玩耍，边玩边将自己的理想唱给水母鸡听，以此来抒发她们童真的感情，寄托对未来的美好憧憬，占卜婚姻的方向。经过一代代口头相传，《水母鸡》就成了壮乡流行的卜婚歌谣。

　　壮族的童谣在西畴可谓根深土沃、花繁叶茂，其旺盛的生命力源于扎根壮族文化的深厚沃土。广西壮族是中国少数民族中人口最多的，其突出的特点就是歌文化。壮族群众视歌咏活动为人生之大事，以歌代言的风尚古已有之，从历史积淀下来的深厚的歌咏文化深刻而自然地体现了壮族族群的文化品性。农耕文明的生存环境和集体劳作的方式，为特别喜欢对歌竞唱的壮族人民提供了适合对唱的场域，形成了壮族人民在农事活动中用歌谣即时抒发不同心境的风俗。这些情之所至，随兴而起、信手拈来的歌或悲或喜，或怨或达，源自心声，互倾互动，自娱娱人。伴随着西畴壮族传统的民风民俗和独特文化，相继产生了反映生产生活，宗教信仰，习俗风尚等语言朴实、委婉轻快的童谣。

　　同时，这些朗朗上口，通俗易懂，好学易记，脍炙人口的童谣逐渐成为一代代西畴壮族人民了解世界、认识人生的钥匙，尤其是在教育没有普及的年代里，童谣可谓是儿童的天使，启蒙的钥匙和向导，认识世界的放大镜和望远镜，启迪思维的跳板和翅膀，成为儿童走向成熟的百宝囊。童谣对他们身心的成长以及人生价值观的形成，发挥了不可或缺的潜移默化的教化作用。

　　西畴壮族童谣有如历史的长河，不舍昼夜地流淌出壮族人民的生活情感和内心世界。短小精悍的语汇浓缩了人们的喜怒哀乐，如今已成为我国乃至人类的文化财富。特别令人欣慰的是，当全球化的浪潮奔涌而来之时，当大多人类的非物质文化遗产由于与当代人的生活渐行渐远而处于被遗忘或失传的境地之时，西畴的童谣却仍然鲜活地传唱在民间且经久不衰。

黄廷秀是西畴鸡街乡中寨村的民间歌手，如今也是非物质文化遗产代表性传承人。她从小就是唱着《水母鸡》长大的。她熟悉壮族各类歌谣，能唱上几天几夜不重复，加之后来又接受过专业的音乐指导，曾到很多电视台和国外去演出。她告诉我，她是追随着水母鸡飞往的方向嫁到这里的，她们这一代人不仅能传承古老的歌谣，而且识字有文化，能在新的环境里和传统歌谣的基础上发展创新，因此对童谣的未来充满信心。这不得不令人对壮族人民的文化自觉和文化情怀心生敬佩。

我想，任何一种文化，如果连本民族的人民都不热爱了，别人再怎么喜欢也无法存续。当下，农业文明里的很多社会功能正在消逝，文化传承后继乏人。可贵的是，西畴人并没有陷入保护"非物质文化遗产"被动"抢救"的陷阱，而是把童谣作为一种信仰来坚持，作为一种文明来传承，作为一种生活来享受，作为一种境界来追求。他们在时代文明转换期找到了传承自己民族民间文化的方式，并且建立起了童谣传承的新机制，进而唤起了下一代人对童谣的热情和兴趣。比如西畴人已经把对童谣的保护发展纳入了西畴社会经济发展的总体规划中；童谣的传承已进入了西畴中小学教育的课堂；已经形成了青少年说童谣、唱童谣以及父教子、母教女的传承模式；西畴电视台在黄金时段已经有了童谣的播放时段；西畴政务网已经有了童谣的电子平台；西畴一年一度的女子太阳节以及各式各样的民间节庆活动、自发地对歌赛歌已经为童谣的传承发展营造了新的生长环境和文化空间。

当我们正在为无法留住以往的"文化空间"而踌躇纠结时，西畴人已经找到了一种在新的"文化空间"里继续传承民间文化的新生态。

我们也注意到，在不以人的意志为转移的社会变迁中，童谣传达出来的对自然的热爱，对幸福的追求，对生活的渴望，对人生的赞美以及带给人们心灵滋养慰藉的纯真的核心理念并未改变。同时，西畴人也并没有放弃对那些原汁原味童谣所采取的记录保存方式。我想，这些做法是值得其他地方在非遗保护中学习借鉴的。

童谣越千年，岁月的年轮并未使壮族童谣之树衰老，它至今仍然历久弥新地充满着童年的生机和活力，童颜依旧，令人如醉如痴。我想，这一定是壮族童谣中蕴含着一种永不过时的美丽！

本文原载于 2015 年 5 月 18 日《中国艺术报》

妙峰山的情结与纠结

　　具有逾千年历史的北京妙峰山碧霞元君祠终年香火不断。对旅游者而言，那里是一处风景秀丽的好去处，对善男信女而言，那里是祈福禳灾的圣地，而对于所有民间文艺工作者来说，妙峰山却有着一份难以割舍的情结，因为那里曾经是"中国民俗学发祥地"。当代意义上的中国民俗学就是从那里起步的。

　　中国把民俗学作为一门现代学科进行研究，进而运用现代社会科学的理论来指导对民俗学进行搜集整理与研究工作，肇始于1918年以北京大学为中心的歌谣征集活动。1918年2月1日的《北京大学月刊》上，发表了《北京大学征集全国近世歌谣简章》，由此揭开了中国民俗学的序幕。随后在1925年，顾颉刚组织的北京大学风俗调查会一行登上妙峰山进行考察，并在《京报·副刊》"妙峰山进香专号"上发表了调查文章，由此开创了我国民俗学田野调查之先河。这也是民俗学界由传统朴学考据法到实地调查研究方法的一个重要转折点。这种研究方法在中国现代民俗学从"歌谣学"向"民俗学"的转型过程中起到了极其重要的作用。当年的妙峰山考察曾轰动了知识界，以致被当时的学人们誉为是对"当时社会的知识分子中存在一种对于民众生活知识缺乏和态度冷漠的'暮气'的一个霹雳"。

　　田野调查的目的是透过现象揭示民俗事象的真相和发展变化的规律性。这就要求访谈者走近被研究对象，参与观察他们的生活，体验他们的情感，了解他们的思想观念并收集和寻找建立基础理论的依据。直到今天，这些经验和方法仍被沿袭应用，成为新时期以来民间文艺工作者保护和抢救散落在乡间、被人忽视、濒临消亡的优秀民间文化的最好路径，也是民间文艺工作者获得第一手资料的基本手段和安身立命之本。

有鉴于此，在顾颉刚调查妙峰山活动圆满完成90年之际，中国民间文艺家协会组织全体机关干部专程登上妙峰山，重走民间文艺先驱们田野调查之路，重温民间文艺界深入生活的传统，以此夯实做好民间文艺工作的基本功。为更好地贴近生活实际，在北京民协副主席"妙峰山通"包世轩的引导下，民协的全体人员以小组为单位，分散住在了妙峰山下的涧沟村，并分成几个时间点上山体验民俗事象。在上山之前，我们只知道当今妙峰山庙会依然兴盛，依然延续着百年的民风民俗，并已被列入国家级非物质文化遗产名录中。而当我们置身其中方知物换星移，今非昔比。与90年前顾颉刚先辈所述之妙峰山相比，今天的妙峰山庙会已经发生了根本性的变化。

妙峰山庙会兴起于明代中后期，因山顶建有天仙圣母碧霞元君祠（俗称娘娘庙）而闻名，以往是京畿以致华北地区碧霞元君信仰的中心地。过去的庙会，民间香会是庙会活动的策划者和主角，几经磨砺，妙峰山最终成为普通民众善男信女心中的圣地。而今天，庙会的组织者已换成了当地政府所辖的旅游管理景区。组织者将民间宗教信仰与地方民俗紧密结合，并以庙会的形式将香火、集市贸易和民间戏曲及杂技演出融为一体，逐步将其发展为香会、善会、花会同时进行、地方特色十分鲜明的民俗文化活动集散地。

说到当今庙会与既往的显著区别，包世轩带着惆怅的口吻告诉我，"现在都公司化了，很多事都得花钱。"过去的庙会对普通民众来说是他们表达欢乐、痛苦和追求美好希望的公共活动舞台，是他们实现理想的自由乐园，甚至是可以发泄对现实中统治阶级不满和舒缓内心不平的场所。而今天这里已与其他旅游景点别无二致，少了许多神秘色彩和神圣气氛，更像人们娱乐、休闲、游玩、欢乐"嘉年华"的公园。过去，上妙峰山的香客和花会主要是北京市民朝拜碧霞元君，而今天的进香者在地域上已经发生了很大变化，城里的市民已经很少光顾，而京城周边过去与妙峰山崇拜本来少有关系的郊县农民却大量涌现。过去，没有舟车代步只能步行，人们进香赴庙会路途漫漫，从城里到山上需要走三四天，因此在沿途设有很多茶棚和献贡会，历史上那些独具特色的行香走会文化现象也应运而生。而今天，人们都乘车进山，公路直达山顶，沿途的茶棚也就失去了存在的必要；过去茶棚是香会的主体，春季庙会期间，出了德胜门每隔八里地就会有一个茶棚，沿途一路茶棚直到妙峰山，香客们可以随时休息、用餐，而现在山上只有两三家茶会，在庙会期间只是把祖传下来的茶会作为摆设展示而已，当年的舍茶气度和功用已黯然失色；过去在庙会期间所体现出的"耗财买脸""行善积德"的做法与观念已失去了存在的社会基础，也不再是当今的主流价值观了。

今年山上排场最大的茶会当属"亲朋同乐清茶老会"，老会首是颇具名望的白德山老先生，现在这个会已在妙峰山长驻并归属妙峰山景区管理处，当班的向我们介绍："这里地界太小，我们的许多好家什都摆不出来。"我去访问一家来自北京永定门外大街的名叫"群贤结缘茶叶圣会"的年轻主人时，他告诉我，他这套茶具和家什是从父亲手里接过来的，他不想让这么好的物件荒废了，所以每逢庙会就带上山来以期有"识物"的人士品赏。他有公职，这几天是从单位请假出来上山的。现在家里住的是楼房，这套家什搬上搬下，收拾起来要耗费很大精力。

过去四月初一子时的头香是被所有人看重的事，因此许多权贵想方设法争取到烧头香的机会。而今天来进头香的人虽然也很多，但是大家都很恬淡，似乎更愿意将时间和心思放在与冥冥之中老娘娘的交流上，更在乎沉浸于香火缭绕的神圣情境中。

在我随机采访的多位排队进香者中，大多并不了解碧霞元君的来历及意义。有几位中年人告诉我，他们已经连续 10 年来进香了，但进香并非有所求，只是觉得如果没来，可能一年都会惦记着，来一趟一年心里就踏实了。有几位年轻人则告诉我，他们只是随大溜来而已，不知为什么，反正每年只要有人叫就跟着来。

我们第二次上山是在四月初一的前夕、太阳落山之后，为的是真实地与香客们一起领略子时上头炷香的熙攘盛况。再返回村里时已近凌晨。清早起来我问房东大姐：“您怎么不去进头香呢？是不是娘娘庙‘照远不照近’的缘故？”大姐爽快地说：“那可不是，娘娘远近都照，不过我们想什么时候去就什么时候去，有事时才去拜。”

这种心态倒也符合民间信仰的基本取向。民间信仰属于单向度的行为，缺少“双向”的沟通，人们向神灵所求是希望自己的愿望得到满足，而愿望多是个人的现实生活所需，人要求神满足人的要求，而神则对人的求愿没有要求。人与神之间没有形成一种可以遵守的规约，没有其他宗教的严格教义、戒约、圣训等。因此人们对神也不必有太大的心理负担。在有愿望时就去找神，在愿望实现后只需还个愿或置之不理。因此，民间信仰都带有极强的功利性。如今，似乎又多出了几分随意性。

过去，“花会”的队伍无论从组织形式到观念内容都有许多规矩和讲究，主要分为“文会”和“武会”两类。按照老礼，妇女是不能直接参与其中的，而如今我们看到很多支队伍是清一色的女同志。还有，按老礼北京传统花会上禁止舞龙，因为人们相信真龙天子就住在京内紫禁城，舞龙就是欺君犯上作乱的行为，且龙生活在水里不宜上山。只从今年我们调查的几支队伍的名号上就能看出端倪，如“北京市丰台区石榴庄双庙村八马艺术团”“普天同庆空竹圣会”“京西三家店太平鼓圣会”等。当我再通过与几路花会的“会头”和成员比较深入地接触，从他们组织的动因和结构上了解到，这些队伍的缘起和目的与妙峰山碧霞元君信仰没有丝毫关系，他们成立花会和参加花会的目的就是娱乐和健身，成员多为离退休人员和村镇中的年长者。当我问及几位表演欲很强的大姐时，她们不仅对碧霞元君信仰摸不着头脑，甚至对传统花会的知识也全然不知。我问一位大姐：知道传统上妇女是不能参加花会的吗？你们怎么能参加呢？大姐先是一怔，继而很爽快地说：“都什么时代了，还那么讲究。我们就是来凑个热闹、喜庆。”

其实大姐一句朴实的话倒是真正道出了民俗流变的真正动因。自娱自乐加上增加社会交往的愿望是大多数花会队伍的首要目的。为此，还有几支队伍除了来妙峰山表演是自掏腰包外，在其他地方表演还是要收"商演"费的。既然闹花会是为了寻找节日的气氛和愉悦，高跷、五虎棍、开路、旱船、小车等传统形式的花会便成为主角，为的是突出喜庆、趣味、红火有生气的氛围。至于是否符合传统和旧礼他们并不在意。不过当我问及他们对传统的态度时，他们的回答多是：如果知道了就会尽量去遵守。有位领头的说，"有点传统才有意思、有味道"。利用传统形式，不断复兴传统或加入新的民俗，或许是妙峰山庙会的一个特点。

在山上最惹人关注的，也是唯一的一家"馒头会"，当属"厚德积善馒头圣会"。该会创建于 1991 年，更为有趣的是它是由台州的商人组建。这个新式的馒头圣会不像传统的老会，既没有特别的会规、会帖、会启，没有真正意义上的会首，也没有固定的正式会员，只要愿意捐钱或捐馒头就算入会了。适逢庙会时，有空就来，没空也无妨。

最初我在猜想，难道北京妙峰山真有如此神威远震江浙？经了解方知，这些远道而来的台州商人早已在北京经商，起初在前门大栅栏做服装或丝绸生意。因他们的家乡台州地区盛行信佛、拜佛之风，远离家乡后颇有一种信仰上的失落，偶然的机会台州的高家兄弟上了妙峰山，看到这里鼎盛的香火，便起了"入乡随俗"兴办馒头圣会的动意，从此一发不可收拾，并聚集起在京台州籍老乡，使"馒头会"滚雪球般越来越大。其中男女老幼咸集。现在他们打的旗号全称叫作"北京浙江台州商人朝金顶妙峰山同心向善馒头圣会"。

我问其中的老者，老者告诉我，"善有善报"，年轻人则告诉我，"新鲜、好玩、挺有意思"。其中一位北京籍的成员也随他们来了好多年，但只能算"编外"。他说："我是受这种氛围的感染，他们是找那种在家乡拜佛的感觉，他们相信这些年他们生意红火发财与来妙峰山有关。"

毋庸讳言，今天的妙峰山的民俗事象仍繁荣活跃的同时，一些非妙峰山传统固有民俗的各类现象和形式正在开始脱离原生的轨道，随着五湖四海的善男信女融汇进来，已经演变为一个人们展示自己"民间文化"观念的领地和表现"民间才艺"的场所。对于一种固有民俗来说，老的传统在慢慢地变淡，新的元素在不断增加，这既是一种必然，也是一种正常现象。其中是耶非耶，不得不让人油然产生一种溢于言表的"纠结"。

登临妙峰山，使我们心中不仅感受到一种天高地阔的境界和魂牵梦绕的渴望，更让我们产生了澄怀观道和接地气的坦荡。实地调查并非民间文艺研究的终结，妙峰山田野调查的所见所闻及收获，还只是我们认识妙峰山民俗现象的初始阶段。在调查过程中，我们所遇到的各种各样生动鲜活的民俗现象和不到此地绝想不到的各种问题，更让我们看到和了解到今天妙峰山庙会所独有的真实生活气息和文化状态。生活的真实是书本远远承载不了的，感性的认识也是理性代替不了的。山野间隐藏着文献里文本里所没有的原汁原味的民俗文化事象，生活中的文化远比文本上的丰富许多。或许，过去我们总是把目光关注在民俗的"本真性""真实的传统上"，而在妙峰山上的所见所闻更让我想到，我们可能无法规定民俗或传承的范式，我们也无法为民俗划出绝对的标准，如果一味地拘泥于现实生活中民俗的"真"或"假"，那么，伴随着文化进程而动态发展的民俗就会移出我们的视野，民间文艺研究的本身很可能会失去很多机遇。

民俗是一种关乎生活方式的文化，它是活生生的，是不断发展着变化着的。对于这种初级阶段的调查，还有待于更高层次的理论升华。但是无论如何我们已再次坚定地认识到，田野调查是每位民间文艺工作者的安身立命之本。只有胼手胝足地深入田野中去考察，才能获得最鲜活的第一手资料，才能知道当下的民俗在发生着怎样的变化，民间文艺工作者的根扎在哪里，民间文艺工作的目标定在何方。正如顾颉刚先生所言，"我们现在研究学问，应当一切从事实下手，更把事实作为研究的终结。我们不信有可以做我们的准绳的书本，我们只信有可以从我们的努力研究而明白知道的事实。"

本文原载于 2015 年 6 月 12 日《中国艺术报》

文化自觉视野下的新疆民间艺术考察

　　新疆曾是古丝绸之路的中枢地段，是东西方多个文明体系汇聚、交融的地方。新疆拥有历史悠久、丰富多彩的民族传统文化，以及大量珍贵的民族文化遗产，是伟大中华文明的重要组成部分，是我国统一的多民族国家十分珍贵的历史活化石和文化宝藏。保护好新疆各民族优秀传统文化，对于保护人类文化的多样性，维持人类文明和社会和谐稳定及可持续发展，具有十分重要的意义。

　　文化是在人类社会发展变化的历史进程中通过不断积累与演化逐步形成的。民间文化是民族文化的血脉，是一个民族的智慧结晶，生命记忆和文化基因，是我们民族永恒的精神家园。作为民间文化工作者，我们有责任有义务站在文化自觉的高度，为加强新疆各民族民间文化的挖掘、整理、保护和传承勤奋工作，使其在当代中国文化大发展大繁荣中绽放异彩。带着这份责任和课题，中国民间文艺家新疆民间文化考察团跨越天山，越过草原，长途跋涉，深入民间，对新疆北疆地区各民族民间文化发展现状进行了专题考察。

丝绸之路上的逶迤背影和文化遗产宝库

　　新疆是古丝绸之路繁华延绵、欧亚文明交相辉映之地，在这里，群山与草原相映成趣，人与自然和谐相处，历史与文化水乳交融，与这种壮阔多姿的自然景致和谐共生的民间文化也异常丰富多彩。

文化人类学发现，不同的海拔高度有着不同的文化带。在新疆，从低于海平面 154 米的吐鲁番艾丁湖地区，一直到海拔 4 千米以上的帕米尔高原，凡是有人居住的地方，其文化都呈现出鲜明的多样性和独特性。低地、沙漠与草原地带，生活着维吾尔族、汉族、回族、锡伯族、达斡尔族、塔塔尔族等农耕民族；前山和半山草原地带生活着哈萨克族、柯尔克孜族、蒙古族等游牧民族；高山区则生活着塔吉克族等半农半牧民族。不同海拔地带人们生存方式、风土民情导致文化形式各具特色、反差颇大，使新疆成为一个五彩缤纷的民俗博物馆。中国民间文艺家新疆民间文化考察团通过对北疆 7 个自治州、17 个县市 13 个民族的民间文化考察，掌握了边疆各民族宝贵民间文化资源分布，搜集了大量民间文化第一手材料。

只有住在毡房才会有所收获，这是参加考察的同志的一致感受。如果我们真要掀开新疆的盖头，一睹"新娘子"风采的话，就要走进绿洲田边，走进草原毡房，走进农家庭院，走进大山深处，走进世居民族的精神世界。只有走到新疆世居民族中间，才能从凝固的历史文化符号中读懂鲜活的、可触摸的民俗、器具、手工制品，民间信仰、艺术、知识、哲学，叩开新疆这座非物质文化遗产富矿的大门。

民间文化和非物质文化遗产展现了一个民族的生存方式、生活智慧、思维方式和文化意识，是民族心灵的写照，是民族精神的集中反映。新疆民间文化和非物质文化遗产形态呈现出千姿百态、百花齐放的局面，一个文化大区的形象由此呼之欲出。保护和发展民间文化和非物质文化遗产，正是"文化兴边"战略的基石。论民间文化和文化遗产的多样性、多元化，中国还没有一个省区可以与新疆比。2005 年 11 月 25 日，联合国教科文组织宣布新疆维吾尔族木卡姆艺术为"人类口头和非物质文化遗产代表作品"。2006 年—2007 年，新疆有 47 个项目被确定为国家级非物质文化遗产，同期，有 84 个项目列入自治区非物质文化遗产代表作品名录。随着这项工作的开展，每年都会有大批的新项目被列入上一级政府的保护名录之中。列入保护名录的包括民间文学、艺术、民俗、医药、体育竞技，涵盖了非物质文化遗产所有类别。新疆各地对保护文化遗产表现出越来越高的积极性，所有地区都建立了非物质文化遗产保护工作机构，大部分地州建立了地州级和县级非物质文化遗产保护名录，有的乡镇还建立了本乡镇的非物质文化遗产保护名录。不少乡镇和县建立了非物质文化遗产保护传承中心，并给进入非物质文化遗产保护名录项目的传承人发放生活费。

缀玉联珠的民俗风情和歌舞史诗之乡

丰富多彩的民间艺术和浩如烟海的非物质文化遗产，散落在新疆神秘的广袤大地上，成为新疆多姿多彩的文化路标。对文化探幽者而言，新疆种类繁多的非物质文化遗产犹如当地各族民俗的万花筒，变幻万千，令人神往，犹如婚礼上新娘的一袭红盖头，遮盖着楚楚的美丽和万般柔情。随着新疆民协同志的指引，考察团成员将其神秘的盖头一一掀开，一睹魅力芳容。

一、阿肯阿依特斯与长调的草原盛会

福海是阿勒泰地区的一个县，居住在那里的哈萨克族所创造的阿肯阿依特斯，是广泛流传在哈萨克民间的古老的弹唱艺术。被称为说唱诗人的"阿肯"是草原上文化的传播者。在福海，我们拜访了哈孜木老人，老人现在可以吟唱 104 部长诗，而且可以在不翻看任何文字资料的情况下，将一部上万字的哈萨克族达斯坦完整地唱颂出来，被福海当地人誉为"哈萨克族达斯坦的活唱片"。"达斯坦"原意为叙事长诗，是一种民间口述的文字形式，一首达斯坦可以唱上一天一夜。2008 年，"哈萨克族民间达斯坦"被列入国家级非物质文化遗产保护名录。2009 年 4 月 24 日，哈孜木老人被列入第三批国家级非物质文化遗产传承人名单，成为"国宝级"人物。

在福海，我们还观摩了阿肯演唱，并与长调传承人进行交流。哈萨克族属游牧民族，也是一个能歌善舞的民族。歌伴着草原人出生，歌又送草原人归于永恒，使其一生与歌为伴。可以说，歌是哈萨克族的第二语言，凡是可以用话语表达的意思和情绪，都可以用歌来表达，凡是话语无法表达的意思和情绪，也都能用歌透彻而准确地唱出来。只要大家聚在一起，冬不拉的优美旋律就会伴着歌声在草原上回荡。

哈萨克族中有一些人歌唱得特别好，在任何聚会的场合，他们都会被称为"阿肯"，成为人们注目的焦点。在接触中我们发现，不能把阿肯简单地理解成民间歌手，他们应当是哲人、诗人、艺术家。阿肯们举行的演唱会叫"阿肯弹唱大会"，是草原上最高水平的传统文化艺术盛会。

阿肯弹唱中最常见的节目是对唱"阿依特斯"。阿依特斯具有比赛性质，最吸引人的地方是能分出胜负高下。敢于与别人对唱的往往不是等闲之辈，于是乎对唱双方你来我往，难分难解，从艳阳高照唱到黄昏，又从夜幕降临唱到月朗星稀，把游牧民听说过的、没听过的、想听到的、难以想象的都唱个遍。歌唱者唱得过瘾，听者听得入迷。"阿依特斯"与一般民歌的区别在于它的文化容量更大，传播的信息更多，抒发的情绪更丰富细腻，形式更自由奔放。

在和布克赛尔蒙古族自治县，我们拜访了当时 70 岁的国家级长调传承人加·道尔吉老人。蒙古族的民歌分长调和短调两大系列。长调声调悠扬深沉，长于表达缠绵的情绪和深邃的情感与思想，有着极其浓郁的草原气息。长调歌曲一般较长，据说曾给王爷府唱歌的长调大师那木佳在一次骑马远行时，80 千米的路上不停地唱，最终只唱了 3 首长调。

草原游牧民族几千年来孤独地面对着草原、戈壁、荒山和多变的苍天。当他们感到有许多情感需要宣泄的时候，就会对着无边的旷野放声歌唱，于是练就了一副天生的好歌喉。蒙古族几乎人人都是歌唱家，人人都能把歌唱得荡气回肠。对此，我们从在毡房中度过的夜晚有了特别深切的体会。

二、回响在草原深处的英雄史诗

草原游牧民族都是诗的民族。中国三部最伟大的史诗有两部产自新疆，它们是柯尔克孜的《玛纳斯》和卫拉特蒙古人的《江格尔》。在特克斯县，我们观摩了《玛纳斯》表演。

玛纳斯是柯尔克孜族历史上的一位英雄。史诗《玛纳斯》是柯尔克孜族的英雄史诗，讲述了从玛纳斯出生到他的第七代子孙为了民族的自由幸福，与侵略者、压迫者不屈战斗，以及为了兄弟部族英勇征战的故事。《玛纳斯》流传范围包括新疆克孜勒苏柯尔克孜自治州和阿克苏、伊犁、喀什、和田等有柯尔克孜族人居住的地方。

《江格尔》是卫拉特蒙古人的英雄史诗，最早产生于西蒙古集团卫拉特蒙古人之中。专家们根据史诗描写的地名、地貌和生活情景，判断史诗产生的年代是 13 世纪末以后，17 世纪以前。史诗主要流传在新疆天山南部和北部的蒙古人之中，这些蒙古人是卫拉特蒙古四大部即准噶尔部、吐尔扈特部、杜尔博特部和硕特部的后裔。《江格尔》语言优美，是卫拉特蒙古人文学语言的代表作，吟唱史诗的音乐优美丰富，非常有感染力。《江格尔》不但是卫拉特蒙古人文化的宝库，也是卫拉特蒙古人不畏艰险的英雄主义、浪漫主义和理想主义民族性格的鲜明写照。

三、古老的音乐宝典木卡姆

在库尔勒和吐鲁番，我们分别观摩了十二木卡姆传承人的演出。"新疆维吾尔族木卡姆艺术"，是流传于新疆维吾尔族聚居区的各种木卡姆的总称，是集歌、舞、乐于一体的大型综合艺术形式。"木卡姆"已经成为包容文学、音乐、舞蹈、说唱、戏剧乃至民族认同、宗教信仰等各种艺术成分和文化意义的词语，也可以把它看作是维吾尔族文化心理的载体。当年叶尔羌汗国的音乐家喀迪尔·叶尔羌在诗中这样写道："当我弹起心灵的琴，我的心底就是无际的乐园，那迷人的歌像百灵飞窜在麦西热甫乐曲中间。十二木卡姆套曲像是十二个月亮照亮每个人的心田，不是你，也不是我，而是万众欢乐的源泉。""新疆维吾尔族木卡姆艺术"以《十二木卡姆》为主干，还包括《吐鲁番木卡姆》《哈密木卡姆》《刀郎木卡姆》等多种地方木卡姆。《中国新疆维吾尔族木卡姆艺术》于 2005 年 11 月 25 日被联合国教科文组织宣布为"人类口头和非物质文化遗产代表作品"。在观摩中，我们被凝聚维吾尔族劳动人民乐舞精华，丰富优美的旋律，深邃生动的唱词，载歌载舞的艺术形式深深感染。

四、西域大地上的北国贝伦舞

察布查尔锡伯自治县是全国唯一的以锡伯族为主体的多民族聚居的自治县。这里的锡伯族人最早是乾隆二十九年（1764）从盛京（今沈阳）以及它周边的15个城市抽调官兵到新疆屯垦戍边的。锡伯族是一个坚守传统的民族。两百多年来，这里的锡伯族依然保留着本民族的语言文字和习俗，并让传统文化在这块土地上传承开花。

在考察中我们了解到，新疆锡伯族有着明显的西迁特征，一是"渔舟唱晚"，古代锡伯族在大兴安岭一带从事渔猎生活；二是"万物有灵"，锡伯族承袭着萨满教的原始文化习俗；三是锡伯族能歌善舞，舞蹈风格各异，韵味独特。"贝伦"是锡伯族民间舞蹈的总称。贝伦舞流传于锡伯族聚居区，有着广泛的群众性和自娱色彩。舞者不选时间，不择场地，只要乐手弹起贝伦神曲，点燃了激情，人们便翩翩起舞。我们在享有"箭乡"美誉的察布查尔锡伯自治县拜会了国家级贝伦舞传承人——75岁的月香老人。月香老人从12岁开始自学贝伦舞，积累了丰富的贝伦舞表演经验，其舞蹈别具一格，自成一派。在此基础上，她还对锡伯族汗都春、锡伯族民进行了无数次表演和大量研究、创作。年过七旬的月香老人活跃在民间，在生产和生活中培养了许多锡伯族贝伦舞表演人员。

悠远文明的坚守和现代发展的隐忧

长期从事新疆民间文化工作的马雄福向我们介绍，从20世纪50年代起，在党和政府的关心下，新疆民协组织少数民族文化工作者对民族民间文化艺术和少数民族的历史、语言、风俗习惯等开展了普遍调查。他们深入少数民族聚居区，以史诗的采录、整理、出版、翻译和研究为重点，先后出版了柯尔克孜文版《玛纳斯》八部18本书，共23万行，并进行了汉译工作；出版了蒙文版《江格尔》资料本14部，汉译本4部；出版了史诗《格斯尔》3部资料本。采集了"玛纳斯奇"、"江格尔奇"和"格斯尔奇"各类演唱版本盒带近500盘，并对录音带进行记录、整理。多次成功组织、举办和参加了三大史诗工作成果展、国际国内学术研讨会，并通过举办民族文化展览进行展示弘扬，为抢救和保护少数民族非物质文化遗产做了许多工作。

新疆民族众多，13 个主体民族在文化艺术上均有无可企及的造诣，每一个民族都有口述文学、民间音乐、民间舞蹈、民间美术、戏曲曲艺、传统工艺和技艺、传统礼仪、节日庆典、游艺活动等传统文化。然而，随着社会环境的不断变化，各种文化的不断冲击，许多民族的非物质文化已处于濒临消亡的境地。在考察中我们注意到，一方面新疆各族人民在当代文化自觉意识日益崛起的氛围里，越来越珍惜和热爱本民族的民间艺术，并引以为自豪，而本族自己学习和传承民间艺术的人才却越来越少。过去的阿肯，舞者都是本族中有文艺才华者，而现在的传承人大多是 60 岁以上的老者。其中一个重要原因是当下新疆非物质文化遗产正在逐渐失去其赖以产生、发展的社会环境。20 多年快速发展的交通、通信、市场经济和外来文化的冲击，极大地改变了新疆相对孤立封闭的社会环境。社会环境的变化，社会条件的变迁使这些非物质文化遗产难以适应社会发展的需要，逐渐被人们所忽视，尤其是各类传统民族民间音乐，武打片、说唱由于风格特点古旧，已经不能满足现代人对时尚生活的追求，年轻人中能演唱木卡姆，表演贝伦舞的人数日益减少。

民间艺术基本靠一代一代人的口传心授来传承，这种文化继承与扩散方式的持续性很容易受到外界因素特别是继承人的影响，所以人的问题是决定非物质文化遗产生存发展的关键。在新疆，经济全球化导致很多地区年轻人对本土古老的传统文化失去兴趣，他们更容易接受社会的主流文化和现代文化，青少年对民间艺术及其代表的传统文化价值和历史价值知之甚少，各种民族民间艺术大多靠群众或民间艺人完整地演唱、演奏才能传承，木卡姆、《江格尔》、《玛纳斯》尤其如此。非物质文化遗产如同自然生态环境一样，一经破坏很难恢复如初。如果没有很好地记录，一旦消失，我们就永远不会知道它原貌是什么样子。一路上我们惋惜地看到很多少数民族地区的民间文化遗产正处于濒临消亡的境地，因此，采取有效措施对其进行抢救保护显得日益紧迫。

多元复合的遗产与当代文化对接的思考

新疆位于欧亚大陆腹地，是古代东西方文化交流交汇处。她拥有四大古国文明，三大语系，三大宗教，诸多民族在这里汇集，多元复合、多彩绚丽的文化在这里喷涌，经过时间的培植、发酵和积淀，酝酿出各族人民体制追求一元化、生活追求现代化、文化追求多样化的共同期盼。

在调研中我们发现，新疆民间文化遗产传承保护面临的主要问题是：许多靠口传心授方式进行传承的文化遗产仍在不断消失，一些传统技艺濒临消亡；过度开发民间文化遗产的现象仍然可见；法律法规建设的进程不能与民间文化遗产保护的紧迫性相适应；保护标准和目标管理工作相对薄弱；保护管理资金和人员不足的困难普遍存在；仍然存在重申报、重开发、轻保护、轻管理的现象以及青少年对民间文化传承的意识越来越薄弱，传承人青黄不接的现象，民间文化遗产的研究力度不够，等等。因此，开展民间文化和非物质文化遗产普查工作的任务仍然十分繁重。新疆各级政府和民协应大力组织开展对新疆地区民间文化遗产现状的调查，全面了解和掌握当地民间文化遗产资源的种类、数量、分布状况、生存环境、保护现状及存在的问题；绘制编印新疆民间文化地图；加强民间文化遗产的研究、认定、保存和传播；组织专家学者对新疆民间文化遗产的重大理论和实践问题进行研究；注重科研成果和现代技术的应用，建设新疆民间文化数据库。为做好以上工作，要加大宣传力度，提高全民族的文化自觉，为民间文化的发展营造更加良好的社会氛围。

文化自觉的觉醒和民间文化的新生

"文化自觉"是"生活在一定文化环境中的人对其文化有'自知之明',明白它的来历、形成的过程,所具有的特色和发展的趋向。自知之明是为了加强文化转型的自主能力,取得决定适应新环境、新时代文化选择的自主地位。"认知、理解和诠释本民族的文化历史,联系现实,尊重并吸收他种文化的经验和长处,与他种文化共同建构新的文化语境,这就是我们所说的文化自觉。费孝通先生将此总结为十六个字:"各美其美,美人之美,美美与共,天下大同。"在全球化、现代化、城市化进程中保护传承少数民族传统文化,文化自觉必不可少。"文化自觉"的一个重要内涵,是指拥有和传承着一种文化的民族和社区或者个人,一定要对自己的文化有一种自觉的意识,能冷静地看到自己文化的利弊,学习异地文化的优点,在正确认识的基础上,懂得自己的文化,热爱自己的文化,能够准确地认识到自己文化的真正价值,这样才会珍惜它,爱护它,采取正确的方式方法保护它,发展它。如果没有这种文化自觉,即使文化已经毁灭在自己的手上了,可能还没有意识到。

通过对新疆几个地区民间文化当代生存现状的调查,我们一方面从上总体感到现代化进程尤其是"西部大开发"以来经济建设对文化的影响是巨大的,对一些民间艺术的影响甚至是"灾难性的",很多民间艺术都在一定程度上"现代化""旅游化"了。另一方面,我们也看到新疆民间艺术自身的生命力和灵活的适应性。一些社会经济欠发达地区,外来交往与传媒影响少一些,当地的民间文化、民俗特色和传统生活方式保留就多一些,地方传统民俗较多较完整地得以保留,同时也有不少外来文化元素被吸纳;而在一些经济比较活跃,经济交往较频繁的地区,传统民间艺术的特征就少一些,外来文化元素就多一些。那些能够"走出去"到异地谋求发展的民间艺术品种反而将更多的民间文化特色保存下来,并成为后现代文化多样性或文化间性的构成成分。例如锡伯族文化在新疆生根、繁衍并绽放的古树新花。

物竞天择同样适用于文化繁衍。因此,文化自觉意识的觉醒就显得尤为重要。新疆各族的民间文化能否更长久地流传下去，在一定程度上要看其能否对新的社会环境做出积极应对；能否在传统民俗和现代市场之间把握恰当的分寸。但毕竟这种应对是比较被动的、缺少思想和物质准备或者说是不够自觉的。因此，如何以高度的文化自觉适应新的社会环境和文化需求，找到民间艺术自身发展的宽广之路，尚需对民间文艺工作进行一连串的理论思考和社会实践才能完成。

本文原载于 2015 年 7 月 7 日《中国艺术报》

第一辑 凝望田野

扑向群众生活的深处

　　一个伟大的民族在一个伟大的时代必定会有一个伟大的梦想，中国梦既蕴含着深刻的历史经验，又彰显着对美好未来的憧憬。中国的革命史告诉我们，要实现伟大的中国梦，就要走一条正确的党的群众路线。中央提出在全党开展党的群众路线教育实践活动，围绕中国文联的统一部署，中国民协迅速行动起来。作为中国民间文艺研究的学术高地，中国民协开展党的群众路线教育实践活动，还有一层重要含义，那就是解决好为谁研究和为谁做学问的问题。其实这个答案已经十分明确，贯彻党的群众路线，对于民间文艺家和民间文艺工作者来说，就意味着要真心为人民做学问，为火热的当代生活第一线的民间文化的继承保护与发展所提出的时代课题给出答案。而要做到这些，只有走出书斋、走进田野、扑向生活，完成时代赋予民间文艺工作者的使命，才能使群众路线教育活动真正收到实效。

群众路线是党的生命线

　　凉山是一片神圣瑰丽的土地，彝族是一个勇敢智慧的民族。联系群众赴凉山民间文艺志愿服务团的成员第一站就来到了凉山州海拔3800米的彝族地区。彝海是红军长征中彝海会盟的地方，"长征"这一影响人类文明史的词汇，就是从这里写进了中国革命的光辉史册。遵义会议确定了毛泽东在党中央的领导地位，在国民党对红军围追堵截的攻势下，中央决定从贵州战略转移经凉山彝族地区北上抗日。而所要通过的彝区，正是当年太平天国石达开所率太平军被清军围剿，在此地全军覆灭抱恨而死的地方。蒋介石在这里布下了重兵，并扬言要让红军成为太平军第二。当时红军也确似走入绝境，后有国民党重兵追击，前有天险大渡河阻截。面对如此严峻的形势怎么办？党中央找到了一条路，这就是走密切联系群众的道路。为此，毛主席派刘伯承为先导走进彝族地区的群众中，并按照当地民族群众的习惯与彝族首领小叶丹歃血为盟，从而使红军在彝族群众的护送下奇迹般以七天时间穿越凉山地区，强渡大渡河，飞夺泸定桥，一路鏖战北上抗日。专门研究过此段历史的中国民协副主席沙玛拉毅对志愿服务团的同志们感慨地说："当年红军能够成功穿过彝族区，渡江北上，说明了群众路线的重要作用。群众路线是当年红军的生命线，也是我们党的生命线，还是我们今天做好民间文艺工作的生命线。"

让学术之魂扎根群众沃土

民间文艺研究既不能没有魂，也不能没有根。这个魂就是历史唯物主义和唯物辩证法以及由此而来的具有中国特色的民间文艺研究方法。这个根就是人民群众的生产和生活实践，离开了人民群众，离开了火热的社会实践，民间文艺的研究就会失去方向和灵魂，成为无根之木，无源之水。记得有位老民间文艺工作者曾这样说，民间文艺和非物质文化遗产这一学科，它的成果不是靠坐拥书斋的考证而来，它的发展趋势和学术超越是靠这一领域的后来者能够比前辈走到更远的地方，下到更偏的地域，进到更深的民间。只有这样才能挖到更新的学术成果。

四川与云南交界之处有一片原始生态的湖泊：泸沽湖。在泸沽湖四周散落的古老村落中居住着神秘的摩梭人，被人类学家们称为"人类社会家庭婚姻发展史的活化石"。而世上流传着许多关于摩梭人神话般的故事。当我们住进摩梭人的家中，坐上摩梭人的猪槽船则进一步体会到当代商品经济社会对传统生活的冲击，感悟到摩梭人对现代化社会的憧憬以及民间文化抢救的急迫性。

摇桨的摩梭小伙嘉措告诉我们，摩梭人以对山歌谈情说爱的习俗已成为过去，现在年轻人传情都是用手机微信，嘉措边说边给我们演示。他还说，现在谁要是再对着花楼唱山歌，全村人都会认为他不太正常。

嘉措在十几年前曾经是篝火晚会上的活跃人物，但是他现在已经不去跳了。他说，现在篝火会上跳的舞唱的歌都没有了过去的真情和激情，没有了发自内心的倾吐，音乐伴奏都是城市的和国外的摇滚乐，目的是旅游售票，很多是摆摆样子应付。

现在大部分年轻人走出村子去了城市。在我们居住的五指落村，我们走访了几户摩梭人的家庭，在木磊子屋中我们了解到当代摩梭家庭的生活状况，这个村的家庭里既有阿婆主事的，也有爷爷当家的。几家的舅舅都这样告诉我们，现在摩梭人的家庭最多只有百分之四十还沿袭走婚习俗，并且也在日趋衰减。他们说估计用不了 30 年的时间可能就找不到真正意义上的走婚家庭了。现在的孩子接受的都是现代学校教育，生活观念都在适应当代社会。

我翻看了这里小学生的课本，他们用的都是全国统一的九年一贯制义务教育的课本，并没有独特民族文化的教材。我和好几个四五年级的小朋友交谈时发现，他们都能背出很多首李白杜甫的诗，却不会唱老一辈的山歌。在村里只有 40 岁以上的人还在生活中穿着缤纷的民族服装。

考察的时间虽然不长，但我们明显感到摩梭人很多美妙的民间文化正在迅速地凋零为文化遗产。其实摩梭人是如此热爱他们的家园，如此热爱他们的文化。前几年政府为了开发泸沽湖购买了两条汽船，准备用于发展旅游，但被村民们坚决一致地反对了。摩梭人认为这片湖水是神圣洁净的。

嘉措说，你们看这湖上漂着的那片洁白的水草花，只要有一点污染它们就会死去，现在这湖水捧起来就可以喝，是国家一级的饮用水质。

此刻，我在想，只有当一个民族的民间文化成为本民族人民的文化自觉和文化自信的时候，她才能永葆旺盛的生命力。对于文化的传承来说，有些时候外人是无能为力的。希望泸沽湖的这种静，摩梭人的这种美，能够传承下去吧。

同时我们也感到，"树高千尺也离不了根"，只有走进民间才能获得第一手资料。作为民间文艺工作者而言，我们拿出的成果是"死"是"活"，我们获得的经验是"虚"是"实"，完全取决于我们走进民间是"近"是"远"。密切联系群众，既要成为民间文艺工作者的一种姿态，又要成为一种工作的常态。

双脚要永远站在人民群众之中

只有站在人民群众之中，才能真正融入人民群众，才能从情感上接近人民群众，才能倾听到民间的心声和愿望。在素有彝族火把文化之乡美誉的西昌，当志愿服务团的队员们举起火把，我们仿佛融入彝族同胞中，当我们舞动起火把，跳起锅庄舞，才仿佛尝到了"梨子的滋味"。

火把节是彝族的传统节日，至今已沿袭了近千年。最初是彝族先民用打火把来驱虫辟邪、期盼丰收的祭祀性节日。按彝族的传统习俗，火把节要过三天。第一天清晨，男人聚集河边杀猪、宰牛、打羊分肉；妇女在家忙着煮荞馍、磨糌粑面，准备后两天的熟食。这一天还有一项重要的内容，那就是每家要杀一只鸡，察看鸡舌、鸡胆、鸡股以占卜来年的吉凶，并烧鸡祭祖，企盼阖家平安、牲畜兴旺。

第二天，四乡八部的人们穿戴节日的盛装从方圆几十里甚至几百里的山寨潮水般涌向青山怀抱的火把场。这天的活动可谓精彩纷呈，传统项目有斗牛、赛马、斗羊、摔跤、斗鸡、爬杆、抢羊、射击、赛歌、选美、老鹰捉小鸡、跳"朵乐荷"舞、耍火把、打情火等。

随着时代的发展，乡村古老的火把习俗已与城市时尚的火把节庆有机地结合起来。彝族人民在征服和改造自然的历史进程中，已经把内容丰富的农耕文明习俗逐步演变成今天的盛大民间文化庆典。在凉山州府西昌市中心的火把广场，行进在潮水般的人流和燃情的火把之中，身为彝族的沙玛拉毅主席高举着火把不无自豪地和我们说，尽情地火一把吧！这里是世界上唯一可以玩火的城市。

古人讲"读万卷书，行万里路"，今天的民协人"走千座村，入千户门"，民间文艺工作者只有经常走入民间回归田野，不断培养民间文化的情感，研究真实的中国民间文艺，才能够在当前纷繁复杂的现实和理论面前，始终保持清晰的头脑，自觉站在人民的立场上看到问题、研究问题、解决问题，奉献党和人民所需要的理论成果。在民间文艺的田野里行走，我们感到收获是沉甸甸的。接地气永远是民间文艺工作者的根本。

　　本文为作者 2015 年参加中国民协密切联系群众暨文艺志愿服务团期间的随笔

文化产业摭谈

一、从"露西"说起

非洲有很多沙漠，却是文化的绿洲。非洲的历史很悠久，当代人类学研究成果认为非洲是人类的发祥地。在埃塞俄比亚国家博物馆里有一个被命名为"露西"的古人类化石，是距今三百二十万年的人类化石，是至今世界上发现的最早的人类化石。伟大的人类就是从这里走出来的，人类文明的曙光就是从这里升起的。20岁左右的"露西小姐"，也被称作"露西奶奶"，是名副其实的人类祖母。这里是人类的故乡。

非洲在历史上产生了很多影响人类的文化名人，如中世纪突尼斯著名学者伊本·赫尔敦，被誉为阿拉伯世界的孟德斯鸠。他也被认为是一千年来最有影响的经济思想家之一。他的《历史绪论》堪称14世纪阿拉伯历史书的范本。古埃及思想家普塔霍特普和他的代表作《普塔霍特普教谕》是人类历史上已知的第一篇伦理文章。

非洲是一座丰富的文化和艺术宝库，在当代世界上最前卫最时尚的艺术中，都可以找到非洲艺术的元素和基因，无论是风靡世界的现代舞，时髦的流行摇滚说唱，都有非洲歌舞的影子。

非洲悠久的历史和灿烂的文化，在今天依然散发着一种强大的力量，像雨露和阳光一样滋养和温暖着非洲人民，是非洲前行和复兴的力量源泉和精神寄托。

中国也是历史悠久的文明古国，是四大文明古国（巴比伦、古埃及、古印度和中国）中唯一没有中断文化的民族。古巴比伦人的楔形文字、古埃及的圣书字，今天已成为考古，而中国甲骨文至今仍可以阅读和使用。这就是文化传承的力量。

二、谈谈文化自觉

什么是文化？我国《辞海》定义为：人类物质文明和精神文明成果的总和。

文化没有高低之分，也没有先进与落后之别。文化可划分为"古代"和"当代"，"高雅"和"通俗"。比如：中国文化、美国文化、印度文化、非洲文化，不能说谁高谁低。中国是多民族大国，也不能说汉族文化、苗族文化、壮族文化谁比谁好。

文化没有统一的标准，而是多样性的，丰富多彩的。文明是有标准的，而且是与时俱进的，是从"茹毛饮血"到现代化。人类追求的是共同文明，而不是同一文化。文明要求少数服从多数，文化不能少数服从多数，如果那样，很多古老美妙的文化就会消失了。

中国和非洲都是历史文化资源大国，中国现在被列入联合国的世界文化遗产有 43 项，居世界第二，人类非遗 36 项，居世界第一，但我们还不是文化强国。物质资源会越"挖"越少，而文化资源会越"挖"越多。因此，我们党和政府提出并制定了"由文化大国迈向文化强国"的战略。

我们有一个说法叫"文化自觉"。

人类文化发展有三个阶段：自发的文化，自觉的文化，文化的自觉。文化自觉是著名社会学家费孝通提出的。"生活在一定文化中的人对其文化有'自知之明'，明白它的来历、形成的过程、所具有的特色和它的发展趋向。自知之明是为了加强文化转型的自主能力，取得决定适应新环境、新时代文化选择的自主地位"，归为十六个字："各美其美，美人之美，美美与共，天下大同。"

一个民族最大的资源是文化，最能打动人心的也是文化。在一个国家的历史长河中最耀眼的浪花是文化，在世界文明的舞台上最能掀起波澜的也是文化。

三、谈谈文化产业的挑战

目前，世界文化市场可谓四分天下：美国占有市场总额的43%，欧洲占34%，亚洲、南太平洋国家占19%，其他国家占有剩余的份额。而在亚洲、南太平洋国家19%的市场份额中，除去日本的10%和韩国的5%，留给中国的确已不多，中国文化产业发展面临着巨大的挑战。

首先，全球文化产业被西方发达国家垄断

在世界范围的产业结构调整和经济全球化浪潮中，发达国家依仗自身雄厚的经济实力，通过掌握文化产业的话语权和规则制定权，逐步推动全球文化产业向垄断化、规模化和高投入、高科技化发展，从而更加巩固了发达国家在文化产业的垄断地位。当前，时代华纳、迪士尼、贝塔斯曼、新闻集团、索尼等九大巨头成为世界文化产业格局中的"第一世界"，九巨头中五家是美国公司。美国传媒业控制了世界75%的电视节目和60%的广播节目的生产与制作。美国片源在许多第三世界国家的电视节目中高达60%至80%。法国等欧盟国家公开提出"文化产业例外论"，反对全面开放国内文化产业，掀起了抵御好莱坞入侵、捍卫民族文化的保卫战。日本从二十世纪六七十年代就开始提出了文化立国的战略，大力扶植本国文化产业的发展。到八九十年代，日本通过并购吞并等方式加速向美国文化产业进军。以电影业为例，索尼公司一家就收购了美国好莱坞7大片场中的3个。此外，像法国的服装设计与表演业、德国的国际会展业等都在争夺全球文化产业的激烈竞争中占据了一席之地。

其次，各发展中国家纷纷抢占制高点

面对着良好的发展机遇，发展中国家大多提出了文化立国的战略。韩国制定了文化产业发展的五年计划和远景规划，并以电器文化、汽车文化和电视剧为龙头，争得世界文化产业中一定的份额。电视剧《蓝色生死恋》《我的野蛮女友》《大长今》等，使韩国文化产业迅速崛起，成为世界第五大文化产业国。

四、谈谈发达国家的文化产业发展有哪些经验和做法

文化产业发展早及发展快的几个国家分别为：美国、法国、韩国、日本。这几个国家文化产业发展的共同经验是：（一）政府在政策和资金上都给予大力支持或为之创造宽松的环境；（二）良好的投资环境使文化与市场、金融紧密结合；（三）重视和加强人才的培养和引进；（四）注重海外市场的拓展和占领。其中，美国在科技创新上占有优势，2008年美国梦工厂利用高科技手段将中国文化资源开发利用，制作出《功夫熊猫》，获得较大市场收益。中国的民间传说《花木兰》摇身一变，成了迪士尼动画片，并以美国的文化方式向世界输出。这也是美国利用科技优势弥补了文化上的劣势的做法。而法国则把文化设施建设列为重要的文化产业，每年都拨出几十亿欧元用于建设图书馆、博物馆、剧院等，如在世界上有影响的巴士底歌剧院，卢浮宫扩建项目等。日本则另有"多种经营"的方法。日本文化产业大都围绕同一作品将电影、戏剧、书籍、唱片等同时推出。通过漫画图书、动漫影视、游戏软件、卡通玩具、音乐唱片与主题公园等多种产业相结合，从而形成庞大的产业链。

2015年1月28日，"世界韩流学会"在韩国首尔成立。韩国也凭借韩剧及韩流的成功输出，以文化大国崛起于国际社会，引起广泛关注，而这背后的推手是韩国政府。

1997年，金融风暴席卷亚洲，韩国经济也严重受创，如何走出金融风暴、重振国家经济，韩国政府决定向邻国日本学习，将目标投向具有低消耗、高利润、高附加值的文化产业上。

首先，韩国政府设立了"文化产业基金"，贷款给新创文化企业；其次，韩国国会通过了《文化产业促进法》，给予文化及娱乐等产业支

持与协助，促进文化商品顺利出口到海外市场；第三，2001年，韩国设立了文化产业振兴院，全力辅助韩国文化产业的发展，其目标是"要使韩国进入世界五大文化强国"。

韩国的电视市场以KBS、MBC、SBS三家电视台为主要竞争结构，享有政府预算补贴。韩国政府从政策及法律方面保障韩剧产制，通过减免税收或降低税率的措施来鼓励企业投资拍片，并允许企业产品在影视剧中进行植入式营销，像三星、LG等大型企业都参与投资影视制作。此外，政府规定电视台必须保有80%以上国内制作的节目，黄金时段不能播出外购影片，以保护本土影视剧的发展。同时，为保证影视制作人才的培养，韩国几乎每所大学设有电影及戏剧系，并且是从大学本科开始一直到硕士、博士，因此韩国许多明星毕业于名牌大学。

韩国政府推动文化产业发展的政策无疑是成功的。韩剧出口中国的规模从2008年的400万美元增长到2010年的1500万美元。

韩剧出口海外，不仅带来了可观的经济效益，更重要的是提升了国家的软实力，对提升韩国国家形象起到了积极作用。有人形容，韩剧就是一个超级庞大的贩卖韩国的量贩店。除了出售影视作品版权，韩剧不仅推销了韩国的旅游景观，也成为现代、三星、LG等韩国产品的另类广告载体。

随着电视剧的流行，韩国成为备受欢迎的观光之地。如《蓝色生死恋》中恩熙和俊熙漫步的沙滩、《冬季恋歌》中俊相和有珍骑单车同游的水杉林道、《我是金三顺》中三顺散心的济州岛等，都已经成为韩剧迷心中的向往之地。

五、谈谈文化产业的特点

对于一个国家和民族，当它的经济发展到一定程度，就应该更加注重文化自觉，因此中国政府提出了"深化文化体制改革，推动社会主义文化大发展大繁荣"的战略，并把大力发展文化产业提到相当重要的位置。

文化产业是什么？文化产业是生产和销售与人们精神消费相关的商品的产业。产品以满足人们的精神消费需求为目的，又以追求经济利益和价值为目标。

文化产业是经济社会发展到一定阶段的新型经济发展与增长形态。

进入 21 世纪以来，世界各国纷纷将目光投注于文化产业，并将发展文化产业作为未来产业发展的重点。中国的文化产业业已形成演出业、影视业、音像业、文化娱乐业、文化旅游业、网络文化业、图书报刊业、文物和艺术品以及艺术培训业等众多门类。

当代中国文化产业从 2000 年开始萌发，虽起步晚但发展快、势头猛，截至 2012 年，中国文化产业总产值已突破 4 万亿元，占国内生产总值的 3%（美国是 10%）。

文化产业基本上可以划分为三类：

一是生产与销售以相对独立的物态形式呈现的文化产品的行业（如生产与销售图书、报刊、影视、音像制品等行业）。

二是以劳务形式出现的文化服务行业（如戏剧舞蹈的演出、体育、娱乐、策划、经纪业等）。

三是向其他商品和行业提供文化附加值的行业（如装潢、装饰、形象设计、文化旅游等）。

传统的文化和精神文化不一定与经济发展和实力同步，相反，正如恩格斯所说："经济落后的国家在哲学上仍然能够演奏第一提琴。"

而近代文化产业发展则需要一定的物质基础和经济实力。经济水平和物质基础是文化产业发展的有力保障。一般情况下，经济基础越发达，文化产业的发展可能就越好。资本投入的多少也成为文化产业是否发达的重要因素。

美国文化产业一直遵循"高成本，高收益"的投资理念，追求利润最大化，而且在美国投资文化产业与其他商业投资相比有着更大的回报，更迅速的效果，如风靡全球的《泰坦尼克号》投资 2 亿美元，而票房收益是 18 亿美元，《蜘蛛侠》3 部总投资 6 亿美元，票房收入达 25 亿美元，《阿凡达》投资 5 亿美元，全球票房 27 亿美元。

当然，不可否认和忽视，"文化"是文化产业发展的源泉和内驱力。

与传统社会中农业经济以土地为最重要资源，工业经济以资本和矿产为最重要资源不同，文化底蕴与文化资源的丰裕程度与文化产业发展程度没有直接和必然联系。就是说，本国文化底蕴与文化资源是否丰裕，不构成文化产业是否发达的核心要素，关键要看这些文化资源有多少可能转化为真正有效的创意，并成为文化产业的动力。

所以说，中国与非洲都遇到的问题，就是如何把我们丰厚的文化资源转化为丰足的文化实力。

六、谈谈文化资源的转换

概括起来，中国的文化资源大体有以下几种：

历史文化资源：包括历史文化名城、历史文化遗存、历史文化建筑等。

自然人文资源：主要为风景名胜。

名人文化资源：名人故居、名人作品。

宗教文化资源：宗教建筑及场所。

文化典籍资源：主要是文学、科技典籍。

民俗文化资源：节庆、民间艺术、风情、民俗、土特产。

革命文化资源：纪念地、遗址及文学。

当代文化资源：当代城市、当代商业。

非洲也有丰厚的文化资源，比如：塞拉利昂有弗里敦古迹，被称为"西非的雅典"，如今却面临生存困难。

赞比亚的古迹有卡里巴湖、莫西奥图尼亚瀑布、维多利亚瀑布等。

加纳有埃尔米纳奴隶堡，1979 年被列入世界文化遗产名录。

桑给巴尔曾经是桑给巴尔帝国的经济、贸易中心。

马拉维有纵贯全境的东非大裂谷。

埃塞俄比亚更是名胜古迹众多，有阿克苏姆方尖碑、拉利贝拉教堂、贡达尔城堡、哈拉尔城墙、露西——世界上最古老的人类化石之一。

尼日利亚有苏库尔文化地貌和奥逊·奥索博神树林。

乌干达有很多宏伟的宫殿、寺院和教堂、陵墓等。

埃及有金字塔、尼罗河、神庙等。

如何开发利用文化资源？对于一个国家和民族来讲，发展文化产业要遵循特有的规律，首先要进行文化"普查"，把"家底"摸清楚。然后对文化资源进行科学的分类、整理，针对不同的种类制定不同的产业方案和策划，有的放矢地开发。

文化资源具有巨大的潜力。中国五千年的文明史，留下了十分深厚的文化积累，其中蕴藏着极为丰富的文化资源。但是，由于未能充分开发和激发文化资源的潜力，文化资源大国却是文化产业和文化市场小国，而一些文化资源小国却成为文化产业和文化市场的超级大国。由此看来，文化市场的大小并不完全取决于文化资源的多少，文化资源要通过产业化的途径，进入市场变成文化资本在市场中运作才能创造价值。

传统文化资源为中国文化产业化发展提供了得天独厚的条件，在开发和利用文化资源时，既要做到物尽其用，让有限的物质资源发挥出最大的文化经济效益；又要用发展的眼光、可持续的眼光来对待文化资源，切不能"竭泽而渔"，要在保护的前提下开发，不能图眼前短期的经济利益，而对文化资源加以肆虐性地破坏，甚至毁灭。

文化资源可分为经济价值和社会价值两个层次。

对于文化资源的经济价值，奈斯比特有一个精辟论断："一个贫困的国家，即使没有丰富的自然资源，只要在文化资源上肯下大的投资，也是可以发展起来的。"毫无疑问，文化资源具有巨大的经济价值潜力。据有关资料统计，近年来国际文化产业的收入已超过石油、汽车工业，成为世界第一大产业。美国公众用于看演出、电影、体育比赛、展览等方面的消费，每年高达 250 多亿美元。娱乐产业巨头迪士尼在收购美国广播公司时一下子就出价 190 亿美元，早在 1997 年其资产规模及赢利更是跻身世界大企业 500 强中前 10 强。

文化资源的社会价值主要体现在其文化特质上。文化是一种精神和观念，对整个民族、整个国家的影响是不可估量的。文化资源在社会中满足人们的是高级需求，是超越人们对基本生活需要以外的精神需求，"富而思乐，富而思文"，"仓廪实而知礼节，衣食足而知荣辱"。

近年来，中国在文化资源的产业化方面取得了很大进展。比如：文化节庆开发转化模式。主要指各地以节庆为载体，通过对民俗文化资源的挖掘和整合，以赋予新的地方文化资源内涵来实现对地域文化资源的资本转化。这一模式被各地广泛采用。如山东潍坊的"风筝节"、曲阜的"国际孔子节"，四川都江堰的清明"放水节"，陕西黄陵县的清明"祭黄帝陵"等。这些地域文化节庆已成为在国际及国内有重大影响的地方节庆文化活动。这些文化节庆活动的举办，不仅给地方政府带来了巨大的社会利益，也为地方产生巨大的经济效益，真正实现了文化资源资本转化过程中的"双赢"目标。

2012年，中国文化产业总产值突破4万亿元，比前一年有了进一步提升。（2011年，我国文化产业总产值超过3.9万亿元，占GDP比重首次超过3%）从文化产业的整体市场规模来看，传统的旅游产业与教育培训产业所占比重仍然较大，其市场规模分别达到46%和17%，总和占整个市场的60%以上。与此同时，新兴的游戏、手机、网络等互动类产业在整个市场中占有率较低，总和仅为9%。

文化资源开发最常见的是与旅游开发结合起来。这一点可能也适合非洲。

旅游是新兴经济增长点，文化资源开发为旅游服务具有明显优势：一是效益好。具有投资少，见效快，报酬率高的优势，而且限制因素最少，市场潜力巨大，极具开发价值。二是给旅游注入活力和吸引力。从旅游者角度来讲，不管是观光型旅游、度假型旅游、生态旅游，还是滑雪、登山、探险、狩猎等特色旅游，及美食、修学、医疗保健等专项旅游，文化是旅游的核心和灵魂，人们旅游就是为了感受文化。除了自然景观以外，人文景观资源、民俗风情资源、传统饮食资源、文化资源和工艺品资源，以及都市和田园风光资源等，都以文化资源为主体。三是利于可持续发展，一方面是经济发展的可持续性——文化旅游在本质上与环境保护有着内在的一致性，是资源节约型和可持续性发展的产业；另一方面，是文化发展的可持续性——文化资源传承着文化，使文化血脉生生不息，播扬四方。四是利于发挥后发优势。文化资源开发利用不同于经济发展，它具有后发优势，经济欠发达国家和地区，虽然其文化资源不一定丰富，但是可以超越经济发展而优先发展。

七、谈谈文化产业发展策略

根据国际经验和我国的实际情况，我以为发展中国文化产业最为重要的策略有以下几种。

（一）坚持以民族文化产业为主的策略

世界各民族在漫长的历史进程中，积累和沉淀了大量的文化内容，形成了本民族鲜明的文化特色和文化审美。民族文化是一个国家文化产业发展的基础和特色。中国文化产业的发展应该自觉地植根于丰富的民族文化宝库，无论是商周铜器、秦砖汉瓦、唐宋陶瓷、明清丝绸，还是京剧武术、琴棋书画、诗词歌赋、服饰美食，都极具中国民族文化特色。

这种民族特色对于世界的吸引力和影响力很大。据统计，中国文化对外资的吸引力在澳大利亚、巴西、加拿大、法国、德国、印度、意大利、日本、韩国、俄罗斯、新加坡、南非、英国、美国和中国15个具有代表性国家中居第5位。京剧、民歌、杂技、风筝、服饰等在国际上得到广泛赞誉和推广，既说明中国的民族文化元素文化资源在国际市场上具有较强的市场号召力，也表明"文化的民族特色是文化走向国际化的持久生命力，只有真正的民族化才能有效地国际化"。应了那句话："越是民族的，越是世界的。"因此，我们在发展文化产业时要特别珍惜我们璀璨夺目的民族文化元素和资源。

（二）注重文化产业的品牌效应和边际效应的策略

品牌是一种名称、术语、标记、符号或设计，包括它们的组合运用。品牌的形成主要依赖于三个要素：一是产品的知名度，二是企业的社会形象，三是经营者的能力和个人魅力。

文化是一个社会和群体形成的共同的信念、价值观和行为方式，文化品牌是"品牌"与"文化"的有机融合。它必须具有以下三个方面的内涵：（1）拥有自然地理、人文地理、旅游等区位优势；（2）培育并形成了一批具有丰富内涵、较高知名度的文化产业项目和文化品牌；（3）文化产业数量型的扩张已经完成，正在向集约型发展。文化品牌完全可以作为地方文化产业发展的龙头，起到很好的带动作用。

比如，云南历史文化名城丽江，近年来积极推进具有时代特征、中国特色、丽江特点的文化建设，为加速文化产业化进程，打造文化旅游名市，构建和谐丽江走出了一条特色发展的道路。

过去丽江是个名不见经传的边远小地方。1996年2月3日发生了一场7.0级重大地震，使这里一下子成为全世界关注的地方，1997年被列入"世界文化遗产"。这就是依赖"产品的知名度"。

丽江市按照"建设旅游名市，构建和谐丽江"的发展思路，各职能部门加大了整合资源的力度，使文化产业和旅游产业有机结合，相互促进。如政府加大对具有民族特色的文化基础设施的建设力度，先后投资4700多万元修建了国际民族文化交流中心，投资7000多万元修复了木府，投资近千万元扩建了东巴文化博物馆等。此外，推动艺术与市场的融合，以纳西古乐、东巴文化、摩梭风情等为代表的民族艺术走向市场，许多具有民族特色的旅游文化产品受到国内外游客的青睐。特色文化资源充分利用旅游业这一平台，在市场营销中得到挖掘和发展，旅游业已经给特色文化产业的开发开辟了广阔的市场空间。在经济总量上，文化产业已成为丽江新的经济增长点。2001年全市文化产业增加值2.35亿元，到2005年增加到5.4亿元，年均增长20%，文化产业增加值已占国民经济总产值的9%左右；利税年均递增27.3%；各级财政对公益性文化事业的投入年均增长29%。截至2011年末，全市文化产业增加值达 21 亿元，占同期 GDP 的 11.8%，位居云南省首位，文化产业成为丽江新的经济增长点。

文化产业还有带动经济发展的作用，我们叫"边际效应"。有一个卖点和盈利点的问题。卖点在于文化内涵，而盈利点则取决于边际效应。

如《印象·刘三姐》《印象西湖》《印象大红袍》等大型实景剧，都是利用张艺谋的明星品牌取得了文化产业的边际效益，得到丰厚的经济效益。以桂林阳朔的《印象·刘三姐》为例：桂林是著名风景区，阳朔是漓江的下游终点，也是最美的景点。过去一般游人都是上午过去，下午参观，之后坐车回桂林。《印象·刘三姐》为改变这种情况量身而作，目的是让游人住下来，住下来就会购物，当地才能赚钱。《印象·刘三姐》是 2004 年开始的。几年来它已使阳朔的旅游业由当时的 4 亿元，发展到现在近 30 亿元。原来阳朔没有一个五星级酒店，现在已有了两个以上五星级酒店。《印象·刘三姐》在音乐上利用了传统民间文化资源，在布景、人物、歌舞上都与电影和歌剧的《刘三姐》没什么关系，是一场地域山水特色的情景风尚的表演，演员都是来自周边 4 个村的村民，而且这些农民都是白天下地劳动和卖旅游品，到了晚上拉着自己的牛穿上自己的民族服装去参加演出，当然是有出场费的。这是一个极具推广价值的实例。这个案例凸显了经营者的能力和个人魅力。

还有一个就是我国著名作家张贤亮。

在中国宁夏银川城区 30 公里以外有个"西部影视城"，是由知名作家张贤亮创建的。张贤亮具有传奇色彩。他 20 世纪 50 年代是"右派"，60 年代是"劳改犯"，80 年代是作家，90 年代是"商人"。1992年邓小平南方谈话以后，他于 1993 年开始在镇北堡办影视城。当时这个地方是在荒漠中的羊圈，除了几户养羊放骆驼的牧民，几乎没有人烟。张贤亮看准这块土地，缘于 1981 年著名导演谢晋在这里拍过以张贤亮的小说改编的电影《牧马人》。当时张贤亮筹借了 70 万元义无反顾地"下海经商，贩卖荒凉"。至今这里已拍摄过《红高粱》《大话西游》等 50 余部电影、接待过上百个剧组，数百万游客，每年为周边农村提供 5 万个工作日，有形资产已超过 3 亿元，是国家 4A 级景区，国家文化产业示范基地，中国十大影视基地等。

没有高科技支撑，没有大资金投入，凭借过人的智慧和创造性，凭着张贤亮对西部文化的准确把握及苦心经营，实现了"用文化包装荒漠中的一个古堡，把破败的羊圈变成旅游的金牌"。

河北蔚县是全国产煤百强县之一，煤炭产业一直是县域经济的支柱产业。2009 年初，面对全球金融危机、煤矿"双停"的重重压力，蔚县把文化产业作为转变方式、优化结构、科学发展的有力支撑，使文化产业渐成新的经济增长点。2010 年开始，中国民间文艺家协会联合蔚县县委县政府举办了首届中国剪纸艺术节，至 2012 年连续举办了三届剪纸艺术节。16 个国家百余名国际友人、27 个省市 41 个传承地的剪纸艺人相聚蔚县，确立了蔚县在剪纸界的"领头雁"地位，叫响了"世界剪纸看中国、中国剪纸看蔚县"品牌，使蔚县成为世界剪纸集散地和交易中心。目前，剪纸从业者已达 3 万人之多，从过去最高 3000 多万元的产值，到举办中国剪纸艺术节以来的年产值近 4 亿元，2012 年，蔚县文化产业产值达到 6.4 亿元，占到全县当年生产总值比重的 6.9%，同比增长 25.5%，成为县域经济发展重要增长点。3 年来，文化产业增加值占全县生产总值的比重由 1% 提高到了 6.9%。表现出明显的促进地方经济、推进城市化进程和新农村建设、构建和谐社会的效果，对提升蔚县的古城品位和知名度起到了积极作用。

目前，中国已经成为世界第二大经济体，非洲各国发展也很快。据统计，过去十年，全球十个经济增长最快的经济体中，有七个在非洲。根据国际货币基金组织的预计，非洲今年的经济增速将达 5.7%。可以说，经济的崛起并不是大国崛起的全部内涵。大国的崛起，包括经济实力、政治制度、军事实力、科技竞争力、文化影响力、社会活力等方面的综合实力。历史和现实告诉我们，国家强大不仅仅是经济现象，而且是文化现象；不仅体现在经济增长，更体现在通过文化所获得的全球影响力。

一个国家如果没有强大的国防和经济实力，就会被人一打就倒，但是如果没有了自己的文化，不用别人打，自己就"倒了"。中华人民共和国的开国领袖毛泽东说过："我们中华民族有同自己的敌人血战到底的气概，有在自力更生的基础上光复旧物的决心，有自立于世界民族之林的能力。"

我相信，这一点非洲朋友也能做到。

　　本文为作者 2015 年在中国文艺研修院举办的"非洲英语国家文艺组织运营管理研修班"的讲课提纲

汲取传统文化正能量

经过五千年文明传承和积淀，中华文化以其超强的凝聚力和辐射力，广泛而又深刻地影响着一代代中国人的意志和行为方式。在每个不同的历史时代，它都会转换成强大的精神能量，成为民族复兴的不竭原动力。

中国在人类发展史上曾经长期处于领先地位并形成了一整套国家制度和国家治理体系。从"大道之行，天下为公"的大国理想到"民惟邦本，本固邦宁"的民本思想；从"孝悌忠信，礼义廉耻"的道德操守到"周虽旧邦，其命维新"的改革精神……中华优秀传统文化的思想精华，长久以来始终闪烁着人文精神的光芒，有着历久弥新的时代张力。

党的十八大以来，我们党在深厚的传统文化中取精用宏，固本开新，溯民族精神之源流，辟与时俱进之新路，开拓出中华文化的新格局、大气象。比如，将"道法自然，天人合一"哲学融入绿色发展的新思路；将"苟日新，日日新，又日新"的出新精神化入全面深化改革、全面推进依法治国的理论与实践；将"为政以德，清廉从政，俭约自守，力戒奢华"吸收进全面从严治党，党风廉政建设的内涵；"求同存异，和而不同，和谐相处"的智慧彰显出"和谐和睦和平"的中国风范，助推建立"人类命运共同体"；把"修齐治平"引入社会道德建设，以及把民本思想引入党风、家风、民风建设；把慎独慎微引入"八项规定"；等等，无不凸显出传统文化在树立方向引导，凝聚民族精神，提供思想资源，倡导道德新风，激发向上力量等方面有着丰富的库存和无尽的能量。

"欲流之远者，必浚其泉源"。任何一种社会制度的背后都有着一整套的文化观念作为支撑，而一些非正式的制度，如传统社会中的乡规民约，当代社会里约定俗成的规矩，其本身就是文化的一部分。社会生活中的道德伦理、信仰崇拜、风俗观念、民族精神等文化因素都会对一种制度的形成发挥着潜移默化、举足轻重的作用。

"文运同国运相牵，文脉与国脉相连"。若一个民族对自己的文化不自信抑或自卑，则难以抵挡外来文化的风吹浪打，而一旦文化的根脉被割断，民族心灵的大厦将会倾覆瓦解，从而落得"国将不国"的境地。当然，百年的历史发展也向世人雄辩地证明了中华优秀传统文化既是中华文明的母体也是中国人的文化基因，试图摆脱母体既不可取也做不到。

传统文化历经劫难却总能绝处逢生，枯木逢春，凭的是已经渗透到中国人骨子里的基因，靠的是传统文化自身的厚重底蕴和海纳百川的包容。党的十九大以来，中央多次提出，迫切需要深化对传统文化重要性的认识以进一步增强文化自觉和文化自信；迫切需要深入挖掘传统文化的价值和内涵以进一步激发其生机和活力。积淀深厚的传统文化海量库存急需我们盘点明晰，有效内存更是需要我们及时激活应用。一旦深入传统文化的大千世界之中就会发现，任何一种民族价值、时代精神、未来视角等进步文明理念的提出，都不是横空出世。所谓"落其实者思其树，饮其流者怀其源"，那些立于时代潮头的时代之先声、社会之先风、智慧之先河，无一不是从五千年的中华文脉而来，不是由十四亿中国人发自内心的文化认同而来。

传统文化是中华民族生生不息发展壮大的源头活水。如何开掘传统文化的富矿，用好源头活水激发文化凝聚力，成风化人以为当下之用，仍是需要我们不断给予回答的当代命题。传统文化本身就是一种创造，崇尚创造理应成为社会风气；传统文化是经典，培养经典是人类进步的标志；传统文化是遗产，对遗产就应给予呵护和支持；传统文化是潜能，我们当努力把潜能化为显能，使其升华为与时俱进的不竭动力。

作为一个从未中断过文明的伟大民族，中华民族从来都是敢于创造勇于创造的民族。但今天我们向世界所提供的还只是物质产品的创造，而缺少文化和精神的财富。民族之强大，不在于物质之发达；国家之领先，不在于武力之霸权。对于一个民族而言，只有当它的文化能够体现出比物质和资本具有更大的力量的时候；对于一个国家而言，只有当他的所有物质和经济发展都具有了文化品格的阶段，他才能真正屹立于世界之巅并赢得尊重。历史和现实表明，真正的大国崛起不仅是经济现象更是文化现象；不仅体现在经济实力的增长更应体现在文化的影响。因此，欲使文明古国再次焕发青春实现复兴，就必须做到不仅在经济上，还要在文化上为人类世界做出贡献。

对传统文化当然要"取精用宏"。何为精华？就是传统文化中那些能与当代社会进步相适应，与社会主义先进文化相协调，于今、于民、于国都有用有利的优秀部分。实现优秀传统文化的全面复兴，需要有全面的见解与思维。唯此方能建立起适应新时代文化发展的大格局。为此，要进一步坚持和鼓励"百花齐放，百家争鸣"，让各种声音和思想在理性的争鸣和辩论中赢得支持者；要允许人们在宪法的框架下选择不同的观点；不搞一家独大，让社会主义核心价值观在自信中尽情地伸展，让"罢黜百家，独尊儒术"的旧思维一去不复返，促使中华先进文化的再复兴，实现优秀传统文化的美丽蝶变。

"复兴"不是"复古"，"自信"亦非"自闭排外"。只有完成了现代性转换的古老文明才能实现面向未来的恒久价值；只有敢于包容借鉴、兼收并蓄的自信才是有气度的自信。在当今世界局势波谲云诡，令人眼花缭乱的大潮中，我们需要保持"八风吹不动"的定力；具备"不畏浮云遮望眼"的清醒；立足传统文化的价值精髓而不离不弃。以坚定的文化自信不断争得民族精神的独立与自由，显示出吞吐大荒的气度，彰显出古为今用、洋为中用的胸襟，用中国文化的智慧回应时代的命题和影响世界的发展。

本文为作者 2019 年在学习十九届四中全会精神座谈会上的发言摘要

应接如流水行云

在全球化背景下，没有哪一个国家和民族的文化可以"孤掌而鸣"。不同文化之间的相互学习和借鉴是人类文明发展的必然趋势和必要条件。作为世界文明古国，中国与世界的文化交流有着两千多年的历史。从秦汉开辟的丝绸之路到晋朝法显的南亚之行，从唐朝玄奘西天取经到明代郑和下西洋，留下了一曲曲可歌可泣的中外文化交流的动人佳话，也正是在中西文化交流的碰撞中，中华文化不断获得新鲜血液，实现了一次又一次的历史性飞跃。中华文化因胸襟博大而海纳百川，因兼收并蓄而丰富多彩，因博采众长而永葆活力。

"百家争鸣"与"和而不同""虚怀若谷"等理念作为中国人的文化观，一直是中国思想文化的传统。灿烂的中华文明历来是不同文化思潮不断交锋、相互碰撞、吸收融合的过程。春秋战国时期的百家争鸣，诸子百家在争鸣中相互诘辩、相互批评，又相互影响、相互汲取，造就了中国古代文化史上繁荣的鼎盛时期。

"泰山不让土壤，故能成其大；河海不择细流，故能成其深"。对于不同文化的碰撞交流，我们祖先留下了许多包含深刻哲理的宝贵经验。比如孔子说："己所不欲，勿施于人"；又如"修己而不贵人""退一步海阔天空"等格言，都包含了克己、容忍、收敛的意思。这些都是在中华民族多元一体格局形成的漫长岁月中，逐渐发展起来的中国人特有的一套哲学思想。

弘扬中华文化，离不开与世界文明的交流和对话，离不开对各国有益文化成果的吸收和借鉴。历史上，中国在与周边各国的交往中，中华文化始终居于主导地位，而各个不同民族的文化一直在相互吸引相互影响中交融，在相互尊重中和睦相处。

中西文化的碰撞起于明末清初传教士的东来，中国人开始意识到东西方文化的差异。鸦片战争中，西方资本主义用大炮轰开了中国的大门，严峻的现实使封建士大夫中的少数人物开始睁眼看世界，觉察到西方有长处，主张在封建文化的基础上，"师夷之长技"，这是中国近代正视西方文化的开始。第二次鸦片战争后，清政府官员中的洋务派兴起了洋务运动，对中国传统文化有所反省，试图以西方科技来弥补中国文化的缺陷，提出了"中学为体，西学为用"的中西文化观。直至清末民初，资产阶级革命派的一些知识分子，才认识到中西文化各有长短，必须将两者融合，创新中国文化。

16世纪末期，殖民者到东方进行殖民拓展的同时，将西方的文化、艺术带到了东方各国。在此后的半个多世纪，西方艺术开始影响中国艺术，同时西方艺术家也在学习中国的艺术。比如，清朝初年来华的郎世宁，他主动地吸收中国传统绘画的一些技法，采用以西方画法为主，略参中国画技法的创作方法，增强了写实的逼真性，给当时的中国画坛，尤其是给宫廷绘画带来了不小的冲击。至20世纪初期，画坛气象是中国画与西画并存，地位并重，二者之间相互吸收相互影响。"中西合璧"的思潮是中国美术理论由近代向现代转化的历史性变革，对其他民族的文化采取宽容和同情的态度去研究汲取，对本民族的文化传统进行重新认识和评价，使中国美术汇入世界文化艺术的发展潮流。

"海纳百川，有容乃大"。费孝通先生曾意味深长地讲了一句十六字箴言："各美其美，美人之美，美美与共，天下大同"。这是中国人认识和处理不同文明之间关系的理想，以及实现这一理想的手段，是基于中华文明内在精神的话语表达，折射出的是中国人一以贯之的整体思维方式。他提示我们要懂得各自欣赏本民族创造的美，还要包容地欣赏其他民族创造的美，这样将各自之美融合在一起，就会实现理想中的大同美。

　　"各美其美"说明尊重文化多样性，首先要尊重自己民族的文化，培育好、发展好本民族文化。因为尊重文化多样性是发展本民族文化的内在要求。"美人之美"就是要尊重其他民族文化。承认世界文化的多样性、尊重不同民族的文化，必须遵循各国文化一律平等的原则。"美美与共，天下大同"，说明尊重文化多样性是实现世界文化繁荣的必然要求。文化既是民族的又是世界的。各民族文化都以其鲜明的民族特色丰富了世界文化，共同推动了人类文明的发展和繁荣。只有保持世界文化的多样性，世界才更加丰富多彩，充满生机和活力。

　　中国有个禅意的故事：两个人在独木桥相遇，走到桥中间时才发现对方，如果互不退让谁也过不去，要么有人掉下去要么有人退回去。这时二人都侧身相让，结果二人都得以成行。所以只有相互尊重文明礼让，才能有机会共同进步。这就是中国文化的智慧和境界。任何一个现代文明都有着久远的历史起源和发展脉络，也形成了自己独特的文化传统和叙事逻辑，并通过特定的话语传达出不同的精神气质和风貌。

　　不同文明之间的差异作为一种客观存在的现实，折射出的是欣赏者从不同角度发现的各具特色的美，当不同文化相遇时，既不能粗率地以高低优劣来判断，更不能以对立竞争的心态来对待。在认知的世界里，相容、相让、相知，退一步海阔天空，换来的将是一个风朗气清的世界。

　　"人生交契无老少，论交何必先同调"，文明多样性是世界的基本特征，不同文明交流互鉴是人类进步的动力。每一种文明都扎根于自己的生存土壤，凝聚着一个国家、一个民族的非凡智慧和精神追求，都有自己存在的价值。"人类命运共同体"理念的提出，契合了自古以来中国人一以贯之的"天下一家"的叙事逻辑，从小处而言要追求家和万事兴，从大处则要追求协和万邦。正是以"天下大同"为目标的价值追求，以博大悠久而著称的中华文明形成了和而不同、以和为贵、天下大同的文化传统。

　　"度量如海涵春育，应接如流水行云"，人类命运共同体的理念意味着要融合而不要冲突，要协调而不要对立，要互鉴而不要敌视。随着全球化的日益深入，世界各国和民族之间的交往也日益密切，不同文明形成了同呼吸共命运的多元一体格局，人与人之间和谐相处，民族与民族间和睦共处，国家与国家间和平发展已成为现代人共同的追求。因此必须以更加包容和开放的心态来面对差异，共同建设世界文明的美好家园。

"投我以木瓜，报之以琼琚"，基于天下一家地球村的当代语境之中，我们既要坚持自己的文化个性和特征，又要遵循世界文化的共性和普遍规律，超越偏见和误解。以多样共存超越文明优越，以和谐共生超越文明冲突，以交融共享超越文明隔阂，以繁荣共进超越文明固化。正是"襟抱如光风霁月"，让我们在赞美和欣赏的交响声里享受"蝉噪林逾静，鸟鸣山更幽"的诗意栖居，共创和谐安宁的家园。

> 本文为作者于 2020 年 11 月 19 日在"文不同，何以心相通？——全球化时代如何促进文明互尊互鉴而不是相互对抗"座谈会上的发言提纲

当文化成为一种力量

　　有一种力量叫"文化"，它润物无声但改天换地；有一种精神叫"情怀"，它矢志不渝能创造奇迹。

　　有些时间节点，注定要演绎传奇；有些历史事件注定要被载入史册；有些文明成果注定要书写辉煌。

　　一百年前，中国共产党诞生了，这一"开天辟地的大事变"，拉开了中华民族伟大复兴的序幕，在深刻改变中华民族前途和命运的同时，也深刻改变了世界发展的趋势和格局。这一百年，是中国共产党为人类社会发展进步做出伟大贡献的一百年。在这波澜壮阔的历史阶段里，包含着"发展"和"贫困"两个概念，而每一个都被共产党人绘就成辉煌灿烂的画卷。

　　当历史的列车进入新时代，中国取得了改革开放和社会主义现代化建设的历史性成就，缔造出一个又一个的"中国奇迹"。经济建设一直保持中高速增长，在世界主要国家中名列前茅，直追世界第一，对世界经济增长贡献率已超过30%。

　　然而，现代社会的一个重要特征，就是发展的不平衡和不充分。中国由于历史和自然的原因，各地区之间的发展很不平衡，东部和中、西部经济技术水平有着很大的差别。

　　曾记否，"千里黄云白日曛，北风吹雁雪纷纷。"在国家西部大开发的号角中，中国西部研究与发展促进会应运而生，并成为国家实施西部大开发战略的重要组成部分。西部是贫困人口最集中、贫困程度最严重的地区，是我国脱贫攻坚的主战场之一。

"潮平两岸阔，风正一帆悬"，伴随着西部大开发的春潮涌动，西促会（中国西部研究与发展促进会）没有缺位，西部人一马当先，以满腔的热忱，以文化之力和家国情怀，积极投身到西部大开发的建设热潮中，书写了无愧于时代的瑰丽诗篇。

我们所经历的这段时期，困难与希望并行，挑战与机遇同在。西促会为中国崛起，不断凝聚起西部的力量。这种力量来自对西部经济发展方式的深刻认知；这种力量来自对西部恒久提升发展能力的决心；这种力量来自对西部可持续发展的深刻理解；这种力量来自对西部发展所给予的文化情怀。

文化是人类的灵魂，是一个民族的脊梁，是一个人的精神所依，是一个社会发展的内在动力。西促会竭尽全力聚精会神，为使西部宝贵的民族文化资源在深入地开发和挖掘中形成品牌、形成规模、形成产业，走出西部、走向全国、走向世界，将文化资源优势转化为文化产业优势，甘愿夙夜在公倾情奉献，凝心聚力将文化的涓涓细流汇聚成强大的发展能量。

越是贫困地区，自然风光和传统文化往往越是有着独特的味道和优势。西部地区作为中华文化的发源地之一，曾有过多种文化激烈碰撞的辉煌，也经历过中国经济重心转移后的落寞。这么多年的风风雨雨过去了，西部地区一直都为中华民族保存着极其灿烂的文化。实践证明，善于继承才能更好地创新，文化自信是最好的减贫剂。西部地区有着自身文化特色、资源禀赋和比较优势，在发展文化产业上开辟出一条文化富民新路，从而真正激发起西部地区的内生动力，才能把一时一地一策的扶贫转化为以文化生态涵养发展的长久之计。

"授之以鱼不如授之以渔"，文化扶贫扶起的是志气骨气，传承的是家国情怀，守护的是绿水青山，融合的是经济硬实力与文化软实力，呼应着我国高质量发展的深刻内涵。

文化在扶贫中起着精神引领的作用。越到最吃劲的时候，越需要文化的助力。在文化中寻找、培壮"精气神"，在贫困地区重构、培植精神内核，是精准扶贫从输血向造血、由治标向治本的质变，是促进贫困地区彻底脱贫的必要路径。西促会在文化扶贫中不断塑造出西部人自强不息的西部精神，这是一种复合型中华文化里的西部底蕴，它传承于历史的厚重，绽放于当代的激情；西部精神，是一种凝结起来的西部力量，他是西部人勇敢睿智的历史选择，更是西部人厚道诚挚的新时代表达。

时间见证巨变，世界赞美中国。在迎来中国共产党成立一百周年的重要时刻，我国脱贫攻坚战取得了全面胜利，区域性整体贫困得到解决，完成了消除绝对贫困的艰巨任务，创造了又一个彪炳史册的人间奇迹！本来贫富分化是一道世界性的发展难题。消除贫困，缩小贫富差距，不仅是中国政府多年来致力解决的难题，同时也是世界许多国家与地区所面临的共同难题。在奔腾不息的历史长河中，从没有哪个国家能像中国这样在这么短的时间内帮助这么多人脱贫。

"长风几万里，吹度玉门关。"独特的地理位置，多种文化的相互碰撞，让西部地区拥有了独特且辉煌的文化资源。如今越来越多的人爱上了美丽的西部，也有越来越多的人为西部丰富多彩的文化而折服。

"借问梅花何处落，风吹一夜满关山。"贫困是一个阶段性的状态，从贫困走向富裕需要有强大的内生动力。文化素质不仅是坚决脱贫的意志品质，还有规划未来实现理想的能力。从今日之西部的历史性飞跃看，文化自信是实现这一新飞跃的内生动力。文化是民族生存和发展的重要力量，人类社会的每一次跃进，人类文明的每一次升华，无不伴随着文化的历史性进步。

在西部大发展中，有一种亮光比任何时候都要耀眼，那就是西部人的文化自信。有了文化自信，我们便可以在艰难困苦中，拥有"咬定青山不放松"的初心使命；有了文化自信，我们便可以在浮躁的时候，保持"不为浮云遮望眼"的澄怀清醒；有了文化自信，我们便可以在诱惑面前，表现出"等闲识得东风面"的从容淡定；有了文化自信，我们便可以在山穷水尽之际，看到"柳暗花明又一村"的光明前景。

"雄关漫道真如铁，而今迈步从头越"。当文化成为一种力量，这种力量与来自人类灵魂深处的情怀相融合，将汇聚起中华民族伟大复兴的磅礴伟力，成为我们前行的不竭动力。

本文原载于 2021 年 3 月 23 日《西部时报》

第一辑　凝望田野

万里长城的人文意蕴

中国的万里长城不仅是一处壮观的物质文化遗产，同时又蕴含了丰富的精神内涵与人文积淀，是中华民族的骄傲与民族精神的象征。习近平总书记指出："长城凝聚了中华民族自强不息的奋斗精神和众志成城、坚韧不屈的爱国情怀，已经成为中华民族的代表性符号和中华文明的重要象征。要做好长城文化价值发掘和文物遗产传承保护工作，弘扬民族精神，为实现中华民族伟大复兴的中国梦凝聚起磅礴力量。"[①]

长城是由时间积累和生命发酵所凝结成的伟大文化遗产，具有独特的民族气质、历史信息及文化精神，它的蕴含已经远远超出其建造的时间跨度和时间维度，超出它所展现出的本体长度和占有的空间广度。

在长城这项被公认的世界文明史上最伟大的建筑与文化奇迹上，鲜明地体现出构筑者的民族特质、思想感情、思维方式、价值取向，寄托了中国人的家国向往和追求，铭印着民族的心理轨迹，凝聚了厚重的时代及人文信息。因此，长城的精神意蕴已超越了具象物质形象层面，其本质上已成为具有特定属性的象征性符号，具有丰富的非物质文化属性和强烈的精神意义。

自中华人民共和国成立之时，天安门广场上响起雄壮的《义勇军进行曲》后，"长城"就成为中国人抒发爱国情感的"母题"。如果说黄河是我们的母亲河，滔滔不绝的黄河水像甘甜的乳汁滋润着我们这个民

---

① 来源：人民网 .2019-09-16.

族的万般柔情；屹立于群山之巅的长城，就像父亲一样撑起了我们这个民族的不屈脊梁，让我们在前进的路上充满自信，在困难挫折中无比坚强。

2019年7月习近平主席亲自主持会议，审议通过了《长城、大运河、长征国家文化公园建设方案》。这是深入贯彻落实习近平总书记关于发掘好、利用好丰富文物和文化资源，让文物说话、让历史说话、让文化说话，推动中华优秀传统文化创造性转化创新性发展、传承革命文化、发展先进文化等一系列重要指示精神的重要举措。为此，需要我们大力推进长城的基础理论研究和学术科学的发掘发展工作，同时加强对长城文化的系统性研究和长城人文积淀的挖掘整理，突出万里长城的整体辨识度，构建起与长城国家文化公园、长城文化带建设等相适应的理论体系和话语体系。

长城的历史之悠久、体量之巨大、文化之庞杂、学科之广泛堪为文化遗产之首。而目前我们对长城的整体性研究尚缺乏准确、全面、深入、科学的把握。这些对于长城实际工作的管理、保护、利用和宣传等都造成了一些瓶颈。早期的长城研究主要运用历史学、考古学的学科概念和方法体系，而发展至今已经逐步涉足现代建筑学、人类学、民族学、传播学、经济学、政治学等诸多学科。

人文长城是一门关于长城的综合性认识科学，它的任务是把各部门科学所获得的对长城不同侧面和各个层面的认识有机地组合起来，达到对于长城的总体认识。我们在保护长城的实践层面做的事情很多，而对长城的学术研究和内涵挖掘尚非常粗放和肤浅，甚至关于长城的一些基本概念尚处于一种模糊状态。比如，对"长城"一词至今仍没有一个准确的概念。长城究竟是什么，长城的内涵和外延是什么，它与一般广义的军事防御工程的关系如何，以至于更加宽泛，长城是开放还是保守，是疆域划分还是生产划界？如此等等至今并无一致看法。一方面反映出当下对长城研究的深度及广度均不够理想；同时，从另外的视角来看，面对"一带一路"的新机遇，面对构建人类命运共同体的新要求，面对向世界讲好中国故事的好契机，对人文长城的研究已成为学界关注并迫在眉睫的课题。

人文长城的研究对象，具体说是指作为整体社会一个重要组成部分的长城及其存在所揭示的历史发展规律，即通过对长城这一特殊的历史现象的描述和归纳，达到认识中国历史发展规律之目的。人文长城的研究不应局限于自身的阈限，不但要揭示长城的存在和发展，而且还要找到和阐释长城在社会历史进程中的独特视角，使人文视角贯穿于长城学科中，并在整体学科中起到贯穿的作用，从而达到揭示人类历史发展规律的学术路径。

比如，对长城的研究除了墙体本身及附属建筑以外，还看到，长城总体上是一种人类活动的产物，它是人类活动对特殊自然地理环境和人文环境做出的一种回应。所谓长城地带即由长城防御建筑体系与受它辐射和影响的地域。长城的出现给它分布的地理空间确立了一个明显的标识，包含着地理环境、经济生产、军事政治和民族文化等方面的内容。此外，长城作为一种符号和标志，实质上反映的是地理、经济、政治、文化等方面与之有关的文化因素，内涵相当丰富。我们可以把这些与长城有关的文化因素称为长城文化因素。只要是因长城的存在而出现的有关政治、经济、文化等方面的内容都可以称为受到长城文化因素影响的研究内容。从长城地理地域和文化空间的分布上看，修筑长城既是一种天然的选择和存在，同时，又因长城的存在而使自然的界限清晰了起来，由此围绕长城和被长城分出的两边体现出了诸多明显的经济、生产、生活、文化、习俗等的差异。自古以来，借助长城，中国的农耕文明地区即生活在逐渐发展成熟起来的农业文明的乐趣之中，保持着辛劳而自在的耕作方式，悠闲而清贫的生活习惯，严密而和谐的宗法制度。

从古至今，围绕长城，还产生了数不清的文学艺术作品。有关长城的诗词歌赋、铭记碑文、故事传说、楹联匾额、雕刻建筑等，以它们独特的内容和风格，成为中华文化艺术宝库中的一个重要组成部分，并随着时代的发展愈加熠熠生辉。只有以宏观全景的人文关照去穿越长城的历史存在现象，揭示出遗产里具有永恒价值的资源，从而在历史时空的变化中，去把握有形层面和无形内涵的文化价值，方能不辜负祖先馈赠给我们的这份得天独厚的文化遗产。

人文长城研究是一项庞大而复杂的系统工程，对于长城文化的研究应依托长城这个特定的研究对象而确立，而不宜归入任何一个单一的学科或门类。要特别重视长城学与其他学科的交叉和融合，从历史学、地理学、考古学、军事学、社会学、人类学、建筑学、生态学、文化遗产学等角度进行立体的多维度思考。

今天，我们研究中华文化，坚定文化自信，就不能不研究长城文化。只有读懂长城，我们才能更深刻地读懂中国。长城不仅是一座活着的人类文明建筑史，也是一部认识中国社会、了解中国人特质的百科全书。

习总书记说："长城是中华民族的代表性符号。"那么，为什么说长城体现了中华民族的开放和包容的气度？为什么说长城是发展经济促进开放的产物？为什么长城会与"丝绸之路"相生相伴？为什么长城出现在中国？为什么长城能凝聚起中国？为什么长城在中国人的心中屹立不倒？无疑，需要我们研究阐释的太多太丰富，一座长城让中国人的基因血脉里，融入了中华祖先们集体劳动和公众工程所产生出来的特有性格。每当民族危难之际，长城都能给国人以坚强；每当国家兴衰之时，长城都会给民众以信心；每当中华复兴之日，长城都可以成为象征的标志。秦始皇统一大帝国的建立，连接修建宏伟的长城抵御外族，以利大规模兴修农田水利工程提高生产，把农耕文明大规模组织能力发挥到极致，而由此产生出来的这样一种配合紧密、高度组织化的集体劳动方式，决定了在中国不可能诞生出来个人主义的文化氛围，也不可能出现怀疑集体、怀疑组织的国民性格，更不可能产生西方那种私有财产权绝对不容侵犯的观念。可以说一座长城让中国诞生于"集体"，这种"集体"的品格，世代相传影响至今，仍然强大。例如我们的集中力量办大事的能力，目光长远的发展计划，惠及全民的各项公共设施，不放弃任何一个国民的全面脱贫计划，这在全世界都是罕见的。所以说长城最能揭示国民性格和文化传统形成的原因。

从人文的视角解读长城，阐述我们国家和民族诞生的过程，了解我们的先民是怎样的一群人，我们才会深刻地爱上这片土地和人民，爱上我们自己的文化。一个民族真正的自信，不是建立在眼前的经济发展成就上，更不需要用对比的方式来发现自己领先才产生自信，这种自信不算真正的自信。民族自信只有建立在对本民族历史的高度认可之上，对自己传统文化的高度自豪感之上，哪怕眼前某些方面还有所落后，也一往情深地热爱自己的祖国，信任自身的文化，这才是真正的民族自信。

人文长城的研究和构建，不应止步于历史遗产以及文化遗产的整理发掘，而是应该与历史积淀、文化内涵、时代元素等各方面相结合。开展大交叉、大综合、多侧面、多角度的学术研究，把长城沿线的民族关系、生态环境、典故传说、民间故事、军事防卫、驿传交通、旅游开发、历史遗迹等都纳入人文长城研究视野，使之成为现代意义上的人文学科体系，以改变目前我国长城研究力量分散，研究体系碎片化的现状，从而打通研究领域的区隔，协调各方力量，拓展研究学科，深化研究内涵。在这方面，中国长城学会有着天然的优势，大有可为。

长城保护利用的丰富实践不断激发长城研究的学术创造活力，催生着理论的开拓与创新。缺少了人文内涵的滋养，长城再雄伟也缺少灵魂，只有有了人文积淀的淬火，哪怕是穿越千年的沧桑，古老的墙体也能成为不朽的精神家园。

本文为作者参加 2021 年中国长城学会主办的"长城论坛"的发言提纲

他山之石可以攻玉

博物馆作为一个国家的"文明地标"和"文化中枢"，是人文底蕴的积淀、文明精神的彰显。艺术博物馆通过收藏、研究、展览将知识和艺术分享给大众。如何使我国的博物馆的功能适应新时代两个文明建设的发展，让躺着的历史"活"起来，让深奥的科学"动"起来，让珍藏的艺术瑰宝"美"起来，让大众在流连中感受文明的诗意，探寻艺术的真谛，是我国博物馆事业运行管理面向未来的时代命题。

博物馆良性发展和管理水平的不断提高，体现着社会精神文明的发展程度。随着我国社会的发展进步，我国博物馆已经基本形成了开放的模式，这就需要博物馆的设施不断升级并配备现代化的管理方式。为此，近年来我国在建设服务型政府过程中陆续出台了多项文件，以推动在公共文化机构建立理事会制度的新型理念。

自2010年开始，在国家深化机制体制改革的总体部署中，博物馆理事会制度便呼之欲出，至2015年国家文物局已在全国范围内的142家博物馆试点推动建立起理事会制度。时至今日，建立实行博物馆理事会制度已成为大势所趋、势在必行。

博物馆理事会制度作为中国博物馆一种新的管理模式正在生根发芽，同时在融入过程中也不可避免地产生了一系列问题。如何更好地推动博物馆理事会制度在我国的发展，找到一种适合我国国情的博物馆理事会制度，已成为博物馆工作改革创新的重要课题。

"好风凭借力，扶摇上青云"，毫无疑问，中国作为新兴大国，在许多方面需要而且可以学习和借鉴国际经验。目前我们面对的问题，一是在世界上任何一个成熟的博物馆管理机制上，都很难找到一种模仿对象，我们需要用一种综合性的创新学习方式，以取长补短为我所用；二是要借鉴国际上博物馆理事会的经验，其中包含着很多"软"的方面复杂因素。要创立起一套成熟的，符合国情的博物馆理事会制度，需要我们在坚定不移地走自己道路的同时，有一种"借他山之石以攻玉"的勇气和智慧。

美国是当今博物馆事业最发达的国家之一，在博物馆中普遍建有理事会或理事会性质的组织，并已形成了一套比较完整的行之有效的运作和监督制度。在美国的博物馆中，超过三分之二为私立博物馆，其次是各级政府办的博物馆（国立、州立、郡立等）和学校、协会办的博物馆（公立）。19世纪中叶，美国波士顿公共图书馆率先实行理事会制度。1963年，英国国家博物馆实行理事会制度。至此，理事会制度作为一种成功的管理经营模式开始进入欧美国家的博物馆。经过近一个世纪的发展，欧美等地区博物馆已经形成以理事会为主导的法人治理模式并保持了治理结构的独立性。

博物馆理事会制度是国际公认的支撑博物馆有效运行的制度，而美国是博物馆理事会制度最为成熟和发达的国家。"理事会领导的馆长负责制"是美国博物馆的治理机制，在博物馆的发展与变革中发挥着重要作用。为此，本书作者以开阔的视野，怀着强烈的问题意识只身前往美国，在超过一年的时间里深入美国的各博物馆之中，做扎实的前期准备和拥有了大量的第一手资料，尔后以美国艺术博物馆为具体范例"解剖麻雀"，以美国博物馆理事会制度为研究剖析对象，以我国当前在博物馆领域深入推行的理事会制度为背景，通过深入实地广泛地收集美国多家艺术博物馆的各种信息资料，从理事会的制度这一关键环节入手，对美国博物馆理事会制度进行了较为全面地系统梳理和研究评析，并对其成功经验、成熟运行方式等的因由、性质特点、制度基础、体制架构以及存在问题、未来走向等问题进行充分地研判。通过从理论到实践、从微观到宏观的研究视角，运用历史档案、文献材料，以及实地调研和采访资料，探析美国艺术博物馆理事会制度的内部机制及其外部环境，探索美国艺术博物馆理事会制度的特点、效用及问题，从而向我们提供和展示了美国博物馆理事会制度的一个独特的认知视角。

"一方水土孕育一方文明"，美国的博物馆理事会制度到底如何发端、如何生成、如何运行、如何运作……本书都进行了深入研究并给出了详尽的答案。作者指出："纵观美国艺术博物馆理事会制度，其生成离不开慈善信托文化的土壤，其发展离不开委托代理和社会与政府合作的政治传统，其完善离不开健全的法律机制，其系统化与专业化离不开专业研究、专业协会以及管理技术的指导和推动，各方环环相扣交织，促成了美国今天的艺术博物馆理事会制度"。

博物馆理事会制度虽然在国外已经是一种惯例，但在国内还处于探索阶段，如何根据我国国情，把理事会制度做得接地气而且行之有效，这是一大挑战。如何避免单纯的"拿来主义"，造成美国模式的南橘北枳和水土不服，就此作者在书中提出了"择其善者而从之、择其不善者而去之"等很多富有启迪意义的见解和观点，从而为学习借鉴国外经验，建立具有我国特色的理事会制度打开了一扇智慧之窗。

"千呼万唤始出来"，当下建立和完善博物馆理事会制度已成为大势所趋。然而，我们必须看到，博物馆的运营与管理有着与之密不可分的体制性约束。比如，中国博物馆与美国博物馆在单位属性上就有着体制区别。中国的博物馆是由政府足额拨款运营的事业单位，美国则无此一说。它们既不同于营利性的机构，也不同于中国的事业单位，不由政府足额拨款，而是既面向市场拓宽资金渠道，又接受政府基金和私人捐赠扶持，仅从资金来源上看就和中国的事业单位完全不同。但无论什么样的社会体制，面对全球性的博物馆事业的迅速发展，其核心与目的都是一致的，即推动一个社会的文化事业的繁荣和发展，不断地满足人们的精神文化需求，扩大不同文化体系间的交流与对话等。因此，我国的博物馆理事会必须紧密结合我国目前的基本国情，把握博物馆公益性与合理利用社会资金的关系，同时还要注意保持法人代表的连续性等多方面的因素。

"十里不同风，百里不同俗"，这部关于美国艺术博物馆理事会制度的论著，或许不能让我们收到"观一粟"而"知沧海"的奇效，因此尚需读者以此书为线索，理性选择，择善而从，立足本国，辩证结合。相信有心的读者可以从中读出"众里寻他千百度，蓦然回首，那人却在，灯火阑珊处"的惊人启迪和发现。

"燕瘦环肥各有姿"，阅读本书的目的更在于，通过中美博物馆理事会制度的比较，像作者这样思考和提出适合我国博物馆理事会制度的建构路径，并根据我国自己的现实、自己的现象、自身的优长，来看待和总结美国艺术博物馆理事会背后那些得以成功跟不足的因由和道理，以借镜观形、引以为戒。

值得一提的是，目前，有关美国博物馆理事会制度研究的中文文献较少，更没有系统性研究成果。本书首次系统全面地向我们介绍了关于美国博物馆理事会的历史由来及现状，并以学者的视角将其引入系统的研究方法之中，从而突出了论述的学术性、系统性、完整性。书中虽涉及的范畴很宽，论述的内容却详尽细致，同时兼顾对发现问题的反思，并结合到中国制度现状进行深入比对，有分析也有建议。因此更加具有较高的学术价值和现实意义。

"愿将黄鹤翅，一借飞云空。"善于从外来文化中汲取营养，并在吸收和借鉴中洋为中用，本身就是中华文明强大生命力的体现。从近两千年前晋朝法显的南亚之行，到唐朝玄奘的西天取经……曾有多少先贤把汗水和生命留在了"取经"的路上，从而使中华民族在不断地向外来文化的学习和交流、碰撞中不断获得新鲜血液，实现了一次又一次的历史性飞跃，显示出了中华民族海纳百川的博大胸怀。

我真诚地为这位"取经"者点赞，同时也期待着听到具有中国特色的博物馆理事会制度从母腹中呱呱坠地的新声。

本文为作者于2021年为浙江大学出版社《美国艺术博物馆理事会制度研究》一书撰写的序言

清明节的地域文化意义

清明节来临之际，中国文联、中国民间文艺家协会与河南省人民政府首次举办"我们的节日——中国（开封）2010年清明文化节"，为期半个月的活动，引起海内外广泛关注。这容易让人联想起那幅《清明上河图》、北宋京华的繁盛。而为何选择"清明"作注脚？清明节有什么习俗？其文化意义如何？4月3日，北京后海北岸，杨柳依依，春风拂面，《中国社会科学报》记者采访了中国民间文艺家协会副主席罗杨。

值得研究的文化现象

记者：一提到清明节，人们都会习惯地想到杜牧的那首《清明》诗，特别是"清明时节雨纷纷，路人行上欲断魂"的诗句，给人以一种凄凉伤感的场景。

罗杨：清明节有两大主题：怀念先人，迎接春天，即孔子所言"慎终追远，民德归厚矣"和古诗中描绘的"春水晴山被禊词"。其实古人描写清明的诗词很多，不一定是悲哀，如宋柳永清明词就描绘了清明节欢乐、嬉戏、热烈的场景："风暖繁弦脆管，万家竞奏新声""斗草踏青，人艳冶、递逢迎"。柳永的词写在北宋前期，当时社会安定、生活富庶，因此反映了当时的清明节即为桐花烂漫、车马如流、新声竞奏，就如北宋张择端的《清明上河图》一样描绘了倾城欢乐的繁华景象。

可见，如果我们从传统文化的角度去审视清明，就会发现在我们的前人那里，清明这个节日里既有祭扫坟墓、追思缅怀的悲痛哀思的泪水，又有踏青游玩热闹喜庆的欢声笑语，这是一个具有丰富内涵和文化内容的节日。它传递着以死生为一府的生命哲学观；凝聚着家国同构的民族伦理观；形塑着天人合一的传统时空观。清明这种悲喜交集，看似难以兼容的场景千百年来并存，这本身就是一个值得研究探讨的文化现象。

记者：现在人们提及清明节的习俗，似乎扫墓是其唯一的特点，这种变化是怎么发生的？清明节都应包括哪些习俗呢？

罗杨：在近现代中国社会里，由于社会思想与文化观念的剧烈变化，受意识形态影响，清明节在国家制度层面失去了相应的地位，国家并不承认它是一个应该给以人们自由支配时间的节日。因此，清明的传统习俗已逐步退化并仅仅是存在于民众社会文化层面，甚至在特定的历史时期，清明节的习俗还被认定为"四旧"而受到批判。而今天，我们的党和政府尊重民俗民意，弘扬传统文化，构建和谐社会，把清明节定为国家法定假日，使我们得以有时间和条件传承传统文化，并使其在新的社会历史条件下焕发出新的魅力。"俗即时俗，风乃时风"，虽然时代不同了，但是，传统的清明节中有很多有益的丰富的活动内容，今天仍可以时兴之。比如：除扫墓外，还有踏青、戴柳、蹴鞠、秋千、画蛋、放风筝、荡秋千、拔河、植树、禁火，等等，其中很多内容稍作调整即可赋予时代特色。禁火可以结合森林防火日，踏青就是春游，蹴鞠可以成为球赛，插柳结合绿化，等等。今年清明节中国民间文艺家协会在开封举办清明文化节，活动项目近百项。因此，清明节要做的事还很多呢。

记者：清明节的具体时间每年固定吗？另外的二十三节气中哪个还应成为节日呢？

罗杨："燕子来时新社，梨花落后清明。"按照公历的时间，清明节在每年4月5日前后。由于清明是按农历推衍的，每年不同，准确的计算法就是冬至后的第108天。节气与节日是两个不同的概念。在这里的

"清明"只是《淮南子》中所说的："春分后十五日，斗指乙，则清明风至"。人们则总结出"清明前后，种瓜种豆"的农耕谚语。这些与另外的二十三节气没有本质的不同，而作为节日的"清明节"则不同，它完全是一种被赋予人文意义的时间仪式。在二十四节气中只有清明具有节日的基因。

"许多习俗的起源是没有答案的"

记者：那么清明是什么时候开始成为节日的？是怎么变成节日的？

罗杨：清明的发祥同节气相连大约产生于 2500 年以前的周代，何时成为"节日"则没有确切的时间，从目前研究的成果看，专家认为是由清明"吞并"寒食节、上巳节而形成的。由于寒食、上巳都是关于春天的文化节日，又凑巧与清明接近，文化节日是可以因时而变的，而节气是时间的运行节律，是不能变的，因此两个春天的文化节日只好服从于清明，逐渐形成了后来的清明节。关于寒食节的来历，则源于史书上记载的传说：春秋时期晋文公与患难之交大臣介子推的故事。晋文公重耳执政后，介子推隐居绵山（今山西省介休市东南），重耳为让他出来，火烧绵山。介子推母子俩抱着一棵烧焦的大柳树死了。晋文公发现介子推后背堵着的柳树树洞里有一片衣襟，上面题了一首血诗：

> 割肉奉君尽丹心，但愿主公常清明。
> 柳下作鬼终不见，强似伴君作谏臣。
> 倘若主公心有我，忆我之时常自省。
> 臣在九泉心无愧，勤政清明复清明。

为了纪念介子推，晋文公下令把绵山改为"介山"，在山上建立祠堂，并把放火烧山的这一天定为寒食节，晓谕全国，每年这天禁忌烟火，只吃寒食。第二年，晋文公登山祭奠介子推。行至坟前，只见那棵老柳树死而复活，绿枝千条，随风飘舞。晋文公把复活的老柳树赐名为

"清明柳"，又把这天定为清明节。

上巳是个美丽、怀春的节日，起源应早于寒食。"上巳"一词最早见于汉代初年，据《韩诗外传》记载，在三月水中泛着桃花的时候，众士女手执兰草，举行祓除仪式。所谓"祓除"就是把陈旧污秽的东西从自己身边带走，即古人的一种祛灾求福的仪式。《周礼》有这样一段话："中春之月，令会男女，于是时也，奔者不禁。"至魏晋之时，已经开始流行"曲水流觞"的游戏，文人墨客称其为雅集，最为著名的当数永和九年三月三日的兰亭修禊大会，那天，书圣王羲之写下了被称为"天下第一行书"的《兰亭集序》。其实，许多习俗的起源是没有答案的。中国历史上形成的民俗节日大多以避灾祈福为宗旨，而各有侧重。上巳节侧重游山玩水，谈情说爱；寒食节侧重感恩纪念，踏青寒食。由于上巳、寒食、清明三者相连相近相通，三者合在一起就有了更加丰富的文化内涵，成为一个春天的嘉年华。

记者：每一个传统节日都有其独特的文化内涵，清明节的现代意义何在？

罗杨：清明，一个纯粹春天的节日，"万物生长时，皆清净明洁"。早期的清明节是迎接春天的节日，到大自然的怀抱中踏青是其鲜明的主题之一。

纵观历史，各朝各代的清明也因时而异。宋代就有了《清明上河图》中的兴盛场景，大明盛世的清明也有《西湖游览志馀》记载的繁荣热闹欢快场景，到清末传统文化式微的清明则称为"扫墓节"。历史告诉我们，弱国是无清明的。中华民族提倡慎终追远，继承祖先的优良传统，享受民族先人所创造的一切文化成就，感谢革命先烈为我们创造的美好生活。这些都应成为我们过清明节的重要主题。

释放清明的文化魅力

清明，一场春天的出发仪式；开封，一段承平盛世的历史记忆。一年一度的清明，让我们在节日里慎终追远，一年一度的开封清明文化节，让我们在和煦的春风中拥抱自然。

清明发端于汉，兴盛于唐，繁华于宋，复兴于当代。八百年前宋人的清明诗描绘出了一幅"梨花风起正清明，游子寻春半出城，日暮笙歌收拾去，万株杨柳属流莺"的太平景象，开封就是当年繁华清明的衍生地。北宋时期，开封是首屈一指的国际大都会，曾达到"汴京富丽天下无"的封建社会顶峰，被称为"神品"的名画《清明上河图》和纪实之作《东京梦华录》都生动真实地记载了当时的开封盛景。时隔千年，今天走进开封，仿佛仍然能听到热腾腾的叫卖声和熙来攘往的脚步声。得益于这样丰厚的历史馈赠，本届清明文化节将在清明上河园全景再现北宋时期汴河两岸的清明盛景，把传承了千年和失传了多年的大宋风俗中的沐浴、踏青、拔河、画蛋、蹴鞠、折柳、斗鸡、荡秋千、放风筝等文化娱乐项目重新展现，使人开目大宋间，梦回逾千年。

经过几年的努力，以传承文化、拥抱春天为主题的中国开封清明文化节，使"我们的节日"这株沧桑老树在开封重新焕发出新枝，形成了独具特色的清明节俗文化品牌，使当代的清明文化超越了节庆活动的层面，形成了一种文化现象，一种精神象征，实现了清明文化的盛世复兴。如果说《清明上河图》和《东京梦华录》记录了清明文化昌盛于开封，那么今天的开封清明文化节又见证了当代清明文化复兴于开封。

在社会急剧变革的当代，曾经内容繁华和丰富的清明节俗也在急剧淡化和退化，对于我们来说，致力于清明文化节，其目的不仅仅对于某些历史片段的恢复，对于某些传统节俗的传承，不在于一时间的红火热闹，更不能简单地把曾经的文化形式从当代人的生活状态和社会意识中孤立出来。最终的目的是要把清明这样一个历史悠久、影响广泛的传统节日中的精神内涵和文化价值充分挖掘出来，并充分利用好这一文化资源，通过我们的努力，营造出人与人之间和睦相处、人与自然之间和谐相伴、人与社会之间科学发展的美好愿景，把清明的文化魅力全部释放出来，共度富有生机和活力的清明。

本文原载于 2010 年 4 月 8 日《中国社会科学报》

第二辑

参望万象

让孝德成为时代风尚

在中国这块五千年文明的土地上，应该没有不崇尚孝德的地方，也没有不崇尚孝德的人。孝是中华文化的核心观念，具有原发性和综合性，也是中国文化精神的源头和出发点，堪为中华民族精神的渊薮。所谓"读尽天下书，无非一个孝字"。

孝德是我国人伦道德的基石，孝德文化是中华文化的瑰宝，孝德永远是一颗闪烁着人伦之光的璀璨明珠，三皇五帝之一的虞舜有孝文化源头之举，其故地上虞则被认为是孝德人物的滥觞之地。上虞的山水涵养了舜，虞舜给上虞这座城市提供了无穷而深远的精神力量，塑造了上虞人独特的个性和品格。王充著《论衡》，曹娥投江寻父，孟尝"合浦还珠"，谢安东山再起，谢灵运开创山水派，李光面叱奸相秦桧，"上虞四谏"冒死弹劾严嵩，倪元璐舍生取义，方志学家章学诚著述《天史通义》……仅史书上记载的著名孝德人物和事迹就有五十余则之多，现存孝德遗址景物达二十余处之多，流传至今的民间孝德人物和故事过百篇。大舜和曹娥作为精英和草根两大阶层孝德的代表，各居二十四孝男女之首，当代上虞的道德模范人物更是层出不穷，使得孝德文化的传承在上虞一直生生不息，绵久流长，每个上虞人的血液中都流淌着孝德文化的基因。今天，上虞被命名为"中国孝德文化之乡"，又使上虞当之无愧地成为历史孝德文化的高峰和孝德传承的高地。

孝德不仅是一种精神，也是一种行为，孝德文化以生命论为本质，以儒家思想为基础，表现为孝敬父母、慈爱子女、夫爱妻顺、友爱兄弟、孝心爱心、和睦温馨。孝德作为中国文化的一个核心概念，体现了儒家亲亲、尊尊、长长的基本精神，它既是纵贯天、地、人、祖先、父辈、己身、子孙、过去、现在与未来的纵向根脉，也是中国人际与社会关系得以形成的精神纽带。无论经历多少岁月的洗涤，经过多少世代的传承，经受多少次遗忘和重塑，孝德永远是民族认同的标记，民族凝聚力的源泉，中华文明的精髓，民族美德的荣耀，永远是不过时的美丽。今天，当我们脚下这块千年沃土渴望孝德文化的甘露，人民正在构建文明和谐社会之时，我们有责任使孝德不仅仅停留在口头和表面形式上，而是让孝德的清泉喷涌而出化为每个人的行动，擦亮孝德的千古光芒，伴着大舜的那首《南风歌》吹拂中华大地，滋润人们的心田。

本文原载于 2011 年 7 月 29 日《中国艺术报》

从关中民俗文化说起

我国历史悠久，文化灿烂，中华各族人民在漫长的生产和生活中逐渐积淀形成了丰富多彩、风格迥异的万千民俗，在神州大地展开了一幅五彩缤纷的风情画卷。走进关中民俗博物院，就可以感受到"八百里秦川"的淳朴民风；瞻仰到"十三朝古都"的深远文脉；领略到"自古关中帝王州"的磅礴气象；触摸到"得关中者得天下"的奥妙玄机。关中的古老民居在这里安家，逾八千件历代拴马桩在这里列队集结，美好的民俗在这里贮藏存照，置身其中可以身临其境地体验到关中民俗的神奇魅力，透过这个窗口我们可以观察到中华民俗的历史缩影。在民俗博物院里徜徉，可以破解文明古国心灵的密码，解读神奇民俗的历史走向，寻觅精神家园的美好与芬芳，找到久违的回家感觉。

民俗是民族的文化基因和心灵密码，凝结着民族的精神和情感，承载着民族的历史和未来，彰显着民族的智慧和风采。中国地域广大、民族众多、历史悠久，在漫长的生产和生活过程中逐渐积淀出了丰富多彩、千姿百态的民风民俗。历经五千年历史长河的洗礼，很多美妙的民俗成为中华文明的鲜明符号，生动鲜活的民间传承延续，很多已被列入国家非遗名录和世界人类非遗名录，成为人类精神文明的共同财富。

民俗是一种思维文化和行为文化。人类每一群体都有一套自己的习俗与生活方式、一种处事的行为与态度，这些都是民俗。正如钟敬文先生所说："民俗现象，主要在于规范和促进人们的社会生活，使之巩固、发展或得到调整。"

德国思想家赫尔德认为："一个民族的文化表现了该民族的共同精神或天赋。"民俗实质上是一个民族的秉赋，是一种自发的创造力量。它体现在民族的文化、特性、气质等方面，它伴随着民族形成与发展，不能也无法从其他民族的文化模式中学到，是一个民族所特有的禀性和精神取向，是这个民族的共同信念和文化认同。

民俗是民族的文化胎记和底色，是一个民族在长期的生存与发展过程中逐渐形成并不断发展的文化约定。它渗透于民族的文化、性格、思维、情感和心理，为本民族本地区所认同和追求，并体现到其行为和实践中的意识形态、思想观念、思维方式、价值体系、性格品质、审美情趣、行为举止和精神风貌等方面，反映出民族的共同世界观、人生观和价值观的精神性的特质。人的一生就是一个连续不断、潜移默化地接受民俗教育的过程。正像美国学者露丝·本尼迪克特所说，"人从出生之时起就被风俗塑造着他的经验与行为"。而且启蒙性的民俗教化一经被认可并接受，自然就会变为一生的文化意识和自觉行为规范。正如有学者所说："一个民族若能保留自己的文化传统和风俗习惯，就能保证该民族的情感与个性不会消散，也就表明了此民族存在的价值。"

民俗是民族特有的精神高地地标。一个人的智慧与境界，一个社会的公正与良知，一个国家的道德与文明，一个民族的灵魂与脊梁都是在民俗底色上折射出的光彩，都是民俗的法师以神秘而万能的刻刀雕塑出来的独特形象。这种独特的形象，既是民俗的造化，又是民俗的赐予。人的一生从吃穿住行到婚丧嫁娶，从社会交际到精神信仰，无不自觉地遵守民俗的指令。因此，民俗是民族文化的标志，是民族精神的活的灵魂，它制约规定着民族的文化生活，集中体现着民族的精神面貌。

民俗是民族特有的文化结晶。很多民俗虽然以非物质的文化形态传承，但并非无影无形的、不可捉摸的抽象存在。它有源头出处，深深植根于民族文化的沃土；它有存在方式，广泛渗透到各民族社会生活和生存实践的各个领域。从每个人履行的日常民俗习惯、礼仪传统、节会庆典到其社会生活的行为规范、文化模式，再到精神层面的思维方式和思想原则，无不表现出民俗的影响，甚至连那些在历史和现实中被赋予特定文化象征意义、能够反映民族特征的代表性建筑雕塑、发明创造、风土人情、神话传说、诗词歌赋等，都可成为民俗表现的载体。从古至今，许多中华民族的优秀传统在各族人民的民俗中得到弘扬和体现。那些温良、恭敬、谦让、宽厚、信义、孝廉、勤俭、自强、进取、重德、仁爱、忠公、爱国等品行都以民俗形式反映在各族人民的生产生活之中，成为支撑各族人民思想和行为的精神力量。这种深深熔铸在民族成员血液中的民俗，以润物细无声的方式影响着人们的行为和思想，不断发挥着强大的社会整合功能和社会促进作用，表现出强大的民族凝聚力、号召力和统摄力。

民俗是一条流淌不息的文化长河。民俗的发展隐含在民族发展的历史进程中，与民族的文化品性有着难以割舍的联系。在现当代中华民族所经历的由坎坷曲折到光明美好的命运转变中，民俗一直伴着社会的前行成为人们不懈奋斗的精神支撑，成为人们梦想民族复兴的精神慰藉。特别是在当下实现中华民族伟大复兴的宏伟梦想中，那些经过历史淘沥和时代洗礼，至今仍绽放着文明之光的优秀民俗，更应伴着我们的时代和人民一道前行。

当然，民俗不是固守和僵持不变的，而是始终在随社会发展和时代变迁顺应物竞天择的法则，在流淌的长河中不断翻卷出新的浪花。林语堂曾说过："一个富有生机的民族精神应该促使人们去创造、去生产，它不应该被认为是一种死板的、已经完成了其历史使命、应该被涂上防腐剂保存起来的东西。"因此，我们应让美好的老民俗新起来，让淡忘的旧民俗活起来，重新找回孔子所说"移风易俗，莫善于乐"的鲜活境界。

基于这一点，我们应该特别感谢和敬重关中民俗博物院的创建者王勇超同志。他在社会转型时期，"在文化支离破碎的情况下，凭借着一个人的力量，把它们聚拢成一个气候，成为如今的状态，匪夷所思！"（冯骥才语）。正是在关中民俗岁月流转这样一个重要时刻，王勇超带领他的团队历尽艰辛，将那些濒临被推土机铲平的关中民居抢救下来，为关中民俗文化的抢救、收集、整理、研究和传播建造了一座美好家园，开启了一扇向社会、向世界展示关中人民乃至中华民族高尚文化精神和迷人文化魅力的窗口。保护传承民俗并非要墨守成规，而是要让民俗充满生机和活力。当我们站在关中民俗博物院里的时候，不为历数家珍，而是执耳关中文化源头；不为驻足回首，而要并肩牵手前行，让我们的民俗永远保持生生不息，勃勃上行，锵锵前进的气势。我想，关中民俗博物院做到了。当《关中民俗文化艺术丛书》付梓出版的时候，这本荟萃民俗民间文化研究重要门类的理论研究成果，不为彪炳史册，而是为关中民俗文化留下了学术的思考和鲜活的存照。我想，专家学者们做到了。

　　本文是作者于 2012 年 10 月 12 日在第二届关中民俗文化艺术研讨会上的发言

用形象演绎幸福中国

一个"福"字足以勾勒出中国人几千年为之不懈努力的艰辛历程，共产党人艰苦卓绝的奋斗目标也是围绕着一个为民造福。福在历代中国人的心里有着不可替代的神圣意义。因而在五千年的文明史中我们的祖先创造和积淀出源远流长、博大精深的福文化，并由此而衍生出庞大的民间福文化体系。

老百姓希望用直白的方法和形象诠释他们心中的福。最直接的莫过于写福字、剪福字、贴福字这种一目了然的节日习俗，以及那些丰富多彩的民间文化表现方式。从喜庆的杨柳青年画中，我们可以看到，中国人对幸福美满的渴望；从"一团和气"的笑脸上，我们可以感悟出中国人无论在太平岁月还是苦难岁月都能保持乐观与从容；从放飞的纸鸢上，我们可以兴奋地想象出中国人博大的胸襟和不尽的畅想……对于幸福的追求源于老百姓的生活愿望。老百姓希望祛灾祈福就衍化出救苦救难的观世音形象，老百姓渴望富足就造就了财神的形象，老百姓盼望健康长寿就描绘出寿星老的形象……在这些神奇美妙的形象中蛰伏着我们祖先对生命理想的求索，镌刻着我们民族审美的秘籍，凝聚着来自民间的强大的文化基因和精神张力。

生活之树常青。只要社会在发展、生活在进行，老百姓对幸福的期待就会不断萌发。当代中国社会快速发展、人民群众幸福指数不断攀升，人们渴望以一种新的形象、新的面貌反映老百姓生活内容和生活状态所表现出的福的形象。用创新的形式去表达当代中国人身边的真切生活和幸福体验就成了民间文艺的题中之义。也正是基于这样一种重塑民间文化、创新民间文化形式的理念,"中华福爷爷"全球设计征集活动应运而生。活动吸引了海内外数万名设计师和艺术爱好者的热情参与,其中不乏一批构思独特、设计新颖、颇具创意的优秀作品。令人拍案称奇之余,更使我们看到了在圣诞老人、唐老鸭、米老鼠等洋符号大举入侵下,"中华福爷爷"的全球设计征集活动有着文化自觉和文化自信的特殊意义。当然,就具体作品来说,可以借用那句话,"一千个读者就会有一千个哈姆雷特"。我们期待一个既承接五千年文明又对接当代人文内涵的福爷爷。创造一个新的文化形象,并能得到全世界华人的认可和喜欢,无疑是一件"谈何容易"的事。从民间文艺理论的视角分析:民间文化的形象符号从根本上讲是一种集体的契约,是经过长期生活实践而积累起来并贮藏在集体意识中的精神财富。因此,要让福爷爷得到广泛的认同,必定要经历时间的积淀。

优秀的民间艺术蕴含着民族文化的精华和基本元素,作为民间文化核心观念的福文化就渗透在老百姓的生活常态中。那么,什么是幸福?幸福是什么样?有人说平安是福,有人说成功是福,有人说和睦是福,有人说吃亏是福……物质富足不一定幸福,而贫穷却善良可以得到幸福,欲望强烈不一定幸福,而知足常乐却可以得到幸福。有时幸福好像很遥远,可望而不可即,有时幸福又好像很简单,唾手可得。其实,福这个东西看不见摸不着,福是一种心理上的感觉。真正的福就在我们每个人的心中,只要我们能守住民间文化中人文关怀的传统,展示出当代中国的文化底蕴,心中的"福爷爷"就会呼之欲出,释放出美好的能量,演绎出当代的幸福中国。

本文原载于 2013 年 1 月 18 日《中国艺术报》

黄杨本身就是艺术品

　　大自然不仅给人类创造了和谐美好的生存环境，也为人类规划出天然的诗意的栖息家园。大自然是最好的设计师。在大自然的设计中很多美好的物种都是天生的艺术品，黄杨木就是其中之一。它既是民间工艺创造的原材料，又是艺术再现、艺术创造的素材和灵感，而且其本身就是艺术品。

　　黄杨木生长于我国东南沿海、西南、台湾等热带、亚热带、温带地区。其枝叶繁茂，不花不实，四季常青。其树姿美观，树形精巧，是绿化环境、点缀庭院、制作盆景的优质品种以及从事木雕艺术的极品。黄杨原产中国且可广泛栽培，却又十分珍稀。民间有"千年不大黄杨木"的说法，是指黄杨生长得极其缓慢，甚至还有"黄杨厄闰"的传说，即每逢闰岁还要退长三寸。苏轼有诗句："园中草木春无数，只有黄杨厄闰年。"并自注道："俗说黄杨岁长一寸，遇闰退三寸"。李渔在《闲情偶寄》中称黄杨为"木中君子"，他说："黄杨每岁一寸，不溢分毫，至闰年反缩一寸，是天限之命也。"这些都说明了黄杨的珍贵。在《酉阳杂俎》中还记述了"世重黄杨木以其无火也。用水试之，沉则无火。凡取此木，必寻隐晦夜无一星，伐之则不裂"。这又给黄杨披上了一层神秘的色彩。苏州的民间故事还讲述了一个白素贞用黄杨木梳为许仙梳头治好瘟疫的神话传说，也为黄杨制品成为人们心爱把玩之物增添了更多情趣。现代医学也证明黄杨木散发出的清香具有驱蚊、杀菌、消炎、止血等很多医药功效。

广义的黄杨艺术源于中国并发展于中国，是中国古老文化和传统艺术的一部分。它蕴含文学和美学，并集植物栽培学、植物形态学、植物生理学以及园林艺术和植物造型艺术于一体，是闪烁着民族文化光辉的民间艺术瑰宝。而作为木雕艺术的乐清黄杨木雕最为有名，为"中国四大木雕"之首。相传，黄杨木雕由清晚期乐清的一名放牛娃叶承荣所创。叶承荣曾拜师学塑佛像，在偶然中他发现黄杨木木质坚韧，纹理细腻，色彩光泽实为雕刻上乘之料，并在道光年间雕出了第一件传世作品太上老君像。也正是在这一时期黄杨木雕这一古老的文化发生了从娱神到悦人的转变。从此民间艺术的百花园中开出了黄杨木雕的新花。今天，随着我国民间文化大发展大繁荣的良好态势，包括黄杨木雕在内的黄杨文化的传承保护和发展越来越受到社会各界的关注。人们也越来越意识到在民间艺术领域，资源永远是第一位的。首先保护好黄杨树种也成为有识之士的共识。在这样一种信念下，苏州的民间艺术家陶宝忠和他的黄杨植物园诞生了。虽然园子初建，规模不大，但清明将近，满园的黄杨已是嫩叶初发，一片芳绿，春光悦目。使人想到一首前贤小诗："咫尺黄杨树，婆娑枝千重，叶深圃翡翠，据古蹯虬龙。"勾画出了小园的秀色。

如果说大自然是美丽中国的设计师，黄杨木就是美丽中国的独特艺术品。为了使黄杨艺术能够可持续发展，让民间艺术产生更多杰作，保护好黄杨木，传承好黄杨艺术，无疑是民间文化工作者的当务之急。祝愿中国黄杨文化园的建立，为更多的民间艺术家提供一种亲近自然的创作氛围，让民间艺术创作者与自然的黄杨环境相拥共舞，从黄杨的生态意境中汲取鲜活的创作灵感，圆民间文艺工作者一个黄杨艺术的中国梦。

本文原载于 2013 年 4 月 12 日《中国艺术报》

云中盼有锦书来

中国的家书历史悠久，源远流长，宛如一幅承载人间万象的历史画卷，流转出我们民族隐藏于心底深处的万种柔情；宛如一条流淌不息的情感长河，滋养着我们民族的心灵家园。我国历代家书既神奇神秘又博大精深，是蕴含丰富的无价宝藏。今天我们能见到的中国最早的书法传世墨迹《平复帖》，正是陆机写给友人的一封文人书信，其中蕴藏着太多的历史人文信息，至今仍令我们不得其解。而这封经过逾千年颠沛流离的书信，命运多舛辗转于世间，直到中华人民共和国成立后才由著名收藏家张伯驹于溥心畬手中购得，交由国家收藏，成为重要的国宝级文物珍品。毫无疑问，家书为补充、完善和丰富中华文明史有着不可替代的重要意义。

对于我们那个时代出生的人来说，家书是曾经美妙的记忆。"文革"时我还在上学，父亲被下放到"五七干校"放牛，千里之遥唯一用来传递音讯的就是家书，而所有的家书都会被审查。在那样一种政治环境里，家人的亲情是怎样通过家书里行行真情、字字玄机吐露出的，真是难以言表。

时至当代，电信技术迅猛发展，互联网铺天盖地，手写的家书几乎遭遇全民性的放弃。传统的书信文明似乎已成远去的"雅乐"，只若有若无地沉浮在信息爆炸的洪流之中。如今，我们只能从中国人民大学的家书收藏馆以及先人的收藏中依稀可辨。家书已经从以往人们须臾不可或缺的交流方式凋零为需要抢救保护的文化遗产。家书的远去使我们越来越感到，在这个充满科技和商业的社会中，人文氛围越来越淡薄，人文情怀越来越缺少，人文情致越来越稀释。

为此，2005 年，由中国民间文艺家协会倡导，费孝通、季羡林、任继愈等 46 位文化名人签名启动了抢救民间家书的行动。至 2009 年，中国人民大学站在时代的高度，以一种历史的人文情怀，超前的文化眼光，建立了家书文化研究中心，担当起抢救家书的使命。当然，这里凝聚着张丁等一批当代有识之士为抢救保护家书所做的努力。我想，这一方面反映出我国文化学者的历史境界和使命意识，另一方面也折射出当代文人内心的失落与向往。显然，这也是在如今人文精神匮乏的文化背景下发出的一种吁求。什么是"人文"？就是能够让身处困顿中的人得到生命温度和心灵温暖的无声慰藉；就是杜甫那种"烽火连三月，家书抵万金"的不解乡愁；就是李清照那种"云中谁寄锦书来"的人情期盼；就是鲁迅两地书那种"十年携手共艰危，以沫相濡亦可哀"的人间情怀；就是灵魂苍白、浮躁焦灼的当代人所渴望的那种真情关怀。

或许家书作为情感联络和信息传递的载体已经成为过去，但文明的传承不能因此中断。就像唐诗宋词虽然不再是今天文学的主要表现形式，但其中蕴含的人文精神和风物万象，今天读来仍充满着无穷的魅力；诸子百家孔孟老庄凝练的人生哲理，今天读来仍给予我们无穷的智慧；那些文学史上来自书信的经典名篇，仍会给我们带来不尽的启迪。家书不仅是家人之间的平安信函，不只是男欢女爱的卿卿我我，而有着博大的文献价值，深厚的学术价值，普遍的伦理价值，精湛的艺术价值以及丰富的现实价值。今天，当我们读到那一封封脍炙人口的优美家书，总会有一种"剪不断，理还乱"的纠结。难道在当今这样一个科技高速发展的时代，人们真的不再需要"人文"了？不再需要人文精神了？不再需要书信了？文化的发展繁荣离不开对民族传统文化的自觉和自省，而自觉自强的前提是对文化遗产的认知和积累。试想，如果一个民族失掉了对人文精神的追求，只有时尚和娱乐；失掉了诗意的人生意境，只有科学和技术，我们的生活就缺少了雅致，我们的文化就会苍白无味，我们民族的情感将会日趋寡薄。

文化传承如同大浪淘沙、沙里淘金，人类的一切艺术都会随时代的发展而发展，人类文明不会也不应该随着历史的演进而销声匿迹，而会老树新花又一春，正所谓"笔墨当随时代"。如，19世纪照相技术发明后，有人曾忧虑绘画将会消失，然而，近二百年过去了，绘画不仅仍如火如荼地发展着，照相术给绘画带来的根本性审美变革也是有目共睹的。所以，我相信，人类追求诗意和美的愿望将会永恒不变，家书作为一种中国的文字和语言，作为一种民族文化的心灵密码，一定不会消亡，一定会在时代的潮流中与时俱进。

面对家书离我们生活渐行渐远的惋惜与无奈，我们既不能有杞人忧天的绝望，也不能靠午夜梦回的幻想，要想在技术主义泛滥的时代保留一份温暖的人文情怀，就应像张丁他们这样，把对家书的人文关怀付诸抢救和保护的努力和行动。因此，我热切希望中国人民大学设立"家书学"并以此为中心，建立一个全国性的学术组织，以使民间家书得到更好的收集整理和研究；希望加快家书申报世界记忆文化遗产的步伐，绝不能看着日本军国主义分子拿着"神风特攻队"家书申遗的无耻闹剧上演，更不能让凝聚着民族心灵万般美好的家书在我们手中消失。

本文是作者于2014年5月13日在中国人民大学首届家书文化论坛上的发言，根据录音整理

永恒的黄土恋

世界上所有的民族都热爱和歌颂自己的故乡。乡愁作为人类心灵最柔软的部分，永远吟出诗一样的咏叹，陪伴我们走进更美好的生活。陕北是一片壮阔的土地，大自然的鬼斧神工，赋予了这片土地恢宏、博大的气势；古老悠久的历史，积淀出这里深厚的地域文化；自然景观与人文景观有机契合，交相濡染，构成了一幅幅摄人心魄的宏伟画卷。无处不在的文化因子，飘荡在黄土地，流淌在河川，回旋在窑院。这里生活着卑躬苦行的人民，这里滋生着乐观豁达的精神，这里有强悍果敢的天性，这里有不断冲破禁锢的人生。这里的世界既平凡又壮美。

"背靠着黄河哟面对着天，陕北的山来山套着山"，陕北是一个特色鲜明的地域性概念；"米脂的婆姨，绥德的汉"，陕北是一个让人充满遐想的生活性概念；"这里有盘古氏开天辟地的传说，这里有人文初祖轩辕帝的伟业，这里有大禹治水的足迹"。

陕北还是一个遍布着华夏文明印记的文化性概念。作为农耕文明与草原文明的分界线，华夏民族与各少数民族相互融合的大舞台，陕北有着多维、古朴、壮丽的风姿与神韵。人们赋予过这片雄浑的天地传奇性的描述，人们对这里丰富的文化充满不变的向往。人们以想象的翅膀飞向它，以探索的脚步走进它，以艺术的方式解释它，渴望与这一片辽阔的土地"接壤"，与这里人们的命运共振。翻开郭冰庐老先生的《乡土陕北》，我仿佛看到了一个骨骼清晰、血肉饱满的陕北生动、真切、完整地呈现在眼前，它有着历史的陕北的傲人，有着今天的陕北的喜人，更有着亘古不变的陕北精神的动人。陕北民族融合的历史、陕北民间信仰、文化共同体的生成、陕北节令文化、民间艺术的诞生，在郭老的笔下各自成章而相映成趣，它们绘就出一个灿烂、丰富、神秘的乡土陕北，如此强烈地唤醒着你的神经，撼动着你的心灵……

黄土地上有黄土地人，黄土地人有黄土地恋。郭冰庐的《乡土陕北》是他多年热恋黄土地的结晶。诗人里尔克曾说："离开村落的人们流浪很久了，许多人说不定就死在半路上。"无论什么时候，人们都渴望有一个地方可以安放自己的肉体和心灵；无论什么时代，人类都难以割舍对于家园的依恋与记忆。而只有有乡愁的地方才能锁得住记忆，只有有记忆的土地才能够承载人们对美好生活的向往。

走得越远，人们越会意识到，正是那些平常的，甚至使人倦怠的图景形成了人们日常生活中稳稳的幸福的底色；正是那种散漫的，而基本不易察觉的情感支撑起人们漂泊旅程中信仰和力量的底气；正是那些俗常的物、那些静静流淌的时间汇集成了一方水土文化的底蕴；正是这些底色、底气和底蕴形成了一个民族旺盛的生命力、感召力、凝聚力，形成了世代延续的精神支柱和心灵寄托，镌刻着中国人的过去，也孕育着中国人的未来。

"推土机推不出和谐社会"，社会主义核心价值观的形成离不开中国传统文化的老根。中国文化的传承与保护一直特别强调对于当地具有传统风貌的古民居等物质载体的保护，特别重视对当地民间精神内核和文化内涵进行挖掘整理，特别珍惜对于乡土文化、乡土情感的记忆与传承。郭冰庐的《乡土陕北》就是一部这样的杰作和典范。

在郭冰庐的笔下，陕北的文化记忆是立体的、温存的，陕北的乡愁是可见的、可触摸的。窑洞，就是其中的一个代表。窑洞是陕北生活的象征，对于很多土生土长的陕北农民来说，辛勤劳作一生，最基本的愿望就是修建几孔窑洞。"有了窑、娶了妻才算成了家、立了业。男人在黄土地上刨挖，女人则在土窑洞里操持家务、生儿育女。"可以说，"烧柴点炕，满窑生暖，主窑坐炕，其乐融融"的小小窑洞浓缩了这片黄土地的别样风情，代表着陕北百姓的生活理想。走进了窑洞，也就走进了陕北人的心窝。

在绥德地域，人们习惯利用当地天然的地貌条件，选择土质较好、干燥、向阳、避风的地带先铲平土崖面，然后挖洞成形，在一些宽阔的崖面可连挖数孔成排，再调和细泥抹光洞内四壁，待自然风干后，再安上门窗，一孔新窑就告成了。这种土窑洞入住宽敞，冬暖夏凉，非常适合当地的气候条件，可谓是"天人合一"的典范。

近些年来，随着农民生活水平的提高，居住条件的改善，以及新农村建设和近年来大规模实施的小康屋、窑洞搬迁工程，曾经养育了无数代人的窑洞正在被人们废弃，逐渐走向消亡。一部分率先富起来的农民开始告别土窑洞，搬进了土木砖结构的房子居住。原先那一排排依山而建，参差错落的窑洞，逐渐被塬面上一排排红砖碧瓦、漂亮美观的房屋所取代。很多村民认为告别窑洞就是告别贫困，能在塬上建房就是走向富裕。

窑洞会成为一种渐行渐远的风景吗？郭冰庐用他多年的坚守与理性的思索给了我们信心。

抢救民俗文化，不仅需要与时间赛跑，还需要与时间同行，郭冰庐是一位既有速度与耐力，又有方向与方法的抢救者。

在《乡土陕北》中，他以赤子的情怀、理性的眼光、严谨的思考把窑洞文化的前世和今生，把陕北人民与窑洞的缘分和情分进行了细致的梳理和细腻的呈现，通过理性而深情的笔触，我们不仅看到了昨天的陕北窑洞的遗存与风采，还看到了今天的陕北窑洞新的空间与可能。

郭冰庐的笔下不仅忠实记录了窑洞文化旧的因子，也客观展现了窑洞文化新的质素，这使得他的研究更加耐人寻味，也更加具有指向今天的现实意义。郭冰庐的所作所为对于窑洞的过去、现在和未来都功不可没。当郭冰庐热情歌颂了过去的陕北，理性勾勒了未来的陕北，真诚沟通了"文化"的陕北与"生活"的陕北，他不仅是文化的坚守者，在某种程度上也是文化的创造者，并因此成为更好的坚守者。这种文化的自觉就会感染人，这种文化的先觉也会引导人。

当人们在"物"的现代化中守望乡愁，在"人"的现代化中重新认识乡愁，我们常常会去思考乡愁的内质究竟是什么。它是看得见、摸得着的山和水，它是深藏的、喷薄的惦念与感情，它是人们相信和依靠的生活信心和生命信仰。归根结底，乡愁是牵引人与造化人的力量的终极，它是一种由外向内累积的精神文化。在《乡土陕北》中，郭冰庐倾注了大量的心力去探究和描绘陕北这块土地上"文化共同体"的内涵与外延。不仅研究了这块"文化共同体"的宗教信仰、文化信仰、道德信仰、民族信仰，还研究了它们是如何使人们的身心安住，怎样影响了人们的生活态度与生活方式，怎样使人们的生活内容更充实、更美好。在这里，我们仿佛得以解读陕北人的性格中守的耐性与走的冲力的基因密码，得以体味陕北人忍让的本分与反叛的倔强所造就的生命的张力。

我想，郭冰庐老先生之所以能够以 80 多岁的高龄，孜孜不倦地对于陕北进行研究，能够为了研究中的某一个民俗事象孜孜不倦地跟踪考察二十多年，正是因为他本身有这股"文化共同体"的底色，血脉里奔腾着这个"文化共同体"的因子。它赋予了郭冰庐对这片黄土地天然的热恋，这份热恋赋予了郭冰庐对陕北文化一生的执着，这样的执着成就了其形而下的田野作业的可信与形而上的理论研究的可敬。

郭冰庐老先生在寄给我书稿的附信中有这样一段话："本书以陕北高原的广阔地面为主要地缘研究对象，以生态环境、生存环境与人文环境为参照系，结合陕北的人文地理特点，对陕北民间风俗文化中具有代表性的民俗事象做了调查研究。"

我想这样回复给郭老，不知道是不是恰当：这是一个生存在黄土地上的人以陕北高原为主要爱恋对象，以赤子心怀甚至"死缠烂打"为主要追求方式，和这片土地从童年到老年，从懵懂到觉醒，从怦然心动到渐渐痴迷，从遐想到行动，从"纸上谈兵"到"千里跋涉"，从情怀到责任的漫长的、动人的"恋爱史"。这不仅是一本陕西乡土经典的民俗志，更是一个陕北人精彩的"人生志"。

本文是作者为《乡土陕北》一书所作的序。刊载于 2014 年 5 月 19 日《学习时报》

中国传统文化的创新基因

　　灿烂的传统文化不仅留给我们历史的脉络，还传递出一代又一代中华祖先沉淀下来的思想精髓。当代中国文化的生命力说到底源于传统文化与未来对接的巨大张力。中国学者梁漱溟先生说，如果中国要创造一种新文化，那么中国新文化的嫩芽一定不会凭空萌生，一定离不开那些虽已衰老却仍然充满着生机和活力的老根。传统文化是中国文化的古老根脉，只有根深才能叶茂，而在这个古老的根脉中既不乏创新的基因和动力，也不乏创新的精神和智慧。在中国两千多年前一部托孔子之名编撰的史籍《礼记》中就有着"苟日新，日日新，又日新"的记述，充分表达出古人求新贵新的传统理念以及对创新精神的不懈追求。一个民族的文化传统，是这个民族在历史长河之中慢慢积累形成的，是一个民族的集体记忆和集体行为，这种记忆和行为已经不需要再去翻动遗传基因，就已经流淌在民族的血液里。

　　或许，由于中国传统文化所孕育出的创新思维模式与西方创新思维有所不同，因此，造成了一些人视中国传统文化为保守的偏见。其实不然，中国传统文化的理念认为尊重传统、理解传统、吃透传统是创新的前提，因此中国传统文化中基本的创新思维模式是："承前启后，继往开来，温故知新"，而西方的思维模式则是"推倒重来，另起炉灶，改弦更张，破旧立新"。而恰恰正是中国如此一脉相承的文化继承发展观，造就了中国成为世界上唯一有着五千年历史而从未中断过的文明古国，并在思想文化、社会政治、典章制度、天文地理、语言文字、文学艺术等很多方面为人类文明做出了创造性的贡献。

回溯历史反观当代，放眼今日之中国，我们不缺少创新的激情，而是缺少对传统的敬畏；不缺少开放的勇气，而是缺少对良莠的甄别；不缺少爱国的情怀，而是缺少对祖先的自信；不缺少经济发展的速度，而是缺少对精神家园的守望。当前中国人最可怕的危机不是经济而是精神，是心灵深处可以守望的东西变得越来越模糊了。一个强大的民族，不是跟在别人的后面亦步亦趋，而是既学习别人的长处，又坚守本民族传统文化的精华，在时代的风云际会中促成传统的涅槃新生。

百年前，中国精英群体曾立志变法图强，断然抛弃自己的传统文化，转而面向西方学习。改革开放后，面对全球化的潮流我们又追求与国际接轨，适应服从西方的规则。这些皆无可非议，这是那个时期的人们在中国积贫积弱的形势下为了中国社会发展和国力的增强而做出的努力和选择，而当今天中国已成为世界第二大经济体，我想我们应有一次新的选择，这就是以五千年文化作为立国之本，再次激活那些被我们曾忽视的迷人的传统，使其在当代情境中重新放射出光芒。

创新的终极目标是实现人类社会的全面进步和人的全面自由发展。中国文化以其鲜明的道德坐标、人文传统和天人合一的诗意化追求，区别于西方文化中执着的科学精神以及征服自然的强烈欲望和商业意识。不可否认西方文化在催生工业化现代化方面曾显示出强大的技术优势，那么当生态破坏、环境污染等，现代化通病危及人类之时，东方文化将会在解决现代化带来的诸多问题中显示出明显的智慧优势。1988年诺贝尔奖的获得者曾在巴黎的一次集会上发出了"如果人类要在21世纪继续生存下去，就要从2500年前的孔子那里去汲取智慧"的箴言。那么，作为中国人，我们都应有一种守护家园的天性和热情，将消失岁月中储存的信息开掘整理，形成新的文化记忆和文明因子，坚守"自强不息，厚德载物"的古训开拓进取，坚守"富贵不能淫，贫贱不能移，威武不能屈"的精神境界和民族气节。当然，弘扬传统不是简单的向后转，而是立足当代，面向未来，为实现中华民族的伟大复兴而"光复旧物，自立于世界民族之林"。

　　本文为作者于 2014 年 6 月 18 日在太湖世界文化论坛第三届年会上的口头发言

成人礼释放正能量

　　当海上的斜阳把美丽的渔岛洞头映照得一片绯红，一场既传统淳朴又时尚浪漫的"七夕成人节"仪式在夕阳中拉开了帷幕。当家长与孩子们在晚霞中亲热庄重地相互依偎拥抱时，所有在场的人都不由自主地流下了激动的泪水。哪个孩子不是被父母含辛茹苦养育成人，哪个孩子没有对人生的美好憧憬、没有报答父母养育之恩的天生之情。此时此刻，父母为子女的长大成人而欣慰，子女为长大成人而发奋励志。青年人从此将把持心灵的阴晴圆缺，担起生命的跌宕沉浮。那一瞬间，人们感悟到了今人与古人的心灵沟通，长辈与晚辈的情感交互，一种融入自然的人生哲理与超脱现实的人文关怀在七夕的月光下油然而生。仪式的每个环节都触及人类情感最柔软的部分。我想，这种源自古老的仪式的重要意义在于，他把年轻人的责任感和使命感外显于形，内化于心，从而成为他们独立人格养成以及社会文化认同的重要方式。

　　在我们的传统节日"七夕"这样一个极富诗意和浪漫的日子里，人们在遥望星空中的牛郎织女星生发无尽的奇思遐想，畅想天上的美景之时，相比其他地方的七夕，洞头的七夕又被赋予一层极为特殊的节日含义，即成人节。洞头七夕与成人节的结合源于一个美丽的民间传说。相传王母娘娘曾下凡体察民情，看到有人用糯米饭和泥造墓，对如此浪费的行为大为不满，便禀报了玉皇大帝，于是天降大灾，使人间灾苦迭生。七仙女得知此事后心生疑惑，便深入民间了解实情，方知用糯米饭造墓的是黑心财主，老百姓则是食不果腹。于是，她用聪明智慧帮助人间度过了灾荒，还救助了一个十六岁的渔民孩子。从此，当地便有了与七夕同时的成人节。这种与七夕结合的成人节在洞头已有三百多年的历史，至今各家各户仍然保留着拜七星夫人，摆"七星亭"供案，做"巧人儿"馃等一系列祭拜仪式。近年来，在民间传统祭拜的基础上，又形成了由政府主导的七夕集体祭拜与成人礼结合的仪式，使之成为一种既相传久远又体现时代内涵的民俗风尚。

成人礼形成较早，秦代时已有了较为完备的记述，文献记载分为冠礼和笄礼，最初在上层社会流行，后来向民间延伸。从最初极其繁缛复杂到后来渐趋简化，至近代逐步式微，以至于今天已经被人们所遗忘，只在个别地区保留着一些记忆碎片。我以为这不能不说是我们文化传承中的一大损失。近些年，随着国人文化自觉意识的觉醒，恢复和重建成人礼的呼声日渐高涨。洞头这种传承相对活态的七夕成人节习俗可谓古代成人礼的活化石，有着一种"吹尽黄沙始见金"的价值和特别重要的借古开今的借鉴意义。

中国传统文化向来讲究对天地自然的感恩敬畏和对社会伦理的遵从。这种朴素的敬畏与感恩能够约束人们的行为，让人们知道该做什么不该做什么，该摒弃什么该追求什么。尽管谁也没有见过七仙女，但是大自然中种种神秘现象和生活里的种种奇迹，使人们认识到人的力量之渺小。而人们虔诚的对宇宙自然的感恩和敬畏最终表现在对世间万物的关怀。虽然随着人类探月工程和航天技术的发展，七仙女在人们心目中的印象变得越来越模糊，但源于百姓内心深处的那种柔软情愫却并没有消失。

习俗是人们在长期的集体生活中逐渐形成并共同认可和遵守的习惯。社会中的每个成员的一举一动都会自觉不自觉地受到习俗的约束和熏陶，这种习俗也许没有明文规定，但社会习俗和社会伦理构成了人与人的价值认同和社会的道德趋向，是维系族群和社会稳定的精神纽带。当代社会，那些古老的乡规民约伦理仪式依然不能简单地被取代，社会主义核心价值观落地生根仍然需要优秀民俗传统的涵养。

从古至今，人类社会生活发生了翻天覆地的变化，但是回报父母的亲情和养育之恩是我们生活中亘古不变的主题。在洞头，祖先崇拜与忠孝传家通过七夕成人节已使传统文化深入人心，每个孩子从出生就在一年一度的七夕习俗里播下了感恩和成长的种子，而这粒种子一定会在传统文化的滋润中成长成才。我想，如果其他地方也能借鉴洞头这种既古老又富有时代特色的成人礼，无疑会使我们青少年的精神境界在浓郁的传统文化氛围中走向成熟与强健，并带着强大的正能量去追求创新与超越，不断塑造精彩完美的人生。

　　　　本文原载于 2014 年 8 月 22 日《中国艺术报》

超越成功的伟大

寿山石集天地之精华，聚自然之神奇，融人文之灵性，是妙趣天成的艺术结晶，独闽有之，天下无双。

一块可人的寿山石的形成，无不历经亿万年沧海桑田的岁月洗礼，光阴磨砺，在斗转星移中积淀出一种丽质、一种文化、一种艺术、一种情感、一种机缘、一种天生的艺术品。大自然唯独把它赐予福建寿山村。福建人爱石、懂石、赏石，老艺人口口相传着寿山石是"女娲补天遗天脂"的故事，他们在倍加珍爱每一块石材的同时，还会通过奇思妙想，随心所欲地把石头雕刻出巧夺天工的各种形象，从而使质朴的寿山石达到情致高远、化腐朽为神奇的境界。

寿山石历来有"上伴帝王将相，中及文人雅士，下亲庶民百姓"之雅俗共赏的魅力。从目前的考古发现可以得知，我们的祖先对寿山石的开采和雕刻至少已有1600年的历史。寿山石雕刻的题材有人物、动物、山水、花鸟等广泛品类；技法包括圆雕、印钮雕、薄意雕、镂空雕、浅浮雕、高浮雕、镶嵌雕、链雕、篆刻雕和微雕等。经过历代寿山石艺人的传承发展，当代的寿山石雕不断博采融汇中国画及各种民间工艺的雕刻技艺与艺术精华，使之更加丰富多彩，不断攀上新的高峰。寿山石雕刻不仅是福建的一种独特艺术形态和地域文化现象，也是中华民族灿烂的文化遗产。

为了使这一优秀遗产薪火相传发扬光大，中国民协、中国文学艺术基金会、福建省文联共同组织了"匠心神韵"中国寿山石雕刻新秀创作大赛。参赛者均是在福建这块钟灵毓秀的神奇大地上成长起来的新生代。他们秉承了前辈的勤劳智慧，在岁月流转中实现了雕刻技艺和人生境界的升华。从作品中我们可以看到，他们因循着以"相石"为首要环节，注重返璞归真，追求既雕既琢的艺术效果，同时利用自然的石形石色，巧施技艺，达到"天工合一"的妙境。每件作品都像是一首诗、一幅画、一首歌、一段诉不尽的故事，在给人以无穷的乐趣和高雅享受的同时，实现了寿山石文化附加值倍增的效果。

江山代有才人出。在商品经济的大潮不断把寿山石雕推向市场高峰的同时，被裹挟其中的寿山石艺人难免泥沙俱下，鱼龙混杂。那些脱离了精彩创意与精湛手工的石雕，那些丧失了浪漫情怀与深邃思想的作品，标价再高也只是出自工匠的"行活"而已。面对迷离纷扰的寿山石雕市场，唯有抹去浮躁的泡沫才能慧眼识珠，披沙拣金。只有那些只消寥寥几刀就把常人眼里"朽木不可雕"的朴石融入深刻思想内涵和文化意蕴者，方可称为雕刻大师，方能创作出传世的经典作品。

一件寿山石雕的作品不仅呈现出艺术的高低优劣，同时也折射出作者的操守与修为。寿山石有价而真情无价。我想，评判一位寿山石艺人是否配得上大师的称号，不仅要看他是否具有了精湛的雕刻技艺，是否雕刻出了精品，更重要的是要看他是否放下了一己私利而拥有襟怀天下的情怀。这十五位获奖的新秀做到了，他们把这些倾尽了自己无限心血的满意之作无偿捐献给中国文学艺术基金会，以期让基金会去资助那些和他们一样想要实现艺术梦想的后来人，这是何等的境界啊！他们面对的不是世俗而是世界，他们眼睛盯着的不是名利的市场，而是万般精彩的大千世界；他们不是在人事物的小圈子里挣扎，而是在天地人的大境界里畅游。唯此，才有了如此出手不凡、一鸣惊人的佳作善举。

赠人玫瑰，手留余香。这些年轻的新秀是令人敬佩的。他们在雕刻寿山石的同时，也在雕琢着自己的人生。

梵高说："真正的艺人是不想成功的，所要的只是伟大。"毫无疑问，中国寿山石雕刻新秀无愧是"真正的艺人"。寿山石雕刻成就了他们人生的伟大。

本文是作者于 2014 年 10 月 23 日在 "匠心神韵" 中国寿山石雕新秀创作大赛系列活动获奖作品展开幕式上的讲话

渔俗文化的恋歌

　　看似一幅画，读如一首诗。与其说这是一部史料翔实论据扎实的学术研究著作，倒不如说这是一本文采飞扬脍炙人口的文学作品。作者以严谨的治学态度把博大精深、底蕴深厚的渔俗文化穷尽幽微，又以作家的笔法把科学缜密艰涩难读的学术成果描写得深入浅出通俗易懂，把偌大一个渔俗文化的史书写得如此富有诗情画意，既是历史的诗化，又是诗化的历史，可谓是一部诗性的渔俗文化史记。

　　渔俗文化研究是一门生僻的学科，关于浙江沿海渔俗文化研究更为鲜有，因此黄立轩的这部《远古的桨声——浙江沿海渔俗文化记忆》就凸显了其重要的学科价值和学术意义。浙江近海多水，是海洋大省，先民涉猎海洋，创造了灿烂悠久的海洋文化。自古以来，吴越舟楫之便，渔盐之利，因海兴市，得天独厚。宋元发达的工商业，近代的港口经济、对外贸易，皆有赖海洋之赐，且开风气之先。从"丝绸浙江""人文浙江"，到"海上浙江"，勾勒出了浙江的历史变迁与文明进步。

　　明代人文地理学家王士性（浙江临海人）在他的名著《广志绎》中，将浙江划分为"泽国""山谷""海滨"三个文化区。杭、嘉、湖为平原水乡，是为"泽国之民"；金、衢、严处丘陵地带，是为"山谷之民"；宁、绍、台、温山连大海，是为"海滨之民"。这三个文化区因不同自然地理环境，从而形成了"稻作""樵采""海作"三种相对不同的生产方式，导致了生产方式、风俗习惯和价值观念的差异；三民各自为俗:"泽国之民"舟楫交通方便,百货所聚,城市里的人比较富裕,风俗也较奢侈,缙绅的势力很大;"山谷之民"石气所钟,性情刚烈,习性俭约,但不把富人放在眼里;"海滨之民",餐风宿水,百死一生,因为有海利而不太穷,又因为不经商而不太富,风俗也"居奢俭之半",比较适中。王士性的"文化生态"理论,比黑格尔在《历史哲学》一书中所提出的相似理论要早200多年。从王士性的"文化生态"理论来推论,浙江渔俗文化既是大自然赐予浙江的天才杰作,又是人类悉心打造的文化精品,如桑间之歌,韶虞之乐,不仅快意适观,而且可收藏可清赏可珍玩。

我拿到《远古的桨声——浙江沿海渔俗文化记忆》的书稿后是一气读完的,掩卷深思良久,深被黄立轩知难而进、刻苦攻关的执着求索精神所震撼,也为其在这一领域里取得的新的研究成果以及新的深度和广度上的突破所欣慰。我想细心的读者都会与我一样发现该书有很多值得称道之处。

首先,把浙江考古有影响的重大的发现和研究融入书中。我们知道,渊博的考古学家可以穷其精微,写下浩瀚巨著,可以从某一种陶罐形状,从某一个甲骨文字符,判断其所包含的神秘信息。但是,翻阅一本考古发掘论著,对于一般读者来说太枯燥。我总盼望着考古大师们能让受过中等教育以上的人都能享受原本属于他们的历史财富,却遭遇了"踏破铁鞋无觅处"的尴尬。而黄立轩在他的书中,通过考古成果将残断的历史碎片连缀得尽可能完整,将消失的历史变为摸得着的现实,在纵横历史、解读历史的考古脚步里,将那些生动的却鲜为人知的考古经历、参观感受讲给读者听,不知不觉中使考古成果被大众所接受,完成了深入浅出的考古学的科普效果。

其次,从独木舟到万吨渔船的演变历史,从神话中的原始岛民到现代的东海渔民,从渔民的造船习俗、生产习俗到船饰渔服,从渔乡传统节日到渔家生活风俗,书中系统地、分门别类地做了详尽介绍,阐述了浙江沿海渔俗文化的内在精神和内在价值,对所有关心与热爱渔船、渔俗文化的读者了解浙江沿海的渔俗文化具有很大的帮助。

再次，抓住了浙江历史文化的一个重点难点——非物质文化遗产来进行研究。浙江，这块五万年前就有人类活动的古老大地上，曾经积淀了著名的"上山文化""跨湖桥文化""河姆渡文化""良渚文化"。而在后世的发展过程中，通过传承与创新，又积累了灿烂的物质文化和非物质文化。在那些或者沿海，或者靠山的城镇与乡村，生发了曾经广受民众喜爱的各类文化形态，唱、舞、绘、刻、演、锻、雕，在这些多样的表现形式中，一代一代的人获得了精神上的享受与满足，丰富了原本可能平淡无趣的生产和生活。这些保留了民族历史记忆、凝结了民间智慧、融合了大众情感、体现了地域风格的非物质文化遗产，正需要更多的人去认定和抢救，并通过有形的方式来保留文化记忆。如果不去抢救和保护，那些与我们息息相关的文化记忆和民族传统，就会迅速地离我们远去。黄立轩历时数年跑遍浙江沿海，收集、整理、创作的《远古的桨声——浙江沿海渔俗文化记忆》一书，及时地回望了那些历经千百年而传承下来的民间渔俗、生活风俗和非物质文化遗产。它不但能给读者提供丰富的文化营养，还能唤醒读者更好地保护文化遗产，守护精神家园。

最后，诗人述史，喷涌的是激情；哲人述史，流淌的是思考；乡人述史，倾吐的是爱恋。黄立轩倡导并尝试"学术散文"的写作，即在散文创作中加入浓重的学术内涵，或是将自己的学术性探究成果和论断通过散文的笔法表现出来。学术散文比文化散文更具学术含量和价值，又比学术论文更具文采及可读性和感染力。以文学论述学术观点，以学术的论识支撑散文架构，整部作品既有理性的思辨又有文化的张力，还有文学艺术的魅力。它是作者对学术散文文体的一种探索与阐释。

看完他的作品，掩卷思之，从开篇直到最后，他一直保持特有的才情才气，每一节都大气磅礴，厚重而不乏明丽，豪放里透露清新，平淡中又充满智慧。看这样的书，与其说是读史，还不如说在读诗；与其说在了解浙江沿海的历史文化、渔俗文化、非物质文化遗产，还不如说是在品味浙江沿海的文明进程和咀嚼文化的钙质；与其说在观看海洋的宏伟，还不如说是在游荡和寻求街头巷尾的精神幽灵。

　　黄立轩是位典型的文人，骨子里透出传统文人的才气，可谓"腹有诗书气自华"。他是学者里的文学家，又是文学家中研究学术的佼佼者。不仅博学且多才多艺，涉猎广泛，既屡有华章发表、大作出版，又在摄影等各艺术门类常露峥嵘。更为难得的是他为人谦和不事张扬，堪为浮躁时代里德艺双馨的优秀文艺工作者。

　　希望有幸能看到《远古的桨声——浙江沿海渔俗文化记忆》的读者放下心境含英咀华，你会听到书中流淌出一首歌，一首浓浓古老渔俗文化记忆的深情诗歌。

　　　　本文为作者为《远古的桨声》一书所作的序。刊载于2014年11月22日《光明日报》

故事点亮心灵

　　每个人都是在故事之中长大，都是从爷爷奶奶、爸爸妈妈、老师阿姨讲述的故事里认识世界、长大成人、走向社会的。作为人类对自身历史的一种记忆方式，故事记忆传播着一定社会的文化传统和价值观念，引导着社会性格的形成，构建着一定社会的文化形态。

　　中国是一个故事的国度，有着浩如烟海，灿若繁星的民间故事。故事，不仅给人以知识，也给人以智慧；不仅给人以力量，也给人以启迪；不仅传播着社会价值理念，也构建着美好的精神家园。故事以潜移默化、润物无声的感染力告诉我们如何对待他人，如何对待国家和社会，如何维系社会的公共生活，如何调节人与人的关系。每个优秀的故事都包含着道德规范和价值观念，故事里那些亘古绵延的人类智慧至今仍散发出人文精神光芒。我们的祖先曾经讲着"女娲补天"的故事开创了华夏民族的创世纪元；伟大领袖毛泽东讲着脍炙人口的"愚公移山"的故事，带领着中国人民推翻了三座大山；改革开放，我们又讲着春天的故事跨入了豪迈的新时代。一个伟大的民族不能没有故事，一个强大的国家不能没有故事，一个复兴的时代不能没有故事。

　　在五千年文明的历史长河里，我们的祖先为我们留下了数以万计的脍炙人口的故事，历经一代一代中国人口口相传生生不息，其中许多故事经过时间和空间的打磨洗礼，从良莠并生、瑕瑜互见的矿山中披沙拣金不断地沉淀下来，成为厚重的文化经典和文化遗产，在民族的发展进步中塑造着我们的民族精神、价值观念、思维方式、审美标准、科学素养、文明风尚。今天，社会正处在大转型、大变革的历史时期，为应对民间故事面临流失的危机与传统道德规范和价值观念遭遇的挑战，我们与广大网民一起从中国口头文学遗产数据库中遴选出传统优秀故事一百篇，将这些曾经点亮我们民族心灵，指引我们前行的精彩故事进行整理汇编。从中我们惊喜地发现，这些来自远古的民间智慧所承载的道德观念与道德规范，已超越时空的局限，仍具有久远宝贵的社会价值。正像列宁所说的，人类社会存在着数百年来人们就知道的、数千年来在一切处世格言上反复谈到的、起码的公共生活规范。像《精卫填海》表现出的不屈不挠的执着与信念；《大禹治水》所彰显出的舍己为民的坚韧与气概；《神农尝百草》体现出的敢为人先的探索精神与实践；《鲁班的故事》折射出的实践出真知的启迪；《牛郎织女》所流露出的永恒不变的人间真情……至今听起来仍散发着迷人的魅力，澎湃着感人的生命张力。这一个个令人回味无穷的故事，广泛而深刻地影响着一代代中国人的思想和行为，塑造着以爱国主义为核心，以"修身齐家治国平天下"为代表的民族精神，不断内化为民族的文化基因，以江河汇海之势凝聚成强大的社会主义核心价值观。古老的故事历久弥新，是我们精神的支撑和心灵的慰藉，从故事中汲取营养，丰富的不仅是情感，更是对祖国和人民的热爱。

但凡是集萃人类生命体验的优秀智慧都永远不会衰老。一个充满故事的人生必定是一个辉煌的人生；一个充满故事的民族必定是一个充满希望的民族；一个充满故事的国家必定是一个繁荣富强的国家。让我们用古老的故事聚焦当代中国人的价值观，用精彩的故事点亮今日中国人的心灵，用迷人的故事演绎出动人的中国梦。

本文是作者为人民出版社 2015 年出版的《中国传统故事百篇》一书所作的序言。发表于 2014 年 12 月 8 日《中国艺术报》

让人生充满诗意

自《诗经》以降，每个中国人的心里就播下了诗的种子，生长了诗的基因，逢有微风细雨便会绽放出诗的花朵。至孔子立"不学诗无以言"后，更使读诗、学诗、爱诗、写诗成了中国人千年绵延不尽的传统，从而在山河间孕育出一个诗的泱泱国度，留下了难以计数的千古绝唱。

中国的科举制度讲求以诗取士，由此，在悠久灿烂的历史记载中，很少有官员不会写诗或欣赏诗，三闾大夫屈原、县令陶渊明以及盛唐李白杜甫等文人骚客更是把诗歌创作推向了前所未有的高峰。今天，科举制虽然被废除了，但写诗作赋的传统却从未中断。诗以载道，无论是帝王将相才子佳人抑或平民百姓，作诗吟诗都可以抒发出人们的情感，温暖现实的生活，点亮人生的追求和激发美好的梦想。诗，既是人生得意时的激情写照，也是人生失意时的伴侣和慰藉。有了诗意的伴随，平淡的生活会变得有滋有味，繁忙的工作会变得有声有色。从王志军的诗中，我们便可以读出这种恣意汪洋的美好情愫。

王志军是当今众多怀有诗意情怀的管理者中的一位佼佼者，而其诗意满满的才华则得益于丰富的社会阅历，诗意的胸怀则令他的生活和工作都有了诗的境界。在河北蔚县任县委书记时，他没有延续以挖煤增长生产总值的短视经济发展观，而是以人文情怀"挖文化"，并使蔚县古老的民间剪纸古树新花，大放异彩。从他的诗作中不难看出，他用心灵触摸到了蔚县远古的人文历史信息，用情感体悟到了当代人可歌可泣的生活，从而用诗歌展示出了文化的力量和生命的辉煌。

王志军现在身兼张家口市人大常委会副主任，河北省民间文艺家协会副主席等职，这本《春秋新怡》是他将日常生活与工作加以诗化的心血结晶。在这些诗中，王志军抒发了对亲朋挚友的情感与祝福，记录了学习传统文化的丝丝感悟，表达了寄情四季风景的体察与喜悦，记录了他多年的工作经验与思考。

王志军的诗平和质朴，反映的都是日常生活，没有浓重的色彩，没有曲折的构思，不追求强烈的刺激，只是用朴素的语言和白描的手法直抒胸臆，读来只觉得面前是一段段生活蒙太奇，他用诗的浪漫将为官从政所经历的世事沧桑和酸甜苦辣，都举重若轻地化作了回响在心中的柔美韵律，一种为生活留影、为工作存真、为风云际会的火热时代抒怀的诗情跃然其中。一旦走入诗人所营造的意境，便会使人感到无比自然亲切，与其悠然的情致产生精神的共鸣。

诗可以言情、言志、咏物、颂景，最可贵的是真实，最难得的是感人。对于王志军来说，诗歌不仅是一种文学的创造，更是一种生活的创造，一种人生意境的创造。他的诗如同一朵朵精致的小花缀满了生活，成为一种心性的代表，一种个性的标志，一种理想的坚守。他的诗不仅仅体现为字斟句酌的情感集结，更是外化为一种灵性和真诚的小溪在平淡的生活中流淌。这种流淌意味着现实并不琐碎，诗意也并不抽象，关键是善于用一颗温情的心去悉心收纳与会心融合。

传统的儒家文化强调人们要有"修身、齐家、治国、平天下"的担当，倡导"格物、致知、诚意、正心"的心灵自觉，提倡人们拥有明澈真诚的品格与性情。通过诗这一媒介，王志军一直不断地向这个意境攀缘。他不仅善于在宁静处端正心性，也善于在喧哗中"审其所由"，他在诗中一直保持着对蔚县以致燕赵大地文化现象和发展模式的理性思考，这种思考不仅使他有着一种诗人般的明智判断，同时也不时迸发出诗意的浪漫火花。他的做人为文从政，不仅闪烁出自身的光彩，同时也使他所领导的地方在发展格局中呈现出了史诗般的生动气韵和万千气象。

这是一本"在路上"的诗集。在"入世"的抱负与"出世"的向往中，王志军既实现着个人对生命的完成，又寻找着精神对生命的超越；既完成着个人价值在社会中的实现，又思考着个体生命在宇宙中的意义。无疑，这是一种完整而美好的人生实践。能够长期践行"躬行忠信""仁义在己"的信条，使他不仅在文学上收获了果实，也在工作中赢得了人们的赞誉和钦佩。这也是王志军一次自然主义的美学人生的构建。王志军把经历的人生变成了心灵的图解和诠释，将细微的内心情感掩映在一片绿意之中，使其恬淡如泉水般缓缓流淌进生命的河流。读他的诗使我们始终感受到一种浓得化不开的家国情怀，一种浓烈的人生感悟和燕赵之爱，以及他对美好事物的向往与痴情。

这是一本"在生活"的诗集。翻阅王志军这本诗集，入眼的是其点点滴滴的生活和他渐行渐近的诗意自我。这诗意平如静水，淡如轻风，不神秘，也不遥远，它就是鸟鸣、云雾、森林、紫花、秋菊、岩石、泉流、瀑布、明月、晨曦和蝴蝶。未必丝与竹，山水有清音。我们从中看到了王志军在其间耕耘、播种、挥汗、收获、珍惜和仰望的真实可见的生活空间，率性随意而又气韵生动，不拘一格而又文思张扬。正是由于对古典抒情传统的偏好和把握，方使他的诗情景并茂，虚实相生、韵味无穷。从《春秋新怡》中，我读出的不只是诗意的浪漫与抽象，也读出了作者血肉灵魂、文化性格、精神命脉和才情性智的具象。

　　本文为作者于 2015 年 4 月 7 日为王志军诗集《春秋新怡》所作的序言

云中的霓裳

　　中国素有"衣冠王国，礼仪之邦"之美誉。中国的服饰艺术不仅在"量体裁衣"中巧妙地表现了人体美，也在"轻裘缓带"的意境里创造了一个超越形体的精神空间。《易经·系辞》中曾记录："黄帝尧舜垂衣裳而天下治"，中国服饰保留着伦理中道德的体统；《诗经·秦风》里吟咏："岂曰无衣，与子同袍"。中国服饰象征着情感上温馨的牵连，中国服饰记述着中华民族发展的历史密码，蕴含着深厚的文化寓意，彰显着中华民族的风尚和习俗，既联结起人民的信仰，也昭示着民族的未来。

　　羌族被誉为生活在"云朵里的民族"，羌族的服饰就像是一片片彩虹在云朵里流动，绚烂惹人。"画罗织扇总如云，细草如泥簇蝶裙。"特色鲜明的羌族服饰如同一道醒目的文化符号，一目了然地令人区别出羌民族独具的民族气质与感性的文化时空边界。它们是羌族动人的视觉标志和文化象征，充满着神秘色彩与灵奇的传说。

　　羌族是古老的民族，早在殷商的甲骨文中就有关于羌人的记载。至唐代，一部分羌族同化于藏族，一部分同化于汉族，保存下来的羌族主要居住在四川西北部。羌族人民有自己的语言，属汉藏语系，归藏缅语羌语支。羌族也有自己独特的民族服饰，其形成与羌族自然条件相伴而生的生产生活条件有着密切的关联。古代的羌族服饰以"披毡"最具特色。《后汉书·西羌传》中曾记载，两汉时期的甘青羌人"女披大华毡的为盛饰"，这也许是有关羌人服饰的最早记述。至唐代，《新唐书·党项传》中说:"男女衣裘褐,被毡",而这一服饰传统至今仍在羌支民族彝族中留有遗存。

在漫长的历史变迁中,羌族的服饰也在不断地发展变化,受羌族人文背景、传统观念、意识形态、社会风俗等方面因素影响,羌族服饰有着鲜明的时代风尚和地域、民族特征。清道光时,《茂州志》中记载:"其服饰,男毡帽,女编发,以布缠头,冬夏皆衣毡。"近代羌族服饰基本承袭了古时的袍服之制,服饰面料则仍以皮裘、毛、麻织品为主。进入20世纪后,羌族服饰在继承传统的基础上不断得到丰富发展。在羌族部落,男女皆喜穿自织的白色麻布长衫,它们形似旗袍,男则过膝盖,女则袭脚背,妇女的衣服上绣有鲜艳的花边。无论男女,都要在长衫外套一件牛皮背心,俗称"皮褂褂",晴天毛向内,雨天毛向外以防雨。羌族男女的头部都缠青色和白色的头帕。妇女与男子在服装上最不同的地方主要体现在妇女的领边、袖口、腰带和鞋子上常挑有圆圈纹、三角纹等几何花纹图案,衣领上镶有一排小颗梅花形图案银饰。在腰间,妇女佩银质针线盒一个,男子则佩银质烟盒一个。

在羌寨,羌绣总会成为一道美丽的风景,让人眼花缭乱、目不暇接。"一学剪,二学裁,三学挑花绣布鞋",几乎每一位羌族妇女从小都生活在这个艺术天地里,以她们纯朴的天性和聪慧的巧思成为这衣香鬓影最核心的创造者和展示者。至今,羌绣仍是一种活态的、具有灵性的手工艺,羌绣上面那些表现着原生态的质朴图案以及那些传承了千年的图画样式,着实令人拍案称奇,加之羌族妇女别出心裁的创意,常会使职业设计师目瞪口呆,电影大师叶锦添也曾参悟绣片,从中汲取创造的灵感。

"罗衣何飘摇,轻裾随风还。顾盼遗光彩,长啸气若兰。"骁勇善战的羌族,正是以刺绣这种独特的书写方式,把民族的历史、文化记忆,创世的神话以及对未来的憧憬,以艺术的方式投射在精美的羌绣上,发布在与身相随的衣装上。羌绣就如同羌人在刀光剑影中开出的温柔的生活花朵,装点着羌族人的美好生活。羌族的人民,无论男女老少皆喜欢穿戴羌绣制品,尤其是妇女从头到脚都被羌绣装扮,羌绣多以粗布、棉线缀成黑底白纹，再绣上各种图案。颜色对比强烈，却十分和谐。其中挑花和刺绣，是羌族妇女的拿手好戏，有着重要的遗产价值和审美价值。它们不仅是遮风蔽体、防寒御暖的日用装备，还是承载着羌民族历史、文化、风尚、习俗等诸多蕴含的流动博物馆，它们既是了解羌民族的百科全书，也是洞悉羌族历史发展的"活化石"。

随着社会的发展和羌族人民生活方式的改变，历史悠久的美好羌族服饰也在悄然发生着变化。随着人们观念的转变，羌族人民的服饰也随之而变；随着新工艺的传入，很多精湛的羌族服饰技艺正面临失传；随着生存条件的进化，很多羌族人的穿戴在渐被同化。正是在这样一个世界被逐渐同质化的时代，民族特色鲜明的羌族服饰却以其璀璨的光华吸引了来自当代世界的越来越多的目光。这种热切的关注在某种程度上，也使得在我们尚未来得及对羌族服饰所隐藏的文化信息做出全面解读的时候，很多与服饰相关的文化信息已经开始面临悄然逝去的现状。这不能不引起民间文艺工作者对羌族服饰文化多元化的关注，不能不唤起有识之士保护、抢救、传承羌族服饰的责任感和使命感。

古代史籍中关于羌族服饰的记载极为少见，今天羌族服饰又面临着被同化和异化的趋势。古色古香，如今何去何从？因此，从文化的视角对羌族的服饰进行抢救性普查和收集，从遗产的角度切入对羌族的服饰进行探究和梳理，揭开神话传说的历史烙印，展示图腾崇拜的人文因子，解析宗教信仰的心灵密钥，描绘绮丽多姿的审美特色，从而将隐藏在羌族服饰中的文化密码次第揭开，把投射在羌族服饰上的历史印记真实地记录下来，完整全面地保留起来，原封不动地传承下去，已成为刻不容缓、时不我待的紧迫课题。

作为《中国服饰文化集成》的一部分，《羌族服饰》一书从文化学的视角，向我们展现了羌族人民热气腾腾的百姓生活，瑰丽多姿的民族文化，活灵活现的民族服饰，打开这本书，仿佛穿越回了那个素锦华袍，乌鬓缀花的年代……那些美丽的羌族衣裳，带着真实生活的温度从生动的图画与翔实的文字中向我们翩翩走来，如同一簇簇娇艳的花朵，向我们展示着历史的洪流中那一份不散的自然与春色。在人们追求品牌，服装款式不断翻新、高度淘汰的今天，这山谷里不变的云衣，就变成了一种软性的力量，变成了一条文化与记忆的线索，变成了一种眷恋和哲思的图腾，变成了一种温存与质朴的德性，更加值得玩味与珍存。

本文为作者为《中国服饰文化集成·羌族卷》一书所作的序。刊载于 2015 年 6 月 10 日《光明日报》

探索史诗研究的中国学派

　　史诗，诗化的历史，历史的诗化。史诗作为民间文学的重要形态，既是一个民族文明的丰碑和文化的象征，也是认识和了解一个民族文明进程的百科全书，同时还是一座民族精神标本的博物馆。习近平在文艺工作座谈会上的讲话中说，"从《格萨尔》《玛纳斯》到《江格尔》史诗……不仅为中华民族提供了丰厚滋养，而且为世界文明贡献了华彩篇章。"在中国各民族的史诗谱系中，以各少数民族为主要代表的南方史诗，以其世代相承的口头艺术原创力，绵延不绝的生命力，与中国史诗卷本汇聚成一条奔流不息的文化长河，展示出波澜壮阔、千姿百态的恢宏画卷。

　　我国南方各民族的史诗承载着各民族祖先和后人对自然的认知，对世界的求索，对人生的理解，是集南方各族人民的历史记忆、经验情感、诗性智慧以及口头艺术文化传统之大成的文化宝典。至今我们仍会发现，在南方许多少数民族的聚落中，人们依然保持着祖先所遗传的文化基因和创造才华，许多民族史诗依然在生存和生长着，依然以活态的口头传统维系和发展着，依然有着众多的歌手和广泛的听众。同时我们也看到，这些以口头传承的史诗在全球化飓风的冲击下，正遭遇着前所未有的危机，史诗的文本正在随风而散，史诗的传承日渐衰亡，史诗的演述已日渐式微，在我们还没有来得及抢救、记录、保存和整理的时候，很多地域的史诗传统已濒临人亡歌息的窘境。

　　我国学术界对史诗的研究起步较晚，至今不足百年。南方史诗的研究更为贫乏，且主要受西方史诗理论的影响，尚未形成具有中国特色的史诗研究范式和体系。诚如希腊史诗是希腊人的影子，中国史诗多为民族竞争时代的瑰丽幻想。与西方以希腊为"典型"的史诗研究不同，西方史诗强调"重大事件"和"战争要素"，而我国南方史诗更多的则表现为"文化创造"和"神话色彩"，且其中更多的是神话史诗、创世史诗和迁徙史诗。在南方的民族史诗传统中，以创世史诗为主体，形成了天地、万物、人类、社会、文化等内容丰富、形式多样的史诗。而在叙事传统的程式中又包容着"创世""迁徙""英雄""神话"等基本主体，且彼此难分畛域。如彝族的《梅葛》《查姆》《阿细的先基》，拉祜族的《牡帕密帕》《盘古盘根》，壮族的《布洛陀》《姆六甲》，瑶族的《密洛陀》《盘古大歌》，苗族的《古歌》《亚鲁王》等，这些创世史诗以民族起源为发展主线，依照历史演变、人类进步的发展程序，通过天地神祇、先祖人物、文化英雄及能工巧匠等形象塑造，演绎出如歌如泣的民族历史大歌，反映了南方各族先民在特定历史时期所特有的历史观，向人们展示着古往今来的文明进程和文化变迁。无疑，这些史诗经典之作具有浓郁的历史性，在传递民族历史文化信息的同时，被各族人民视为"根谱""古根"和"历史"，进而支撑着民族的精神信仰。

中国史诗与西方史诗分别诞生于两个不同的文明轴心区，在漫长的历史过程中，逐渐形成了两种迥然各异的文化精神，西方史诗理论乃西方学术之范式，重法则以求合诸体；而中国学术的传统乃重事实以汇通之变。为将中国史诗研究彪炳天下，当代中国民间文艺工作者和史诗学者应挣脱"言必称希腊"的桎梏，抛弃中学西范的枷锁，深入挖掘中国史诗的宝藏，在吸收外来史诗理论研究和成果的同时，从中国和世界、历史与现实的双重维度，探寻中华民族史诗传承绵延不绝的内在动力，用中国的母语、本土的方法，不断回应国内外学术界关注的课题，不断推出有客观依据，经得住实践和历史检验的原创性的理论和观点，推出具有时代高度、代表国家学术水准的史诗研究的精品成果，在与国际史诗学术界平等对话的过程中，着力塑造和形成史诗研究的中国学派，为建构具有中国特色、中国风格、中国气派的史诗研究创新体系和话语体系做出自己的独特贡献。为此，中国民协将站在抢救保护、收集整理史诗的第一线，更加积极主动地走向学术界，问计于学术界，不断地为学术界提供一流的学术交流和传播平台，在全面掌握田野资料和繁杂史料及信息的过程中，不断地去伪存真、去粗取精，与学术界共同梳理出一条明晰的中国史诗发展的脉络和主线，找到中国史诗中最精华的核心价值和基因密码。

历史和时代都在呼唤新的史诗研究。民间文艺的丰富实践不断激发史诗研究的学术创造活力，催生理论创新。马克思曾指出："在科学的入口处，正像在地狱的入口处一样，必须提出这样的要求：这里必须根绝一切犹豫；这里任何怯懦都无济于事。"尽管构建史诗研究的中国学派将是一个长期的、艰难的过程，但只要我们坚持以唯物史观作为指导，坚持理论和方法创新，坚持学派和话语创新，就一定能在不懈的努力中有所发现，有所突破，有所创造，有所成果；就一定能形成有品格、有尊严的当代中国史诗研究学派、创新体系和话语体系，以中华民族史诗的最新研究成果为世界史诗研究做出重大贡献。

本文为作者在"中国南方史诗与口头传统"学术研讨会上的致辞。发表于 2015 年 12 月 11 日《中国艺术报》

让故事插上翅膀飞

　　故事是与人类共生共长的朋友，每个人都是听着故事长大的。人生的童年都是从故事认识自然，了解社会和感悟人生起步的。中国的历史就是由五千年的生动故事组成传续的。故事里沉淀着一个民族的价值观、人生观，厚重的文化通过浅显的故事展现出来，玄妙的道理通过通俗的语言讲述出来，多面、多元、多向的世界因为有故事这一桥梁的存在而变得好看、好懂、好链接、好到达。俄国文豪托尔斯泰说过："将来的艺术家一定会明白：创作一则优美的故事、一首好歌，或是编写人人能懂的传奇、谜语和笑话，可能比创作长篇小说和交响乐更重要。"他自己也曾以世界顶尖文学家的身份，亲自参与收集民间故事的工作，他的这一举动在当时曾经被讥讽为一种伟大才能的浪费。然而，时间验证了这位文学家的眼光和洞见。隔了一个多世纪，那些备受人们喜爱的民间故事不断证明着它们对于俄国人精神世界的意义和对于世界文明的价值。

　　民间故事无所不在，民间故事色彩斑斓，民间故事微言大义，它们收藏着一个民族的内心与性格中最美好、最坚贞的部分，不会随着岁月流逝而失色，不会随着风雨变幻而动摇；它们传扬着一个民族和一个区域的文化中最深刻、最有个性的部分，不会随着历史的发展而淘汰，不会因为时代的更迭而失声。人们喜欢民间故事，因为民间故事里往往有着人类的渴望和梦想，人类正是依赖故事从蒙昧走向文明的。

　　中国是一个充满故事的国度，我们的祖先通过充满智慧和想象的故事展现自己的精神世界，凝聚起民族的张力。中国的神话里很早就用"鲁班刻木为鹤，一飞七百里""奇肱民善为机巧，以杀百禽，能为飞车，从风远行"这样的记叙表达人们在空中飞行的梦想。为了表达超越自然界的愿望，人们还想象出"长臂国"的长臂，"奇肱国"的飞车，治水的禹变成熊去打通轩辕山，七仙女姐妹们一夜织成十匹云锦等激动人心的故事。几千年过去了，这些"故事里的事"已经变成人们身边的事，几乎每个中华民族的子孙都能讲出那么一两个自己熟悉的民间故事。人们喜欢民间故事，因为通过民间故事可以了解祖先怎样用牛耕田，怎样发明了农具，怎样创造了抵御敌人的弓箭和其他武器，怎样创作了音乐和歌舞，怎样制造了种种美妙的乐器；人们喜欢民间故事，因为民间的故事往往有人间味儿、人情味儿。"精卫填海""神农尝百草""鲁班的故事""牛郎织女的传说"……它们的讲述者有刚从写字楼里回家带孩子的白领，有遥远的山间一个老屋子里可能并不识字的老奶奶，也许还有迷恋上中国传统文化的外国友人，不管是谁，人们的心灵很容易被这些古老的故事点亮。我想，民间故事之所以能在大千世界里绵延不绝，是因为它振翅飞过的地方常常能够激发科学创造的闪电，常常能够划出人们智慧之星的轨迹，常常能够凝聚起历久弥新、历久弥坚的力量。

民间故事生长于民间沃土，来自人民群众的口耳相传。它们平凡而生动，新奇而真实，既包含着美丽的、丰富的、热情的生活流，也包含着壮丽的、动人的、激情的历史流，还包含着瑰丽的、幻想的、温情的意识流。这些色彩斑斓的传说、神话、故事不是以大海奔腾的状态出现，而像是一条条蜿蜒的河流，缓慢不断地流淌，清澈而从容，朴实而浪漫，并在一路自觉涤荡、吐故纳新、自我滋养，不断完成新的循环、新的壮大，最终渐渐汇成一片文明的海洋。它们来自远方，也流向远方，没有终点；它们没有主人，"取之于民"，也"用之于民"；它们没有"定数"，它们是文学中的"吉卜赛人"，天生有着"在路上"的基因，天然具备捕捉生活细节的敏锐度、到达人群的广度，以及传播故事的速度。当然，这一切都仰仗故事传播者的勤勉和执着。

当听到汤水根主动到浙江省余杭市各村落采访、收集、整理民间故事，并将走村串弄的心血编写成《村落遗韵》一书时，我当即就被汤水根的文化自觉和先觉精神及文化责任感所打动。民间故事的特点，加深了汤水根工作的乐趣，也加大了他工作的难度，为了故事收集得全面，汤水根投入大量时间走街串户，对采集的故事进行详细记录和整理，唯恐有所遗漏。

民间故事散发着浓郁的乡土味道，是一个地区文化记忆和历史记忆的天然载体，尤其是一些人物传说、史事传说、地方风物传说，是一把读解当地历史、文化的无形钥匙。在汤水根看来，自己不仅是收集当地的民间故事，更是对当地文化记忆的打捞。在《村落遗韵》里，汤水根通过《黄巢驻足金竹坞》《李天贵绝杀山匪》《气象土专家》等人物传说；《水乡处处闻机声》《古城的兴衰史》等史事故事；《天上掉下个庵基庙》《千年古刹平王庙》等地方风物传说；《青龙庙湾里除妖》《西摩岭上镇蜈蚣》等神话故事、英雄传说，表现了余杭区人民对理想世界、人生信仰的追求，对历史上英雄人物、英雄事迹的赞扬。这些故事蕴含着浙江地区的文化源流，彰显着当地独具的文化气质，形成了人们最初的精神寄托和精神世界，至今在喧嚣鼓噪的尘流中依然保持着一份纯真纯洁。

当全球化的浪潮打破了村庄原有的宁静，当越来越多样的故事充斥着人们的视听，当越来越多的文化样式可供人们选择，人们并没有忘记与抛弃这些民间故事，而是在文化的百舸争流之中，越来越深刻和全面地去体会传统的民间故事对自己的人生意义。尼采曾说：失去神话的现代人永远追寻着已经逝去的东西，他们孜孜不倦地挖掘着，意欲寻根，他们不得不去最远古的古物中发掘。从何处来，往何处去？是人类一个永恒的求索命题，人们总是需要寻找一些坐标和参照来确定自己在文明时空中所处的位置。当人们各自在无垠的精神世界中扬帆远游，便更加需要通过民间故事加深对家园的体认，需要通过民间故事形成民族共同的情感。我相信，无论是好莱坞还是宝莱坞，都无法导演出这些故事里的生活；无论是迪士尼还是梦工厂，都无法创造这些故事里的梦想。因为没有什么能够代替这些故事蕴含的美，没有什么比这些故事更能深入人们的心灵。汤水根说，"故事是村落的遗韵"，独一无二的人生在这样的韵味里，难忘的历史在这样的韵味里，珍贵的情怀在这样的韵味里，人民坚信的信仰和追求的价值在这样的韵味里。它就像过去写给现在和未来的信，写满真切的情感，真诚的劝解，真实的盼望。

民间故事鼓励勇敢、赞美善良、润物于无声。它们常常是爱憎分明、善恶能断的，蕴含着朴实而美好的价值观、人生观，教育人们向上、向善、向阳。我们的时代离开生命的本源愈远，艺术和诗歌就坚决地渴求回到那里去。故事集中表达的，正是人们所向往的原始模型、榜样，以及藏在深处不变的东西。在故事里，现实的纠葛被举重若轻，人性的复杂被谅解，命运的反复被祝福。如果说乡愁是一种文明的记忆，那么，故事里的乡愁，就是这一种记忆中最美好、最温暖的一切。它们自然而然、温情脉脉，没有耳提面命的刻意，没有宣讲教育的用力，却能直抵人的内心，化育人的性情与行为。汤水根专注于这些文明的记忆，通过自己实际的工作，在这个快速得有点飘忽的时代，提供给我们一双故事的翅膀，超越速度，赢得温度，帮助我们打赢一场场与时间赛跑的竞赛，留下自己所钟爱的东西。

穿过历史长河的民间故事是一种乡愁。它们根植于黄土地，由中华大地上的风催发，不仅我们自己越来越珍惜这些从中华儿女心里长成的累累硕果，连世界也越来越渴望通过品尝这颗果实走进我们的世界。从小故事的"遗韵"可洞悉一个民族文化的源流，可令人对中华民族五千年的文明史窥一斑而见全豹。因此，抒写中国故事，讲好中国故事将是我们永远的追求。

时光在飞逝，但一个民族精彩的故事不会飞逝；世界在变平，但一个民族独特的性情不会变平。民间故事中虽然有很多虚构的幻想，却涵养着一个民族不变的真实性情。这样的真性情里有"唯物主义"，也有"浪漫主义"，它们是民间故事的双翼，是一双对理想的世界充满憧憬的梦想的翅膀，是一双对人类的命运充满关切的责任的翅膀；是一双可以让灵魂在飞翔中栖居的诗意的翅膀，它永恒地向一个理想的世界飞翔。让我们乘着这样一双故事的翅膀，去寻找自己所钟爱的梦想吧。

本文原载于 2016 年 3 月 5 日《余杭晨报》

文化要有自觉的眼光与情怀

与其说今天是一次书画展，倒不如说是推动"强元"文化建设的一次文化行动，抑或是人民日报社贯彻落实习近平总书记在文艺工作座谈会上所发表的重要讲话精神的一次响应与实践。我非常钦佩人民日报社的领导能有这样一种文化自觉的眼光与文化情怀，钦佩作为党报能够在我国全面推进"四个全面"战略发展的格局中，看到文化的作用和书画艺术的力量。

一个民族最大的资源是文化，最能打动人心的也是文化。在一个民族的历史长河中，那些最耀眼、最光亮的一定是文化，在当下时代潮流发展中能够掀起波澜的也还是文化。中国书画作为最具中国文化、中国精神、中国形象、中国表达、中国价值的一种艺术形式，自立于世界艺术之林，在世界艺术舞台上独树一帜，独领风骚。但是正如刚才陈传席先生所言，近百年来中国画也受到了挑战和危机。百年前，我们国家曾遭受的屈辱使很多国人对我们的民族文化失去了自信，改革开放以来的全球化飓风的袭来，也使我们有些人曾经迷失了方向。因此，把中国书画放在文化的范畴里来考量，当代的中国书画需要"强元"。其实人类文化的发展既有多元化，也有相对的独立性，既有丰富多彩性，也有相对的个性，所谓的文化接轨不可取，文化转基因也不可取，数典忘祖、妄自菲薄更不可取。文化强元再次唤醒我们对中华文化的敬畏和自觉，不能让中华笔墨神韵在当代止步而成为绝响。

一个伟大的民族一定不能总跟在别人的后面亦步亦趋地前行，一定要坚守自己的文化品格，同时学习别人的长处以在风云变幻的时代进程中获得涅槃新生。如果说当代中国有危机的话，那一定是精神危机，或者说是文化危机，是我们心灵中可以守望的东西变得越来越少了。文化上的危机不像亡国之危那样令人撕心裂肺，却会在不知不觉中隐藏着亡种之险。文化的传承在小至一个国家大至一个民族的认同中都起着不可替代的作用。所谓"强元"，就是要增强中华文化的"元气"，就是中华民族的精气神，它是我们中华民族蓬勃生机和旺盛的生命力所在。有了它，我们可以在民族生死存亡之际，以我们的血肉筑起新的长城，拯救民族的生命；有了它，我们的民族就可以屡遭挫折而不馁，虽患大病而复苏，在崎岖的道路上开拓前行；有了它，我们的国家就可以在风云激荡的世界潮流中到中流击水，乘风远航，走出自己的道路。

当代中国的文化不缺少创新的激情，而缺少对传统文化的继承；不缺少开放的勇气，而缺少我们自己文化走出去的能力；也不缺少文化底蕴和文化资源，而缺少当代文化的弘扬和发展；我们甚至不缺少党和政府对文化的财政支持，而缺少文化创新创造的成果。开展中国画"强元"课题的研究和探索，既是中国文化融入世界潮流走上国际舞台中央的需要，也是未来中华文化为世界文明做出贡献所应有的责任。既有利于传播中国软实力与和平发展的理念，也有利于开创世界文明新格局的构建。如果说中华五千年的文脉涵养出一个泱泱文化大国，那么，今天的文化强元更具有实现中华民族伟大复兴，建设当代文化强国的意蕴。

本文是作者在"强元文化画展"开幕上的致辞，发表于2016年3月8日《人民日报》（海外版）

从古老村落中打捞乡愁的记忆

  民间故事是最古老的口头传承文学形式，也是当代消失得最快的一项非物质文化遗产样式。它一度保存在祖祖辈辈的头脑里，靠口耳相传广为流布。然而，这种传播方式在现代化的飙风面前难免不堪一击。随着生活方式和节奏的改变，随着环境的变迁和传播方式的多样化，故事的传播和传承体系遭到了毁灭性的破坏，首当其冲地面临被肢解蚕食乃至逐渐消亡的危机处境，难逃"人去歌息"的宿命。诚如鲁迅先生所说："言者，犹风波也，激荡既已，余踪渺然，独特口耳之传"。口耳相传一旦中断，美妙的故事便会随风飘散。

  当下，民间故事面临的危机，已不是个别作品的随时消亡，而是这种在讲述过程中，不断由群体参与丰富创作，靠口耳相传的故事形式正在失去其扎根的土壤和生存环境。如今，在现代化的城市里已很难看到讲故事的人和听故事的人群，搞故事创作的更是凤毛麟角，难成规模。只有在那些古老的山寨中尚有古老故事的孑遗。若不尽快对其进行抢救性记录整理，终有一天也将随风灰飞烟灭，难免造成遗珠之憾。

  难能方为可贵。在这种危局之下，仍不乏有识之士、先行之人。浙江余杭群众文化工作者汤水根就显示出超越他人的先觉眼光和敏捷行动。多年来，他怀着对家乡民间文化的热爱与敬畏，不辞辛苦地深入余杭市各村落采访、收集、整理民间故事，并将走村串弄的心血编写成《村落遗韵》一书。读着这些生长于余杭民间沃土，曾为余杭人民带去愉悦的民间故事，我由衷地被汤水根的文化自觉和先觉精神及文化责任的行动所感动和折服。

故事的传播和创作有着自己独特的轨迹和规律。大凡优秀民间故事都具有平凡而生动、新奇而真实、引人入胜、鞭辟入里、老幼皆宜的特点。其中既包含着美丽的、丰富的、热情的生活流，也包含着壮丽的、动人的、激情的历史流，更包含着瑰丽的、幻想的、温情的意识流。这些色彩斑斓的传说、神话、故事不似大海奔腾般澎湃壮阔，却宛若蜿蜒的河流，清澈而从容，朴实而浪漫，缓缓流进人们的心间，潜移默化地涵养温润着人们的心灵。故事来自遥远的时空，如同文学作品中描绘的"吉卜赛人"，天生有着"在路上"的基因，天然具备捕捉生活细节的敏锐度和集散人群的广度，以及迅捷的传播速度。故事创作往往也是在口耳相传的过程中一路自觉涤荡、吐故纳新、自我滋养中完成，在经过一次次新的循环、新的壮大后，最终渐渐汇成一片文明的海洋。

故事是承载和传续中国五千年文明史的微缩景观。其中沉淀和蕴含着一个民族的价值观、人生观。厚重的文化通过浅显的故事展现出来，玄妙的道理通过通俗的语言讲述出来，多面、多元、多向的世界因为有故事这一桥梁的存在而变得好看、好懂、好链接、好到达。民间故事鼓励勇敢、赞美善良、润物于无声。它们常常是爱憎分明、善恶能断的，蕴含着朴实而美好的价值观、人生观，教育人们向上、向善、向阳。俄国文豪托尔斯泰说过："将来的艺术家一定会明白：创作一则优美的故事、一首好歌，或是编写人人能懂的传奇、谜语和笑话，可能比创作长篇小说和交响乐更重要。"他自己也曾以世界顶尖文学家的身份，亲自参与收集民间故事的工作，他的这一举动在当时曾经被讥讽为一种伟大才能的浪费。然而，时间验证了这位文学家的眼光和洞见。隔了一个多世纪，那些备受人们喜爱的民间故事不断证明着它们对于俄国人精神世界的意义和对于世界文明的价值。

中国是一个充满故事的国度，民间曾有着灿若繁星的故事家，传承着浩如烟海的故事。我们的祖先通过充满智慧和想象的故事展现自己的精神世界，每个华夏子孙都能讲出那么一两个自己熟悉的民间故事。人们喜爱民间故事，是因为通过民间故事，人们可以了解祖先怎样用牛耕田，怎样发明农具，怎样创造抵御敌人的弓箭和其他武器，怎样创作音乐和歌舞，怎样制造种种美妙的乐器；人们喜欢民间故事，是因为民间故事往往充满人间味儿、人情味儿和亘古不变的"精卫填海""神农尝百草""鲁班的故事""牛郎织女的传说"……如果说乡愁是一种文明的记忆，那么，故事里的乡愁，就是这一种记忆中最美好、最温暖的一切。它们自然而然、温情脉脉，没有耳提面命的刻意，没有宣讲教育的用力，却会直抵人的心里，化育人的性情与行为。它们的讲述者有刚从写字楼里回家带孩子的白领，有遥远的山间一个老屋子里可能并不识字的老奶奶，也许还有迷恋上中国传统文化的外国友人，不管是谁，人们的心灵很容易被这些古老的故事点亮。

我们的时代离开生命的本原愈远，艺术和诗歌就坚决地渴求回到那里去。民间故事散发着浓郁的乡土味道，是一个地区文化集体记忆和历史记忆的天然载体，尤其是一些人物传说、史事逸闻、地方风物传说，是一把读解当地历史、文化的无形钥匙。汤水根和许多基层的民间文艺工作者一样，他们不仅是在收集当地的民间故事，更是在对当地文化记忆的打捞。在这个快速得有点飘忽的时代，他们通过自己实际的工作，帮助我们打赢了一场与时间赛跑的竞赛，为我们留下了一个民族的文化基因。见微知著，一叶知秋。从小故事的"遗韵"可洞悉一个民族文化的源流，可令人对中华民族五千年的文明史窥一斑而见全豹。我相信，无论是好莱坞还是宝莱坞，都无法导演出这些故事里的生活；无论是迪士尼还是梦工厂，都无法创造这些故事里的梦想。因为没有什么能够代替这些故事蕴含的美，没有什么比这些故事更能深入人们的心灵。故事里收藏着一个民族的内心与性格中最美好、最坚贞的部分，传扬着一个民族和一个区域的文化中最深刻、最有个性的部分，而这些美好不应随着时代的发展而被遗弃。因此，铭记和讲好那些古老乡愁里的动人故事是每个华夏子孙的一份责任。那些不辞辛苦地在古村落里打捞文明记忆和乡愁情结，把故事找回家的人应该受到我们的钦佩和礼敬！

本文原载于 2016 年 4 月 18 日《中国艺术报》

堂号钩沉

　　堂号，一个曾经令很多中国家庭倍感骄傲和荣耀的称号。如今这个伴随了中国人几千年的社会文化现象，已在大多数人的记忆中变得既似曾相识又恍如隔世，在模糊中和我们渐行渐远。

　　堂号历史悠久，源远流长，作为中国传统文化的重要组成部分，内涵丰富、博大精深。其学科涉猎之广，凡与姓氏学、历史学、社会学、伦理学、地理学、人口学、民族学、民俗学、经济学、地方志等多学科及非物质文化遗产领域密切相关。堂号，既是对历史上某一姓氏中的某一家族的文化定位和精神呈现，也是对历史上某一时代社会形态的深层反映；既是中国人姓氏源流脉络的渊薮，又是诠释姓氏文化内涵的百科全书。

　　堂号是中国几千年宗法社会发展的产物，在社会的发展进程中起到了敦宗睦族、弘扬孝道、启迪后人、催人向上、维护家庭、团结宗族及整合社会稳定的重要作用。堂号源于姓氏文化的发展，而姓氏之于中华，可谓人人与之密切关联，户户与之息息相通，代代与之世袭相承。在姓氏文化的发展过程中逐渐衍生出了堂号这一分族别宗的独特标志。如果把姓氏作为人们血缘关系中的抽象分类，那么堂号则体现出血缘关系中的亲疏远近，且展现出姓氏之中的明显文化印迹特征。简单地说，堂号就是一个家族的另一个更富精神和文化色彩的称号，是姓氏或本宗支脉的身份标志。在传统社会中，堂号代表着姓氏的群体，广泛用于普通民众，无贵贱等级之别，只要同姓同宗，就可以将堂号书写悬挂于该悬挂的部位。每个姓氏、每个家族、每个宗族都有着各自的堂号。比如唐代权臣李林甫府邸所取的"却月堂",大诗人杜牧所取的"碧澜堂",裴度所取的"绿野堂"等大多成为该姓氏族人的代表性堂号。堂号可谓是传统社会里每个中国人追根溯源、问祖寻根,不可不熟稔于心的血缘观念。虽然在当代社会中堂号已被人们弃之不用,但我们仍可看到堂号文脉的雪泥鸿爪。比如今天大家都熟悉的"九牧卫浴"的品牌即为林氏"九牧堂"后裔所创,赫赫有名的北京药业"同仁堂""永安堂"等都曾是作为其家族姓氏的堂号。需要说明的是,堂号是一种特指,不能将其与以往文人墨客所使用的室名斋号、商贾所用商业铺面的字号及民居宅中的厅堂名号混为一谈。

曾经彰显着姓氏辉煌和荣光的堂号,由盛而衰繁华不再。随着农耕文明的瓦解,宗法社会的隐退,传承久远的堂号已逐渐退出人们的生活,远离人们的视线,一个个满载姓氏文化诸多隐秘的堂号就像历史长河中的一叶叶小舟悄然无声地沉入史海。不禁令人产生"无可奈何花落去"之感,这不能不说是文化传承中的一件憾事。堂号在历史的文化积淀中凝聚了深厚的文明储量。在每一个家族的堂号中,都折射出本家族的起源史、发展史、迁徙史,在每一个姓氏的堂号里都蕴含着历史文化的基因,记述着一个个神奇的传说和迷人的故事,彪炳着先祖的功业,彰显着先人的美德,凸显着文化的品格。在传统文化中具有文化的根性,理应为每个家族所熟知,更应为整个民族所记忆。及至今天,堂号仍然对于我们寻根问祖、缅怀祖先、激励后人、联络亲人等铸就民族的凝聚力、向心力起到不可替代的积极作用。

"往古者,所以知今也。"堂号作为一种传承了千年的民间家族文化传统,虽然已经淡出了当代人的社会生活,但凡是看重自己的姓氏和族属的人,都不应漠视忘记本族先祖们曾经的堂号。一个回望过去对自己的来路一脸茫然的人很难有一个前程似锦的未来。因此,在奔流滚滚的历史长河中打捞出那些带着辉煌与荣誉的堂号,是我们这一代人的使命与责任。令人欣慰的是,前不久我收到了童桂林先生所编著的《中华堂号》的书稿,他把以毕生精力所搜集到的三万六千多个堂号,进行细心整理及严谨论证，堪称目前这一研究领域最为丰硕的学术成果。或许，对于历史上浩如烟海的堂号来说，这些堂号只是冰山一角，但童桂林先生这部皇皇的"堂号"专著，无疑可成为当代堂号文化研究的开山之作，成为堂号文化研究的拓荒导引，让人领悟到堂号"似曾相识燕归来"的景观，一定会促进堂号文化研究从"绝学"变为"显学"。

"欲流之远者，必浚其泉源。"近代以来，在很多中国人的心灵上都有过自己文化的失落感。因为我们很多的传统文化曾被时代发展的车轮碾压得七零八落甚至连根拔起。今天，当我们的社会已经表现出如此强烈的文化自信之时，我们不应忘记，堂号在我们的历史上曾经如此迷人灿烂。我们应该记住它、了解它，让堂号里的文化精神一代代传下去，成为民族文化伟大复兴的精神源泉。

本文原载于 2018 年 3 月 21 日《中国艺术报》

建筑与音乐交融的和谐乐章

在充满中国传统建筑精华的古民居博览园里，参加国际乐器文化交流的会议，使人产生一种抚今追昔、心旷神怡的美妙。我感受到了黑格尔的那句话："音乐是流动的建筑，建筑是凝固的音乐。"

建筑与音乐有着天然的不解之缘。宏伟壮丽的建筑中有音乐的起伏节奏，勾魂夺魄的音乐中有建筑的巧妙设计。就像我们在北京景山的顶端俯视故宫的时候，沿着建筑中轴线一眼望去，鳞次栉比、参差错落的沉沉殿阁势如一曲交响乐的主旋律和对位法那样神奇而赏心悦目。而此时此景，如我站在这座博览园的至高点，这里的小桥流水又宛如一曲悠扬的圆舞曲。建筑与音乐是相通的。中国古建筑专家罗哲文先生曾经说："中国古代建筑历史悠久、艺术精湛、风格独特、形式多样，那些城池、宫殿、坛庙、陵墓、园林、民居、寺观、石窟寺、古塔、桥梁、楼阁、亭台、牌坊、门阙、华表等，以其各有的建筑特点和艺术形式，如同相互衔接的各个乐章，共同构成中国古代建筑宏伟壮丽、动人心魄的磅礴交响乐。"

现在，我们所处的地方，这里是一片闪烁着人文精神光芒的深厚沃土。四千多年前，中华先圣大禹曾在此地召会诸侯，开国立元；两千多年前，这里曾发生过闻名遐迩的楚汉之争、垓下决战……一幕幕中华文明的史剧就在此地上演。沧海桑田、时代变迁，六年前有位中国古民居的守护者来到此地，在沉睡已久的滩涂上，建立起了这座为中华民族安放乡愁的美丽家园。

世界上有很多事，你不做我不做，会有许多人去做；还有很多事，如果你不做我不做，就不会有人做了。在过去的几十年，我国快速城镇化的过程中，很多古建筑老房子在推土机的轰鸣声中化为乌有，而马相国先生就是一位在推土机下抢救出老房子的人。这些老房子，历经岁月的洗礼，成为我国古代社会及文化发展的载体，具有分布广、价值高、代表性强、时间跨度大、类型丰富多样的特点。既有北方的四合院，又有江南的园林；既有西北的大院府邸，又有西南的吊脚楼、亭台楼榭，府阁宅院一应俱全，成为不同地域文化多样性的"建筑代表"，也是祖先留给我们的一笔不可再生的宝贵文化遗产。

古民居类建筑，是一切建筑类型中最古老的建筑，中国所有丰富多彩的建筑样式，如生产类建筑、宗教类建筑、政治类建筑、园林类建筑等，都可以从古老的民居建筑中找到它的雏形和源起。相辅相成，在各种不同的建筑样式中都包含着一定的居住文化因素。

古建筑既是物质财富，也是精神财富，是一个民族文化认同的凭证。大凡那些具有迷人魅力的地方，都是传统风貌和古建筑保存最完好的地方。如果将中国的古建筑放到世界文明的历史中去审视，我们会看出，中国古建筑不仅历史悠久、源远流长，而且具有独特的营造传统和价值体系，以及浓郁的民族色彩和审美趣味。所谓"越是民族的越是世界的"，这些民族独特的文化形式可以跨越时空，跨越国度，成为人类的共同文化财富。

1954 年的《海牙公约》中明确指出："对于任何人的文化遗产的破坏，都意味着对全人类文化遗产的破坏。"1972 年发布的《保护世界文化和自然遗产公约》更加明确了文化遗产的世界属性。或许，即使对于不懂得中国文化和历史的人来说，当他看到这些参天的古树、奇特的老屋、幽雅的景观、优美的环境，也一定为这里的美所感染，从而会喜欢和理解中国的文化。古建筑既体现着一个民族的文化，也可以让世界从这里认识一个民族的文化。正所谓"艳色天下重"，文化遗产是属于人类的，人类的审美是共通的，这种共通不在于它的背景和历史，而是蕴涵在其中的人类普世的情感。

文化有差异，文化遗产没阻隔。任何一个民族文化的保护研究和发展都不是孤立的，必须放在大的国际环境和视野下来进行。没有中国的文化就没有整体的世界文化。越是在全球化的语境中，一个国家、一个民族就越是有不可替代的重要价值。同时也只有在世界性的大格局中，一个国家和民族的文化才能不断取得自身的发展和彰显，从而释放出持续的生命力。保护人类文化的多样性，关乎人类文明的延续。当我们在这里欣赏中国古民居之美的时候，我想，人类的心灵已经息息相通，我们的情感已经产生共鸣，文化遗产已经在这里传播和共享。

"各美其美，美人之美，美美与共，天下大同。"这是承载与存留的中国行动，这是拯救与跨越的人类共识。

当我们置身于具有人类共有的普遍价值的文化遗存之中，一曲让世人共同关注和呵护文化遗产的和谐乐章已然奏响。

本文原载《罗杨点水斋》微信公众号，2018 年 12 月

人类不能没有故事

作为人类对自身历史的一种记忆行为，故事记忆和传播着一定社会的文化传统与价值观念，引导着社会性格的形成，构建着一定社会的文化形态。具有五千年文明底蕴的古老中国是一个充满故事的国度，有着悠久的讲故事传统。那些"夸父逐日""嫦娥奔月""精卫填海""愚公移山"等神奇的故事至今仍散发着迷人的魅力，澎湃着感人的生命张力。作为先人创造和遗留下来的宝贵文化财产，故事中充满民族智慧、生命记忆、文化血脉，是民族精神的美好家园和民族文化认同的载体。我们每个人都是听着故事长大的。那些爷爷奶奶爸爸妈妈讲给孩子们的故事，对于提升人类生命的尊严和价值冲动，甚至比他们以后上学读书时的爆发力还要绵久和强大。

中华民族的聪明才智、高尚情操与民族民间的文化传承是分不开的。民间故事中蕴含着历史、幻想、理想、感情、道德、智慧和生活知识，具有娱乐、传播知识和教化的三重作用。故事，不仅给人以知识和智慧，也给人以启迪和力量；不仅传播着社会价值理念，也构建着美好的精神家园。纵观中华民族的文明文化史，我们的祖先曾经讲着"女娲补天"的故事开创了华夏民族的创世纪元；伟大领袖毛泽东讲着他那脍炙人口的"愚公移山"的故事，带领着中国人民推翻了三座大山；改革开放大潮中，我们又讲着春天的故事跨入了豪迈的新时代。一个充满故事的人生必定是一个辉煌的人生，一个充满故事的民族必定是一个充满希望的民族。可以说，故事始终伴随着我们的民族走向成熟，也伴随着我们的国家走向强大。

一个伟大的民族不能没有故事，一个强大的国家不能没有故事，一个复兴的时代不能没有故事。那些美妙动人的民间故事在世代的传承中已经内化为我们民族的精神和个人的品格。然而在当代文明更迭，社会转型的年代，很多优秀的民间故事正在面临失传的危险。把祖先留下的精神遗产抢救下来，保存下来，完整地交给后人，是几代民间文艺工作者的责任和使命。为此，中国民间文艺家协会把对民间故事的抢救和传承作为长项工作延续了半个多世纪，并将《中国民间故事全书》列入民间文化遗产抢救工程重点项目常抓不懈。

我相信，作为一种民间文学样式和娱乐方式，民间故事可能会被人们冷落，但是作为中华文明血脉，民间文化的基因是流淌在亿万群众血液里的，它的根是不会断的。

人类没有故事将会变得平淡无奇，世界没有故事将会索然无味。随着社会发展和文明进步，人类社会越来越需要倾听那些本真的、自然的，充满着文化多样性的故事。让我们把祖祖辈辈流传下来的美好故事世世代代地讲下去，让中国的崭新故事向人类倾诉更多的精彩。

本文原载于 2019 年 9 月《罗杨点水斋》微信公众号

中国传统文化的和谐观

中华民族在五千年的历史进程中积淀形成了深厚悠久的文化传统。"以人为本，社会和谐"的文化理念作为中华民族一以贯之的追求理想，代表了中国古代思想文化发展的主流方向。

中国传统文化主要是以儒、道、释三家思想所阐释的文化理念为主干而铺陈开来的。

儒家文化作为中国古代社会的主流文化，其核心理念就是整体和谐。儒家确立的"天人合一""理势相应""理事圆融"的整体和谐模式，奠定了中国传统社会发展的基本结构和演进态势；在群己、义利、理欲等社会关系中强调"修齐治平""允执中庸"，对稳定社会、促进人格的健康发展起到了积极作用；儒家的文化观营造了一幅人文关怀的和谐社会图景。

道家文化则从人与自然和谐发展的角度对社会和谐理念进行了阐发，提出的"无为而治""无以人灭天""人与天一"等思想，是以天道自然原则对人与社会和谐理念的极好说明。道家的和谐观为中国人的心灵发展提供了一份自然关怀，成为中国人特别是知识分子在特定时期、特定境遇中的心灵归宿。

佛家文化的核心理念也体现出社会和谐的特征。佛教提倡"好善乐施""普度众生""惜生护生"等，为构筑中国社会的和谐格局提供了重要的思想理论支撑，其和谐观体现了一种包容宇宙万物的悲悯关切之情，是平息、安顿人心浮躁的大智慧。

从儒、道、释三家倡导的文化理念不难看出，追求人与社会、人与自然的和谐是三者的共同特征。

中国传统文化的和谐理念经过长期的发展形成了独具民族特色的内涵，主要包括：在天人关系上，讲求天人合一，天人相符，天人感应，民胞物与；在人与社会关系中，追求理势相应，利义相宜，理欲相适，群己统一；在人与自我、人与人的关系上，主张身心俱修，身心和谐，我为人人，人人为我；在民族、国家关系上，提倡讲信修睦，万邦协和，兼爱交利，世界大同。这一内涵的丰富和发展显示出鲜明的民族特征，即整体性、包容性、开放性、和合性、历史性。整体性是指中国传统文化体现了"万物一体""天人合一""同气相求"的整体风貌；包容性是指中国传统文化拥有"兼收并蓄""海纳百川""化成天下"的宏大气度；开放性是指中国传统文化具有"君子以自强不息""敢为天下先""苟日新，日日新"勇于自我更新的内在动力；和合性是指中国传统文化能够坚守"和而不同""极高明而道中庸""执两而用中"的中和特质；历史性是指中国传统文化富有"百代相续""历久弥新""与时俱进"的时代品格。

中华魂和中国风的价值

　　所谓中华魂，就是中华民族的精、气、神。它是我们中华民族蓬勃生机和旺盛的生命力所在。有了这个魂，我们可以在民族生死存亡之际，用我们的血肉筑起新的长城，拯救民族于危难之中；有了这个魂，我们这个民族就可以屡遭挫折而不馁，枯树前头万木春，在崎岖的道路上开拓前进；有了这个魂，我们的国家就可以在风云激荡的世界潮流中叱咤驰骋，于中流击水，于绝处逢生，走出自己的道路……

　　一个国家，一个民族的魂是在长期奋斗发展的历程中积淀而成的。五千年中华文化孕育出了高贵的魂魄，"富贵不能淫，贫贱不能移，威武不能屈"的人格修为；"先天下之忧而忧，后天下之乐而乐"的家国情怀；"为天地立心，为生民立命，为往圣继绝学，为万世开太平"的理想境界……这些掷地有声的铿锵豪言，这些所向披靡的侠肝义胆，这些宁折不弯的铮铮铁骨凝成的中华魂，使一代代中华仁人志士能够以天下为己任，公而忘私；能够推己及人，救人急难；能够自力更生、艰苦奋斗；能够前仆后继，百折不挠；能够鞠躬尽瘁、死而后已、舍生取义、杀身成仁……而这个魂不仅存在于千年的传统文化之中，并已成为一种基因，生长在亿万百姓的细胞里，流淌在每个中国人的血液中，成为古往今来中国人生活中的约定俗成和社会风尚，不断生发出熠熠华彩。

　　中华魂是以爱国主义为核心的民族精神，以改革创新为核心的时代精神，是当代中国兴国之本、强国之道，是民族复兴的精神动力。一个强大的民族是不能轻易失魂的。失掉中华魂是可怕的，古人云"哀莫大于心死"，失掉了魂，心就会死，心死了就谈不上梦。毋庸置疑，中国最可怕的危机不是经济危机，而是精神危机，是我们心灵深处可以守望的东西变得越来越少，使我们的灵魂因受到污染而变得不能凝神静气。精神上的危机虽不像亡国之险那样令人撕心裂肺、肝肠欲断，但却会让人们在麻木不仁中潜藏着亡种之危。一个伟大的国家，绝不能跟在别人后面亦步亦趋地爬行，而是要学习别人的长处，坚守自己民族的魂魄，在时代风云中不断除旧布新，涅槃重生。

有魂的民族才有底气和豪气。鲁迅先生曾说："唯有民族魂是值得宝贵的，唯有它发扬起来，中国才真有进步。"坚守中华魂，弘扬中国风，既是当代中国融入世界潮流，走上国际舞台中央的需要，也是未来中国为世界文明做出贡献的重要依托；既有益于中国软实力与和平发展的理念，也有利于开创世界新格局的担当。凝聚起民族精神和国家未来的中华魂，必将会迎来更加灿烂的明天，从而使中华民族"光复旧物，自立于世界民族之林"。

玉雕让生活如此雅致

　　陆子冈，中国玉雕史上一个不朽的名字；陆子冈玉雕，中国玉雕艺术巅峰上一个不可复制的传奇；陆子冈杯，当代中国玉雕艺人们的不懈追求。

　　金秋时节，当我来到水韵苏城步入第七届中国·苏州玉石文化节暨第五届中国玉石雕刻"陆子冈"杯精品展的现场，立刻被玉雕文化的强大魅力所深深吸引。对于中国当代玉雕界来说，这里就像一个强大的磁场，全国的玉雕艺人群贤毕至，少长咸集，高朋满座，大师会集。在这些美轮美奂、美不胜收的玉雕作品面前，我一时无语，只有感悟，面对这些精美绝伦的玉雕，仿佛明白了什么叫作匠心独运，妙趣横生；什么叫作天生丽质，栩栩如生；什么叫作巧夺天工，炉火纯青；什么叫作增一分则腴，减一分则瘦；什么叫作美得令人窒息；什么叫作绚烂得令人生疑。

　　中国是一个玉的国度。玉是大自然孕育的精华，是天地赋予的神奇。玉雕是人文荟萃的结晶，是中华文化之积淀。中国的玉文化可谓历史悠久、博大精深，在历代中国人的心目中，上至帝王将相，中至才子佳人，下至平民百姓，无不视玉为灵石奇珍传世之宝。我们的祖先早已把国人对信仰、权力、财富、审美、品格甚至天地的力量容纳到了玉石之中。可以说，玉文化的背后是一个汇聚了自然、历史、文化、政治等几乎涵盖了中国几千年文明发展史的文化图谱和百科全书，至今玉的影响仍然渗透到中国社会生活的各个方面，以致在中国人的血液中，玉已成为中国文化基因的一脉。

衡量一件玉雕作品是否具有价值，不仅仅看它的材质是否优劣，它的雕工是否精良，还要看它是否具有独具匠心的艺术创意和底蕴深厚的文化内涵。当我看了今天这些展出的作品，陶醉之余不禁为今日中国之玉雕艺人们的精湛技艺叫绝，也为他们的文化传承叹服。方寸之石既可浓缩杏花春雨江南，小桥流水的细腻完美，又可彰显出铁马金戈，塞外西风的磅礴豪迈气概。从这些获奖的精品中我们可以读出一个共同的特点，那就是这些作者不是用手和眼睛在进行创作，而是用心灵进行创作；他们不是靠简单的功夫，而是靠深厚的功力；他们不是踩着前人的脚步亦步亦趋地前行，而是在前人走过的道路上又走出了自己的新路；他们的眼睛不是盯着名利和物质的市场，而是盯着气象万千的美好的玉雕世界；他们不是在人、事、物的小圈子里挣扎，而是在天、地、人的大境界里畅游。如此，他们才能在玉雕创作的探索中，不断地推陈出新，穷尽幽微，才能在市场的酬唱应答中不落俗流，特立独行。如此，才为我们捧出了这些出手不凡、一鸣惊人的精品力作。

"江山代有才人出"。我希望通过这次玉石文化节以及这次陆子冈杯的比赛，涌现出更多的玉雕大师和无愧于时代和人民的玉雕精品，祝愿玉雕界的同仁们携起手来，在当代玉雕艺术发展的洪流中到中流击水，在当代玉雕创作的艺术发展中叱咤风云，从而让当代玉雕艺术的文脉薪火相传，弦歌不断，迎来一个玉雕园地里月满中天花开满树的美好时节。

第三辑

探望神州

手艺苏州

朋友，你到过中国吗？你到过被誉为中国的人间天堂的地方吗？中国有句俗语："上有天堂，下有苏杭。"说的是苏州就是人间最美丽的地方。当然，这种美丽不仅仅是指那些天生丽质的"小桥流水人家"的自然景观，还在于那些底蕴深厚的灿烂文化以及那些巧夺天工的能工巧匠。

如果你没到过苏州，不知道苏州的雕刻，不能不说是人生中审美经历的一种缺憾。那么你完全可以从这部《苏州雕刻》中做一次美的巡礼，品味那些气韵温润的玉雕，那些古朴雄浑的石雕，那些质朴天然的砖雕，那些鬼斧神工的木雕，那些精工奇巧的核雕，那些活灵活现的竹刻，那些栩栩如生的漆雕，那些形神兼备的象牙雕，那些风雅别致的折扇，那些……并与那些巧夺天工，来自民间的艺术大师，非物质文化遗产传承人沟通对话。从而通过他们的指尖触摸到这个文明古国的文化脉搏，通过他们手上那把出神入化的刻刀的尖锋去感知苏州雕刻的博大与细腻，领略一个神奇的人文苏州。

处处是风景，遍地是文化，是苏州给人留下的深刻印象。吴侬软语、小桥雨巷尽显优柔之美，白墙黑瓦、园林星布传递着安逸和静谧。走在街头，耳畔萦绕的昆曲评弹以丽曲清辞令人心旷神怡；古桥、古井、古民居则以斑驳的色相向人们昭示着苏州历史的厚重；七里山塘、虎丘庙会承续着昔日繁华，演绎着当今盛世；寒山古刹的钟声、阊门、胥门和沧浪亭的古朴吸引着中外游客驻足寻幽；纵横交错的水系河汉倒映出城市的倩影。苏州，其山水之灵秀、生态之恬静、民风之淳朴，文化之厚重，自古就被文人骚客所向往并以生花妙笔给予不尽的描绘。恰如白居易在《正月三日闲行》中赞美的那样："绿浪东西南北水，红栏三百九十桥。鸳鸯荡漾双双翅，杨柳交加万万条。"苏州的魅力是历史沉淀和时代风采的结晶。

苏州民间手工艺历史悠久，工艺发达，门类众多，妙手辈出，佳作不绝，别具风格。苏州的织锦、印染、琢玉、陶瓷、泥塑、金银器、漆器、木工、塑作等，占全国手工艺品的半壁江山。鳞次栉比的园林不仅是天下文人的梦境，也为苏州的工匠们孕育了奇巧的哲思，成为一种收束心性的自我修养方式，一种自然适意的生活方式，一种内在的人格理想情操，一种活泼清幽的审美情趣与空灵澄澈的艺术境界。艺术也就有了"苏作"的品质。

在这样一个静谧唯美、含蓄着文人风致的文化空间，苏州雕刻又以"异想天开刀超笔"的巧妙，以玉雕、石雕、木雕、竹刻、碑刻等不同的方式，体现着"精细雅洁"的苏州风格。清代书画家恽南田曾说："一勺水亦有曲处，一片石亦有深处"，从容、平和、舒缓、细腻的东方气质在苏州雕刻的方寸之间流淌得汩汩有声，纯粹中国式工艺品的人文精神和生活品位在这里不激不厉地传递着。

高雅而不做作，清丽而不脱俗，苏州的雕刻来自民间，历史悠久，凝聚着一代代民间艺人精湛的手艺与奇妙的智巧。由于天时、地利、人和，加之苏州文化的影响，苏州民间手工艺不少冠以"苏"字，如苏绣、苏扇、苏灯、苏式家具等誉传四海，称誉天下技艺。明代王士性在《广志绎》中说："姑苏人聪慧好古，亦善仿古法为之。书画之临摹，鼎彝之冶淬，能令真赝不辨。""又如斋头清玩、几案、床榻，近皆以紫檀、花梨为尚。尚古朴不尚雕镂，即物有雕镂，亦皆商周秦汉之式，海内僻远皆效尤之。此亦嘉、隆、万三朝为始盛。至于寸竹片石摩弄成物，动辄千文百缗，如陆子冈之玉，马小官之扇，赵良璧之锻，得者竞赛，咸不论钱，几成物妖，亦为俗蠹。"明朝张岱在《陶庵梦忆》中也说："吴中绝技，陆子冈之治玉，鲍天成之治犀，周柱之治嵌镶，赵良璧之治梳，朱碧山之治金银，马勋、荷叶李之治扇，张寄修之治琴，范昆白之治三弦子，俱可上下百年，保无敌手。但其良工心苦，亦技艺之能事。至其厚薄浅深，浓淡疏密，适与后世赏鉴家之心力、目力针芥相投，是岂工匠所能办乎？盖技也而进乎道矣。"

苏州的雕刻艺术从远古的萌芽时期就表现出了高超的技艺，并逐渐达到一个光辉灿烂的高峰，透射出吴地先民巧思善构的特长。就苏州而言，其地本不产玉，而全国第一家玉雕工艺厂却在苏州诞生。从距今已有五千多年历史的新石器时代出发，穿过漫长的历史岁月，苏州玉器一直保持着多姿旖旎的神采和"空""飘""细""巧"的本色。在许多考古出土的玉器、青铜器等文物中可以看出，其艺术成就均能表现出当时技艺的高峰，以至今天，仍然在艺术和学术领域中闪烁着光彩，在中国传统文化的视域中占有重要的地位。

民间手工艺是靠艺人代代相传的。苏州传统技艺之所以能够一脉相承，推陈出新，正是得益于一代代苏州手艺人安静的守持与会心的创造。《乾隆元和县志》中说："吴中男子多工艺事，各有专家，虽寻常器物，出其手制，精工必倍于他所。女子善操作，织纴、刺绣，工巧百出，他处效之者莫能及也。"史载，自明代苏州香山帮艺人蒯祥建造北京紫禁城以后，朝廷多次从苏州征召手工艺人，他们有的定居北京，由此带动了北方民间手工艺的发展，也使得苏州手工艺名重天下。

历代文人对民间手工艺的参与，也为民间手工艺注入了文化的内涵，这也是苏州民间手工艺的一大特色。历史上，苏州之所以能产生这么多的能工巧匠、雕玉圣手、竹刻大师，都与苏州的民间手艺人善于真正吸收文化养料，加强自我文化修养分不开。在苏州，有的艺人本身就具有较高的文化修养，艺人与文人结为师友也是常有的事。置身于苏州这样一种浓厚的文化氛围中，民间手工艺人自然而然地不断提高自身的思维境界和技艺水平，手中的作品也在不知不觉中融汇了丰富的文化因子，因此方能从一个普通的工匠成长为手工艺师。也正得益于与文化人的互动，工匠与文人墨客"以文会友"，使得这里的手工技艺不断传递出心灵的悟性，从而使其作品向更高层次产生质的飞跃。

　　历史上苏州众多文人都是民间手工艺的爱好者，民间雕刻艺术高雅、高端的特质，又常常可与文人墨客产生心灵上的默契。他们赞赏这些雕刻作品精湛的技艺，并对它们进行品评和宣传，使传统手工艺登堂入室，成为高雅的艺术品。正是文人的参与，从而在更高、更新的视角上予以这些雕刻艺术品以雅文化的启示和文气十足的制作模式。比如久负盛名的苏州折扇即是典型的文人和手工艺人结合的成果。文心的浸润，也使苏州的砚台古朴端庄，意趣玲珑中透着砚品的高雅。

　　苏州民间手工艺的总体风格特点是精细雅洁，而苏州雕刻正是这一风格的典型代表。精细是技艺的反映，精细设计，精工细作，精益求精，细腻精巧；雅洁是艺术的追求，清淡雅致，文雅美好，简洁明快，典雅洁净。精细雅洁，既是一种物质的表面观感，又是一种精神的人文内涵。物质的表面观感，可以感染人们的思想意识；厚重的精神人文内涵，又透射着苏州文化的丰富多彩。苏州不同的民间手工艺产品，还有着不同的技艺和艺术特点，有的简练，有的繁复，有的雅致，有的质朴，体现了民间手工艺的多样性，在全国独树一帜。苏州的微雕艺术，用精细的笔触点化着书画的神韵；苏州的篆刻艺术，格调清雅，在方寸之间，收纳着意象的风神。

　　一方水土养一方人，一方水土养一方艺。独特的地理环境、经济状况、历史文化、生活习俗等，对苏州的民间手工艺的产生和发展有不同程度的影响。历史发展到今天，苏州之美岂是小桥流水、柳浪闻莺这些自然美景所能概括的？无论从哪一个视角欣赏苏州，审美需求都能获得满足。今天的人们走进苏州，令人深受吸引和震撼的一定会是那些种类繁多、五彩缤纷的民间工艺种类，以及众多的工艺美术大师及其巧夺天工的民间工艺精品。漫步在小桥流水，荡漾在街巷园林，你随处可以欣赏苏绣、发绣、宋锦、缂丝、蓝印花布等织绣精品的美轮美奂，随处可以近观微雕、发刻、核雕、金砖及桃花坞木版年画的生动精细，随处可以体味象牙扇的精巧、纸团扇的雅韵和檀香扇的幽香……面对这些纯手工制作的民间工艺品，谁能不感叹这大师迭出的土地，不感叹苏州人精到的创造力，不感叹在商品经济和工业化生产大潮的情态下竟有这么一些耐得住寂寞，潜心传承中华民族优秀文化的群体。

文化是国家发展的软实力。衡量一座城市的发展水平不是看房子的高度，而是看它文化发展的程度；评判一座城市的发展潜力不光看它的经济实力，还要看它的文化魅力。苏州的民间文化是一座宝库，是这座城市发展的坚实柱础。民间文化的天地有多大，苏州的发展天地就有多大；苏州的民间文化有多精彩，苏州的未来就有多精彩。有人说，坚守比绽放更加绚丽。这部《苏州雕刻》将苏州绚烂的雕刻工艺与民间文化的传承收纳其中，对苏州的雕刻工艺进行了一次全面梳理，从文化传承、工艺技巧，到形式样制、门类品种一一做了全面的介绍和阐释，为人们推开了一扇了解苏州人文的窗口，拉开了一幅品味苏州雕刻的画卷，掀起了遮盖在苏州大地上的千年面纱，让人可以尽情咀嚼和玩味隐藏在苏州人心底的文化密码。可以说，《苏州雕刻》是一部研究考证苏州雕刻的百科全书。它用一种朴素的方式呈现出苏州灿烂的雕刻工艺，一种历史和时代性的记录方式描述和阐释了苏州民间雕刻的丰富，以灵性的牵动向读者发出了美的邀请。

本书选取了玉雕、石雕、砖雕、漆雕、核雕、木雕、核雕、竹刻、漆雕、象牙雕等苏州最有历史内涵、最具代表性、最富表现力的雕刻带到您的面前。"君子比德于玉"，玉凝结着儒家文化"仁、义、礼、智、信"的深刻内涵。苏州的琢玉历史源远流长，以白玉、琥珀、水晶、玛瑙等为原料，灵巧的苏州手艺人雕琢出了各种虚实相称、玲珑剔透的精巧小品。打开手中的这部书，你可以看到以人物、炉瓶、鸟兽、风景雕琢出的各式各样、惟妙惟肖的玉器，它们细腻飘逸，高雅自然，无论是平面浅刻的花片，还是两面分别透雕出不同纹样或图景的"两明造透玉雕"，都运用了玉石天然的温润质地，以巧夺天工的精湛手艺，在盎然的天趣中体现着中国一辈辈手艺人对技艺尽善尽美的追求。苏州的石雕是江苏省非物质文化遗产的代表作，石匠艺人精湛的技艺令人叹为观止，北京的紫禁城、南京的中山陵、美国纽约大都会艺术博物馆都留下了苏州石匠艺人精湛的技艺。

在本书中，你足不出户，就可以目睹那些栩栩如生的龙、虎和仪态万千的佛像、人物。以太湖流域特有的澄泥页岩为原料，苏州的手艺人极尽巧思、因石施艺，以浮雕、立雕的手法创作出了造型古朴的砚台、澄泥石壶，翻开这本书，你可以品味它们趣味的天然，雕工的考究和深沉的含蕴。砖雕，是由东周的瓦当、汉代的画像砖发展而来的，在青砖上面雕刻出山水、花卉、人物等图案，它们牢固美观、生动细致，多取材于戏曲故事、花鸟走兽、吉祥图案等，不仅是宫墙、寺庙、民居中的艺术小品，也在金砖上、蟋蟀盆中彰显着品位。苏州的砖雕秀丽清新，它的蟋蟀盆已经从明代的朝廷贡品，演变为现代人喜爱的工艺品，获得了中国民间艺术的最高奖——"山花奖"。在本书中，你可以看到苏州砖雕的种类之多、规模之大、雕刻技艺之复杂。苏州的木雕样式同样丰富多彩，通过透雕、高浮雕、平雕等手法，用冰纹、菱纹、如意等几何纹样，聪慧的手艺人用"梅兰竹菊""四合如意"等中国文化意味浓厚的传统图案，表达着对吉祥、财富、平安的美好期待，其中蕴含着丰富的文化信息和心情故事。苏州的木雕精细雅丽，它们在拙政园、网师园、留园的楼榭亭台里，也在寻常百姓家的门窗梁檐上，翻开手中的这本书，你可以从那些栩栩如生的人物、车船里感受一门艺术的活灵活现，你还可以从那些连绵细致的线条里品读惊心动魄的神话传说。核雕，是流传在苏州的一门古老的民间手工艺，它是民间艺人在植物的果核上，利用其外形特点或形状变化，雕镂出各种人物、花鸟、走兽、山水风景等精美形象的手工艺品。它的主要材料正像本书所介绍的，有桃核、橄榄核、杏核、杨梅核等。苏州艺人以其独特的刀法和刻工使苏州的核雕在中国核雕中成为独树一帜的艺术瑰宝。"宁可食无肉，不可居无竹"，你一定对北宋文豪苏东坡的这句感慨很熟悉。东方人对竹子的热爱已经渗透到骨子里。苏州的手艺人与文人墨客在竹子上把玩创造，把竹刻与书画艺术相结合，以刀法交融笔墨情趣，在竹刻方面诞生了历史上著名的"金陵派"和"嘉定派"。通过本书中那些精湛绝伦、妙造自然的笔筒、扇骨，你可以领略到中国书法、绘画艺术在刀尖上的交融。苏州还是中国最原始的漆器的发现地，把漆的优良特性与精湛古老的雕刻技艺相结合，漆雕创造了气派典雅的艺术风格。这些纹饰精细、华美典型的漆案、漆碗、漆盘，造型浑厚、色彩沉稳。在本书中，你既可以看到采用髹漆工艺制作的耐用、美观的苏州漆器家具，又可以看到以鬼斧神工的阴刻、阳刻，辅之镶嵌工艺和彩绘艺术的古香古色的装饰工艺，从中感受中国独有的东方瑰宝和艺术精华。苏州的象牙雕在历史上很有名气，受吴门画派的影响，苏州的象牙雕刻从扇骨、花插，到画舫、盆景，都以精湛的细节，幽远的意境，散发着"有机宝石"的自然魅力。不仅如此，苏州还有鲜艳明丽、生活气息浓厚的桃花坞年画，它们用大红、桃红、黄、绿、紫、淡墨，勾画着中国人驱凶辟邪、广纳吉祥的心愿……所有的这一切，如果你没有机会来苏州亲自观赏，那么你可以选择翻阅手中这本图文并茂的《苏州雕刻》，它会带着你做一次、一次次，关于苏州雕刻的、苏州的、美的巡航。

通过翻阅这些来自民间的传奇故事，品味这些精美绝伦的艺术精品，你可以领略到苏州雕刻的丰富奇巧，它们与这座城市在一代代的历史变迁中积淀出的人文意境有关，是这一方水土所内蕴的性格的外化。看着这些妙趣横生的艺术作品，你仿佛可以听见一代代手艺人劳作时刀尖上传来的"沙沙"声，你会在这个声音里体悟到中国手艺人薪火相传的感悟力与创造力，感受到一代代手艺人内心的骄傲与希冀。你就不得不惊叹于人类所拥有的心手双畅的无限力量，你就不能不感动于在艺术的世界里天人合一的神奇和美好。你一定会喜欢上它们。

本文是作者为由苏州市人民政府新闻办公室编、外文出版社于 1999 年 1 月出版的英文版《苏州雕刻》一书所作的序

叩开鬼谷子的智慧之门

淇县是个神奇的地方。悠久的历史，深厚的文化孕育和造就了众多震撼历史的风云人物，而最为神秘莫测的鬼谷子就是其中之一。他的《鬼谷子》一书以独特的谋略和思想不仅在中国古代哲学和政治思想领域独树一帜，因此，他成了战国时纵横家的鼻祖。他培养出孙膑、庞涓、苏秦、张仪、尉缭、毛遂等一大批出将入相的杰出人才。他的智慧被历代中国人从不同角度加以解读和运用，在古今中外产生了深远的影响。在中华文明的发展史上，鬼谷子的智慧逐渐被内化为中国人的思想意志和文化精神。

今天的淇县，鬼谷子的种种痕迹仍随处可见，鬼谷子的民间传说仍老幼皆知，鬼谷子的非遗文化价值不仅惠及淇县，同时成为中华民族的智慧宝库。虽然鬼谷子其人其书至今仍有许多未解之谜，但是不可否认它是我们中华民族的一份丰厚文化遗产。这些遗产所留给我们的不是单纯的知识，也不是瞬间即逝的刺激，而是生存的智慧，做人的勇气，处事的才能。鬼谷子所给予我们的智慧不是外在的，而是可以激发我们内在的能量喷涌而出。

鬼谷子虽然距今两千多年了，但凡是集萃人类生命体验的优秀智慧都永远不会衰老。今天的人读《诗经》仍然会有大别于前人的新体悟和审美体验，读《论语》仍然会得到新的发现和启迪。即使人类进入高科技时代，古老的飞天神话传说也会与宇宙飞船遨游太空的景观同在；即使高清彩电全面普及，人们依然会不惜奔波之劳去实地领略民间艺术的风采。这就是文化遗产的魅力，鬼谷子当然也是这样。中国有五千年文明史，今天建设社会主义精神文明仍需要在继承传统文化的基础上进行。任何时候，继承和学习好代表自己文化传统的遗产都是传承民族文化的一种必要方式。只有将传统文化的精髓与现代文化的精华融合在一起，才能创造出为后世骄傲的新文化。

人类的精神洪流，从穿越巫术活动、图腾崇拜、原始宗教等艺术活动，到自觉创造有确定形态的文化活动，是一个由自发文化到自觉文化再到文化自觉的过程。读懂一位古人，也许能得到一个启迪；读懂一本古书，也许能开启一个智慧。研究鬼谷子，可以使个人转变气质；传承鬼谷子，可以使社会转变风气。弘扬优秀传统文化，可以让一个民族站在巨人的肩上高瞻远瞩、特立远行。

本文原载于 2009 年 5 月 18 日 《中国艺术报》

寻觅春节的足迹

    春节是一种博大精深的文化，是一丝萦绕于心的情结，也是中华民族最为重要的传统节日之一。我们为什么要过年？每个中国人都会讲出很多理由，但是有一个共同的行动就是过年回家，"一年不赶，赶三十晚"。尽管回家的路可能很长，但是回家的热情丝毫不减，浩浩荡荡的春运就是例证。那么春节的老家在哪儿？当然在每个中国人的心头，但是有位春节老人的家在阆中。

    今天，我们循着千古的足迹，循着"到阆中过年"的呼唤来到被誉为"中国春节文化之乡"的阆中。这里物华天宝，人杰地灵，底蕴深厚，风水闻名；是伏羲之母华胥的故里；是"春"的概念演绎绵延的地方；是天文学家落下闳的诞生地。正是落下闳创制的《太初历》，从而使正月初一作为岁首的历制传承至今。

    历史上的阆中与春节的发祥有着不解之缘，今天的阆中又与春节的文化繁衍密切相连。如果说春节是我们这个古老民族的文化胎记，那么阆中就是这颗胎记的一个落点；如果说春节是中华民族的精神家园，那么阆中就是民族情感的一个凝聚点；如果说春节是一棵千年古树，那么阆中古城就是清晰地镌刻着这棵古树的年轮。

    春节流淌着我们的文化血脉和文化基因；蕴含着民族的凝聚力和向心力，凸显着认同感和归属感；传递着民族精神和民族性格；体现着核心价值观和审美情趣理念；她是非物质文化遗产的魂。迷失了春节，我们就会魂不守舍，找不到回家的路。有一段时间，人们忧虑"春节正在消失"，"年味正在淡化"。但是如果你来到阆中就会体味到一个经过五千年文化凝炼出来的经典节日具有何等的魅力；还会领悟出一个经过沧桑岁月洗礼所形成的精神纽带是何等坚韧。

在阆中过年，你既可以和春节老人对话，又可以触摸到历史的脉搏，还可以找到春节家乡的感觉。读懂了阆中，就读懂了春节。读懂了春节，就懂得了我们这个民族。读懂了春节的意义，就读懂了人的生命的意义。

本文原载于 2010 年 2 月 12 日《中国艺术报》

冶铁之都的文化软实力

舞钢冶铁历史悠久，当代传承不断，是中华民族冶铁文化的重要发祥地。这里有火的浪漫，水的柔情，铁的性格，剑的豪情。这座现代化工业生态城当之无愧地荣膺"中国冶铁文化之都"的美名，凸显出柏子国冶铁文化的软实力。舞钢的冶铁文化源于先秦冶炼，兴于龙泉宝剑，传于铁山庙会，盛于"舞钢"品牌，是中国冶铁史的缩影。因此，冶铁文化既体现舞钢的城市特色，又代表舞钢的城市形象；既丰富舞钢的城市内涵，又强化舞钢的城市符号。无论是《史记》《汉书》等典籍的记载，还是《水经注》以及鲁迅《铸剑》对冶铁铸剑的描述，无论是文脉清晰的冶铁历史，还是如诗如画的秀丽山水，都体现出舞钢这座古城的非凡魅力。

冶铁记忆赋予了舞钢独特的文化与历史，新兴都城寄托着舞钢美好的今天与未来。一个城市的特色，既反映了城市的历史积淀，又反映了城市的现实存在。舞钢从历史文脉中寻找城市的根，从自然山水中营造城市的形，从人文精神中发现城市的魂，从现实与未来的追求中凝聚城市的神。悠久的冶铁文化体现出舞钢深厚的文化底蕴，美丽的自然环境陶冶出舞钢人的时代风采。

今天，舞钢正在成为名副其实的冶铁文化之都。城乡建设在科学发展中推进；民间文化遗产在传承中发展；冶铁文化在时代中焕发出新的生机，现时与历史在完美对接中彰显出新的活力。历史上的舞钢为中国冶铁技术的形成和发展留下了辉煌的篇章，今天的舞钢又为中华民族伟大复兴提供了强大的动力。

当我们为舞钢的优美景色所倾倒，为舞钢的古老传说所陶醉的同时，更会为舞钢人那种经得住烈火淬炼而不断升华的品质而骄傲，为舞钢的美好明天而自豪。我们相信，一个深深扎根历史文脉的城市，一个亲近自然山水的城市，一个闪烁着人文精神光芒的城市，一个不懈追求卓越的城市，一定会是一个前程似锦的城市。

冶铁凝聚着历史，文化点燃着未来。祝文化的舞钢带着火焰飞舞。

本文原载于 2010 年 5 月 7 日《中国艺术报》

会当水击三千里

　　刚刚一樽祭江酒，旋即一阵及时雨，可见神州大地的天人感应，中华文化的天人合一。端午刚过，浓浓的粽子清香犹在，感人的离骚回声犹响，今天，中堂的天空在阳光中飘来细雨，美丽的东江荡漾起碧波，焕发出一片盎然生机，第二届中国龙舟文化节隆重开幕了。来自全国的龙舟健儿将在这里"到中流击水，浪遏飞舟"。一场扣人心弦的中堂龙舟景，将把端午节的气氛推向一个新的高潮，为今年全国各地的端午文化活动画上一个精彩的句号。

　　龙舟的背后饱含着中华民族对理想的追求，对忠诚的颂扬，对智慧的赞美，对生活的渴望，对诗意的向往……那些流传千年的优良品质，就像基因一样，已深深地注入我们的血液中和生命里，构成我们这个民族独有的精神内涵和强大魅力。

　　中堂龙舟景基于深厚的文化底蕴，有着独特的表现形式和广泛的群众基础。可概括为五风共存、四位一体、三多之最、两个促进、一条不变的主线。即五风：纪念屈原的古风；龙舟竞技的赛风；经贸参与的商风；流派传承的民风；积淀深厚的文风。四位一体：保护抢救和传承发展；国内交流和国际合作；政府主导和群众参与；理论研究和品牌打造。三多：景点最多；龙舟最多；制作最多。两促进：精神文明和物质文明。可以说中堂的龙舟景既突出地方性，又保持民族性；既回望传统，又紧随时代，形成了个性鲜明的龙舟景文化。中堂龙舟所具有的典型性和代表性已超越了中堂、超越了珠三角，在全国的龙舟活动中独领风骚，成为名副其实的龙舟文化之乡。中堂龙舟景中所昭示的那种蓬勃朝气，那种令人奋发进取，激人百折不挠的宏伟场景和文化内涵，必将进一步唤起民族的自豪感，凝聚起民族的精神，传承炎黄的龙脉，展现中华的风采。

龙舟是一年一度的灵魂盛宴；龙舟是一场热烈的亲水狂欢；龙舟是一次激情盎然的文化盛典。中堂的龙舟是快乐而惬意的，是豁达而开放的；中堂的龙舟是传统的，也是时尚的。传统的习俗和流行的时尚在这里水乳相融、交相辉映。赛场如战场，号鼓如战鼓，龙舟如飞舟。让我们祝愿八方龙舟齐聚中堂的胜景，在古老的东江上搏风击浪、勇往直前！

　　本文是作者在第二届中国（东莞·中堂）龙舟文化节上的致辞。刊载于2010年7月2日《中国艺术报》

打起莲湘唱起歌

莲湘，一个动听的名字，是热情的舞蹈，还是优美的体操，是果敢的武术，还是欢腾的秧歌……都不是，又都是，这就是勾人魂魄的上海廊下的打莲湘。

莲湘是一种富有民族文化气息、深受人民群众喜爱、在廊下广泛流传的民间舞蹈活动。它深深植根于廊下人民的生产生活，与当地群众的文化生活水乳交融，为当地百姓喜闻乐见。廊下人把莲湘作为自己的荣耀，莲湘在廊下生根开花。廊下与莲湘密不可分，说起莲湘必提廊下，说起廊下必想到莲湘。廊下莲湘形式多样，生动活泼，欢腾跳跃，热闹非凡。表演时，一根根系着各色彩带，一头悬着铜钱，挥舞起来清脆作响的棒子在人们的手中变幻出不同的花样，舞姿翩翩，充满生活的喜悦与动感。舞到高潮时，台上台下一起舞动莲湘棒，场面蔚为壮观；跳到兴奋时，左右四方齐声呐喊喝彩，气氛十分热烈。

莲湘是一种集多种文化功能于一体的民间艺术，它融舞蹈、音乐、健身、民俗于表演之中，令人赏心悦目，精神焕发，散发着独特的民间舞蹈风格和艺术个性。莲湘是一种民间文化，它承载着深厚的民族文化内涵，以美的力量和艺术的方式，于潜移默化中给人以启迪和教益，以文化人，以艺育人；莲湘是一种生活，是廊下人过日子的一种方法，是群众生活的一种方式。它承载着社区联络、交往、沟通、仪式的诸多功能，使社区和谐，邻里温馨。莲湘是一种态度，是廊下人热情、达观、包容开放的眼界胸襟和真诚善良的生动写照，使人远离低级趣味，丰富美好情操。莲湘是一种境界，造就了廊下人在贫困的日子里保持富贵的气质，在苦难的岁月中酝酿出艺术的奇葩，在蹉跎的年代里萌发出幸福的希望，在快乐的心境中绽放出对未来的追求，使人在莲湘的舞步中不断走向睿智与崇高。廊下人不仅把莲湘作为生命，更是把生命化为莲湘。只有境界达到了超凡的自由状态，灵魂深处的感知才能发挥得淋漓尽致，出神入化。

莲湘是一首歌，有唱不尽的欢乐；莲湘是一首诗，有抒不完的情怀；莲湘是一幅画，有看不尽的美景；莲湘是一段情，有道不完的话题。看过莲湘的人，无不为廊下人富有激情而不乏细腻的表演所折服，无不为复杂多变、节奏明快的舞步所惊叹。跳过莲湘的人无不为莲湘里折射出的民族的心路历程所感染，无不为莲湘蕴含的民族精神所骄傲。让我们紧扣时代的脉搏，击节起舞，打起莲湘的节拍，尽情欢歌，在舞动的莲湘中体味民间文化的快意，感受精神家园的润泽。

本文原载于 2010 年 10 月 15 日《中国艺术报》

擦亮麒麟的文化名片

　　麒麟传说是我们民族文化遗产中的一份瑰宝。人类最早的愿望与追求很多是从神话传说开始的，它反映着原始人类对宇宙、自然和人类自身的思考及解释。正像马克思说的：神话都是用想象和借助想象以征服自然力、支配自然力、把自然力加以形象化。麒麟就是这样。麒麟是中国人按照民族的思维方式所构思创造的吉祥物。所以它什么都像，又什么都不像。它汇集了各种动物精华于一身，把丰富的思想内涵以直观的物象表现出来，反映出中国人对精神世界和物质世界的美好愿望追求。

　　麒麟决非古人凭空的杜撰，而是历史的智慧和积淀。如果想追寻麒麟的源头，巨野是它的滥觞之地；如果想找寻它的踪迹，巨野有它的历史记载；如果想开启研究麒麟文化的宝库，巨野有麒麟文化研究的钥匙；如果想问寻它的现状，巨野是当代麒麟文化之乡……巨野历史厚重、人文荟萃、地理独特、底蕴深厚。这里是春秋"西狩获麟"之处，有着丰富多彩的麒麟传说，其名已列入国家非物质文化遗产名录。当代，麒麟正以其独特的价值和魅力受到越来越多人的热爱，引起海内外的广泛关注。

　　麒麟文化是中国独有的吉祥文化、和谐文化的象征，在历代的传承中麒麟被赋予了十分优美的品质，既威而不猛，又泰而不骄；既温和善良又自强不息，其核心的价值理念已逐步内化为中华民族的优良品格。麒麟文化反映出古人的心灵慰藉和精神信仰。麒麟精美造型和文化内涵的完美结合，表达了中华民族的审美取向和文化诉求。麒麟符合人们求生、趋利、避害的本能要求，在历代传承中已逐渐淡去了原有的自然隐喻，慢慢成为民族观念、意愿和理想的象征符号。

麒麟作为一种民族精神和民间文化，今天仍然可以成为当代文化生活的终极关怀，仍然可以支撑我们民族的文化薪火相传生生不息。如果一定要问世上有没有麒麟？有，它就在中国人的心中；如果一定要考证麒麟在哪里？就在中华大地，就在巨野。麒麟文化之乡的称号就像一张麒麟文化的精致名片，热爱麒麟的人都可以通过这张名片找到麒麟的地址。希望所有热爱麒麟文化的华夏儿女来到巨野，一起探寻麒麟文化的未来光芒，让麒麟与文明同行、与时代同行，为今天的人们不断带来思想上的启迪，身心上的愉悦，审美上的享受，生活上的美满。

本文原载于 2010 年 11 月 9 日《中国艺术报》

民间艺术让婺源更美

金秋婺源"正是橙黄橘绿时"，一派美不胜收的美景，一片与美难解难分的土地。地美、山美、水美、人也美是婺源的天生特质。欢快的歌声，优美的舞蹈又拉开乡村文化旅游节暨非物质文化遗产展演活动的帷幕，这将会使美丽的婺源美上加美。

悠久的历史使婺源自古文风鼎盛，灿烂的文化使婺源历代名人辈出，淳朴的民风使婺源社会和谐，优美的生态使婺源令人向往。婺源因美而驰名，被誉为"中国最美的乡村"。难怪多情的人感叹，"看过美丽的婺源，死也值了"。看了后又感叹，"看了这么美的婺源，更加留恋这个世界，再也不想死了"。我想这大概是来过婺源的人的共同感慨吧。

文化是旅游的灵魂，旅游是文化的依托，民间艺术是婺源的底蕴，婺源是民间艺术的舞台。自然之美固然可以令天下之游人趋之若鹜，而真正能令人流连忘返的则是要有特色的文化内涵。山水是形，村庄是神，文化是魂，漫步在神秘的山野村庄，有悦耳山歌的指引你就不会迷路，荡漾在幽静的乡间小路，有淳朴民风的相伴你就不会孤单，只有当文化的力量始终蕴含在旅游活动中，婺源才能表现出更大的魅力和更加持久的生命力。

在当前旅游节会众多的大环境中，婺源乡村文化旅游节立足时代发展需要，站在中华民族伟大复兴的高度，充分发掘深厚的历史文化资源，把民间艺术与旅游相结合，展现出一幅令人陶醉的乡村画卷，描绘出一幅妙趣天成的文化景观，开辟一条如诗如画的文化风景线。来自全国的民间艺术家将在这里展示具有五千年文化底蕴的非遗项目，从而令人感悟古老文化的博大精深，众多婀娜多姿的民间艺术节目，彰显文化的多彩和力量。我们听到的将是天籁之音，我们看到的将是云衣霓裳，我们品味到的将是千古绝响，让我们用动听的歌声诠释民间艺术的奔放情怀，让民间艺术在婺源山水间意气风发地起舞，让非物质文化遗产在天地大美中留下壮美诗篇。

本文原载于 2010 年 11 月 12 日 《中国艺术报》

春秋淹城鼓舞来

　　走进淹城，仿佛穿过历史的层叠迷雾，体味浪漫春秋时代的原生态景观，大有走入空谷无尘之境，顿生怀古思幽之情，印证了"明清看北京，南宋看杭州，隋唐看西安，春秋看淹城"之说法。今天的淹城，神话与历史交错，传奇与生活融合，历史与当代交汇，古典与时尚纷争。沉寂千年的古城迎来了一场来自全国的欢腾鼓舞鼓乐展演。一片历史悠久的土地与一幕传承久远的民间艺术在此时此地此景相会，演绎出有声有色、有情有韵的物质文化遗产与非物质文化遗产全景式展现的民俗风情画卷。

　　中国鼓舞鼓乐蕴含着深刻哲理，不仅历史悠久，流行广泛，也是人民群众最喜爱和最多见的民间艺术形式，表现出或激情澎湃，或低回婉转的丰富套路。鼓在儒家的制礼作乐中的重要作用体现了传统文化的深邃思想，舞在人类最初始的情感宣泄、情绪表达中孕育了艺术的萌芽。从人类文化视角看世界上各民族都有各具风采的鼓舞，而中华民族的鼓舞文化又以其源远流长、丰富多彩、独具特色享誉世界。有了鼓舞，古代的将士会更加勇往直前；有了鼓舞，有序的社会将更加庄严和谐；有了鼓舞，希望的大地将更加充满朝气；有了鼓舞，奋进的民族将更加昂扬前进。

　　在我们满怀豪情地迎来中国共产党建党 90 周年的日子里，第十届中国民间文艺山花奖"民间艺术表演奖（鼓舞鼓乐）"展演活动在这里隆重举行。不同地域特色的鼓舞鼓乐相聚春秋淹城，将穿越岁月的沧桑，钩沉千年的往事，展现鼓舞的文化，激荡时代的洪流。这是一种既古老又浪漫的民间艺术形式，这是一次欢乐与激情的文化盛宴。

　　站在亘古的淹城，当代与历史，今人与古人会产生天然的感应，当我们脚下这方千年沃土热切盼望精神复苏、民族复兴的时代召唤时，激昂的鼓舞将会唤醒沉寂千年的绝响，催人的鼓舞将给我们以前行的底气、勃发的神气，铸造文化的软实力，塑造新时代的国风民魂。

　　　　　　本文原载于 2011 年 5 月 11 日 《中国艺术报》

十里红妆扮靓宁海

　　中华民族在几千年的文明长河中，孕育了丰富多彩的文化，形成了风格各异的民俗，创造了灿烂珍贵的文化遗产。作为人类文明发展程度的重要标志——婚俗，也是中华缤纷文化的重要组成部分。

　　我国幅员辽阔、民族众多，各种婚俗千姿百态、奇异精彩，有的浪漫美好、有的神秘奇妙，婚俗的仪式更是纷繁多样，数不胜数，既反映出各民族各地区的历史文化和时代精神，又展示出一幅特色迥异的民俗画卷。宁海的"十里红妆"就是这幅画卷中的精彩篇章。宁海历史悠久，人文荟萃，千年的文化和绚丽的民风孕育出以"十里红妆"为特色的婚嫁文化。婚姻是文明社会人类得以繁衍生息的主要方式和构成家族、亲族的基础，婚礼是一个人的终身大事。宁海人用"十里红妆"这一民俗把这一重大的人生礼仪装点得既红红火火又庄重神圣，让人们在领略中华民族崇尚爱情、恪守家庭美德的同时，又感受宁海人的心灵手巧和浪漫情调。可以想见，一个女子用十几年守望的闺中生活，换来一次绵延十里的风光，虽然如烟花般短暂的绚烂，却足以慰藉一生，所谓"千金但怀一世梦，百年仍看十里红"。十里红妆如同宁海的一面文化多棱镜，折射出浙东的社会经济、民族心理、审美意识、伦理道德、宗教观念、地缘文化等因素发展演变的轨迹，"飘拂红妆十里香"成为中华大地上一道靓丽的民俗风景线。

　　婚俗的内容和形式既凝结着一个民族长期历史发展的传统和心理积淀，又反映着一个民族深层的文化心理和时代生活的印记。十里红妆自南宋蔚然成风，在明清达到全盛，随着时代发展"十里红妆"的原生态场景离今天的生活已经渐行渐远，而它给我们留下的不仅仅是"十里红妆"这个美丽的名字，还有藏之于乡村坊巷深处的那些工序复杂、耗时巨大、工艺精湛、美轮美奂的红妆民间工艺器物，而最为可贵的则是十里红妆中所蕴含的宁海人乐观自信、执着高洁、热爱生活的宽阔气度和浪漫情怀依然在当代人的生命中延续和传承着，当十里红妆抖落掉历史的尘埃，以"中国婚嫁文化之乡"的婚俗文化发源和传承之地鲜活光亮地来到我们面前，我们不得不敬佩宁海人对传统文化的姿态和选择。一个城市的辉煌和生命力绝不在于它有多少高楼大厦，创造了多少经济价值，而在于它有没有可以让人称道的文化，能否用自己的文化主题去丰富城市的内涵，让人们在这个城市和谐地诗意地生活，而"中国婚嫁文化之乡"在宁海落地让我们感受到了宁海在竞争中的实力和魅力。铅华褪尽、朱红依旧。让千年的十里红妆把今天的宁海装扮得更加美丽。

本文原载于 2011 年 6 月 10 日 《中国艺术报》

绝技绝艺的精彩绽放

　　绝技绝艺是民间艺术中一颗璀璨的明珠，是中华民族勤劳勇敢智慧的结晶。绝技绝艺是民间艺术中超常技艺的统称。绝技绝艺可以追溯到原始人类的生产生活，后又在汉代的百戏、唐代的宫中大展华彩、鼎盛辉煌。今天我们仍然可以从敦煌壁画和唐人的《明皇杂录》等许多历史文献中看到这方面的描绘和记载。至宋代受程朱理学的影响，很多绝技绝艺开始转至民间生存和传承，且不断为其他艺术门类提供养分和借鉴，比如戏曲、舞蹈、杂技、武术等，可见绝技绝艺是一种原生性和根源性的艺术。

　　绝技绝艺既来自远古又与时俱进，大都是生活技能和劳动技术的加工提炼和艺术化。不仅世代相承，而且日渐精进。神奇超常和险难异能可谓绝技绝艺的审美特征，平中见奇，险中求稳，力量超人又轻捷灵巧；功夫扎实又妙境灵通；匪夷所思又出神入化等独特奇巧使绝技绝艺独具魅力。绝技绝艺是生活中开放出的心灵之花，是智慧人生中生长出的神奇之术。它不仅是我国人民群众喜闻乐见、基础广泛的传统艺术门类，同时也名扬海外，在世界舞台上独享美誉。

　　松桃苗族自治县是一个美丽神奇的地方，这里的资源富饶丰厚，这里的文化晶莹璀璨，这里的人民智慧勇敢，这里的绝技绝艺夺人魂魄……梵净山风情万种，桃花源森林苍翠，苗王城饱含沧桑，而松桃之美并不止于山川的秀丽，如画的风光，还在于这里的文化底蕴和人文风情，那些热烈奔放的苗歌苗舞，神秘诡异的巫傩技艺……不仅让松桃人民引以为豪，也是中华民族的骄傲。今天，"中国绝技绝艺之乡"荣归松桃，更加印证了这里是一片孕育绝技绝艺又可以施展绝技绝艺的沃土。松桃人民素有绝技绝艺的传统，因此他们就懂得绝技绝艺，就会欣赏绝技绝艺。所以我相信来自全国的绝技绝艺选手们会聚松桃，既会使绝技绝艺在融入自然的人文哲理中返归最本真的生命冲动，又会使绝技绝艺在超脱的精神中完成新的跨越和超越。在松桃，我们不仅会看到令我们迷恋的绝技绝艺完美地呈现，还将从中看到多彩的民间艺术，看到我们坚韧的民族性格，看到人类生命精彩的表现形式，为我们带来审美的享受、想象的空间和艺术的熏陶。

真正的艺术就是这样，她会超越时空、超越边界，无论过去、现在、将来，都会充满魅力，都会被人欣赏，都会令人感动。

本文是作者在由中国文联、中国民协等主办的全国绝技绝艺展演暨第十届中国民间文艺山花奖民间绝技绝艺评奖活动上的致辞。刊载于 2011 年 7 月 8 日《中国艺术报》

第三辑 探望神州

蔚州窗花正红

蔚州的山水很迷人，比山水更迷人的是蔚州的剪纸，那是一道自然美景之外的人文风景。近年来，随着蔚州剪纸奇迹般复活，这一极具魅力的非遗项目越来越多地走进人们的视线。我已经是第二次来到这里参加中国剪纸艺术节，给我最大的感受就是在很多地方的剪纸正在离当代人的生活渐行渐远的情境下，这里的剪纸给古城带来一派生机和活力，使蔚州大地一片春色。这就让我想到一个问题，保护文化遗产并不一定是一种被动地抵抗岁月的磨蚀，其中也包含着遗产中人文生命的挖掘与创新。

在当今时代，一个地方该如何塑造自己的个性，让这个地方获得凝聚力和感召力，让这里的人民获得自尊和自信，让经济充满实力，让文化充满魅力，这是一个十分值得探讨的问题。蔚县是我国 100 个产煤大县之一，而今天蔚县的党委政府以及人民群众在这里大挖文化，剪纸从业者已达 3 万人之多，从过去的最高 3000 多万元的产值，到举办中国剪纸艺术节以来的年产值近 4 亿元，表现出明显的促进地方经济、推进城市化进程和新农村建设、构建和谐社会的效果，对提升蔚州的古城品位和知名度也起到积极作用。我们不能回避，剪纸曾经是农耕文明时代过年时贴的窗花，和大部分民间艺术一样都是一种应用艺术。有市场就存活，没市场就死亡。而当今在适应世界性市场的过程中，蔚州的剪纸面临着蜕变和再生的考验。

文化遗产是在人类漫长的历史演进过程中形成的，有着各自特有灵动的精神世界，民间艺术中最重要的内涵是文化的多样性、地域特色及生活情感。文化的传统来自积淀，文化的传承来自积累，文化的升华来自酝酿。米加水可以煮成粥，时间短，但价值低；如果把米包成粽子，就会提高附加值；再如果把米发酵，酿造成酒，则是一种境界。蔚州剪纸源远流长，随着时代的发展，今天蔚州的剪纸已在新的时代土壤里酝酿发酵。希望蔚州把特有剪纸业态做深、做细、做精，防止盲目走入"做大做强"的误区。因为任何一项伟大的艺术都是在长期历史文化积淀和人文精神培养中逐渐形成的，文化不能速生，它需要塑造，而不是打造，它需要积淀和积累，而积淀则是时间的酝酿。

本文原载于 2011 年 7 月 20 日 《中国艺术报》

西湖秋月分外明

　　中秋节对于中国人来说并不是一个普通的假日，而是一个民族的文化的生日；中秋的月亮对于中国人来说也不是一个自然的天体，而是映照出一个民族"阴晴圆缺""美满团圆"文化精神的象征；西湖对于中国人来说也不是一池平静的湖水，湖中蕴藏古往今来不尽的美丽传说，也是被联合国公布为世界名录的文化遗产。在华人心头，中秋节是一个传承了千万年的唯美神话，承载了一个又一个动人的故事。没有哪个节日能够像中秋这样富有诗情画意，能够凝聚起我们这个古老民族所有的细腻情感和壮阔情怀；没有哪个城市能像杭州这样与中秋如此亲密，没有哪池湖水能像西湖这样映照出一轮如此神奇浪漫、与众不同的中秋之月。

　　"月到中秋分外明"，今夜，西子湖上的这一轮明月不仅照亮着西湖，清澈的月光还会洒满中华大地，普照在所有华人心灵之上，引发无限情思遐想，幻化出万般美妙境界。杭州之于中秋的不解之缘源远流长，从大诗人白居易的"山寺月中寻桂子，郡亭枕上看潮头"词句里，就可以看到唐朝时的杭州，已经有了"天竺寺拾桂子"和"钱塘江观潮"等中秋习俗。北宋年间，曾叩问"明月几时有"的苏东坡主持兴建"三潭印月"，又使西湖成为闻名遐迩的中秋赏月胜景。可以说杭州赏月习俗在南宋时已达到高峰并绵延至今，经久不衰，形成了独特的以平湖赏月、三潭印月、月岩望月、三生石谈月的"四雅"，钱塘观潮、天竺拾桂、放灯祈福、斗香祭月的"四俗"，以及以吃月饼、摸秋等民间风俗为主要内容的地方特色。每到中秋来临之际，无论是西湖景区，还是钱塘观潮区等处，都是人山人海，热闹非凡。而"祭拜""放灯""吃月饼""敬长辈""庆团圆""馈亲友""邻里节"等许许多多的民间习俗，一直在杭州民间延续并盛行着。今天，每个杭州人都会在丹桂飘香的月圆之夜，细细品味人生的奥妙，感受生活的真谛，寻找心灵的惬意，遥寄亲友的思念。优美的西湖景色和浓郁的人文底蕴已经使杭州成为当代中秋文化的传承地。

"古人不见今时月，今月曾经照古人"，中秋节从远古走来，承载着中华民族独特深厚的文化内涵，它就像一首永远唱不完的月光曲，讴歌温馨浪漫的月空，祈祷中华民族的幸福团圆。让我们在首届中华中秋文化节这一美好的月色中不断诠释中秋文化的内涵，不断弘扬传统美德和民族精神，让我们在赞美星空的圆月时把心中的月亮升起。

本文原载于 2011 年 9 月 23 日《中国艺术报》

要始终站在人民之间

　　"丰富精神文化生活越来越成为我国人民的热切愿望。"这是党在十七届六中全会中对我国当代社会发展阶段中所呈现出的人民群众不断增长的文化生活诉求所作出的一个重要判断。当代中国特别是在基层的人民群众正渴望着文化甘露的浸润,文化工作者应闻风而动,到人民群众中去,到基层中去,把文化送到那里,让文化的种子在那里开花。

　　走进生活的深处,那是一片充满生机和希望的沃土,走得越深收获就越大。到基层不应作浮光掠影的表面文章,而是要奔赴民间艺术的前沿,直抵生活的底层,置身鲜活的现场,品味民间的风情,感受时代的温度。三坊七巷是福州南后街两旁从北到南依次排列的十条坊巷的简称,今天的三坊七巷保存着较好的明清建筑两百余所,且基本保留了唐宋时期的坊巷格局,有"里坊制度活化石"之誉,不仅是文化遗产的活的博物馆,也是非物质文化遗产的温床。三坊七巷重新整修以来,吸引了大批民间艺人及传统手工艺和非物质文化遗产项目在这里落户。在这里我们可以触摸到非物质文化遗产的沧桑,直击民间艺术的生存现状,学习和了解民间艺术家的智慧,近距离观察非物质文化遗产传承人的眼神和勤劳的双手,体察到时代的变迁,感知人间的温暖,体会文化传承的血脉。中国民协按照中国文联的统一部署深入到最基层的坊巷,不仅有老一辈演员,也有新人新秀,不仅有时尚和经典,也有非物质文化遗产,将促使文坛大家与民间艺人相互交流,使当代艺术与传统艺术交融对接，使文化遗产与非物质文化遗产交相辉映。满足人民群众对文化的渴求，推动"草根"文化的蓬勃发展。

人民需要艺术，艺术更需要人民，文化艺术的根在基层、在人民中间，文化价值的实现，也在基层、在人民中间。文化的发展和繁荣，文明的推进和传播，都必须重视来自生活深处的情感体验，关注基层群众的冷暖。文艺家到基层不是简单地搜罗一些生活的素材和碎片，而是为了汲取大地的养分，在源头上汲取活水。只有热情地拥抱生活，真诚地贴近百姓，文化艺术工作者的灵感才不会枯竭，源头活水就会汩汩而来，这是一条亘古不变的艺术规律。民间艺术也许不是耀眼的宝石桂冠，但它是散落在海底的珍珠，盛开在冰山的雪莲，是一切文化艺术的母体，无论沧海桑田、世事变迁，文化工作者都应葆有对民族文化基因的民间文化的温情和敬意。

一花独放不是春，万紫千红春满园。走进三坊七巷，不仅是送文化，更重要的是种文化，在千年的坊巷里送文化，在民间艺术的根脉上浇水，让古老的三坊七巷盛开绚丽的当代民间艺术之花。

本文原载于 2011 年 11 月 16 日《中国艺术报》

五彩的瑶家文化密码

当你走进连南瑶乡，一定会感叹那些神奇美妙，与山川自然有着某种契合，与人文风情有着和谐关系的瑶绣文化。有着悠久历史的瑶族有虽拥自己的民族语言，却没有自己的文字，很多历史的记忆和文化的传播都神奇般地投射在瑶绣上，凝结成一种文化的密码被记载下来。因此，瑶绣在瑶族人的生活中有着不可替代的位置，瑶绣充满着神秘，折射出魅力。它的每一个图案，每一种绣法，都蕴含着一个美丽动人的故事、一个充满神秘色彩的传说，一个充满美好想象的神话。

瑶家妇女们巧夺天工的原生态刺绣创意，常常让美术家和设计师目瞪口呆，瑶绣上深厚的文化蕴义和标识符号，常常可以告诉我们哪种图案道出了人和万物起源的创世神话，哪种花纹记载了前辈们的迁徙故事，哪种色彩的搭配体现了人伦辈分和礼仪制度，哪种瑶绣的服饰表明穿者的年龄和家庭关系……一幅瑶绣既可以是瑶家的生活场景，也可以是对幸福生活的期盼。绚丽多彩的瑶绣，承载着历史的记忆，沉淀着古老的艺术信息，蕴藏着丰富的文化内涵，是瑶族的视觉标识和文化象征。因此，瑶绣既是一种艺术形式也是一种文化的书写方式，通过这种方式瑶族构建了自己特有的文化时间和文化空间，也构建了中华民族的美好精神家园。

作为瑶族妇女特有的一种传统手艺，瑶绣已有上千年的悠久历史，史书多有瑶人喜"五色"善刺绣的记载，汉代记载瑶族"女子五色衣裳，制裁皆有尾形"，宋代记载瑶人的"妇女椎髻临额，上衫下裙，斑斓勃翠，惟其上衣斑纹极细，俗所尚也"。明清时期瑶绣技艺更是日臻完善，达到了"用五色绒，杂绣花卉"。千百年来瑶绣以"口耳相传"的方式，"母传女，婆传媳"传承至今，瑶家俗语"瑶族姑娘爱绣花，不会绣花找不到婆家"今天仍在盛传。当代，瑶绣服饰的光彩华丽，充分表达着今天的连南人民追求美、创造美、热爱美的情感和对祖先的缅怀之情。每到农历十月十六，在瑶族的"盘王节，耍歌堂"的盛大民俗活动中，瑶族人都会穿上绚丽多彩、光艳照人的刺绣盛装，而这套盛装一般每人只有一套，一生只穿三次，美好的婚礼仪式和肃穆的葬礼仪式是穿着盛装的两次大典。现在瑶人的心里"人间天堂"和"地下世界"都应是绚丽多彩的。瑶绣既是瑶族文化的形态和载体，也是瑶族文化的灵魂。

宛若云衣霓裳的古老瑶绣，是源于自然灵感，是源于生活的技艺，这般美好的瑶绣应伴着我们今天美好的生活，在瑶族人民的当代生活中焕发出更加绚烂迷人的光彩。

本文原载于 2011 年 12 月 26 日《中国艺术报》

嫦娥：一个美丽的传说

中秋到了，月亮圆了，人们自然会想到一个美丽的传说：嫦娥。

中秋的民俗以月亮为核心，咸安的月亮以嫦娥为化身。诗意的嫦娥在咸安形成了特有的文化空间，尽管今天人类已登上月球，而嫦娥作为妇孺皆知的神话人物，在咸安仍然作为人类突破生存空间的超现实偶像和美的化身，彰显着独特的民间文化魅力。

咸安位于鄂东南北端，地处湘鄂赣三省交界地区，古为"云梦泽"之一隅，属"三苗之地"。从民间文化的视角看，这里既有山地文化特征，又具平原文化特点，且兼带水乡文化特色；既有吴越文化的印记，也有楚文化的传承，还融合了巴文化与某些少数民族文化的基因。在这片山青水美的神奇土地上，生长有中国原生的古桂树，素有"桂花之乡"的美誉。浪漫的嫦娥神话正是与咸安的古老桂树传说紧密相连的。也正是由于有了与一代代咸安人生产生活密切相连的桂花，才使得外来的嫦娥形象在咸安落地生根，从而使虚幻在月宫中的嫦娥与生长于漫山遍野、馥郁馨香的桂花完美结合，成为咸安人现实人文生活中不可缺少的重要组成部分。尤其令人关注的是，咸安的嫦娥既没有脱离神话原貌，又逐渐被本土化，而且不断剔除了原始嫦娥的一些不完美因素和瑕疵痕迹，使嫦娥在咸安成为更加理想、更加完美的全新神话形象。

一种民间崇拜在当地盛行，必然有其深刻的历史根源；一种传说被群众所选择，必然有其特殊的魅力；一种文化成为持续的传统，必然有其超越时空的力量。咸安的中秋民俗和嫦娥文化现象从神圣的祭月仪式到诗意的嫦娥信仰，从宇宙自然的神话崇拜到人间的世俗转化，实现了月亮、桂花、嫦娥三位一体不可分割的形神一体，也铸就了咸安人爱家乡、爱桂花、爱嫦娥的故乡情结。至今咸安地区盛行的"守月华"习俗，特别是大屋雷所保留下来和恢复的远古中秋祭月的礼乐典制民俗活动，使我们从中不仅看到咸安嫦娥文化的活水源头，也看出嫦娥文化世代相传的再生能力，以及在当代社会可持续发展的蓬勃活力。

中秋节既是全面展示传统习俗、传递道德观念、传承民俗文化的载体，也是人们表达思想情感、追求人生理想、培养精神信仰的熔炉。咸安人世世代代传递下来的民间文化思想的精髓是祖先留给我们的巨大财富。谁能说中华民族这种借助神话生发的超强想象力，不是我们祖先对自然界和未知世界的大胆探索和把握；谁能说这不是民间智慧走在了时代和现实的前头。今天，不是有许多古代民间的想象都已被科学变成了现实吗？

物质生活的富足并不能代替心灵世界的丰富，飞船的登月也改变不了人们对嫦娥诗意的向往。咸安的中秋文化让我想到，中秋节不应仅仅满足于在月饼上大做文章，想象自然、美化自然、欣赏自然，面对夜空畅想未来的悠久传统也许才是我们与中秋节月影相随、历久弥新的文化方式。

本文原载于 2012 年 10 月 17 日 《中国艺术报》

永嘉有个桃花源

不到永嘉很难想象，这里还有一处山水清丽、古风犹存的桃花源。永嘉不仅在中国的山水地理上占有独特的位置，在中国的历史文化上也散发出别致的韵味。走进这里的乡村，不禁令人想到陶渊明"久在樊笼里，复得返自然"的诗句。

大自然如此偏爱永嘉，似乎在永嘉的山水间聚集了全部的钟灵毓秀。流淌于境内的楠溪江以"水秀、岩奇、瀑多、村古、滩林美"而有"中国山水画摇篮"的美誉。它是我国国家级风景区中唯一以田园山水风光见长的景区。散布在楠溪江沿岸的星罗棋布的古村落给秀美的风景增添了浓厚的人文气息，且赋予了楠溪江以丰富的文化内涵。被外界关注的岩头、苍坡、芙蓉、蓬勃等古村落，至今仍保留了宋代的历史风貌和许多历史文化遗迹，仍可看到"童孺纵行歌，斑白欢游诣"的欢愉人生图景。

已有近九百年历史的苍坡村以"文房四宝"作为规划思想统领布局的典型的古代"耕读"传统的代表作。村中建"笔街"对村西笔架山，且有两方池水为砚，置条石为墨，又在村四周展开平畴以为纸，臆造出传统乡人读书入仕、光宗耀祖之人文风水环境。今天当我们走进村内仍然可以看到那些虽经千年风雨沧桑而旧颜未改的宋时的寨墙、路道、屋舍、亭榭、祠庙、水池以及苍松古柏，处处显示出浓郁的远古气韵。

更为可贵的是，在这些依祖先阴阳风水构思而建的古村落中，至今尚存着大批完整的百家姓宗谱、族谱等史料，使我们可以了解中国古代农耕文化、宗族文化的演变和流传。清晨的炊烟，牧归的村笛，令人进入陶渊明所描绘的任性自然、恬然自适的生活状态："相命肆农耕，日入从所憩。桑竹垂余阴，菽稷随时艺。"这是一种日出而作，日落而息，按时播种，不违农时，长顺人性，不仅与自然融洽和谐，而且也到了天伦人性的融乐境界。

一方水土养一方人。美丽的自然山水不仅可以澄怀观道，也可以滋养文明。南宋时这里诞生了与朱熹理学，陆九渊心学成鼎足之势的重要学术思想流派"永嘉学派"，以及"永嘉四灵"的诗歌流派，还有一个昆剧流派"永嘉昆剧"。在永嘉古村落悠久的历史发展中，我们很容易看出永嘉人在自然大美的山水间所形成的人与人、人与天地和谐统一的相处方式，从而触摸到古村落的灵魂，找到中国人那种回归故乡心灵家园的惬意。此时此景令我遐想，其实，心灵家园的回归不仅是回到自然的故土和竹篱茅舍，还是与之相应的农耕文明的生存方式以及简单快乐、舒心适意的生活方式和人生状态。也许文化就是这样，守望了千年，便积淀了千年的光彩。

在人类历史的演进过程中，人们对文化遗产的认识观念是不断深化和拓展的。比如最初在对建筑遗产保护范围的界定上遵循的是"古迹式"或"经典式"的文化视角，一般只保护重要的古建筑。而今天人们对遗产的认识和理解已走出传统的、单体的、局部的、狭义的观念，从而上升到广义性的或发展式的文化遗产观。在文物保护上则是体现出大遗址保护的概念和做法，在非遗上则是体现文化空间的理念和方法。近日，冯骥才先生著文认为古村落是另类遗产，它携带有过去文化遗产和非物质文化遗产所未能涵盖的内容。它是活着的生长着的遗产，而且还在不断积淀形成新文化。而这一点我们完全可以从永嘉古村落的保护实践中得到印证。

"羁鸟恋旧林，池鱼思故渊"，这是陶渊明寻找家园浓厚意识的诗化写照。来永嘉之前，我还不太相信，在温州这样一个当代经济发展闻名于世的地方，还会留有这么多的农耕文明时代的文化遗存，尚有一方未出深闺的世外桃源，而没有走到经济上去了，自然破坏了，环境污染了，山水恶化了，鸟儿不见了，鱼儿没有了的道路。不少地方掠夺性的开发已造成了不可弥补的历史性灾难和后果，抑或打着文化产业的旗号对质朴的古村落进行商业化的包装，将千姿百态的文化遗产变成粗鄙的消费品。而永嘉没有。永嘉人说，他们的永嘉就是一个滋生诗人、滋养文化、滋润生活的地方，不是诗人也会萌发诗意。我终于明白，为什么永嘉人说永嘉是中国"最后的桃花源"。

我相信有着这么美好的山水和家园，有着这么热爱和守护自己故乡的人，永嘉一定是永远的山水诗。今天随着"美丽中国"的提出，在神州大地这种美丽的地方一定会越来越多。

本文原载于 2013 年 2 月 8 日《中国艺术报》

长江奇石的正能量

"二月二"龙抬首之际到泸州参加有着百年历史的民俗文化活动——泸州老窖封藏大典。迎接我们的文联主席虞潜在热情接待的间歇十分神秘地亮出他的大屏幕手机展示在我的面前说："您是搞书法的，看看这是什么字？"我脱口而出"龙字啊"。这是个草书的龙字，间架规整，笔法飘逸，浓淡相间，气韵生动。虞主席又问我看是谁写的？我再仔细观赏。"书风高古非时人所及"。"此乃妙趣天成啊！"此时虞主席莞尔一笑："我给你看看全貌。"原本这是一块长江奇石上的天然纹路。虞主席说，其实泸州长江奇石文化的历史比泸州酒文化的历史还要久远，有文字可考的记载至少有两千多年，从古至今流传着许多关于石文化的诗篇和动人的故事。

泸州奇石来自境内的长江流域，且为长江奇石的中心地带。在泸州民间文艺家协会主席黄吉荣先生所编泸州奇石"家谱"《天地烙印》一书中称泸州奇石乃"天上有石上有，地上有石上有，石上有人们心上有，天地之万物烙印在石上，石上烙印在人们心上"。此说可谓道出了泸州长江奇石的深刻内涵和宽广外延。泸州长江奇石在观赏石中属于纹理石一类。它以其或清晰或含蓄的纹理、层理、裂理等平面图案为主要特色，表现出或具象或抽象的美丽图景。奇石中那些丰富的内容，绮丽的画面，天然的情趣，浑朴的形体，体现了奇石欣赏的蕴朴含真回归自然的最高境界。

长江奇石是大自然馈赠给泸州人的艺术品，是中华民族母亲河长江赋予的精灵和奇观。它集天地之精华，聚自然而神奇，汲江水而瑰丽，都是孤品,天下无双,独立成景,天工成画。一景一首诗,一石一世界。

今天,长江奇石在泸州不仅成为与泸州国窖齐名的文化名片,也成为老百姓的文化最爱。万里长江从宜宾流入泸州,河道总长达一百多公里,滩涂碛坝五十余个,民间蕴藏了无尽的长江奇石。人们信奉"山无石不奇,水无石不清,园无石不秀,室无石不雅"的古训,收藏鉴赏奇石在这里蔚然成风,并形成了独具特色的长江奇石市场。散落在大街小巷的家庭石馆林林总总;高坝奇石村闻名于世;兰田奇石市场交易兴旺;步行街长江奇石市场红火;城北奇石古玩城欣欣向荣;西南商贸城长江奇石文化一条街方兴未艾……"喝泸州美酒,令人飘飘欲仙;赏长江奇石,使人气定神闲",已成为游人的共识。

在黄吉荣主席的引领下,我们有幸走进了寻常百姓的家庭收藏天地,一睹长江奇石的浩瀚和神奇,领略到泸州这个底蕴深厚后劲十足的民间长江奇石收藏群体。藏家们告诉我,鉴赏长江奇石的窍门主要是看石的皮、意、形、局四个方面。皮为石之本,意为石之魂,形是石之体,局是石之神。聪明的泸州人能在看似不起眼的长江奇石上发现精神的光辉和生命的色彩,他们会赋予长江石上每一纹理的细节以神圣的意味和亲切的生活情趣。而我从中看到,泸州人藏的是石头,赏的是艺术,玩的是心情,讲的是文化,悟的是道德,得的是境界。

长江是无尽的,长江奇石是有限的。源自长江两岸质地坚硬的岩石,只有在江水中经过上千年的长距离翻滚,才能形成浑圆的卵石,亿万块普通的卵石中,只有极少数在偶然的机遇中经水雕沙磨方能恰到好处地形成具有观赏价值的奇石,实属不易。随着资源的越来越少而喜欢奇石的人越来越多,能得到一块精美奇石的机会就越来越珍贵。黄主席告诉我过去他还经常到江里去捡石,而现在能捡到奇石的概率已极为渺茫。看到黄主席略带忧伤的眼神,我忽然想到了那句话:"永远不要说永远,一切都有可能。"赏石本身是个发现的艺术,奇石总是垂青那些有眼力的人。今天泸州人风生水起的赏石藏石的人文景观,正在为中华儿女实现中国梦输入文化繁荣的正能量。

本文原载于 2013 年 4 月 12 日《中国艺术报》

在青海湖邂逅拉伊

初秋，再次来到美丽的青海湖畔，不是为了畅游如诗如画的景观和感悟碧波荡漾的情怀，而是为了再次聆听婉转悠扬的"拉伊"。藏语区分为卫藏、康巴和安多三大方言区。安多藏语称原生态情歌为"拉伊"。

去年这个时节，中国民协在青海举办拉伊大赛，我在祁连山麓与拉伊相遇。那优美的天籁之音、勾魂夺魄的情感表达，深深地打动了我的心。可谓此景令人动心，此情令人动情，此曲令人动容。即使你听不懂藏语，仍会被歌手们声情并茂的歌唱所震撼。在他们纯真的笑脸上，你可以读出人生的美好；在他们真诚的目光里，你可以读出情感的美妙；在动听的歌曲旋律中你可以体味醉人的美感。

藏族原生态情歌是藏族同胞传递思想、交流情感、表达爱情、赞美生活的质朴表达。蕴含着民族的精神和艺术的灵感，承载着民族的思想情感和价值观念。随着社会的发展和生活环境的改变，藏族原生态情歌面临着时代的挑战。如何让情歌与时代和人民同行，就成为摆在民间文艺工作者面前的新课题。是按照情歌的历史传承和自身特点来继承它，还是为刻意迎合时尚口味和旅游市场而改变其固有的特质盲目地创新，也就成了藏族原生态情歌生死存亡的关键。

"拉伊"在藏区长期广泛传播的实践证明，只有优秀的藏语言文字和原生的文化空间才是其生存和生长的土壤。因此，我们所举办的中国少数民族情歌（藏语原生态唱法）大赛，既没有豪华的舞台灯光，也没有奢华的商业包装，歌手的赛场就在青海湖畔，就在草原牧场，就在山花开满的山冈。

中国民协副主席、藏学专家索南多杰说得好，过去我们藏族男女青年倾吐爱慕之意，不能在家中和村庄里当众表达，青年男女谈情说爱，就在山间田野引吭高歌，而且过去都是躲着人的，不是为了表演。藏民虽然粗犷勇猛，但是内心情感非常细腻丰富，表达感情也很含蓄。情歌里的表达都非常诗意，小伙子对姑娘的爱慕与追求都不会平铺直叙，都是像这样的诗意歌词："高耸入云的岩石／犬牙交错的岩崖／刀山林立刺云霄／别说是盘旋起降／即便是鹞鹰追逐／也无心垂翅落足／但为心爱的杜鹃／我曾经栖息七次／满怀喜悦与激情……"纯朴的牧民竟是这样的柔情似水，"用歌声架起交流和沟通的心灵桥梁"。

台湾诗人余光中说，"我的《乡愁》原本是表达淡淡的哀愁，但很多内地演员朗诵时总是激动，甚至凄厉，令我很难为情"。很长一段时间以来，我们很多部门和地方的非物质文化遗产的宣传和展演活动搞了很多花里胡哨的包装和策划，把本来质朴本真的民间文化弄成了似是而非的表演。其实，山歌、情歌这类民间文化是人类的情愫，心灵的文化表达，离开了人的情感和精神，所有的形式、包装、技巧都与民间艺术无关。藏族情歌从辽阔草原来，歌声应该在草原上荡漾，情歌在民间传唱，只有回到民间，才能在人民的歌唱中不断获得新生。

因此，这次中国民间文艺家协会主办的情歌赛，让歌手们在原生态的文化空间里不需要任何伴奏，触景生情，随兴编唱，以原汁原味的原生态方式，以歌交友，互通心曲。只要你喜欢情歌，都可以来这里歌唱。这难道不是挖掘文化记忆，传承文化基因，保护文化多样性的最好方式吗。

令人感到欣慰的是，通过几届情歌大赛，一度游离当代藏族同胞生活渐行渐远的情歌正在悄然回归。情歌大赛受到人民大众热情追捧，赛场上歌声、掌声、喝彩声、口哨声交织在一起，在草原上汇成欢乐的乐章。而这追捧的背后，是越来越多的年轻人正在热爱情歌。昨天还在草原上放牧，今天便来到赛场，也许他们的舞姿并不轻盈，但舞出了对生活的热爱；歌喉并不柔美，但唱出了对情感的赞美；歌词并不精准，但表达出了质朴的语意；身段并不窈窕，但脸上笑容灿烂。就像他们的祖辈们那样，以无邪的情感，悦耳抒情的曲调，随性巧妙的歌词，投入地唱着。小伙子唱得充满青春活力，姑娘们唱得春光闪亮，中年人唱得精神抖擞，老人们唱得容光焕发。相信有了藏族人民的热爱，有了情歌生存的土壤和舞台，情歌就会世世代代传唱下去。共和县的县长马金星告诉我，来年他们还要举办情歌赛，我想，共和县不仅是中国藏族情歌之乡，也一定会成为藏族情歌手眷恋的地方。

本文原载于 2013 年 9 月 13 日《中国艺术报》

民间文艺令苏州绚丽精彩

凡是到过苏州的人，都会不约而同地在脑海里留下这样的印象：吴侬软语、小桥雨巷尽显优柔之美，白墙黑瓦、园林星布传递着安逸和静谧。走在街头，耳畔萦绕的昆曲评弹以丽曲清辞令人心旷神怡；古桥、古井、古民居则以斑驳的色相向人们昭示着苏州历史的厚重；七里山塘、虎丘庙会承续着昔日繁华，演绎着当今盛世；寒山古刹的钟声、阊门、胥门和沧浪亭的古朴吸引着中外游客驻足寻幽；纵横交错的水系河汉倒映出城市的倩影。与杭州并列人间天堂的苏州，其山水之灵秀、生态之恬静、民风之淳朴、文化之厚重自古就被文人骚客所向往并妙笔生花。白居易在《正月三日闲行》中赞美道：

　　绿浪东西南北水，红栏三百九十桥。
　　鸳鸯荡漾双双翅，杨柳交加万万条。

苏州的魅力是历史沉淀和时代风采的结晶。历史发展到今天，苏州之美岂是小桥流水、柳浪闻莺这些自然美景所能概括的。人们从不同的视角欣赏苏州，审美需求都能获得满足。在民间文艺工作者的眼里，苏州的魅力当属那些闪耀民间灵气和智慧、种类齐全又生机无限的民间手艺。

2007 年，从中国民协与苏州市人民政府合作在相城区主办第八届山花奖颁奖典礼开始，我便以民间文艺工作者的身份与苏州民间文艺界结缘，多次参加当地举办的各种活动，并深深为苏州繁多的民间工艺种类、众多的工艺美术大师及其巧夺天工的民间工艺精品所吸引和震撼。在苏州，你随处可以欣赏苏绣、发绣、宋锦、缂丝、蓝印花布等织绣精品的美轮美奂，可以近观微雕、发刻、核雕、金砖及桃花坞木版年画的生动精细，可以体味象牙扇的精巧、纸团扇的雅韵和檀香扇的幽香，可以……面对这些纯手工制作的民间工艺品，谁能不感叹这大师迭出的土地，不感叹苏州人精到的创造力，不感叹在商品经济和工业化生产大潮的情态下竟有这么一些耐得住寂寞，潜心传承中华民族优秀文化的群体。

由此，我们不禁为苏州文联和苏州民协感到欣慰和自豪。欣慰的是，古老而新兴的苏州给他们留下了这么丰腴的文化土壤，这么多名家大师，这么多艺术门类和极品，这么多民间文化杰出传承人，使得他们英雄大有用武之地。自豪的是，从 2001 年起每年一届的苏州市民间艺术节，已经成为苏州的一个文化品牌。艺术节不断把民间工艺大师及其作品推向社会前台，在展示民间艺术精品和民间工艺绝活、记录苏州民间艺术与时代共进的同时，还增强了人们对本土文化的民族自信和自豪感。

"家有梧桐树，引来金凤凰。"十年来，苏州文联和民协凭借丰厚的文化资源和独有的文化特色，立足繁荣创作，推出人才，塑造品牌，培养了一批德艺双馨的文艺家，创作出不胜枚举的传世之作，获得了繁多的文艺奖项。同时，他们放宽文化建设的眼量，倚仗着经济腾飞和文化振兴这棵参天梧桐，先后迎来第二十六届电影金鸡奖颁奖典礼、第十届中国戏剧节、第七届中国国际民间艺术节、第七届中国民间文艺山花奖颁奖典礼等全国性重大文艺品牌活动凤落苏州，使苏州的文化名片与经济名片一道名噪天下。

2007 年在苏州相城区举办的第七届中国民间文艺山花奖颁奖典礼，是中国民协把山花奖颁奖活动作为庆典打造的首次亮相。在苏州市人民政府的高度重视和鼎力支持下，经过苏州文联和民协全力以赴地精心组织和精准实施，这次庆典一举成功天下闻，使山花奖的知名度、民间文艺的知名度、民间文艺家的知名度得到快速提升，同时也使苏州的知名工艺家和民间工艺精品得到了充分展示。从那以后，苏州的民间工艺大师多次携精品力作参加中国民协主办的全国性工艺品博览会，许多苏州特有的民间工艺种类如桃花坞木版年画、苏绣、宋锦、缂丝、核雕、御窑金砖及代表性人物，从苏州的深巷走到社会前台，走向四面八方。

　　文化是国家发展的软实力。衡量一座城市的发展水平不是看房子的高度，而是看它文化发展的程度；评判一座城市的发展潜力不光看它的经济实力，还要看它的文化魅力。在我们看来，苏州民间文化是一座宝库，是这座城市发展的坚实柱础。民间文化的天地有多大，苏州的发展天地就有多大，苏州的民间文化有多精彩，苏州的未来就有多精彩。有人说，坚守比绽放更加绚丽。我们今天坚守住民间文艺的天地，必将迎来苏州更加姹紫嫣红的明天。

本文为作者于 2014 年在苏州民间文化座谈会上的发言

文化如老酒般陈香

　　即墨，是一座有着上千年历史的文化古邑和商贸名城。这一具有历史意蕴的地标，自古以来就在中国的历史文化版图上占据独特的地位。聪明智慧的即墨人在绵延的历史长河中创造出了具有丰富内涵、独特魅力的地域文化，沉淀出底蕴深厚、种类繁多的民间艺术和民俗文化以及丰富多彩的非物质文化遗产。即墨文化作为齐鲁文化的一支奇葩，在中华多样文明中光彩熠熠，格外引人注目。

　　文化是一个城市的灵魂，是一座城市品格的象征，它包含了这个城市的地域性文化要素，也孕育了这里的人千百年来所形成的人文精神。即墨的文化就像陈年的"即墨老酒"一样酝酿出浓烈的奇香。孟宪良先生将那些散落在民间、曾被时光遗忘的文化记忆和文化遗存潜心收集整理出来，通过青岛非物质文化遗产博览园打开了这坛陈年佳酿的封口，把即墨源远流长、辉煌厚重的历史文化纳入中国非物质文化遗产的浩瀚画卷中，徐徐展开。他打破了学术圈惯常的"学术体例"，平铺直叙、由浅入深地用自己的感悟和语言，多角度、多视角、生动地描述和展示了山东即墨的区域文化特征，表达出对即墨文化特有的体味和感慨，使今天的人们能够从书中触摸到即墨的往昔和今天的脉动，能够跨越时空与祖先对话，使已经模糊的城市记忆变得清晰起来。

　　与很多地方相比，即墨的文化是幸运的。即墨的文化不仅在于历史的沉淀，还在于至今这里有着一批对文化十分崇敬的有识之士，从而让古老的文化在当代很容易找到伸展的坐标。孟宪良先生就是一位追崇文化的人，我想他懂得，一个地方最大的资源是文化，最能打动人心的也是文化，最能给人留下难忘记忆的还是文化。他用多年的心血和汗水，为我们拂去那些覆盖在历史上的尘埃，让这些迷人的民间文化遗产重放异彩。今天孟宪良先生把丰富的即墨民间文化都融入了这部《寻源青岛　根在即墨》的皇皇巨著中，当你翻开这部书，一定会为这个色彩斑斓的艺术世界叹为观止。你将看到，令人神往的不仅是即墨这片深深扎根历史文脉的千年沃土，还有令人痴迷的文明创造。

城市的发展不仅需要发达的现代化工业作为支撑，更需要深厚的文化积淀和高雅的精神塑造。不可否认，在我国目前的城市化发展中，很多地方热衷于"形象工程""政绩工程"，造成重经济发展，轻人文精神；重表面文章，轻实际效果；重大拆新建，轻传统特色，使"寅吃卯粮，鼠目寸光"的短视行为大行其道，缺少"风物长宜放眼量"的长远目光。因此，对于一个地区的决策者而言，能看到文化的力量，是需要有智慧和远见的。即墨的领导者和即墨人做到了。即墨人吮吸民间文化的乳汁，孕育出灿烂辉煌的即墨文化。爱惜我们民族的文化遗产，不仅是一种恻隐之心，更是一种责任；不仅是即墨人的态度，也是每个中华儿女的情怀。无论如何，都不能让那一簇灿烂的文明之火在我们的手中熄灭，而是一代又一代人不断把她拨亮。

本文为作者于 2014 年 6 月 28 日考察即墨酒文化后的随笔

陈明青和明清园

民间收藏是一条苦涩与辛酸、兴奋与煎熬同在的崎岖道路，走上这条路就如同踏上了一道布满荆棘的陷阱和深渊，令人难以自拔。我知道的民间收藏家陈明青就是这样一位行走在这条不归之路上痛并快乐着的跋涉者。

陈明青是福建泰宁明清园的主人，这里集中展示和典藏着众多风格各异、曾是古民居里镇宅之宝的名贵木雕。这些都是他费尽周折从我国不同地域搜集到的不同历史时期的木雕精品。他从内心喜欢祖先留下的老物件，最初只出于爱好、满怀对祖先留下的古物朦胧的崇拜以及骨子里对古代传统文化的追崇。在他看来，这些老物件历史悠久，工艺精湛，珍稀罕见，丢了可惜，毁了就是犯罪。他质朴而执着地相信，这些木雕里蕴藏着祖先的智慧，凝结着民族文化的精华。

陈明青出生在福建，生长在福州一处雕梁画栋的老宅中。祖上出过皇帝的老师陈宝琛，称得上书香世族。直到陈明青出生时，家中还有不少祖上传下来的文玩，算是给他留下了一个文化的熏陶环境。到了20世纪80年代，他初中刚毕业，正赶上城市拆旧房建新楼的风潮，在很多人期盼告别老旧房子搬进新楼房的年代，他的心里却充满着惆怅，每每夜不能寐。他无力阻止拆迁，却时时在心里琢磨着怎么能把这些老物件、老房子收集起来，不让这些瑰宝在拆迁中荡然无存。

在那个同学们都在备战高考的假期里，他再也看不下去书了，在难眠的煎熬中，他的心境仿佛是"昨夜西风凋碧树，独上高楼，望尽天涯路"。于是，他做出了一个令所有人都匪夷所思的决定：放弃学业，开始一个人的收藏。他对父亲说，即使我学了再多的知识和文化，再过几年，这些民族文化的符号全随着拆迁消失了，那将是国家和民族追不回的文化损失。父亲理解他的想法，支持他做出的决定，并把所有的退休金都给了他。父亲语重心长地告诉他，用这些钱去为留住我们民族的文化做点事吧。

从那时起，每当他看到古民居因旧城改造、公路建设、旧宅基地复耕等名目繁多的理由被无情拆弃之时，他就闻风去"抢"，就这样，他用有限的钱和独特的慧眼"抢回"了众多被别人视为"废物"的文物。如，明清园中一处辉煌的司马府第，就是二十年前陈明青在江西一个堆放旧料木材的工棚里发现并抢下的。当时，那些梁柱正在被电锯切割。那里的师傅们看到他如此执着便告诉他，还有好多这个宅子的木雕构件、门窗、匾额、楹联等不好截材、不好使用的料，已被别人拉走准备烧火用了。陈明青急忙顺着线索赶去追回了那些具有艺术价值的"废料"，拉回后又组织有经验的工匠花了近四年的时间进行重新组装修补恢复。今天，这些木雕在明清园里巍然矗立，华彩熠熠，引来观者啧啧称奇。

经过三十余年的奔波，陈明青已收藏古宅院古民居几十组，精美木雕逾五千件之多。三年前，他开始在生态良好、经济相对封闭滞后的泰宁建设明清园。他说，之所以选择把藏品集中到泰宁建园，最主要的原因还是这里的自然环境和人文环境都非常好。他更看重泰宁的领导有着一种文化自觉和文化情怀，他们没有把创建明清园作为一种"招商引资"的项目，没有对他提出任何经济创收的要求，而是作为一种文化传承、传播的百年大计给予支持。

当然，陈明青也没有向当地政府提出任何诸如配套一些房地产等用以盈利的要求。在他看来，含辛茹苦收藏抢救这些文化遗产的目的既不为赚钱升值，也不为自娱自乐，而是为了让更多的人了解和热爱我们美好的文化遗产。只要是到了他手里的藏品，无论如何也不会再用于交易赚取个中利润。

近年来，收藏热屡屡升温，经常有人前来提出要高价购买他的收藏精品，而他总会毫不犹豫地回绝："就是出座金山也不会卖。"所以有人说，他的收藏"只进不出"。他把向社会和群众充分展示这些精美绝伦的民居文化当作收藏的最大愿望和终极目标。

　　当今社会的很多现象表明，知识不等于文化。文化固然包括知识，但又不仅仅局限于知识范畴之内，除了知识，文化还包括思想、观念、理念、道德规范、行为规范和价值观。文化是知识的升华。就个人而言，文化是个人素质的综合体现，是个人道德品质的结晶。这就是有很多学历很高或地位很高的"文化人"竟做些没文化的事，而像陈明青这样有文化情怀和文化眼光的人，却为国家和民族留下了不胜枚举的文化瑰宝。这种文化情怀促使他每每看到一些搬新家的人要丢弃掉那些老物件、那些建新房的居民要拆毁老旧的房屋时，就会产生一种不安和躁动。他常常为一件收不到的古物牵挂不已，为失去一次收藏的机会懊悔万分。稍有常识和文化情怀的人都知道，如果这些东西不被及时地抢救下来，终有一天我们会痛心疾首。

　　陈明青的难能可贵，就在于他具有先天下之忧而忧的远见，在于具有众人皆睡他独醒的卓识。这或许就是我们常说的"抢救"之要义吧。在政府、国家收藏缺位的时候，社会需要这些民间人士的义举，正是有了这样一些民间人士的作为，我们才能在明清园目睹这些险遭厄运的"国宝"的劫后余生，我们的后代才能看到这些闪烁着中华民族人文精神光芒的遗产真容。

　　从陈明青的收藏经历看，这条路显然很艰苦，很耗心血和财力，仿佛置身"为伊消得人憔悴"，但他始终"衣带渐宽终不悔"地乐在其中，即使是粗茶淡饭，也能从这些珍稀物件中获得无穷的乐趣，从中足见陶醉在文化层面的精神贵族是何等胸怀。

　　经多年的历练，陈明青已从一个普通的收藏爱好者成长为一个民居木雕的行家里手。业内人都知道，在收藏界，行家不同于专家。专家靠的是学历和学术，但行家靠的是经验和眼力，一种明察秋毫辨别真伪的眼力。对于收藏这一领域，有时学历和学术往往是不靠谱的。在抢救文化遗产的语境下，实践经验要比学术理论更有价值，抢救行动远比诱人的口号更为可贵。

当下，陈明青考虑最多的不是自己的利益得失和家族的传承，而是如何挖掘和发挥这些藏品的价值，使它们为国家的文化建设发挥更大的作用。一个人的收藏爱好能升华到"国家兴亡，匹夫有责"的境界，其人生注定是可彪炳史册的。

前不久，冯骥才在《人民日报》撰文指出：对于那些古民居"无法在原地保存，我们当然不能让它'坐以待毙'，在此背景下，采用露天博物馆的方式来集中保护，并加以利用，确实是最佳的选择之一。"冯骥才所说的露天博物馆正是试图把散落乡野的零散又珍贵的民居收集起来，集中加以保护与展示。目前，明清园建设的第一期工程已初具规模，就我所见，无论从建造的精致和建设的规模、展品藏品的精美来看，泰宁明清园都堪称是我国当代"露天式博物馆"中的佼佼者。

守望我们的家园、记住我们的乡愁，需要每个人都承担起守护遗产的责任。我期待当我们"蓦然回首"之时，能够看到更多陈明青这样的有识之士坚守在捍卫民间文化遗产的"灯火阑珊处"，期待各地有越来越多的"明清园"藏珍纳宝，期待默默守护遗产的队伍不断发展壮大，期待这股强大的正能量为建设美好家园不断添砖加瓦。

本文原载于 2015 年 8 月 14 日《中国艺术报》

千帆竞发展民俗新风

千帆竞发、浪花飞溅，历经了三个月伏季休渔的几千艘渔轮，在震天的鞭炮声里，鸣着欢乐的汽笛，从美丽的象山湾劈波斩浪驶向大海深处。这是象山开渔节开船仪式上一幕最动人的场景。所有前来观阵的亲历者，都会随着岸上、山上那些正在极目张望的象山渔家老人、妇女、儿童们的目光引颈远眺，挥手之间，饱含着道不尽的深情和祝福。这个蕴含浓浓人间深情厚意的隆重民俗仪式，就是象山人民为适应新时代的精神需求而生发出的一项富有历史传承和时代内涵的"新节俗"。

任何一种节日风俗的形成都隐含着一种历史的积淀过程，许多当代社会中流行的风俗都是古代生活的活化石和衍生。每一特定的历史时期，都会出现一种特有的社会风尚，节日风俗和内容也就会呈现出新的变异和新的发展，开渔节就是节日风俗的蜕变和新生。开渔节既有历史的渊源，又有现实的基础，它是象山人对具有悠久历史的象山渔文化的现代性整合和升华。

开渔节的根是延续了千年的象山渔文化。历史上，由于生产力水平较低以及人民面对大海的诸多不确定性，出海渔民往往生死难料，往往是所谓"餐风宿水，百死一生"，渔谚有"三寸板里是娘房，三寸板外见阎王""一只脚棺材里，一只脚棺材外"。祈求神灵庇佑成为渔民唯一的心里安慰和精神寄托，于是就有了"开洋""谢洋""祭海"等一系列民俗活动。千百年来，象山渔民扬帆出海或丰收归来，都要举办祭祀、送别等仪式以祈求平安丰收，感恩大自然馈赠，庆祝凯旋。

渔业受自然气候的制约和影响较大，驱使渔民把对海洋生灵的"逐性"观作为渔民安身立命的生活之本，孕育出了丰富的"天人合一"的和谐理念。在长期与海洋的交往中，渔民逐步摸清了大海的秉性及海洋渔资源的习性，找到了精神的寄托和归宿。于是，他们把妈祖的生日，也是黄鱼汛开始时期定为开洋，在黄鱼汛结束后又举行谢洋等各种民俗仪式。渔民们虔诚地秉承着对养育他们的海洋的感恩和敬畏。时代发展到20世纪70年代，渔业资源日益枯竭，海洋环境日益恶化。为了子孙后代的长远利益，聪明智慧、富有远见的象山人首倡"禁渔"。1995年，东海渔区正式实施伏季休渔制度；1998年，时值联合国大会命名首个"国际海洋节"，象山政府和人民共同创办了"中国开渔节"。从此，具有传统文化基因的当代民俗节日正式诞生。

经过不断发展和丰富，今天的开渔节充分表现出其既有强烈的内繁力，又有广泛包容性的特色。开渔节既有对象山传统渔文化理念的吸纳和承接，又有对传统的扬弃和发展；既有对古老仪式的传承与强化，又有对不合时宜旧俗的更新与发展，使开渔节成为传统文化资源实现现代化转型的成功实践。

人类社会发展的各个阶段都有着与之相应的民俗形成的条件和基础，任何一个时期都在萌发和形成新的民俗。从"开渔节"创办并逐步走向成熟的过程中我们看到，传统民俗在今天仍然具有强大的生命力，同时也证明中华民族既是一个具有悠久传统文化的民族，也是一个富有强大文化活力的民族。它宣示我们，传统文化要想在现代化的社会环境中焕发新的生机和活力，就必须与时俱进，积极创新，找到一个既符合现代社会发展，又符合现代人思维方式和行为方式的承载形式，把传统文化中那些富有生命力的东西挖掘出来，通过充实、改造和整合，使之与当代文明有机融为一体，成为当代文明的重要组成部分。

开渔节从1998年创办以来，每年一次，今年刚刚进入第18个年头。一项新节俗的形成过程，也是一种文化的积淀和文明的诞生过程，节俗中深深镌刻着人们的生活方式，彰显着人们的价值观，我们不能只是一个观望者和欣赏者，不能只喜欢坐在传统的板凳上享受"古老"和回味"古风"，而应作为传承者自觉承担起弘扬优秀文明基因的责任，在传统文化与现代文明之间主动连接起一条承前启后的纽带，引导人们将传统的民族情感与现代生活理念融为一体，在传统文化的沃土上建构起新的精神家园。为达此目标，民间文艺界有许多事可做。

本文原载于 2015 年 10 月 16 日《中国艺术报》

第三辑 探望神州

含英咀华弄紫砂

在长江三角洲的怀抱中，在浩淼的太湖之滨，有一座美丽富饶的生态城市叫宜兴；在宜兴的土地上，在葱郁的丁山脚下，有一种富有灵性的泥土叫紫砂。宜兴是历史文化名城，紫砂是驰名中外之土。宜兴因紫砂而名，紫砂因宜兴而兴。

也许是大自然的恩赐，把这种神奇的紫砂降给了宜兴，且独此一地，别无二家。加上宜兴人的聪慧，赋予了这方泥土以灵魂，使宜兴成为中国这个陶瓷之国的陶都。是得天独厚的紫砂成就了宜兴的能工巧匠，是宜兴人的巧手成就了紫砂的绝世之作。历代宜兴人把"生我养我"的紫砂看得比金子还贵重。所谓"人间珠玉安足取，岂如阳羡溪头一丸土"。在紫砂的泥香里，在宜兴人的手艺中隐藏着深厚的哲学内蕴和美学旨趣。

宜兴紫砂始于宋，成于明，繁荣于当代。紫砂陶以深邃的文化品位和精湛的手工艺特色，将中国陶器之美发展到极致。它在六千年延绵不断的宜兴日用陶中升华，汲天地万物之精，独领风骚、出类拔萃，历经长期制器技艺的传习演化，形成完整独特的手工艺体系，集书画、诗文、篆刻、雕塑于一体，逾越精妙臻美，具有了极高的艺术鉴赏和珍藏价值。历代陶艺大师，灿若群星，推动着紫砂文化艺术的不断传承和发展。宜兴紫砂工艺名列 2006 年国家公布的首批非物质文化遗产名录手工类首位。

作为中国非物质文化遗产的一枝奇葩，紫砂在全球化的背景下，在市场经济的大潮中，无论是紫砂行业还是技艺本身的传承与发展，都面临着蜕变和再生的考验。在经济利益的诱惑下是否能坚守传统技艺的文脉，在市场规则的挤压中是否能绵延中国文化的精神，避免传统特色的减弱、个人风格的淡化、手工精髓的消失。应对市场而不为市场所累，走市场之路但不一味迎合市场，就成为今天紫砂界面临的重大时代课题。为此，我们把紫砂艺术作为案例进行专题性研究，以期使新时期以来一直游走在经济与文化之间，传统与现代之间，手工作坊与工业生产之间的紫砂艺术经岁愈长、华彩愈盛。

课题研究从全球化环境着眼，从中华文化的大背景入手，从紫砂的物理价值、艺术价值、文化价值、历史价值、市场价值等多方位、全视角进行全面剖析与研究，把紫砂放在中国文化创意产业及艺术品市场的生存状态下，挖掘蕴含于紫砂中的物性之美，纯化紫砂的审美价值，拓展紫砂的创作空间，强化紫砂的精神价值，坚守紫砂技艺的传承，从而让紫砂行业在改革开放大潮所带来的阵痛中，迎来市场经济体制下的新生。

机遇与挑战同在，衰败与新生并存。紫砂艺术在历史的长河中发展，长期处于一种无拘无束、自由自在的发展状态，同时也表现出缺乏宏观管理，缺乏专门继承，缺乏传播机构，从而导致了在激烈的市场竞争中自生自灭的结果。今天，课题组把紫砂归为案例进行科学的研究，使之在传统与现代之间蝉变，在文化与技艺之间坚守，在历史与现实之间流转。紫砂中那些被市场大潮所掩埋的精神力量被展现出来，包含的人文属性不断被擦亮，实现文化消费与审美追求的共鸣，达成文化价值与经济价值的默契，把深厚的文化资源变成巨大的文化财富。古老的紫砂中最具活力、最有价值的元素被激活，以完成紫砂艺术文化体系和科学发展在当代的重建。

跨进宜兴的门槛，就走进了一个艺术的世界。

宜兴物华天宝，人杰地灵，文风鼎盛，是一个随便抓一把泥土都可能比金子还贵重的地方。寻常一坨红泥，经过宜兴人的手便可点土成金，泥因人的巧手而焕发出天地的灵气，因人的拿捏而孕育出艺术的生命力，让生活进入艺术的境界。

没有人能解释出境界，或许境界本身无须解释。对于文人，读书看戏听曲戏墨是一种艺术的境界；对于雅士，游山涉水观海听涛是一种领略自然的境界；对于学者，探究求索破译神奇的世界是一种科学的境界……对于宜兴人来说，把玩紫砂品茗泡茶是一种优雅的人生境界。这种境界使史上的宜兴人不屑于传统文人"求仕""归隐"的两种人生樊篱，敢于以鲜活的人生面目与世俗相颉颃，古代宜兴人不贪千里迢迢为官作宦，也不愿设肆作贾或出门经商，他们更眷念温柔清幽的家园。神奇的紫砂成全了他们品茗饮茶怡情养性的生活情趣，古时的宜兴，无人不风韵，无处不诗耕；今天的宜兴，人人气定神闲，个个君子风度，这方土地上虽然"大官"不多，却"大师"辈出。出生在这片土地上的每个人基因里都会有一颗艺术的种子。宜兴的山水一定会滋养它生根发芽开出艺术的花朵。徐悲鸿、吴冠中、顾景舟、吕尧臣、汪寅仙、顾绍培等便是宜兴的骄子。

站在宜兴的土地上，你会从泥土中呼吸到文化的气息。这种气息绝非一朝一夕之功，而是经过长年累月的氤氲方可凝结。这里不仅有泥土的芬芳和满天星斗的璀璨，还有文化艺术的甘霖以及幸福的味道和心灵的境界。或许清高是一种境界，认真也是一种境界；淡泊是一种境界，拼搏也是一种境界；浪漫是一种境界，严谨也是一种境界。境界给宜兴的万事万物注入了一缕灵动的魂。

紫砂是大自然独予宜兴人的天地精华，蕴含着天然的灵性。古人有语："人间珠玉安足取，岂如阳羡溪头一丸土。"紫砂有价情无价。我们高兴地看到有一批宜兴的艺术家，既深谙自然之道，恪守美的法则，探寻紫砂妙谛，又汲取古人之制壶智慧，不断地开启着紫砂之时代新境。此次由宜兴市委宣传部联合宜兴市民间文艺家协会和宜兴市紫砂艺术研究院推选出二十位宜兴紫砂界精英，他们精心创作了20件经典紫砂作品倾情捐赠给中国文学艺术基金会。在那些精美的紫砂作品中，我们能感受到历经亿万年光阴所积淀迸发出的一种生命律动，所凝结出的一种文化、一种艺术、一种情感和一份哲理，并由此而释放出一种人文的魅力。壶人一相、心手相应。一把小小的紫砂壶不仅表现出泥料的真伪，工艺的优劣，品相的高低，同时也折射出艺人的操守与修为。"赠人玫瑰，手留余香"。评判一位紫砂艺人是否配得上大师这个称号，不仅要看他是否具备了精湛的紫砂技艺、是否创做出了可以传世的精品，还要看他是否能够放下一己私利而拥有襟怀天下的气度。这20位紫砂精英做到了。

宜兴人选择了一种虔诚的方式来传承紫砂的境界和文脉，也就是坚守文化的精神。这种文化是传统的，也是时尚的。就像是紫砂壶和红泥，红泥是质朴的，是一种天然的境界；紫砂壶是艺术的，是一种文化的境界。这里面既有儒家的温暖，又有道家的逍遥，还有佛家的妙悟。宜兴的紫砂艺术家把凝聚着毕生心血而成的紫砂壶无偿捐献给中国的文学艺术事业是超越了艺术境界之上的伟大的人生境界。

饮茶本为家常事，茶壶、茶碗亦是日常品。千百年来国人爱茶，亦爱紫砂，因用这原本日常之器能泡出富有文化意蕴的家常之饮，被千百年来的贤达雅士赋予了止渴之外更广泛的意义。今人继承了传统，但却又被物质泛滥的时代过度诠释。当风雅被附庸，茶与器被人为地添加了各种华丽，它的生命反倒枯萎，美也不复存在了。今人缺少的，恰恰是一种对大自然、对传统、对历史、对文化的敬畏。

当我们抹去这些商品大潮涌起的泡沫，高兴地看到像亚钧这样的艺术家，既深谙自然之道，恪守美的法则，探寻紫砂妙谛，又汲取古人之制壶智慧，开启紫砂之时代新境。

紫砂壶常见，唯有精品不常见，品茶寻常事，唯名壶品茗乃幸事。我奢想，如能得亚钧紫砂一把，品茶便不仅是满足生理之需求，更是满足心灵上的愉悦。那静中的灵动唤起的心中宁静，那样一种把缠绕于身心的一切世俗烦恼抛却一边，所有人生感怀都寄寓壶中，这种美妙境界，绝非几行序言能够表达。

本文是作者于2015年调研宜兴紫砂后的艺术随笔

匠心与自然的和谐之美

匠心是生命的升华和生活的美化。生命里多一点匠心，手上就会产生艺术的魔力，生活里多一点匠心，就会使原本平凡的生活增添许多惊喜。我们的祖先就是怀着人类质朴的匠心把江山自然装点得更加美丽，让生活变得更加充实美好。

在贵定"金海雪山"的田野上，不仅有金黄的菜花铺出的"金色海洋"，白色的梨花演绎出的"银装雪景"，还有明媚的阳光和皎洁的月光，以及布依族同胞美好的理想与愿望。他们对自然的敬畏和亲近让人产生感动和钦敬。他们的生存与天地共融，质朴与智慧统一，匠心与自然和谐，艺术在大地上恣意地蔓延和生长，到处都有令人惊叹的神奇。一群群活灵活现的动物，一座座鬼斧神工的房屋建筑，一尊尊惟妙惟肖的人物形象，一组组巧夺天工的兵器飞船……这就是妙趣天成、美在自然的稻雕。令人惊讶的是这些出神入化的稻雕都是来自没有受过专业美术训练的民间艺人之手，正所谓："质胜于文"。他们以天真烂漫的匠心巧手轻松自如地编制如此令人拍案叫绝的稻雕，让人匪夷所思，惊叹不已。丰富的生活给了他们丰富的形象，美好的大自然给了他们无限的想象力。生活中有什么他们就能雕什么，他们喜欢什么就雕什么，没有他们不能雕的，没有他们雕不出来的，他们雕什么就像什么。这正是"一切艺术都源自民间，一切文化都由人民创造"的最好诠释。

贵定是一个以布依族、苗族和汉族为主体的山区农业县，自古就有稻雕的传统与习俗。每年秋后收割的稻草可达上百万吨，聪明智慧的贵定先民，匠心独运，变废为宝，化腐朽为神奇。将稻草编扎成草衣、草鞋、草裙、草船等生活用品和草龙、草马等祭祀用具。这一生活生产的习俗不仅成就了贵定神奇的稻雕艺术，也造就了一代代稻雕艺术的民间艺人。贵定稻雕艺术，是诞生于古老的农耕文明生产生活里并带有神秘色彩流传于民间的一种奇特的技。相传明代巫师曾用稻草人驱除邪恶，农户邱禾嘉用稻草人擒贼捉匪，由于这一奇迹和绝技后来还被皇帝钦点为大将军出关破敌收复锦州四城，《明实录》中记录了崇祯帝为邱禾嘉钦题"倚为长成"之金匾以表其功的事迹。在第二次国内革命战争时期，当年红军长征途经贵定新巴镇与盘江镇的高堡时，音寨的布依头人韦国明率各寨村民为红军编草鞋更留下了感人的美谈，至今还有"油菜花开遍地金，我编草鞋送红军，防滑不怕挨摔倒，前路越走越光明"的山歌在村寨里传唱。

古老的稻雕，伴随着贵定人民的生活从远古走来，承载着布依先民的精神信仰、生活习俗、价值理念，充分体现了布依族敬畏自然、利用自然、追求美好生活的愿望。它由最初的祭祀、巫鬼表演而逐渐衍生为一项包含了舞蹈、说唱、体育、手工等多项文化和技艺的布依文化，已成为贵定布依人民生产生活中不可或缺的文化符号和文化介质，成为布依人抒发情感，展示才华才艺和传承民族民间文化的重要平台，是联系民族情感，增进民族团结和友谊的纽带。或许布依的先民不曾想到，当今天很多地方在秋后烧稻草麦秆，已成为破坏生态造成雾霾的罪魁祸首的时候，他们在千百年之前所创造和发明的稻雕正契合了当代人低碳环保的生态观念，已成为保护良好生态环境的最好做法和选择。

如今，稻雕技艺遍布贵定各村各寨，成为布依人取之不尽的文化宝库，稻雕艺人活跃在地头民间成为有序传承的文化遗产。民间稻雕经由传统文化至现代文化的传承、交融和演进，不断呈现出古老与时尚文化互动时代的繁荣景象。

稻雕既匠心神奇又质朴自然，既古老神秘又时尚现代。首届稻雕艺术节不仅彰显出民间艺术的旺盛生命力，又孕育出文化遗产的勃勃生机。卢梭说："最能使人接近自然状态的职业是手工劳动。"稻雕这种手工劳动展示给我们的不仅是一件件民间艺术品，更是古老文明和当代文化相结合，人与自然相和谐所达到的种种美好和可能。正像我们祖先所说的："人法地，地法天，天法道，道法自然。"人的老师首先是大地，最终要归于自然。无论是做人做事还是为艺，最高境界就应像布依的稻雕艺人这样敬畏自然，自然而然。质朴和自然就如同孪生姐妹，当她们一起走来时，一切都美。

本文原载于 2016 年 1 月 15 日《中国艺术报》

隐性技艺和人性温度

　　"千万条彩线轻盈穿梭，绣出中国独有的绚烂。"刺绣艺术素有"以针作画""巧夺天工"之美誉。苏绣在四大名绣中更以"精细雅洁"而独树一帜。

　　苏绣能够在两千年的岁月流转中不断地传承发展并绽放出新的生机和活力，与一代代苏绣技艺传人是分不开的。苏绣作为一种传统的手工艺，其传承是一个动态的过程，与其特定的历史文化和社会生活相连，主要依赖于传承人的口传身授。过去传统的传承方式主要是师傅带徒弟以及家庭式的传承、作坊式的传承。而这种传统的传承模式在社会的转型期遭到了现代化的挑战，使苏绣的传承充满着诸多变数，也存在着诸多争论，迫切需要我们对苏绣的传承与流变进行全面地总结和梳理，并使其不断地实现时代性的转换和新生。

　　就苏绣的技艺与技巧而言，其中的传承和学习都处于隐性的知识范畴。苏绣自古以来皆以师徒相授、口耳相传、行为示范为主要范式，其中伴随着许多世代相传的口诀、行话、禁忌、俗信，其本质是苏绣艺人内在的知识和经验的传授，而这种知识和经验无法量化，只能靠师傅通过语言、图样、动作等特定的方式将技艺传递到徒弟身上，徒弟对技艺的掌握需要通过反复观察、模仿、实践、领悟，通过师徒达成的默契，才可能最终掌握师傅身上的技能。师傅身上所掌握的核心技艺、个人经验和诀窍，对徒弟而言仿佛是一个雾里看花扑朔迷离的隐秘世界。比如对使用材料的辨识、调配和利用的能力，对手法、力度的掌握，对作品的造型、色彩、质感、题材的创作力，甚至审美取向、创作态度等，这些只能靠意会及经验性的传授而很难有明确的表达和知识性的传授。

手工刺绣与现代工业不同，苏绣历史上立足于"环太湖文化圈"，有自己独特的工具、材料和技艺系统。如果说现代科学及其技术转化代表着人类求真的理性诉求，那么作为传统工艺的苏绣所秉持的知识技艺体系则更多的具有向善求美的伦理内涵，指向人内心的精神世界。因此，要想掌握其中的奥秘既需要历练又需要悟性。何况，因师傅的能力和意向不同，因徒弟的天赋和悟性不同，有些传承人能成为大师，而有些人只能成为普通的绣娘。也正是因为如此才使得手工刺绣具有了机械电脑刺绣永远都不能具有的人性温情。当然，如何让这种人性温情在现代化教育体系中得到弘扬和彰显，也就成了当代苏绣传承发展的时代课题。

本文为作者于 2017 年在苏州刺绣成果展示座谈会上的发言

雕栏玉砌今犹在

"一曲奏霓裳，妙舞清歌，想象人间天上；千秋暮藻监，前因后果，试看古往今来。"曾经散落在中华大地上的戏台，不仅彰显着中国古代建筑艺术的绚丽辉煌，也蕴含着中国农耕社会的丰富多彩。中华文脉正是通过这种高台教化得以传承和普及。

然而，"无可奈何花落去"，曾经的锣鼓铿锵、丝竹盈耳，曾经的英雄豪杰、波澜壮阔，似乎已成为"去年天气旧亭台"。在现代化激流的裹挟下，古戏台上粉墨登场的忠孝节义、世间百态已离当代人的生活渐行渐远，只留下哀婉缠绵、人去楼空、"凤去台空江自流"的惆怅。更为令人痛心的是，人尚在，楼台已去，只留得"物是人非事事休"的淡淡乡愁。

仿佛"天意怜芳草"，当我走进江西乐平，忽然有了一种"此物从何来，对之惊且喜"的发现。在这片方圆百里的村庄里，保留着逾四百余座造型优美、风格别致、气势恢宏的古戏台。这对我而言，不能不说是一种与祖先文化遗存相约的奇遇。对我们的民族而言，不能不说是一种文化遗产保护的奇迹。不得不称赞乐平市领导者的文化自觉，他们能以一种高度文化自觉的眼光看到古戏台在乐平市可持续发展中的价值和作用，从而不断强化保护措施；不得不敬佩乐平人的文化自信，他们坚信古戏台是他们的祖先世世代代传承下来的宝贵财富，并把古戏台融入今天人们对幸福生活的追求中。

从古至今，乐平人一直把家乡的戏台当作祖先留下的"遗产"守护着，村民们用各种办法把它们保护得好好的，使之安然度过了历史上的一次次劫难，这可能也是那一特殊历史时期不多的幸事吧。因此，今天乐平也成为古戏台保存之多、之好、之完美的地方。这里的古戏台融历史文化、建筑艺术、工艺技术于一身，或古朴端庄，或华美巍峨，既风格迥异又绚丽多姿，其飞檐翘角突兀多姿，砖木石雕琳琅满目，雕梁画栋飞彩描金，楹联书画浓郁芳香，在乐平大地上形成了一道亮丽的人文景观，令人惊叹叫绝。由此，乐平也被誉为"中国古戏台博物馆"。

乐平是一方历史文化底蕴深厚的沃土，一座文风鼎盛、民风淳朴的家园，史载："乐平为江右名区，诗书文物，甲于他郡，而圣庙之形胜，亦甲于他郡。"足见历史上乐平文化的声名远播。乐平乡村有民谣曰："深夜三更半，村村有戏看，鸡叫天明亮，仍有锣鼓响。"此地戏风之盛可见一斑。乐平人爱戏，戏曲丰盈了他们的日常生活，滋润了他们的幸福状态，成为他们精神上的寄托。在当今文化人都在为传统戏曲的未来担忧、戏曲工作者都在为演出发愁的时候，乐平赣剧团的演出场次却排得满满的。乐平乡间的戏剧热潮至今仍持续不减。

"世事沧桑鉴过往，风流人物看今朝。"乐平的古戏台不仅是凝固的历史建筑，还是活态的时空文化。穿越历史的时光，古戏台已成为乐平人社会文化生活的缩影，它不仅镌刻着乐平人历史的记忆，让人回味无穷，同时也展现着乐平人今天的欢乐幸福，让人憧憬未来。古戏台上下古今人物的面孔不断变换，戏文剧目也随时代的发展不断推陈出新，但那种已经深深融入乐平人骨子里、血液中的戏剧情结始终都不曾改变。今日之乐平，巧夺天工的神奇的古戏台营造技艺仍"繁盛未随流水去"，被一代代新人薪火相传；勾魂夺魄的美妙的戏曲乡音已然"雏凤清于老凤声"，被一代代年轻人传唱着。古老的戏台不断焕发出新时代的风采。

本文原载于 2018 年 9 月 21 日《中国艺术报》

情歌飘入行云飞

举目无染的蓝天白云，耳畔纯朴的藏族情歌，这就是青海湖畔的"中国藏族情歌之乡"共和县，一个让人来一次就爱上，再来一次就不想离开的地方。六年前我来这里，今年又寻着"2019原生态藏族情歌展演"的歌声再次来到这里。

共和县是藏族情歌的故乡、是国家藏族情歌非遗项目保护传承地。厚重的历史文化积淀和自然风貌使共和县像一部读不透的文明史书，一幅看不够的山水画卷，让人在天籁之音的情歌声里流连忘返。当青海高原这片千年沃土正在渴望文化复兴的甘露时，无疑，文化自信就是复兴的源泉和底气。最令我敬佩和感动的是共和的县委、县政府有着一种高度的文化自觉和文化自信，他们能够自信地把对情歌的保护和传承纳入共和县社会经济总体发展的规划中，他们自信一个民族最大的资源是文化、最能打动人心的也是文化。而共和县的藏族同胞也自信情歌是最动人的心灵之声，他们把对情歌的传唱作为追求幸福生活的文化涵养。藏族情歌的传承发展在这里有着深厚的基础和永续的后劲。

"情歌将心灵之声化作会飞的诗"，作为藏族民间歌谣的典型代表，藏族情歌内涵丰富，曲调种类繁多，表现形式丰富多彩。以诗性的浪漫激发人们的劳动热情，沟通人们的生活情感，黏合起青年男女的爱情。人们从春天唱到冬天，又从冬天唱到春天，一年四季歌声都在草原上回荡。

"用心感受生活，用情唱出爱"，生长在高原上的人似乎都有天生的好嗓子和天赋的乐感。唱情歌既要有直抒胸臆的情感宣泄，又要有触景生情即兴演唱的本领。情歌对决更是需要对传统歌词的博闻强记，还需要歌手能够临场发挥，现编现唱，而最终比拼的则是歌手的情商和智商的综合实力。

"情歌以最深的情献给对面的你"，情歌的魅力在于一个"情"字，不仅要有歌声的魅力，更要有情感的穿透力。因此，以情动人是藏族情歌的密码。即使听不懂藏语歌词的人仍然可以毫不费力地分辨出歌中所传递的情绪，并随着旋律节奏的起伏触摸到歌者的忧伤和欢乐。

越是在社会发展"乱花渐欲迷人眼"的时候，艺术越要回到生活初衷和本真。中国民协举办原生态唱法藏族情歌展演活动，其目的即在于让藏族情歌原汁原味地保护和传承下去，让古老的情歌在全面继承传统的基础上，不断在新时代绽放出更加夺目的光彩、焕发出新的生机和活力，从而薪火相传、弦歌不辍。

愿迷人的藏族情歌在高原的和风里"清风吹歌入空去，歌曲自绕行云飞"而生生不息。

本文原载于 2019 年 8 月 30 日《西部时报》

云朵里有片黑帐篷

玉树，多么富有浪漫气息和诗意的名字。在这块平均海拔在 4200 米的神秘地方，一切生命都显得顽强和美好。

玉树不是树，它有如一面在高原上竖起的文化风幡，在历史的风云中迎风飘动。在这片耸入云端的高地上，4000 年以前就有人类在这里活动了。这是一个生命力何等坚强而伟大的民族啊。

玉树是藏语的音译，意思是"遗址"。可见，这里是自然和人文遗产都非常丰富的宝地。

玉树位于中原通往西藏的唐蕃古道的高原之上。西藏历史上许多高僧大德及进京纳贡的使臣在往返内地与西藏时都会经过于此。故这里也留下了众多的遗迹和文物。在青海省民协索南多杰主席的带领下，我们走进了秘境玉树，在这里我们看到了至今保存完好的建造于唐代的文成公主庙，见到了许多格萨尔神授艺人。被联合国列入人类非物质文化遗产名录的史诗《格萨尔王传》即诞生并传颂于此。玉树也是格萨尔王所创立岭国的故址，因此格萨尔王和文成公主就成了今天玉树的两位代言人和响亮的名片。

玉树是真正的人间净土。悠久的历史，丰厚的文化积淀，孕育了藏族丰富的民俗风情和文化特色：纯粹的草原，纯粹的藏区，纯粹的宗教，纯粹的牧民。玉树不仅风景秀丽，而且是藏传佛教的重要文化古地以及长江、黄河、澜沧江三大江河的发源地。在这里，人们对佛教的信仰是常人难以想象和理解的。比如千里朝圣，一路叩拜而行；比如家家户户都有大大小小的佛像；比如小孩子都要学习诵经，刻写经文，等等。佛教是玉树文化中最为主体的存在，这些也许都源自和有赖于历史长河的积淀及无数佛教宗师对佛法的弘扬。

玉树，一切吉祥都在这里降临，一切美好都在这里汇合，一切真情都在这里聚会，一切希望都在这里闪烁，一切纯洁都在这里展露，一切色彩都在这里绽放。当我们行走在白云与青山绿水间，洁白无染的流云、生机勃勃的绿草、游目骋怀的湖蓝……宇宙自然的丰富色彩映衬出人类文明的多彩。在多彩的玉树有一种深沉而凝重的"黑"色特别地吸引了我们，它是玉树大自然恩赐和牧民智慧的结晶。

草原上的民族都以帐篷为家，草原上随处可见各式各样的帐篷并不为奇。而玉树有一种黑色的帐篷，在悠悠的白云蓝天下显得格外引人注目。玉树是牦牛之乡，自古以来，牦牛就是这里主要的交通工具。玉树的牦牛是青藏高原特有的牛种，四肢短粗，极有耐力，善登山路能如履平地。放眼望去满山的牦牛在草地上觅食，犹如一幅和谐自然的山水画卷。

游牧传统作为古老藏族主要的生活方式之一，它是藏族同胞对高原生存环境所做出的一种适应性选择，也是藏族游牧文化的标志。黑帐篷是玉树传统藏族牧民主要的住家形式，它既具有天人合一的哲思又有因地制宜的巧思。在漫长的游牧历史进程中，黑帐篷带给了生活在严寒极地世界中的藏族牧民以极大的赐予与恩惠。不管是风霜雨雪的日子，还是风吹日晒的岁月，它总是能以冬暖夏凉的功能为牧民们遮风避雨，以透气而挡风、吸热又恒温的特性为牧民们营造出一个温馨舒适的家。

黑帐篷采用牦牛的长毛编织缝制而成。由于牦牛帐篷呈黑色，故称为黑帐篷。青藏高原上的牧人逐水草而居，与天地自然共呼吸，每当夕阳余晖随绵延群山归去的时候，牧人便与成群的牛羊走向自己流动的家：黑帐篷。牧民和牛羊走到哪里，帐篷就在哪里落地生根。千百年来，黑帐篷是牧民主要的家居形式，也是游牧民族历史文化的活化石。一代代玉树人在这一顶顶的帐篷里，日出而牧，日落而息。黑帐篷是牧民流动的家，一片片黑帐篷组成的部落就成为高原上流动的村落。

曾经，随着游牧文化的转型，新的牧民定居点的现代化建设、白帐篷已成为藏区的新风景。草原上星星点点黑帐篷日渐减少，已与当今牧民的生活渐行渐远，以至于散落于草原上而成为当代都市牧民的惆怅和乡愁。

　　而黑帐篷作为一种优秀的非物质文化遗产，它所折射出的是源自远古的玉树人的惊人智慧和原生态的真实生活，也是玉树有史以来游牧文化的真实体现，以及玉树藏族同胞历史积淀的物质文明和非物质文化遗产的辉煌成果明证。如今编制黑帐篷这种复杂的手工技艺也渐渐失落，工业生产的挤压使许多手工技艺面临巨大的压力。传统黑帐篷的编制完全都是手工完成，在很多人看来黑帐篷的编制是一种费时费工费体力费脑力的细活，一般的情况下，十个人要用一个月的时间才能完成一顶黑帐篷的制作。面对黑帐篷制作技艺的保护传承抑或失传，或许它的意义不在于当代草原上牧民的生存保障，而更在于文化传承的价值，更多的则是藏族同胞与生俱来的一种积极的生活态度和精神文脉的薪火延续。黑帐篷曾经是游牧人的家园，它历经沧桑，见证了玉树的历史文化变迁，已成为藏族牧民的美好精神家园。

　　玉树应有属于自己的特色，应与喧嚣的水泥都市相反照而成为白云深处的宁静之地，从而以让那些走进玉树的人可以发思古之幽情，享生态之情趣。为此，我们应以更积极主动的文化自觉和文化自信，让生活于其中的人热爱、了解、欣赏自己文化的价值，让外来的人知道、体验、享受地域文化的乐趣和美好。

　　在玉树我既感受到上千年的美好传说，又看到了动人的当下故事。玉树有着一批民族文化的自觉自信者和文化的先觉先行者。比如，为我们跋山涉水带路，让我们走进黑帐篷的藏族同胞尼玛和索才。他们为传承和弘扬藏族的传统建筑艺术，在玉树组建了古建筑协会，不但在实践中传承古老的手工技艺，还不断进行理论的总结和升华。他们把黑帐篷视为游牧文化的移动的古村落，采用民族文化村、生态博物馆、黑帐篷展示博览园等模式，对玉树的游牧文化、自然生态和人文生态进行保护性开发，利用其独特的民俗风情和文化特色以及游牧生活和黑帐篷的

"原生性""真实性"吸引游客，展示文化，起到了促进传统文化振兴，弘扬黑帐篷文化当代价值的积极作用。也为那些生态良好、文化遗产丰富而经济发展相对滞后的传统村落探索出一条乡村振兴的有效途径。

　　大美青海，美在玉树；三江之源，源在玉树；黑帐篷之根，根在玉树。在玉树这种黑与白相对和谐的自然景观中正好诠释出中国古人那个"知白守黑"的哲学命题。此刻，在一朵朵白云映衬下，一顶顶黑帐篷给今天的玉树大地带来的黑色灵性，使我们已经感到，这些神奇的黑帐篷将会成为玉树的第三张亮丽的文化名片。

　　　　　　　本文原载于 2019 年 11 月 1 日《学习时报》

以艺术的名义与佛相约

中国佛教是传统文化积淀形成的一种传统的信仰模式。

佛教对中国文化发生过重大的影响和作用，自东汉末年传入中国后即以其强盛的生命力，不断渗透到社会生活的各个领域，逐渐衍生发展成为一个具有巨大魅力的本土化宗教，在为中华文化不断注入新鲜血液的同时也融为中华文化的重要组成部分。

佛教从诞生之日起就与文化艺术结下了不解之缘。那些精美的壁画、唐卡，生动传神的雕塑造像，辉煌巍峨的建筑艺术，优雅动听的佛教音乐，传奇画僧的高超绘画，高僧大德的优美书法，无不丰富了中华文明的宝库，凝结成灿烂的文化遗产。相辅相成，文学艺术的形式也为佛教的发展和传播起到了重要作用。那些深奥玄妙的佛学哲理，拗口难解的经书佛语，正是通过通俗易懂、脍炙人口的传说故事，以普通百姓喜闻乐见的形式流传到民间。敦煌的壁画，云冈的石窟以绘声绘色的生动形象让普罗大众一目了然、乐于接受、雅俗共赏。今天，艺术仍然可以为佛教提供美好的信仰传递和人生向往。

峨眉山是四大佛教名山之一。峨眉已不是一个简单的地理概念，而已经成为中国佛教文化的代名词。如果一座寺庙只有金碧辉煌的建筑、金身玉体的佛像，而没有文化的涵养，那么殿堂再大、装饰再豪华，也很难为信徒提供有益的供养。峨眉大佛禅院作为拥有多重大殿、超百间禅房，号称亚洲最大的十方丛林之一的无上道场，无不向我们展示出雄伟的气势和神圣的气派。而更令人赞叹的是，这里的主持永寿大和尚有着深邃的文化眼光，能明智地看到文化在佛教中的重要作用和力量，从而在禅院内建起了文化长廊，以文化作为佛教的有益延伸和补充。

正是在文化长廊的首展开幕之际，我与书画界的同行同道来到大佛禅院共同见证了佛教与艺术的美丽邂逅。

"小隐隐于林，大隐隐于市。"峨眉大佛禅院坐落于峨眉山市区中邻近繁华的闹市，按传统的俗规，这里是上山朝拜的第一门户，凡祈福的人都要先到这里见过千手千眼观音之后，再上金顶拜普贤菩萨。当我们走进禅院，宛若一步之间穿越了时空，喧嚣的世界仿佛一瞬间凝固了。令人仿佛于纷扰嘈杂的红尘中得到了一份安宁和寂静。禅院内既看不到兜售香火的叫卖者，也没有出售"纪念品"的商铺，呈现的是一片极少商业气息的清新和清静。而文化长廊的开幕无疑又为这处"佛国天堂"增添了厚重的文化意蕴。

有人说这是一个物欲横流的浮躁世界，唯有智慧的心灵才能让人获得解脱。恩格斯曾在《自然辩证法》中称誉佛教徒"处在人类辩证思维的较高发展阶段上"，我想，如果我们学会从佛教中汲取积极向上、向善、向好的正能量，以感恩的心对待所有的人，以欣赏的心赞美所有的事，以无染的初心传递善意，何愁人类命运共同体不能实现，大同世界的梦想不能成真呢？

佛说，这一世所有的相遇都是上一世的重逢。或许，今天文化艺术与佛教在大佛禅院的美丽邂逅并非一场意外，而完全是在历史机缘的情理安排之中。

相信，"文化如水，滋润万物，悄然无声"。

　　本文是作者 2019 年在参加央视书画频道组织的峨眉山文化艺术长廊开幕书画捐赠仪式上的发言

常州自古处处园

常州号称"中吴要辅，八邑名都"，又有"三吴重镇，中华龙城"之美誉，史上更富有"百园之城"的美名。

明清两代是常州园林的全盛时期，常州人以其特有的匠心妙手融汇了中国人的哲学思想及诗、书、画等艺术传统营造出"虽由人造，宛自天开"的园林意境，尤其是一代哲匠、中国造园艺术的集大成者戈裕良的出现，以其令人折服的造园技艺立起了一座中国园林艺术的高峰，也奠定了常州在中国造园史上不可或缺的地位。有人说，戈裕良的离去标志着中国园林艺术的终结即"广陵曲散"，想起此语每每令人心生"前不见古人，后不见来者"之伤感。

"春江水暖"时节来常州参加园林会议，巧与薛焕炳先生相识，又得见其所著《常州名园录》，顿生"枯木逢春犹再发"的喜悦及"漫卷诗书喜欲狂"的兴奋。作为一位本邑的学者，薛焕炳先生抱着对家乡的那份挚爱，那份情怀，那份文化自信，以其丰厚的文化学养和深厚的学术功力，在历史的长河中打捞出常州园林的历史记忆，梳理出营造传统，激活了工匠精神，保存住文脉信息，为常州留下一幅瑰丽殷实的园林画卷，实为可喜可贵。

常州是一座用水网织就的城市，而纲举目张的是举世闻名的中国大运河。建造于不同年代的园林，大多与运河相融相伴相盛，又如一颗颗璀璨明珠，由运河水系将其串起，恰似脖子上的项链，打扮着江南这座美丽的城市，这大概是常州园林有别于其他城市的一个特点。

常州境内的运河，除始凿年代早于他地外，另一个特点就是运河形成"川字形"，流经其域，横贯其城。细数这些运河的名称，他们有始凿于春秋的江南运河、吴楚运河、南运河，有开凿于秦汉的徒阳运河，有疏浚于宋明时期的武宜运河、丹金溧河、锡溧运河，还有千年古渎老孟河、老舜河、得胜河、白云溪、市河（顾塘河）、关河等，以及新世纪开凿的新运河。

常州是一座柔情似水又充满人文气息的城市，自古以来，邑人秉承人文始祖季札的文化基因，以诚信为本，以德义立命，以耕读传家，故此，许多有识之士入仕为官，报效国家；辞官为民，隐逸家园，在乡营建众多林泉，构筑理想家园。这些园林大则千亩有余，小则数亩些许，按邑中前贤的话说，可居、可憩、可游即可。

常州人造园，大多选择在运河两岸，如城东运河有水西半隐、菱溪草堂、洛原草堂、水竹居、归乐园、东第园、东园、南园、桃园、寄园等，城西运河有全闽会馆园林、夏家大院、陈渡草堂、白云亭、如归亭、芳晖园、兰圃、暂园等，林泉自无不与水相伴。城中运河两岸园林更是星罗棋布，仅青果巷河道两岸就有 10 余座，比较知名的有半园、可园、约园、怡园、贻园、樗园、东山亭、花椒园、城隍庙园林等。他们在此食有稻鱼菱藕，行有小桥舟楫，居有枕河人家，故而形成谦逊低调、隐逸善思的常州风雅。

早在唐代，洛阳独孤及来常任刺史一职，其在漕渠荆溪馆对面筑东山亭（水西馆），韦夏卿《东山亭记》生动描绘园中景色："出云木之高标，视湖山如屏障。城市非远，幽闻鸟声；轩车每来，静见水色。复有南池、西馆，宛如方丈、瀛洲。秋发芰荷，春生苹藻；晨光炯曜，夕月澄虚。信可以旷高士之襟怀，发诗人之咏歌也。"记中满是池馆水色。

运河对本地园林的格局和文化蕴育产生过深远影响。郡中文人往往临水卜地，近河筑园，择溪而居，形成他们的人文情怀。明末造园家计成所著《园冶·相地》云："卜筑贵从水面，立基先究源头，疏源之去由，察水之来历。"常州园林立足于地，寄情于池，顺应于水，让水成为造园最重要元素，使之别具一格。以白云溪为例，洪亮吉《外家纪闻》："云溪之秀甲于郡中，环溪亦皆名族所居，记前哲胡芋庄诗曰：皇朝五十有七载，出四公卿两状元。"这里集聚了云溪草堂、白云草堂、四韵草堂、古藤书屋、读雪山房、腾光馆、湛贻堂、颇园、绿园、素园、意园、定园、星园、栩园等。苏东坡、赵翼、恽南田以及号为"毗陵七子"的黄景仁、洪亮吉、孙星衍、赵怀玉、杨伦、吕星垣、徐书受皆居白云溪，清代诗人陈龙珠故诗云："吾郡赏心惟此地，诗情画意两相兼。"

掇山理水本是造园的一种法则，而常州文人将水运用到极致，如明代万历年间吴亮营造的止园，本来就依附关河与北塘而建，而园主人仍然以水为中心，相继分为东、中、西三个区域，三区之间用水相隔，以吴亮《止园记》言："园亩五十而赢，水得十之四。""水得十之四，土石三之，庐舍二之，竹树一之。"可见水在园中的地位。常州还有一批园林称之兼葭庄、菱溪草堂、水西半隐、西青小隐、梅梁小隐等，这些园林基本是小隐于水，半隐于溪，全隐于林。

陈从周曾在《中国诗文与中国园林艺术》一文中说："中国园林与中国文学盘根错节，难分难离。我认为研究中国园林，似应先从中国诗文入手，则必求其本，先究其源，然后有许多问题可迎刃而解。如果就园论园，则所解不深。"常州园林是运河的造化，又是文化的灵魂，常州100多座有文字记载的园林中，无不散发出悠悠的水韵与浓浓的墨香。考证常州历代名园，印证了陈从周先生此言之绝妙，此语之精确。

历代名人如韦夏卿、苏东坡、杨万里、文徵明、唐寅、计成、吴亮、恽南田、杨兆鲁、赵翼、洪亮吉、李兆洛、王国钧等，为常州园林题写了大量的楹联、匾额，又撰就了许多著名的园记，如唐代韦夏卿《东山亭记》、李翰《尉迟长史草堂记》，明代计成《半陶园记》、彭礼《归乐园记》、马廷用《横麓山居记》、邵宝《水西半隐记》、陈明善《亦园记》、吴亮《止园记》、吴兖《茶山草堂记》，清代李长祥《桃园草堂记》、蒋汾功《青山庄记》、邵长蘅《东皋园记》、李兆洛《陶氏复园记》，民国钱振锽《寄园记》等，在众多园记中，充满水与景的灵动。

一方水土养育一方人，明清时期，常州出现了许许多多经学家、文学家、史学家、书画家，诸如唐顺之、薛应旂、恽南田、赵翼、黄仲则、孙星衍、张惠言、刘逢禄、庄存与等，又形成了在全国颇具影响的东林学派、常州学派、常州词派、阳羡词派、阳湖文派、常州画派、孟河医派等，常州文化在这一时期达到巅峰。当代学者蒋寅先生故在《名城常州》序言中写道："清代诗文史的四五分之一是与常州有关的。"以上说法可能稍微夸大，但从侧面反映了这一时期的常州文化鼎盛。遗憾的是，常州园林没有像苏州、扬州那样留下更多作品，存世且较为完整的仅有近园、未园、约园与舣舟亭等。

目前，中共常州市委、市人民政府正在深入学习贯彻习近平总书记关于大运河文化带建设的重要指示精神，制定《2018—2035 常州市大运河文化带建设规划》，如果能在大运河文化带建设中，复建一批诸如止园、东第园、青山庄、兼葭庄等名园，再现常州园林文化之盛景，将是十分有意义的事情。

应焕炳先生之嘱，爰笔是序。

本文是作者为江苏人民出版社 2019 年出版的《常州名园录》所作的序言

风穴寺禅宗

　　在一方地域上能诞生一种文化，是这方沃土上蕴积的灵性使然。而这种文化能被人民选择并在历史发展中绵延不断，必定有其超越时代局限的特殊之处。而这也正是需要我们以高度的文化自觉去阐释和以高度的文化自信去解读和坚守的。

　　风穴寺是佛教史上天台宗的重要传承地。天台宗作为佛教传入中国后创立最早的一个宗派，渊源于南北朝，初创于隋，兴盛于唐。因其创始人智颛在浙江天台山创立而得名。又因天台宗七祖可贞禅师曾长期住持风穴寺，一度使这里成为天台宗的大本营。天台宗有着博大精深的教理和细缜详密的观行，以其"实相和止观"思想影响了中国佛教的发展。

　　作为中原四大佛寺之一的风穴寺，突出地表现出南北文化兼容的风貌和特色。如在建筑形式上完全不同于一般北方寺院沿中轴线布局的常制，而是依山势而建，凸显出江南园林的景致，也由此被建筑学家誉为中国建筑的博物馆。而在佛教文化的传承上，这里的高僧大德多为学富五车的文僧，能将儒释道的文化精华融于一寺，使之有了"武少林，文风穴"的美称，其"初行天台后为临济"和"天台临济两祖庭"的说法又使其有了井然有序的文脉传承。

　　佛教是中国社会发展到一定历史阶段所出现的一种文化现象，而禅宗是佛教来到中国后不断中国化的典型表现。禅宗鼻祖惠能以中国人的思维方式推出佛心人人皆有，顿悟即可成佛的观念，使禅宗具有了浓郁的东方意蕴和中国文化色彩。我们最熟悉的莫过于那句"吃茶去"的公案。有人向赵州和尚请教佛法，而赵州和尚说"吃茶去"。看似答非所问，极像中国艺术中的写意笔墨。

其实所谓禅，就是永远不会直接给你答案，答案需要你自己去"修"。而这种"修"绝不是百度搜索引擎上的"搜"，它是一种"江流天地外，山色有无中"的妙趣横生。在佛教中国化的过程中，佛教逐渐成为中华传统文化的重要组成部分，渐渐融入中国人生活的方方面面。

为什么佛教在中国能历尽艰辛而生机常在，就是因为它紧贴中国老百姓的生活，它可以满足人们的精神需求。虽然大多数人"平时不烧香"，但当生活中和精神上有需求时就去"临时抱佛脚"，并愿意相信"信则灵"的暗示。因此，人们在出海时希望平安就去拜妈祖，在生活里渴望财富就去拜财神，在家庭中求子就去拜观音……只要生活之树常青，祈福之心就会不止。或许这就是杂糅在老百姓生活里的宗教观，也正是这样一种与日常生活息息相关的理念，使老百姓对现实生活多了一种虔诚和谨慎，多了一份敬畏和希望。

今天社会发展，人们物质生活越来越丰富，当世界上经济危机频发，局部战争不断，环境污染严重，禅宗文化的东方智慧对于克服人类现代病则显现出特殊的优势。因此，深入挖掘禅宗的哲理与智慧，并赋予其时代的意义，以彰显其化解社会矛盾和提升人们精神境界的正能量，将会有积极的现实意义。

在文化面前，我们应该是敬畏的，像农民膜拜土地；在信仰面前，我们应该是虔诚的，像江河倾慕潮汐；在宗教面前我们应该是尊重的，像贤者礼敬长者。

　　本文摘自作者于 2019 年在汝州风穴寺国际学术文化研讨会上的发言

诗意栖居的家园

　　自从 19 世纪德国浪漫派诗人荷尔德林写出"诗意的栖居"诗句，又经海德格尔的哲学阐发后，"诗意地栖居在大地上"就成为人类共同的追求和向往。如果你到过中国的苏州，游览过这里的园林，就可以感到这里就是一个可以让人诗意地栖居的地方。

　　苏州是中国的"园林之城"，苏州园林是世界文化遗产。苏州园林以中国山水花鸟的情趣，寓唐诗宋词的意境，通过叠山理水，栽植花木，配置园林建筑，并用大量的匾额、楹联、书画、雕刻、碑石、家具陈设和各式摆件等反映出东方的哲理观念以及文化意识和审美情趣，从而形成充满诗情画意的文人写意山水园林。苏州园林园宅合一，可赏、可游、可居，身置其中则可让人体会到"居闹市而近自然"的诗意空间。

　　中国园林与欧洲园林，属于东西方两个不同的园林体系。中国园林的一大特点是将自然山水的景色浓缩到庭院之中。中国的江南地区是中国私家园林文化的中心，而苏州园林是中国私家园林的精华所在。中国有句俗话说："江南园林甲全国，苏州园林甲江南。"精致的苏州私家园林以其巧夺天工的营造技艺，令来自世界各地的游客惊叹不已。人们可以从一个小小的花窗望去，再透过外面的廊子，看到水池中嶙峋的湖石假山；也可以坐在一个扇形平面的亭子里，倚着有风雅古诗的砖雕，欣赏面对的近、中、远三重景色：近处是曲折的平桥，中景是精致纤美的水榭，远景是几公里外朦胧迷离的宝塔……奇妙的借景，神奇的景深和层次，既赏心悦目又美不胜收。

苏州园林的兴盛与发展，既是历史现象又是文化现象。作为中国传统营造技艺的精华，苏州园林深受中华传统文化的影响，表现出"崇尚自然，师法自然"，以"乘物以游心"的方式，追求"天人合一"的意境，力求让人的心灵与自然相忘相化，整合并重叠时间空间的因素，使人在"咫尺内，觉万里之遥"，是中国传统文化的物化与彰显。

苏州园林亦被称为"文人园"，它是饶有诗书气息的园林艺术。历史上那些古典名园的创建者多为"腹有诗书"的贤达显贵，造园既是为享受城市生活的惬意，同时又向往自然山林的闲情逸致。因此，这些古典的园林多为文人骚客兴之所至而兴、诗兴文情而造。故而漫步其中但见"诗中有画，画中有诗"，处处皆有景，无处不入画。不仅游人可以随处赏景，即使画家采风，影视取景也都是极佳的美景镜头。

苏州古典园林可追溯到中国历史上春秋时代的吴国建都姑苏时期，唐宋时得到发展，至明清时达到全盛。20世纪90年代中后期，作为体现着中国造园艺术最高成就代表作的苏州园林，得到了联合国的关注，先后有9座古典园林被联合国教科文组织列入《世界遗产名录》。

苏州市政府高度重视文化遗产的保护，根据联合国教科文组织的标准和要求，以全面保护苏州园林的"突出普遍价值"为核心，以保护遗产原真性为目标，不断提升保护理念，创新管理机制。在实现对苏州园林的精细化管理的同时，苏州市政府还推出了建设"天堂苏州·百园之城"的决策部署，并先后公布了既包括古典园林也涵盖近当代园林在内的四批"苏州园林名录"，本着继承发展、延续创新的宗旨，将古老的园林文化融入当代城市的建设规划之中，将苏州园林艺术广泛应用于城市景观设计中，形成名城名园交相辉映的城市特色，使苏州城市的整体风貌由"城中园"向"园中城"转变。

由联合国人居署所组织的考察，对苏州的园林保护管理和利用给出了这样的评价："体现了'天人合一、文脉传承、以高度的艺术性创造生态宜居城市'的理念，让市民和游客共享园林的文化和艺术，以完整传承城市文脉彰显了苏州市作为生态宜居城市的永恒魅力。"

传承是最好的保护，发展是最好的传承。苏州造园的历史不仅久远而且绵延至今。今天在苏州所看到的古典园林多为明清时代的遗存，均已成为文化遗产并被列为文物保护单位。所以在很多人的眼里，苏州园林被称为是历史的和古典的，其实，苏州园林也是现代的和现实的。因为几百年来苏州人建园的脚步从来都没有停止过。及至今日，更是出现了"盛世造园"的盛况，在最近几十年的时间里已有逾千家的私家园林陆续建成，成为一道令人瞩目的人文景观。本书正是基于这样一种将古典园林文脉的梳理与当代园林发展相呼应，使苏州园林的历史与当代对接，历史与现实融汇，古人与今人对话，古典园林与当代园林相互观照对应的新颖视角，全面向读者和世人介绍和展现苏州园林古今全貌。

　　要想了解苏州园林，离不开了解创造了苏州园林的人。苏州人建造了园林，园林美化了苏州人的生活。无论是中国传统哲学"天人合一"的理念，还是西方传统观念认为的人处于宇宙中心、人是万物之灵的观念。我们都可以认为，从了解古今苏州造园人入手，是触摸和感悟苏州园林的最佳路径。因此《苏州园林》这本书是通过当代苏州造园人的口述，由这些最了解苏州园林，最热爱苏州园林，最能讲清苏州园林的古往今来、前世今生的人，以说历史、讲故事、谈文化、话当下的方式，来为我们讲苏州人是如何看待和解读古典苏州园林，今天的苏州人又是如何传承和借鉴传统的造园经验，同时在新的社会发展的条件下，如何既保持典型的传统风貌又适应时代发展的变化，以适应当代人生活品质和审美情趣的需求而建造今天的园林。其实苏州园林的故事，就是一代代居住在这里的苏州人所演绎的一个个人与园的故事。通过这些故事，读者可以从中看到一种地域文化的形成、发祥和弘扬，了解在这块土地上世世代代生活的人那种人文生活方式、审美取向和哲学理念。

　　苏州园林不仅是一种造园技艺，更是一种文化现象。中国园林区别于世界上其他园林体系的最大特点，就是它不仅以园林建造所呈现出的具体审美形象为终极目标，而是追求一种象外之象。其在景物的表象及内涵上都孕育着博大精深的中国传统文化的底蕴。因此，要想真正读懂苏州园林还需要对中国传统文化的熟悉和了解。像书中介绍的那样，观赏苏州园林就像是在赏诗文，园林美景本身就是诗意的呈现，而诗文又是景致的注解。满园景色皆是情景交融。漫步园中，举目四望，步移景异，无处不是一首首、一篇篇耐读而又隽永的诗文。如拙政园的梧竹幽居、雪香云蔚，网师园的月到风来、看松读画，留园的涵碧山房、林泉耆硕，狮子林的水殿风来，等等。如果读过一些古诗，便可平添许多咀嚼与回味之趣，还可以让我们超越时空去与古人进行一次心灵的交流。

苏州园林的建造理论虽深奥玄妙，却平易近人；营造技艺虽鬼斧神工，却触手可及；文化蕴藉虽意境幽远，却令人感同身受。本书即从一个或许对于中国传统文化并不精通，或许对于苏州园林并不熟悉的读者的视角出发，对苏州园林的文化蕴涵和审美等，进行了一次犹如剖析细微的全景式的解读。它既能满足那些对苏州园林有兴趣的研究者精研，又适于那些走马观花的行者翻阅，是一种具有知识性、趣味性、可读性的图书。尽管本书已经把神秘莫测的苏州园林讲得通俗易懂，但为了便于初次拿到本书的读者尽快地从目不暇接、曲径通幽的园林路径中找出一条快捷的阅读路径，姑且从本书概括出几则苏州园林品鉴之要点，以期成为快捷的导读和指南。

从《苏州园林》中我们可以感受到，神奇迷人、妙造自然的苏州园林，其超凡的艺术魅力主要体现在旨趣追求上的山水主题的营造，营造技法上的自然与人工巧妙结合，文化内涵上鲜明的人文气息，选址和环境上的因地制宜和灵活布局，不同的园主身上所体现出的明显个性情趣和独特差异，从而营造出丰富多彩、别具一格的人文景观，把人类对诗意栖居生活的追求表现得淋漓尽致。对此，我们不妨从以下几个方面来切入便可一目了然地欣赏到这些园林的人文美和自然美。

品山水之意境。中国人眼中的"山水"不同于西方人眼中的"风景"，山水是中国艺术的一大特色，六朝以来，表现于诗文、兴盛于唐宋文人的山水绘画，直接影响到园林景观的立意与布局。苏州园林均以追求山水画意为欣赏标准，使每座园林都能够成为城市中充满自然意趣的"城市山林"。因此，苏州园林往往面积不大，但以"一勺代水，一拳代山"，在有限的空间里营造山水花鸟之情趣、唐诗宋词之意境。漫步园中，或见小桥流水、移步换景，或见峰回路转、曲径通幽……使人"不出城郭而获山林之怡，身居闹市而有林泉之乐"。

赏叠石之机巧。叠石即以土、石为材料所打造的"假山"。这是一项造园匠师的工艺重心。苏州的艺匠们以为假山可大可小，小则置一二湖石，"片山多致，寸石生情"。大则峰峦洞壑，绵延成脉，远观有势，近看有质，石无定形，山有定法。叠石多以太湖石和黄石为料，太湖石多姿，黄石雄浑。太湖石因其清秀多姿，不仅用于叠造假山，还可用于单独立峰欣赏。其审美特点讲究以"瘦、漏、透、皱、丑"为标准。叠石要求效果自然含蓄，一山一石能够耐人寻味，没有人工斧凿的痕迹。可以说，叠石作为苏州园林中的一种主要景观，非高手不能成佳景。

观理水之妙造。对水景的观赏是苏州园林中不可或缺的重要环节。山贵有脉，水贵有源。最为常见的是以水池为中心来组织园景的营造，围绕中心辅以细流，迂回曲折，并合自然，水光云影，相映成趣。园中山与水的关系是"水随山转，山因水活"，典型的布局往往是主体厅堂隔池正对叠石之景。我们可以发现在传统的苏州园林的理水原则中，如"大园宜依水，小园宜贴水"完全契合当代人的"亲水"理念。叠石与理水所强调的"虽由人造，宛若天开"的追求，则最易引发人们对自然境界的感受且极富自然幽远的诗情画意。

看花木之生机。花木植物也是园林景观的重要内容。苏州园林在植物的种植上非常重视色、香、姿的选择及四季的变换，使园中花木既能观赏又能组景，分隔空间，如屋角蕉影、窗外修篁、池边垂柳、雨中睡莲、经霜丹凤、雪中梅朵，既注重花木形态上的美观又选取文人关注的寓意，追求"留得残荷听雨声"的画面感及"梨花院落溶溶月，柳絮池塘淡淡风"的诗情。与古人相比，今天的造园者基本秉承了前人的花木种植旨趣，但大多新兴园林则把花木的形态作为审美的首选。

望窗墙之玄妙。园林中的墙与其上的漏窗作为一种建筑形式，极具中国特色，往往墙体通过波浪形的云墙、阶梯形的折墙等将呆板的墙体进行变化，又在墙上开设漏窗、洞门，更使封闭的墙面产生了通透，加之在窗洞上饰以雕花纹案,使之本身即成为一种美观的装饰,所以也称为漏花窗、花窗。漏窗本身有景,窗内窗外又互为借景。隔墙的山水亭台、花草树木,透过漏窗或隐约可见,或明朗入目,且远近不同,移步换景,变幻无穷,目不暇接,为园林的空间变化和审美增添了丰富的视角和想象余地。

读诗文之意蕴。苏州园林以文人园而著称,游园的同时读其诗文是必不可少的享受。园中往往借助古典诗词文学对园景进行点缀、生发、渲染。游园林时边走边读可以使人如同徜徉在文化宝库之中,园中诸多的文字品题不仅凝结了诗联、书法、篆刻等艺术形式,还透露出造园的旨趣渊源,揭示出园景的诗情寓意,升华了景观的意境,也拨动和陶冶着游人的心灵。

苏州园林既是中国传统营造技艺的结晶,又是中国传统文化精髓的物化。其选址讲究,以叠山理水为构架,穿插亭台楼阁,辅以树木花草,朴实自然,托物言志,小中见大,亲近山水。在重视自然美景再造的同时,又有厅堂书斋,使人在置身于诗情画意氛围的同时,又能享受到生活起居的舒适与方便。

想了解古今中国人文化行为和生活方式的朋友,不妨根据本书的导引来苏州园林看一看、走一走,亲身感受体验中国人对"诗意栖居"的诠释。

本文是作者为《苏州园林》一书所作的序,英文版(外文出版社 2019 年)

打捞乡愁的文化记忆

泸州，"凭两江舟楫之利，扼川滇黔渝要冲"，一个有着"风过泸州带酒香"的醉人风情，成为千百年来令许多人魂牵梦绕和向往的地方。

"城下人家水上城，酒楼红处一江明"，这是古人诗中的泸州；从"春秋巴子国地、先秦古县"，到如今的交通要道、大西南社会经济发展崛起的明珠，这是今天泸州人眼中的泸州；而《泸州十个古村落的根脉》为我们展现出的是一个从乡愁里走来的泸州。

何处是泸州？何以识泸州？泸州的历史何在？泸州的文脉何在？泸州的源流在哪里？泸州的乡愁从何来？无疑，《泸州十个古村落的根脉》为我们推开的是一扇通往泸州历史深处和文化之根的窗。由此，我们可以清晰地洞悉泸州的地域性格和文化特色，以及人文风貌和风土民情；了解历史的泸州从哪里来，今天的泸州立于何方，未来的泸州向哪里去。

乡愁是一种家乡味道，是一种故土情结，是一种精神依托。在每个人的心中都有或淡或浓的乡愁，扎根在灵魂深处，久久挥之不去。故乡的一草一木、一砖一瓦，都会勾起我们万般情丝，让我们"此愁无计可消除"。在这个喧嚣的时代，人们对乡愁的渴望或追寻，超越了以往任何一个时期。泸州的每一座村落在经历了时代沧桑的嬗变后，更加牵动着泸州人的乡愁。我想，做好泸州古村落的立档工作是每一个泸州人和泸州游子的乡愁所系和心之所愿。

说一千道一万，归根结底，乡愁是一种情感，只不过这是一种需要载体的情感，这种载体可以是具象的景物。比如错落有致的民居、古朴典雅的街巷、清澈见底的溪流，甚至可以是故乡的缕缕炊烟、朵朵白云。这种载体也可以是淳朴的民风，比如邻里间亲如家人的相互关照、年节时的互致问候、独特的民俗、民间手工艺、散发乡土气息的民俗表演等。正是依托这些独具原生态风格的载体，乡愁越发显得迷人并透出浓浓的文化味。也就是说，乡愁既有看得见摸得着的物质存在，又有看不见摸不着的非物质属性。

古村落正是物质文化遗产和非物质文化遗产的综合体。作为文化遗产的古村落，有着特定的历史价值、认知价值、科学价值和生活价值。保护好村落文化遗产就是保持文化的独特性和文化的多样性。而在当代中国快速城镇化的进程中，许多盛放着乡愁的古村落日渐灰飞烟灭，悄然不在，那些曾经的农耕家园，迷人的袅袅炊烟……正在快速地消失和同化，只留下乡愁在记忆里横淌。任何一个古村落记忆的消逝都会造成地方文化传承的断裂，导致子孙后代寻根无着。为此，2015年在四川省民协的统一部署和支持下，泸州市民协启动了传统村落的立档调查工作，以记录历史、传承文脉、弘扬文化、彰显文明为宗旨，实现把传统村落这本"无字的书变成有字的书"，把那些看得见的村落遗产全面完整地记录下来，把那些"看不见摸不着的"无形遗产，变成有声有图、可读可阅的档案资料和可赓续传承的遗产。

杜甫有诗："忆过泸戎摘荔枝，青峰隐映石逶迤。"泸州的古村落几乎囊括了大西南地域的所有特点：地貌雄奇、风景秀丽、物产丰饶、崇文重教、人杰地灵。可以说泸州村落的历史文脉和传说故事所连接着的是一部中国古代文化史，在每一个村落的皱褶里都有着对西南文化的最好诠释，都蕴藏着中华文明的基因和密码。和全国的村落一样，泸州的古村落兴盛于农耕文明，凝结着历史的记忆，是华夏地域文明的独特象征。虽然由于区域和民族的不同，古村落呈现出形态、结构和风情上的差异，但是不可否认的是，泸州这些千姿百态的古村落都具有独特的文化内涵和历史价值，是中华传统文化的重要组成部分，承载着一个国家、一个民族的精气神,是一部中华农耕文明历史文化宝典的精彩篇章。

"峡深藏虎豹,谷暗隐樵渔。"(宋汪元量《泸州》)泸州的古村落大多散落在贫困山区,深山峡谷,交通不便,泸州民协的同行在实施这项工作时克服了诸多实际困难。泸州民协主席黄吉荣告诉我,他们经常是冒酷暑、顶严寒,攀悬崖、穿密林,常常风餐露宿、忍饥挨饿,工作中不仅险象环生甚至还会遇到生命危险。而泸州的民间文艺工作者正是在这种复杂的地理环境和困难的条件下完成这项光荣且神圣的使命。四川省民协孟燕主席告诉我,泸州市的"立档调查"工作一直走在全省的前列,就是在全国也属于名列前茅。

"复作泸州去,轻舟疾复徐",泸州的村落是悠久而神秘的,是雄强和灵秀的。作为中华民族村落遗产的重要组成部分,泸州古村落的生长与消停、繁华与荒芜,始终与国家民族的文明进程为一体,其间多少传薪、多少相守、多少歧义、多少蜕变、多少新生、多少希冀、多少乡愁……读懂了泸州的村落,就能读懂泸州的文化性格、触摸到泸州的历史根脉,从而去读懂中华文化的共性基因和个性表达。古村落立档的核心是文化的记忆,泸州古村落的立档调查工程所取得的成果,不仅仅是民间文艺家们搜集整理的泸州古村落的"文献库"和"数据库",而且是一座档案文献遗产的"记忆库"和"百科全书"。它不仅是泸州的,也是国家和民族的。

本文原载于 2020 年 6 月 9 日《中国艺术报》

不废黄河万古流

黄河是中华民族的母亲河。毛泽东曾经说过，"没有黄河，就没有我们这个民族。"

"黄河之水天上来"，蜿蜒九曲，夭矫如龙，先是昂首北上，继而俯冲南下，然后迤逦向东，倾注大海，带着万仞黄土，铺散出千里平原。天地玄黄常为中国宇宙的本色。在滋润肥田沃土的同时，黄河也挟来一次又一次的洪患劫难。然而中国人歌于斯，哭于斯，聚国族于斯，聚民族精神和文化伟力于斯。

习近平总书记说："黄河宁，天下平。""要深入挖掘黄河文化蕴含的时代价值，讲好'黄河故事'，延续历史文脉，坚定文化自信，为实现中华民族伟大复兴的中国梦凝聚精神力量。"

黄河文化是中华民族智慧的结晶和我国学术思想的历史渊源。就文化的继承性而言，黄河文化是建设现代文明的重要资源。黄河流域历史悠久文化绵长，是中华文明的发祥地；黄河流域文化丰富多样，是展示中华文明的博物馆；黄河流域凝聚中华文化精髓，是文化自信的底气和载体；黄河流域文化包容兼蓄，是新时代建设文化强国的重要抓手。处于黄河流域地质环境复杂文化多样的武陟，以其特有的文化底蕴和魅力荣膺"中国黄河文化之乡"的美誉，成为河南黄河上的文化地标。

任何一种历史文化的成因都有着独特的背景，武陟的历史、地域、民风、民俗、文化基因里都浸泡着黄河的影子。"一部武陟发展史，半部黄河变迁图。"武陟县位居中原腹地，北依太行，南临黄河，自隋朝置名武陟，迄今已有 1400 多年文字记载的历史。武陟地处黄河中下游分界点，是黄河"铜头铁尾豆腐腰"的"腰"。尧禹治水、汤王筑堤、邢人作丘，修御坝御堤、建嘉应观……笔者曾沿黄河考察了许多地方，对武陟具有黄河文化地标价值的特点留下了深刻的印象，这里的黄河文化在当地百姓的生活中刻下了深深的烙印，留下了诸多历史遗存、故事传说、风俗习惯，既有丰富的物质文化遗产又有多彩的非物质文化遗产。

"一方水土养一方人"，生活在武陟这片土地上的人，自古以来既饱尝了逐渐发展成熟起来的农业文明的乐趣：辛劳而自在的耕作方式，悠闲而清贫的生活习惯，严密而和谐的宗法制度；同时也经历了洪水泛滥、干旱缺雨、瘟疫蔓延、战火风雨等艰难险阻，并为之付出了巨大的牺牲，正所谓"艰难困苦，玉汝于成"，磨难造就出一代代英雄的武陟人。

黄河文化大致分为三段，即上游的三秦文化、中游的中州文化、下游的齐鲁文化，而武陟处于中州文化的核心，又是黄河中下游左岸的分界点。从某种意义上来讲，32 万平方公里的华北平原起点在武陟。武陟是连接秦晋、巴蜀，辐射燕赵、江淮的重要文化节点。在武陟境界，考古学家发现了仰韶文化、龙山文化、殷商旧都遗址、古怀城遗址等多个古文明遗珠。

武陟是文物大县，旅游资源丰富，其境内有 5 处国保单位、22 处省保单位。嘉应观、妙乐寺、青龙宫、千佛阁、董永故里、何瑭故里、人民胜利渠……沿着武陟黄河大堤走一走，两侧人文故事灿若星河。武陟又是何瑭、"竹林七贤"山涛与向秀、清代名人毛昶熙等一批历史文化名人的故里。

为加快推进武陟黄河文化发展建设，培育经济增长新亮点，针对存在的问题采取有效措施，进一步统筹规划，加大投入，扩大宣传，科学建设，从而走出一条具有武陟特色的黄河文化发展新路。可以通过对黄河文化内涵的深度开发，提升武陟作为黄河地标之吸引力；通过民俗风情传承展示和文艺演出，推动文化资源保护和优化，使文化焕发出时代的魅力；通过文创产业和旅游的合作，壮大跨业开发的主体；通过文创园区与旅游魅力的集成，重塑武陟文化旅游空间；通过建设文化型主题公园、文化主题乐园、文化主题博览园，吸引越来越多人的目光；通过文创与旅游结合的新平台，加强旅游资源的流通；通过整合恢复历史文化街区以处理好保护和开发的关系，以取得更好的经济、社会和环境等综合效益；通过开展民俗文化节庆等活动，并与现代旅游融合，以形成新的经济和文化载体，等等。从而实现消费需求与旅游经济发展之间的良性循环，进一步促进旅游业结构的优化和升级，实现黄河文化的跨越式发展和文旅经济的持续增长。

延续黄河文化千年神韵，将黄河文化保护好、传承好、利用好、发展好，提高人民群众生活品质和获得感，是当前做好黄河文化研究的中心议题。保护好黄河文化是传承好黄河文化的重要前提；传承好黄河文化则是保护好黄河文化的重要举措；利用好黄河优秀文化是增强文化自信和打造文化强国的重要手段；发展好黄河优秀文化是推动黄河文化创造性转化、创新性发展，实现新时代凝心聚力、增强中华民族认同感、自豪感和促进中华民族伟大复兴的美好愿景。

总之，我们要按照总书记的要求，坚定不移地推进黄河文化遗产的系统保护，守好老祖宗留给我们的宝贵遗产，进一步深入挖掘黄河文化蕴含的时代价值，讲好"黄河故事"。

"潮平两岸阔，风正一帆悬"，中国人前进的脚步一定会像那奔腾不息的黄河水，一泻千里，永不停歇！

本文摘自作者 2020 年 7 月 9 日在黄河文化和黄河文化地标论坛上的发言。刊载于 2020 年 7 月 14 日《西部时报》

第四辑

计望传承

倾听哈萨克族民间文化遗产传承人哈孜木讲述民间故事

山歌好比春江水

    中国是一个洋溢着歌声的国度，中华民族是一个爱歌善歌的民族。上下几千年，纵横十万里，田野中，山坳里，都回荡着来自远古的原生态的动听歌声，那些自然恬淡、拨动心弦的旋律以其强烈的感染力和震撼力滋润着人们的内心世界。

    原生态民歌是历史的缩影，传递出悠久的民族民间文化韵味；原生态民歌是民俗的画卷，传唱出独特的地域风情和浓郁的生活气息；原生态民歌是时代的回音，吟咏出各民族的深厚情感和当代体验；原生态民歌是大众的心声，表达着各民族的思想情感和理想信念。原生态民歌是乡音，无论走到哪里，只要听到熟悉的原生态民歌就有回家的感觉；原生态民歌是乡情，只要唱起民族的原生态歌曲，亲近之情就油然而生。

    原生态民歌是"原汁原味"的艺术表现形式，所谓"感人之最深者也"，这种感人的歌声是各族人民智慧的结晶，生活的写照，真情的流露，心灵的共鸣，纯真的天籁。然而，在全球化迅猛发展的当代，原生态民歌的生存土壤和生态环境受到严重冲击，有些地方面临曲终人散、人亡艺绝的濒危局面。有人说，一个民族可能消失，但是一个民族的文化却不容易消亡。如果一个民族的民歌消失了，那么，这个民族的文化基因就很难保存了。为使原生态民歌文化得到更好地保护和传承，中国民间文艺家协会将原生态民歌列入"山花奖"的范围，并举办规模宏大的原生态民歌盛典，以挖掘文化记忆，传承文化基因，保护文化多样性，展现原生态民歌的绚丽风采，以期原生态民歌这坛纯正香浓的陈年佳酿，尽情地抒发人类极具文化意蕴的情感、经久不衰地传唱。

原生态民歌是一个民族的魂，既蕴含着民族的万种柔情，又抒发着荡气回肠的民族气节。一个民族充满活力，她的歌声就会充满魅力，一个民族充满希望，她的歌唱就会动听嘹亮。原生态民歌是在地里、在水里、在山上、在树上都能唱的歌，还有什么艺术的生命力比得上这种来自泥土、来自心灵的歌声呢？中国的原生态民歌一定会像浩淼的春江水一样滔滔不绝，奔流不息。

感谢原生态民歌的传承者，他们是中华民族文化血脉的演绎者，他们使我们中华民族祖祖辈辈留下的美妙歌声世世代代永远地传唱下去。

本文为作者于 2009 年在中国原生态歌曲展演开幕式上的致辞

一缕来自远古的清风

在七月流火的夏日，走进苏州折扇艺术展，顿感阵阵清风徐来。中国是世界上最早使用扇子的国家，它的历史可上溯到远古的虞舜时代，史书中记载："舜作五明扇。"它的文化底蕴深厚，宛如一缕清风不停送来民族艺术的万般柔情。

扇子既是生活用品又是工艺制品，既是身份权力的象征又是文化艺术的载体。从古至今，上至帝王下至百姓，无论凡夫俗子抑或文人墨客，都与扇子有着不解之缘，都与扇子留下了许多传说美谈，都与扇子演绎出一幕幕感人画卷。扇子在诸葛亮的手中是智慧的象征，鹅扇轻摇，计上心头，运筹帷幄；在周瑜那里是英俊的形象，雄姿英发，羽扇纶巾，谈笑风生；汉武大帝身后的大扇是皇权礼仪的象征，反映出王室的威严和地位；杨贵妃的贴花扇又为婀娜多姿的美人平添了妩媚风采。扇子的功用极多，古人词云："团扇、团扇，美人病来遮面……"一把扇子不仅可以演绎一番故事，也可以折射出一段历史，传说中的"苏东坡画扇""王羲之题扇"无不成为一段段佳话。那出脍炙人口的《桃花扇》也成就了血溅点染的爱情和南明一代的兴亡史。

中国被誉为制扇王国，各地都有自己的制扇特色和制扇高手，然而就历史悠久工艺精湛而言，历史上杭州、苏州和岳州有三大产地之称，苏州的檀香扇也是"五大名扇"之一。苏州的折扇有着六百余年的传承，至今仍风靡大江南北。一代代制扇艺人心手相传，不断开启非凡的艺术创意，各个时期的扇子作品中都凝结着中国人古老的经验和智慧，蕴含着祖先的情感与价值，彰显着文化的精神和风骨，我想这就是中国艺术里常说的"文脉"吧。扇子的形制很多也很美，好的扇子匠心独运、做工精致，经过能工巧匠的镂、雕、烫、贴等工艺才能从千千万万普通扇子中脱颖而生。特别是一经与书画艺术相结合，再经名人把玩扇子更是身价百倍，并由此衍生出新的艺术样式。通过这些扇子展品，既可以实现今人与古人的心灵沟通，也令人体味历史与现时的温度与润泽。

在现代生活中，扇子的功能已与人们的生活渐行渐远。然而扇子所承载的文化及艺术之美，是永远不会过时的，是超越时空和边界的，无论过去、现在还是将来，都会令人感动和欣赏。我们在不经意间拿起扇子时总会引发珍贵的回忆和美好的联想，每次扇动扇子，都会飘来一缕远古的清风。我期待通过这个展览，能够让更多的人认识和了解扇子，热爱和欣赏扇子，从而使对扇子的把玩和欣赏能够从个别文人的孤芳自赏走向当代人的共同时尚。

本文原载于 2010 年 7 月 30 日《中国艺术报》

端午的文化记忆和精神张扬

"正是浴兰时节动，菖蒲酒美清尊共。"又到一个美好的时节，又是一年端午将至。嗅着粽叶艾香，寻着节日的欢畅，我们来到杨柳依依、水韵悠悠的三河古镇，借肥西丰富多彩的民俗文化周共同欢度端午节的美好时光。

三河被誉为独具魅力的"徽韵水乡，生态古镇"。这里有着丰富的自然资源，悠久的历史文化，奇幻的民间传说，美丽的人文景观。悠悠岁月，记载着人世沧桑，民俗民风，诠释着文化底蕴。《左传》的"鹊岸之战"，太平天国的"三河大捷"，杨振宁的旧居，孙立人的故居，"淮军故里"，"庐剧之乡"，茶干米酒……无不体现了三河的古之韵，水之灵，人之杰，也印证了三河是名副其实的"千年古镇，生态水乡，名人故里，美食天堂"。漫步小桥流水之间，感受古镇魅力，走在沧桑石板之上，体味时光的印迹。来千年古镇，过传统端午，在勾起千古情思的同时又享受着节日文明的洗礼。

端午节历史悠久，在漫长的社会进程中，端午不断伴随着人类的生活方式以及思想观念的发展而变化。从早期的辟邪驱瘟，逐步发展到兼顾辟邪驱瘟和纪念先贤。其中既包含着我国古代天文学和医学知识，也体现着民族的忠孝观念。就像中华民族所有的传统节日一样，端午也是一个非常广泛，非常有色彩的文化领域。端午中蕴含的文化极为丰厚，小到吃粽子，大到百舸争流，从对忠孝之道的坚守，到浪漫诗情的赞美，都形成了庞大的文化和精神体系。习俗是在不断变化的，但我们

279

民族的传统精神是不变的。端午就是这样，我们的祖先曾经为她创造出许许多多美丽又动人的习俗。端午节也有过重五节、天中节、浴兰节、女儿节、诗人节等许多别称，而有的逐渐被时代所淘汰，有的依然存在，有的被边缘化。在中国诸多节日中，端午节的习俗和内涵是最富诗意的。诗和诗意是一个美好时代的精神风景，一个和谐美好、生机盎然的社会需要诗情画意的滋养。由此我想到民族精神的诗意化追求也许是我们重建端午节文化体系的一种选择。而这种重建不应该只是靠民众的自发行动，它需要各级政府和有关专业组织的组织参与和引导。当然，这种参与决非代替民众过节，而是像我们的节日·端午三河民俗文化周这样，精心地组织节日活动，与民共享，与民同乐。

古镇如书，山水如人。我想，人类的思想、情感、意志、梦想会在某个时刻、地点、环境中聚会；会在某种缘分、碰撞、默契中获得涅槃和升华。今天，我们在三河这样一个极富诗意的古镇，在端午这样一个极富诗意的日子里欢度我们的节日，这种历史与当代、风情与文化的际遇，必将把原本普通的端午之日装点成一个绚丽多彩的节日，会使平淡恬静的古镇生活变得更加富于诗意，使我们在度过端午时，不只是吃粽子，而是走进华夏的文脉，体验诗情画意的美丽，获得文化的记忆和精神的张扬。

本文原载于 2011 年 6 月 10 日《中国艺术报》

寻找七夕的当代契合点

作为中国七大传统节日之一的七夕，可谓在大多数人集体无意识中度过了。不知银河两边的牛郎和织女是否"银河迢迢暗度"如期相约，但是秦观词中那句"金风玉露一相逢，便胜却人间无数"还是有先见的。不过也有例外，今天中国民间文艺家协会在长安斗门镇七夕庙会之际召开了七夕文化论坛，让我们领略到七夕文化在民间的凝聚力，体味出古人所说"礼失求诸野"的意蕴。有多少灿烂的民族民间文化都是在老百姓中世代演绎传承，才得以发扬光大。

七夕虽然不放假，甚至在大多数通行的公元纪年的日历上也都没有标记，但是长安斗门一带的老百姓记得很清楚，每年都在斗门牛郎织女庙举行三天的庙会。十里八乡的乡亲不约而同地聚到牛郎织女庙虔诚地顶礼膜拜、敬香祈福。庙里庙外不分昼夜地载歌载舞、说书唱戏，方圆几里被围得水泄不通。

在这里，七夕的习俗至少可追溯到汉代。当年汉武帝在此地开凿昆明池对应天上的银河，现在庙中的石婆像也是当年汉武帝留下来的。令人感慨的是，今天的斗门七夕庙会完全由群众自发而来，没有丝毫政府打造和商业化包装，凸显出当代难得一见的原汁原味原生态的非物质文化遗产性质，折射出人民群众对民间文化传承的自发、自觉、自信和自爱。

与长安斗门镇的七夕奇观相比，城市中的人们对七夕的情感正在悄然淡化，民间文化工作者也难免有些无所适从。我以为，对七夕的无奈或许更多的在于我们对七夕文化内涵缺乏准确的领会和定义，加之当代人对七夕习俗的误解和乱用，最明显的莫过于风靡大街广厦的"中国情人节"商业促销。简单用舶来概念"情人节"来界定"七夕"不仅过于浅薄，也难免流俗。牛郎织女是一对不离不弃、生死相许的恩爱夫妻，牛郎在每年七夕挑着儿女与织女相会，即使银河相阻，仍然是"两情若是久长时，又岂在朝朝暮暮"的心心相印。如此真情岂能以一个"情人"道明。这是蕴含着丰富人文性、伦理性、道德性的中国文化观念。梁漱溟曾把"家庭伦理文化"定义为中国人"修身齐家治国平天下"传统观念的核心，而七夕充满着浓浓的人情味、亲情感的内涵正是这种文化的集中体现。那些剥离了传统习俗中对七夕文化敬畏，掏空内涵歪曲形式的炒作，则会使庄重神圣的七夕消解在庸俗的、商业化的、低俗的娱乐化之中。

如何让传统文化与当代文化更好地融汇在七夕里，重要的不仅是形式，更在于内容。当代物质生活越来越丰富，节日与日常生活的区别越来越小，七夕的独特精神也逐渐被淡化。传统不是一成不变的，传统会随着时代变迁而逐渐融化和不断生成。我们可以把传统文化分为两个层面，一是传统文化，即民族文化传承下来的固化状态，这部分应原汁原味地保存；二是被称为文化传统的，这是可以不断生成和变化发展的民族文化谱系，应当不断地做出诠释和解读。而对七夕的诠释和解读必须保持七夕传统精神的稳定和内涵的完整性。

重建七夕文化精神当然不是让七夕回到"石婆石爷"的时代，而是要将七夕固有的内涵与现代人的价值取向和生活方式结合起来，让七夕不仅是传统的、古老的，也是时代的、鲜活的。我们不仅要守住长安斗门庙会这种"草根"文脉和民间基因，还要使其在新农村建设乃至城市化过程中获得文化活力的聚变，让当代人徜徉在七夕的时间节点上，体味传统文化的价值，弥补人们在烦躁的社会生活中逐渐缺失和淡化的传统文化与家庭伦理情感，放弃那些物化的、功利化的现实因素，从而明白幸福是一种感觉，与贫富无关；美满是一种状态，与利益无关。

本文原载于 2012 年 9 月 14 日《中国艺术报》

团圆，历久弥新的主题

古往今来，家就像一块永恒的磁铁，亘古不变地牵动着中国人的心，"有钱没钱回家过年"，每逢春节，回家的脚步就会汇成一股滚滚的春潮，无论任何艰难险阻都挡不住人们团圆的脚步。"一年不赶，就赶三十晚。"除夕夜意味着亲情和归依。春节有着太多的文化内涵，如同我们民族文化的生日，勾勒出中国人的团圆梦。

过年是春节的俗称，来源于古人对季节、收成、天象、历法的认识以及时间的意识，是农耕文明孕育出的文化之果。春节流淌着中国人的文化血脉和文明基因；蕴含着民族的凝聚力和向心力，凸显着家国的认同感和归属感；传递着民族精神和民族性格。春节像是家对游子的召唤，也是游子对家的眷恋，从而衍生出一种中华民族共同的价值取向，即中国式的人文关怀，这一价值取向在春节的所有民俗事项中得以尽情释放。凡是有利于生命安全和家庭幸福的寓意此刻都会被追慕，对生命及家庭可能造成伤害的寓意则被避讳。人们在辞旧迎新之际要祭祀缅怀祖先之德，表承继先人之志，融通天地万物，也祈盼祖先保佑人生幸福、国家安泰。人们认为只有生命长久、人生安宁，才能在希望的土地上播种耕耘，收获幸福。

团圆不仅以一种家庭团聚的形式展现，更具有实质的情感内涵，春节是亲情和真情的流露。随着春节喜庆团圆的气氛伸展，人与人之间互相拜年祝福、请安、问候，贺年充满着浓浓的人情味。正是这种真情的升温，使人与人之间的情感在节日里得到美妙的升华，人与人的情感愈加深厚，人与人的友谊愈发加深。春节集中展示出中国人的真善美。孝心、爱心在绽放，人情、春意在生发。美好的人情、美好的春色、美好的习俗、美好的性情……尽情舒展。

最勾人魂魄，最温暖人心的时刻莫过于大年三十，在中国人的心中除夕这一天必须要在家中与家人一起度过。全球华人一定都会领悟到那句"一年将尽夜，万里未归人"诗句的魅力。回家，要在家里吃那顿团圆的年夜饭。这一顿饭并不在于豪华和奢侈，与其说是一次物质生活的享受，莫如说是一次精神文化的盛宴。这顿饭凝聚了一年的亲情惦念，积淀了一年的离合悲欢，咀嚼和回味上千年的中国人的核心价值观。这就是我们这个民族对美好理想和幸福生活的不懈追求，对宇宙自然和苍天厚土的虔诚感恩，对和谐社会和家庭团圆的永恒企盼。至今，团圆美满的年夜饭仍是大多数家庭必不可少的过年标志。按照老礼，这是一道人神共进的晚餐，逝去的亲人都会被"请回"，实现一场慎终追远的家族式大团圆。全家福式的年夜饭往往会有说有笑，让全家人激动得热泪盈眶。北方的年夜饭必吃饺子，而很多南方地区则必吃汤圆，大部分南方地区有两样菜不可少，一是有条头尾完整的鱼，象征年年有余；二是要有丸子，象征团团圆圆。年夜饭的口味是东南西北各有不同，但是一点相同，就是大家都图个好兆头。吃过年夜饭后，长辈要给晚辈发压岁钱，从古至今压岁钱均不在于钱的多少，它的象征意义远远大于其实际意义。守岁和燃放鞭炮是除夕的重头戏，王安石有诗："爆竹声中一岁除，春风送暖入屠苏。千门万户曈曈日，总把新桃换旧符。"这是对大年习俗的最好描述。正月初一标志着新年的到来，古时以鸡鸣为候，到了近代，人们已把新旧交接的界标定在午夜零点。此刻，平日深沉的神州大地烟花飞舞，鞭炮齐鸣，一向矜持的中国人也融入狂欢的世界。美好的中国年会在热热闹闹红红火火中达到高潮。

团圆体现了中华民族特有的文化价值观，质朴的中国人不迷信宗教中的彼岸世界，也不奢求上帝那里的美丽天堂，他们执着地信奉自己的家，热爱自己的家园。可以说其实不止春节，几乎所有的中国传统节日都包含家人团聚的主题。这种团圆心理是中华传统文化的内核，其中包含丰富的民族审美特征、文化特征、心理特征、生存特征。春节中团圆的主题最符合中国人的节日思维特征，其中体现出中国人于绝望之中仍不放弃希望的旷达人生态度和民族生存信息，是坚忍不拔的民族精神呈现，是对真善美的追求。

人们在响彻云霄的爆竹声中迎来新年，希冀所有的晦气都随爆竹声声烟消云散。按照民间的说法，前几日上天汇报的诸神这时又返回人间，所以在很多的农村会有不同形式和规模的各类祭拜仪式。现在那些家族式的团拜已逐渐被都市中单位、同事、朋友式的团拜会取代，到家拜年逐渐改为寄发贺年片拜年，贺年片又改为电话拜年，电话拜年又被短信拜年取代，微信传情又代替了"一声恭喜，互泯恩仇"的旧礼。民俗本身就是一条流淌的长河。奔腾不息的清流不时会激荡出新的浪花。今天，都市的春节民俗已经很碎片化，唯有团圆的内核历久弥新。其实，传统民俗不仅局限于以往传下来的文化留存，也应包括在时代发展中出现的新民俗。

除夕是春节的核心"穴位"，把传统节日视为假日，这是决策部门的盲点和误区，只因除夕不放假必然造成文化的消解、传承空间的散失和政府主导的缺位。

春节给了我们时间和空间，让我们从容地去团圆，去感恩，去表达那份孝心和爱心。中国人喜欢与他人、与社会、与自然和谐相处，一年一度的春节是对人们心灵的一次洗礼，一次次使人体会到家庭团圆带给人的温暖，带给社会的和睦，带给世界的和平。春节是心头的父母，是外出的兄弟，是家中的姐妹，是思念的爱人，是惦念的儿女，是万水千山无法阻隔的浓浓情思。

祝愿每个中国人都实现回家团圆的梦，谱写出我们国家欢乐祥和的新篇章。

本文是作者于 2013 年春节前夕随笔

春节：民间文化的精彩绽放

过年，古往今来始终牵动着中国人的心。

过年是春节的俗称。传说春节起源于"年"，民间传说年是个怪兽，每到除夕要到人间来吃东西吃人，人们为躲年的伤害，就待在家里熬夜，等年过去了，初一开门庆贺，互相拜贺，看看各家各户是否安全。

其实年的形成，来源于古人对季节、收成、天象、历法的认识以及时间的意识，是农耕文明孕育出的文化之果。当大地回春、万象更新之时，人们便意识到时间已经过去一"载"，一"岁"，到了周代便广用年之称谓。甲骨文中的年字是果实丰收的景象。《榖梁传》中记："五谷大熟为大有年。"从周开始岁首新年成为中国人最向往的日子。春节是假日，但并不是简单的休息日，它有着太多的文化内涵，是我们民族文化的生日。

春节曾经另有别称。春节在古时称作岁首、正旦、元日、元旦、岁日、新年等。而将正月初一称春节始于近代。辛亥革命推翻清朝政府，民国政府改用阳历纪年，定1912年1月1日为民国元年元旦即新年，至1914年北京政府又定阴历元旦为春节。这样，由于社会政治变革之因由，在近代中国社会上出现了两个春节，一个是"民国"政府的，一个是"国民"心中的。中华人民共和国成立后国务院正式确定了全国的年节纪念日，从此"春节"成为人们对旧历大年的称呼。

古今风俗大不同。春节在历经千年文化传承中，不断积淀丰厚的文化蕴含，演绎出丰富的民俗文化风情。汉代皇家"每岁首正月，为大朝受贺"，刘秀时要让群臣在朝上"互相辩难"，述职答辩，因而常使不学无术混迹官场之人过不了"年关"。春节的核心基调之一是家的观念的强化。北京人过年必吃荸荠，取其谐音"必齐"。在历史的长河中，围绕着中国人传统的家国情怀，春节在民间拉开了一幕绚烂多彩的节日大戏。大戏中不仅民俗风情五彩缤纷，而且充满了人性伦理之美、人情亲感之美以及人生智慧之美。而压轴的戏要到正月十五的元宵节。农历十二月被称为腊月，在农业社会中具有宗教和神性色彩。《说文》中讲："冬至后三戌，腊祭百神。"腊八就是腊月八日，直到今日，人们的神性祭祀虽然已逐渐淡出社会生活，而喝一碗香喷喷的腊八粥仍是人们的习惯。过去的童谣这样唱："小孩小孩你别馋，过了腊八就是年。腊八粥你喝几天，哩哩啦啦二十三。二十三，糖瓜粘；二十四，扫房子；二十五，做豆腐；二十六，炸羊肉；二十七，杀公鸡；二十八，把面发；二十九，蒸馒头；三十晚上玩一宿，大年初一扭一扭。"

　　"十里不同风，百里不同俗"，我国各地习俗多有不同。福建、台湾等沿海地区在腊月二十四请神上天后开始拂尘清扫，有的地方在祭灶前拂尘，说法是灶神将人们的言行都记在墙壁的尘埃和蜘蛛网上。所以要将这些尽量抹去。山东的一些地方是腊八时扫尘，认为这天神仙离位，鬼神不忌。不论各地民俗怎么解释，其根本的动因是人们从心理和环境上都要驱鬼辟邪，除旧布新，干干净净过大年。"二十八，贴花花"，贴花花包括窗花、春联、门神、年画等。虽然随着社会的发展和人们居住环境的变化，"贴花花"的风尚已不像过去那样铺天盖地，而贴福字、写春联、贴窗花的风俗还在节日期间点缀着当代人的生活。

　　历久弥新绽芳华。人们在响彻云霄的爆竹声中迎来新年，按照民间的说法，那天上天汇报的诸神这时又返回人间，所以各地会有不同的祭神仪式，不过这些活动只在部分农村保留着。城里人大多还是沿袭着新年贺年拜年的风尚，甚至在很多大城市、发达城市，登门拜年的习俗已被时下新兴的风尚所取代。遗憾的是目前元宵节还没有纳入国家假日，所以造成了春节文化传承的断层。元宵节不放假必然造成文化的消解和传承空间的散失。从文化自觉的高度来看，元宵节放假事不宜迟。

我们有必要站在历史和时代的高度，让我们的春节既传承传统文化的深邃内涵，同时又要与时俱进，与时代对接，使春节中彰显的价值观融进现代人的生活取向，给古老的节日注入新的生机和活力。否则，我们面临的将是旧有的民俗不适应新时代，而新时代的民俗又没有形成，从而使我们在节日中束手无策。节日不是休息日，节日必须有文化的内涵和精神的寄托。毕竟一台春晚满足不了七天节日的文化需求和精神渴求。恢复老民俗固然必要，但创造新民俗更为迫切。

本文原载于 2013 年 2 月 8 日《中国艺术报》

社火为什么这么火

　　社火如同一部内涵丰富的文化大典，深深地镌刻了民间艺术的发展脉络，演绎出民间艺术的勃勃生机。其历史悠久，底蕴深厚，形成于远古的祭祀活动里，发展于民间节庆活动的仪式中。通常的说法是祖先崇拜祭祀赖以生存的土地和创造力量的火，社是土神，故而产生了社火（当另有社伙、社虎、射虎、射戏等不同的解释及说法）。"击器而歌，围火而舞"是社火的雏形，远古的社火是神与人交流、天与人同欢而形成的极富人文内涵的民间文化表现形式。今天的社火已日渐模糊了对神的崇拜和祖先祭祀的主题，脱胎换骨为内容丰富、形式多样、名目繁多、生动有趣的民间文化活动。

　　走进社火就像转动了民间艺术的万花筒。从历史的角度审视，它是人文历史的缩影；从民俗的发展考察，它是丰富多彩的风情画卷；从社会变迁角度切入，它是民间组织的活化石；从文化演进脉络探究，它是一篇劳动大众命运兴衰的乐章；从进化论观点分析，它是农耕社会生产力与科技水平发展的记录；从审美眼光品味，它是异彩纷呈的时代精神交响。陇县地处陕甘交界，特殊的地理位置造就了特有的文化。

　　史籍记载陇州的社火，可以追溯到公元前二世纪。在历经两千多年原始状态的自然发展过程后今天仍然蕴含着古老的基因，成为我国原生态民间文化的重要遗存，并成为陇州民间艺术的一绝。陇州社火内容丰富，题材广泛，涉及国家大事、民俗风情、耕种劳作、婚丧嫁娶、家居琐事等，主要有政治经济、生产劳动、庆典祭祀、世俗生活、军事战争、民间传说六大类别，且种类齐全，表现形式多样，有马社火、抬社火、车社火、挈社火、高芯、高跷、跷板、古参军、竹马、旱船、快活、刀舞、棍舞等二十多类。由此，陇县也被誉为当代中国社火类型最丰富、最齐全的县市之一。其社火既有陇东文化的符号，又有陕西西府地区的文化元素，其民俗活动丰富、兼容、多样、古朴。这里的人们把每年的元宵节"赛社火"闹花灯看作过年中的最大喜事乐事，不过十五不闹社火，这年就不算完，且有着"小初一大十五"的说法。人们通过耍社火、看社火来倾吐一年的丰收喜悦，彰显民众的精神风采，宣泄热烈深沉的民情，展现豪迈奔放的民气，显示浑厚坚韧的民性，祈求新年风调雨顺、人民幸福、国泰民安。

陇县的社火作为民族文化的传统方式，深深地扎根在黄土高坡的千年沃土中，已经成长为陇县人赖以生存、凝聚、延续、发展和创造的文化根脉，几千年的锤炼使它已凝结成一种人生的法则和智慧，成为最能牵动人心的文化要素。就像陇州人独创的传神夸张的社火脸谱那样，每幅脸谱都是一种人生哲学，每个角色都有一段感动人的故事。

太平盛世是社火的最好舞台。适逢"中国首届社火艺术节"，陇县的元宵节便成了社火的海洋，激昂的场景中迸发出野性的活力，在规模宏大、场面热烈、表演集中、群众参与度高的节庆中，我们可以感到民间艺术的绚烂形式似乎全部附着于社火的仪式中。陇县的社火既不背离农耕文化的渊源又渗透时代的新意，使古老的文化在今天得以涅槃新生，成为人民群众表现自我、启迪心智、塑造人格、陶冶情操、抒发情感、调节心理、丰富生活、审美精神的有效载体，是集思想性、艺术性、观赏性于一体的节庆民间文化活动。热闹的社火使一个地区的全体民众进入共同的精神境界，以社火形式出现的民间艺术显示出强大的民族凝聚力，它能把所有人携入社火的队伍中，达到心灵的高度沟通，凸显出民族的集体意识和相互依存的力量，仿佛所有的世事沧桑人事烦恼都在恢宏的氛围下化为乌有，心中只有兴高采烈，意气风发和激昂的春潮。这也许就是乡民们踊跃参加的缘由吧！

当一种文化活跃在社会生活里，融入时代的文化中，它就会迸发出强劲的生命力和文化的强光，而一旦失去了生命力它就会成为遗产。社火产生的那些远古的土壤已经松动以致瓦解，而智慧的陇县人把那些在当代生活中近乎碎片化的宇宙观、道德观、生命观与时代价值观对接重建，成为陇县新的地方文化象征、标志和符号。在全球化飙风日渐强劲的扫荡下，很多民间艺术都在急速凋落为非物质文化遗产的时候，陇县的社火仍顽强地焕发着勃勃生机，红红火火。它的生命力何在？我想，它的生命力固然源于它蕴含历久弥新的文化张力以及世代相传的民间信仰的思想内聚力，更表现在天人合一人文观念的当代呈现力。当然，任何一种文化的传承离不开传承者的坚守，文化的发展也一定离不开本民族的挚爱。如果文化基因的携带者对自己的文化表现出冷漠和放弃，自身的机体内出现了导亡因子，那么外力的抢救保护都很难挽救其衰亡的趋势。而陇县民间文艺家的伟大就在于他们以自身的智慧协助完成了古老社火的新陈代谢，陇县社火的魅力就在于它能在社会转型期完成蝶变和重生。可以说，迄今为止尚没有哪种民间艺术能够像社火这样具有如此完备的组织和宏大的场面。不仅如此，没有哪种艺术创造是从制作到登场都由草根自己完成；没有哪种艺术表演能有如此广阔的空间和舞台；没有哪种庆典能把人世间所有的真善美宣泄得如此淋漓尽致；也没有哪项非遗能像社火这样始终与时俱进不断绽放出新技并不断焕发出强劲的艺术生命力。毋庸讳言，与原生态的社火相比，今天的社火已少了许多禁忌和神圣性，平添了世俗化的表演和娱乐性。这算不算作是古老民俗的时代性体现或时代变迁呢？我坚信，面对飞奔的时代，民间艺术追求的应当是"新生"，而不仅仅是"复苏"。只有如此我们才有理由相信，狂欢的社火闹过，当陇县大地回归平静之时，红火的民族精神和文化基因将会恒久地回荡在这片神奇的大地上。它不仅会成为鼓舞陇县人民意气风发走进春天的力量，也会成为我们这个民族满怀信心走向未来的原动力。

本文原载于 2013 年 3 月 8 日《中国艺术报》

清明遐想

　　清明，古城开封已是"春城无处不飞花"的丽景。延续了五年的"中国清明文化节"如期而至。清明上河园内上演了一出有着千年渊源的"改新火"仪式。这是一个关于中华民族古老的民俗观念。"未到清明先禁火。"古人认为世间万物都是有生命的，都要新陈代谢，与人类生活息息相关的"火"也是这样，火烧久了要熄灭，必须有新火重燃。中华民族之所以能够始终历经艰辛生生不息，可能就是像这清明的新火一样生而又生，薪尽火传吧。当然，清明还会使我们想到许多。

　　清明是春光的信使。"清明时节天转暖，柳絮纷飞花争妍。"清明到了，天气回暖。谚云："三月三正清明，桃红柳绿正当春。"微风细雨中回荡出暖意，弥漫着勃勃生机，人的身心也豁然苏醒。清明是一个悲与喜交集，慎终追远与迎接春天相汇的特别的节日。此时，"风暖繁弦脆管，万家竞奏新声"。此刻古人与今人，逝者与生者，过去与现在，人类与自然，人与人之间交汇沟通。过往的历史，无情的自然无论是在"沾衣欲湿杏花雨"中，还是在明媚的春光里弥散出人性的温度。

　　清明是民俗的画卷。"倾城，尽寻胜去"，"盈盈，斗草踏青"。这是柳永所描写的宋代清明景象。宋代是清明文化最为繁华的朝代，闻名于世的《清明上河图》以写实的手法描绘出一幅大宋都城开封清明时节的民俗风情画卷，详尽刻画出宋人在清明踏青、寒食、插柳、斗鸡、拔河、蹴鞠、秋千、放风筝、扫墓、改火等万千风情。最为可贵的是，传承千年许多古老的民俗今天仍在开封薪火相传。开封人在传承古老民俗的同时，又随着时代发展不断增加了许多与时代精神相融合的当代风尚，使清明文化更加清新丰富。

清明是生命的乐章。"梨花风起正清明，游子寻春半出城。""清明时节雨纷纷，路上行人欲断魂。"在万物生长、生机勃发的原野上踏青，走进春天，走进自然，迎春兴乐以顺阳气。感恩宇宙的赐予，沐浴文明的阳光。扫墓，历来为国人所看重，"风雨梨花寒食过，几家坟上子孙来"。这是缅怀逝者的日子。在一个约定俗成的共同日子里，面对入土为安的先人，由内心里倾诉祭语，这是中国孝道的延伸，有助于晚辈在当下的现实生活里善待老人和亲人。人是有丰富情感的生灵，在自然的绿意中唤醒生命的绿色，对盎然生机的喜悦和寄托哀思的缅怀一起构成生命的完整乐章。

清明是春祷的序曲。"清明前后，种瓜种豆。"清明时节农田作物大多开始结籽结荚，古人发现正是顺天应时种好庄稼之际。"万物生长此时，皆清净明洁。"人生何不如此，"春种一粒粟，秋收万颗子"。在春风里播下希望和种子，在秋色里就会收获理想和果实。

清明是美德的颂歌。"臣在九泉心无愧，勤政清明复清明"，这是一个远古的臣子"有功不受禄"的感人故事。相传春秋战国时代有个叫介子推的人追随重耳流亡，途中介子推曾割下自己腿上的肉救活了重耳。后来重耳做了国君，即著名的晋文公。介子推不愿居功为官，只愿侍养老母躲进绵山，在被搜寻他的山火烧死时，留下了一首"但愿主公常清明"的血诗。我们今天在清明时不仅要祭奠自己的先人，还要想到民族的先贤，想到国家的先烈，想到岳飞、文天祥、董存瑞、红岩、雷锋……想到人格和高尚。

清明是自然的旋律。"燕子来时新社，梨花落后清明。"春去春又来，燕去燕又归。这就是自然的律动和生命的轮回，没有永恒不变的春光，只有一年一度的清明。我们没有理由蛰伏在不醒的冬眠里，不能忘情于"春眠不觉晓"的陶醉。而应在清明的春风里迈开轻快的步伐，用勤勉的双手，创造新的梦想和辉煌。"空谈误国，实干兴邦"，这也许就是人生的旋律。

清明是人间的春色。"休对故人思故国，且将新火试新茶。诗酒趁年华。"清明放假了，这是近代中国在大约百年的光阴里漠视清明后而显示出的文化自觉。君须记，节日不是假日。让我们在浮躁的生活里，在忙碌的工作中，放慢节奏，打开自己心灵的空间，去拥抱清明，"慎终追远，走进春天"。把人类之书翻开慢慢细读，把生命之书翻开逐句细读。不忘逝者，常记生者。那些散落在历史画卷上的美丽人生，应该成为我们今天美好生活的装点和激励。珍惜今天，为后人创造更多的美好。

古诗云："人生看得几清明"，我想，心灵和人生的清明应是清明的节日精魂。

本文原载于 2013 年 4 月 15 日《中国艺术报》

让我们的七夕火起来

"七夕"很快就要到了，宋人词云"柔情似水，佳期如梦"，一个多么浪漫的日子，一个提升美好情操和培养丰富情感的佳期。这个佳期已伴随我们的祖先走过了多少美好岁月，七夕以其特有的方式塑造着我们的灵魂，规范着我们的生活秩序，牵引着我们的人生旅程，使我们的家庭在美满幸福中体验着温馨。

然而，今人与牛郎和织女中断了联系，甚至出现了只知道情人节不知七夕节的迷茫，把七夕节误读为"中国情人节"。殊不知，牛郎与织女在中国人的心里是美丽、圣洁、浪漫、迷人的化身，其忠贞不渝的中国式爱情，以及信守一生、白头偕老的爱情观具有强烈的民族情感意识，与外国人的"情人观"相去甚远，此"有情人"非彼"情人"。毋庸讳言，在一段时间里，我们有意无意地抽掉了七夕节的精神与文化内涵，使得七夕失去了魅力，导致一些人放弃了自己的节日而追捧"洋节"。

节日是人民群众集体创造的文明之果，如同一束流动的花朵落地生根，盛开天涯。就像我们永远找不到它的始作俑者一样，也永远找不到它的原点。七夕从对自然的崇拜开始，经过历代熔铸和社会淘漉定格为对精神的追求和文化的礼赞，在漫漫历史长河中集中了民间智慧的菁华，凝结了太多太多的文明印痕和心路历程，形成了一种集中体现中华民族勤劳智慧、自强不息、热爱生活、崇尚圆满、追求幸福生活的迷人节日。

今天，中国人的自我意识不断觉醒，自主意识不断增强，自觉意识不断高扬，重建七夕文化的呼声越来越高，衔接历史文脉的愿望越来越强。当此中华文明复兴之际，开封以其独有的历史地位和文化渊源，以当仁不让之民族责任感为传承和弘扬七夕文化搭建起一个抒发美好情愫的舞台，营造一个展示才艺情感的天地，开启一个多姿多彩的文化领域，以使在外来节日入侵之时所出现的迷失和不知所措找到一条回家的心灵之路，从而建设一个美好精神家园，让七夕节在新的社会环境中绽放出新的花朵、焕发出新的光彩、结出新的浪漫果实。

我想，有了开封的努力，七夕节的回归已经不远了，"今日云骈渡鹊桥，应非脉脉与迢迢"。希望七夕节不仅在开封，更在我们的生活里，在我们的家园内，在我们的心中。

本文为作者 2013 年七夕节随笔

拓展传统节日的文化空间

　　我们的传统节日有着悠久的历史渊源和丰富的文化内涵，其中许多美好的仪式和迷人的风俗至今历久弥新，令人神往，成为民族历史的记忆、文化的积淀和情感的寄托。我们的祖先在长期的社会演进中使传统节日的核心功能凝聚在认识自然、亲近自然、协调与自然的关系中，使其成为促进家庭和睦、宗族团结、社会和谐，培育人们美好情操，塑造人们完美人格，发扬乐观向上进取精神的传承载体。

　　中国的传统节日背后都有着相应的文化阐释和表达体系，都有着节日的美好情愫和人生关怀。随着社会的发展和人们生产生活方式的改变，农耕社会里那些季节的意义与祭祀神灵的内涵已成为记忆，传统节日中重要的岁时节令已被现代文明瓦解，其中部分节俗的消退和变异在所难免。加之当代社会那些商业化、娱乐化甚至庸俗化奢靡之风的腐蚀和"洋节"的侵袭，人们越来越疏离传统节日，越来越多的年轻人对传统节日缺乏认同感，甚至只知道节日的物质享乐，不知道传统节日的文化记忆和厚重的精神承载；只知道节日就是放假休闲，不懂得对传统节日的敬畏和情感。这无疑会造成节日内涵的消散，节日文化传承的中断，人们在除夕只听到震耳的爆竹声而找不到"剪红裁绿闹春意"的民俗；在端午只吃到天价粽子而感悟不到十人"行舟苦吟"的情怀；在中秋只见到豪华月饼而不解情侣"千里共婵娟"的美妙想象……

　　传统是美好的，节日是迷人的。我们之所以在意这些美好的节日，是因为传统节日为我们提供了一个精神上的故乡和家园，是因为我们曾经享受过这种"回家"的体验，参与过有着美妙滋味的文化仪式。如果让没有被传统文化熏染过的人去热衷传统节日的仪式可能会勉为其难。有必要让年轻人懂得：即使在一切都可以物化的浮躁社会中，传统节日依然是不能被吃喝和娱乐所代替的心灵港湾。这方面我们要做的事还很多。

诚然，传统节日的内涵是通过各种传统仪式来呈现的，但传统节日的真谛并不只依赖于各种繁复和旧式的传统习俗及形式。中华五千年文明所涵养的"家园情怀"最终体现在超越一切物质的道德性的文化精神上。因此，现代文明仍然可以通过敬老、祭祖来表达对先人的缅怀纪念；通过祈福祝愿来表现对长辈的尽孝和对晚辈的希望；通过互用礼节仪式来培育和谐的人际关系；通过营造喜庆的节日氛围让社会祥和家庭团圆。这些无疑仍是当代人所认同和追求的目标。

在当代中国现代化的转型过程中，无时无刻不在交织着传统与现代的复杂故事，纠结着城市与乡村的不解情缘，映照着历史风俗与时代风尚相交映的镜像。不可否认，传统需要与时俱进，当节日的传统元素悄然褪去的同时，新的节日因子也在欣然萌发。但其中应有一个去伪存真、优胜劣汰的人为选择工作，决不能出于怀旧的情感而片面地强调保护与继承，让我们的节日在发展的道路上越走越窄，使"原汁原味"的浪漫理想把节日挤对得少了创新和生气。在不脱离人文关怀的前提下，只有赋予古老的传统节日以现代化气息，才能使传统的文化符号体现出现代中国的文化新意，让我们的传统节日在一个具有历史传承的时代空间里绽放出新的花朵。

本文原载于 2013 年 10 月 18 日《中国艺术报》

永远的手艺

　　在中华五千年文明的恢宏画卷中，既承载着略输文采的唐宗宋祖，光耀千秋的李杜文章，同时也镌刻着能工巧匠鲁班、蔡伦、黄道婆等的美名。正是这些民间艺人神奇的巧手使中国文化的历史长河斑斓多彩、熠熠生辉。古老的手艺与农耕文明相伴相生、兴衰与共，是祖先用勤劳智慧的心血凝结，是民族精神文化记忆的结晶。

　　人类文明就掌握在人的手中。有史以来人类生产生活的每一件物品，都离不开手工艺人双手的创造。无论是人类的物质文化或是非物质的文化，都是通过人的双手演绎传承。一代又一代艺人的心手相应，几十年如一日殚精竭虑地磨练技艺，使自己的绝技外化于形，内化于心，创造出无数文明奇迹，成为中华民族五千年文化史中化腐朽为神奇的绝唱。法国思想家卢梭说："在人类所有的职业中，工艺是一门最古老、最正直的手艺。"他认为手艺是手与脑的协调，身心合一，可令人格健全。手艺人在精益求精、日积月累的创作中不仅打磨出精湛的艺术，同时也历练了美好的心性。民间艺人带着心与手的温度创造了人类的文明世界。手艺不仅创造了历史，也捧出了人类的精彩世界。

　　徜徉在工艺品的世界，你就能感受到民间艺术家已经将自己的激情和生命全部贯注于每件工艺品中。这些精致的作品大美无言，无不传递着积淀千年的民间灵性和智慧。面对这些大美，人人都会被震撼，都能感受到来自遥远时空的文化基因。这些古老的也是鲜活的文化信息，宛如大自然与人类生命的一种联系，它根源于人类的本心，传导于人类的双手。

然而，随着工业社会的到来，一些传统手艺赖以生存的社会文化空间发生了巨大变化，传统的文化因子与当代人的生活渐行渐远，致使手工艺品在商品经济环境中不再具有生存的竞争力。与之俱来的是，人们逐渐发现在机械化生产使艺术品成为商品变得越来越高产的同时，冰冷的产品中越来越缺少了以往文明的厚重和温度，越来越缺少情感和人性，越来越索然无味。此时我们蓦然发现，人类失去的不仅仅是几件可以温润人心的工艺品，不仅仅是几位匠人和几门手艺，而是我们引为自豪的优秀文化遗产，还有人与自然的交流和沟通，以及祖祖辈辈代代相传的温情和丰富的文化多样性。人类社会的急促转型使传统的民间手工艺面临蜕化和再生的考验。

时代永远超越个人的创造，任何个体的创造性总是被包摄在时代风气之中。求创、求变、求发展既是文化艺术发展的规律，也是民间艺术家创造力的人性本能。如何去挖掘和发现隐藏在已千变万化了的各种民间手工艺背后的传统精华，以及当代尚未完全遗失的传统原貌，获得先贤的遗产体温和人格图谱，从而摒弃对遗产核心精神的变异肢解和市侩的篡改性解读，已成为摆在当代艺人面前的时代课题。

生活是变化的生活，文化是发展的文化。在日新月异的现代社会里，要坚守手艺的传承必然离不开手艺的创新与发展。《天工开物》有语"制以时变"，讲的就是手艺也要顺应时代的发展规律。传承也好，保护也好，并不是抱残守缺，既要看到手艺的恒常不变性，也要看到手艺的与时俱进。传承千年的手艺以包容开放的姿态，做到在继承基础上的出新，实现历史与当代的对接，古典与时尚的融合。手艺在新的历史条件下将更加充满生机，更加充满活力。中国民间文艺家协会在中国美术学院为民间手工艺传承人举办高级研修班，不仅是为传承人还原传统手工艺的"记忆现场"，还要为传承人找到适应时代之变的传承途径，不是要品味"活化石"的意蕴，而是要激活手艺的DNA，使手艺的辉煌在岁月的流转中永生。

所谓手艺，手是核心。故而万变不离其宗，手工技艺的传承与发展必须要守住手工艺制作的底线。脱离了手的创造性，没有了艺人的参与，必然会失去人之情感的附着。远离人性的温度，自然会枯燥乏味。无论社会如何发展，科学如何进步，人类的美好生活永远离不开手艺。机器制造固然可以满足人们物质生活之需，但很难让人体验人类性情深处的本来温度，如果用现代工业的酒精去勾兑文化遗产的陈年老酒，那些穿越千年历史隧道酝酿出的人性温度必然荡然无存。一把机制的紫砂壶虽然可以满足人们的饮茶用途，但一把经过大师手工制造的紫砂壶则会给人带来更高层次的精神上的享受和文化上的愉悦。如果人类社会没有了手艺，人类可能就丢失了几许耐心；人类没有手艺人，人类生活就会缺少一些生活的乐趣和韵味。

手艺背后永远蕴藏着一种丰富的人文精神，一种美好的生活态度，一种文化的品位，这是人类应该永远珍惜和传承的精神财富。

民间手工艺的光华和精魂到什么时候都不会消失。

本文是作者于 2013 年 10 月 11 日在中国美术学院"中国民间手工艺传承人高级研修班"结业典礼上的致辞。刊载于 2013 年 10 月 18 日《中国艺术报》

第四辑 计望传承

当元宵节邂逅情人节

没有哪一个国家和民族的文化能够在全球化的背景下"孤掌而鸣"，在中西文化激烈交汇的时代，文化多元和文明碰撞已成为常态。文明的碰撞不断激起或势不两立或此消彼长或融会贯通的缤纷浪花。这不，底蕴深厚的元宵节与时尚浪漫的情人节在2014年中国生肖马年的正月十五不期而遇。

其实，中国的元宵节本是一个浪漫的节日，有着古代"情人节""定情节""姻缘会"的人文内涵和文化传统。"元宵"的本意不是食物，而是时间名词时辰的特指。"元"指"上元"，即新年里的第一个月圆之日，"一年明月打头圆"，"宵"指夜晚，所以"元宵"原意专指正月十五的夜晚。

在传统社会的森严礼制中，年轻女孩平日不允许外出自由活动，更不能自行选亲，而按照民俗元宵节可以结伴出游赏灯，借赏灯可以自己物色对象。元宵节赏灯给予了古代年轻男女自由相识的机会，由此，形成了元宵赏灯约会的传统。欧阳修诗云"去年元夜时，花市灯如昼，月上柳梢头，人约黄昏后"正是对元宵节的浪漫描写，辛弃疾在《青玉案》词中那句"众里寻他千百度，蓦然回首，那人却在灯火阑珊处"，道破的也正是元宵夜青年男女的美妙心境。

古人那种或密笺赴约定情，或互赠诗帕传情所表达的传统矜持风俗，不仅极具东方婉约、曼妙、含蓄、内敛、魅力丰富的纯洁之情，也凸显出元宵月夜的东方色彩。对于古代闺秀最勾魂的则是出门，出门是为了观灯，观灯更为观人，观人是为传情，中国古代文学作品中有很多关于元宵节"定情""传情""别情""一见钟情"，甚至"偷情"的写照。

元宵节的起源已无从查考。最常见的则有汉武帝在甘泉寺祭祀燃灯"彻夜不熄"之说和源于佛教故事之说。从古至今，元宵节游庙会、闹社火、逛花灯、猜灯谜、放鞭炮……各种习俗可谓绚烂至极丰富多彩，而今人们只记住吃元宵，吃元宵在古人那里只是元宵节习俗的极小部分。同样，西方情人节也难寻翔实史籍的佐证。一说是法国大公阿根科特在战争中被俘后，在监禁中给妻子写了无数封情书；一说是两个同名的古罗马主教圣瓦伦丁在遇难前给太太写情书，所以情人节也叫"圣瓦伦丁节"。无论何说其内涵是一个关乎爱，关于情，以及浪漫、鲜花和巧克力的节日。

伴随着中国的开放及商业的炒作，情人节在中国人特别是年轻人中大行其道。然而，由于"情人"这一词汇在中国有不同阐释，因此使坚守传统文化道德观的中国民众难免心生余悸。

必须看到中国当代人的物质生活越来越丰富，而节庆与日常生活的区别越来越小，从而使节日的独特性与神圣性日趋淡化。元宵节的许多历史元素正在缓慢消失，恋爱自由早已成为中国社会的法定国情，诞生并定型于传统农业文明时代的那些丰富繁杂的元宵节习俗如今只留下"吃元宵"的单薄记忆，从而造成今天元宵节的主题必然疏离青年人的精神需求。

因此，关注青年人的需求，去改造、完善、充实元宵节的形式和内容，充分挖掘整理元宵节所蕴藏的深厚资源，进一步拓展传统节日的文化空间。让元宵节更加具有参与性，更加具有当代的人文温情和喜庆热烈的欢乐激情，让古老的节日内容在时代的新风中回归，为此，笔者以为，国家应给出一个法定的文化空间让人民群众去传承我们的节日，也就是说元宵节应纳入国家法定假日。

对比中西方节日之不同，我们可以发现，中国的传统节日一般都是综合性的，具有很强的内聚力和包容性，却缺少突出单项人伦的主题，而诸如情人节一类的洋节恰恰在这方面填补了传统节日某些空白。洋节的形式大多注重互动性、参与性、狂欢性、娱乐性，崇尚个性、张扬人性，表现出群体参与、共同发泄、情绪交流的特点，同时也在商业市场上做足了文章。中国的传统节日诞生于农耕社会，因而大多与农业节气有关，表现出浓重的"天人合一"哲学观。而洋节多与宗教精神有关，重视个人的存在和价值，从而迎合了现代社会各层次民众表达感情的需要。无疑，吸收洋节的积极方面可以充实我们的文化生活。我们也不能为了"保护"传统而让我们的节日风俗在行进的道路上越走越窄。时代变了，缺少与时俱进的脚步，缺少创新的形式，必然会缺少生气。

元宵节是古老的也应是现代的、时尚的。我们有必要向西方学习，但学习西方并不意味着丢掉和割裂我们的传统。我们应以宽广的胸怀接纳各种洋节，也要满怀信心地向世界展示我们节日的美好，让更多的年轻人热爱我们的元宵节，我们不排斥年轻人过西方情人节。过情人节还是过元宵节，就像是喜欢吃巧克力还是喜欢吃元宵一样本身无可厚非，重要的在于过节的人是否知道、了解、传承了节日的文化内涵，通过过节这种方式使美好的情感和文化正能量得以传递。

有一点必须谨记，只热衷西方的情人节而忘了自己的元宵节，是可怕的和可悲的。可想，一个对自己的节日都不爱，对本民族的文化都不感到自豪的人，能够对中华民族几千年的灿烂文明持有自信吗？能对博大精深的文化遗产感到自豪吗？那样绝不是追随潮流，而是数典忘祖。要知道中华文化一直得到全人类的尊重和羡慕。近代以降西方文化进入中国不胜枚举，而中国文化正是在开放包容中不断增强自信，传统文化在文化自觉中不断超越自我，传统节日在与洋节的遭遇中不断调整，不断彰显出中华文化海纳百川、和而不同的迷人魅力。

元宵节也好，情人节也好，都不应被过度商业化和消费化，不能让奢靡的物欲碾碎精神的圣洁，真正的节日不是物质的丰盛，而是精神的丰富。不少热衷洋节的人并不关注节日产生的文化背景，我想，如果过元宵节能读读那些唐诗宋词，过情人节能读读阿根科特留下的那六十首情诗的话，也许巧克力的甜美和玫瑰花的芬芳会使我们的元宵节更加醉人和多彩。

本文原载于 2014 年 2 月 24 日《中国艺术报》

正月十五年味正浓

马年的城市里并没有呈现出"万马奔腾"的喧嚣，反倒令人感受到一种祥和与宁静，一种"年味"的淡去。关于年味儿的记忆和失落更加勾起人们浓烈的乡愁。

过年是普天之下华人最珍重最庄重的文化仪式，也是理解中国民俗的窗口。年，把普通的日子节日化，把春天的到来神圣化，把岁月的轮回仪式化，把美好的希望祈福化。缘此，当代中国人又慨叹年味儿的淡去，为年文化的消失备感纠结。

我国的所有传统节日都诞生于农耕社会，因而，也只有在农耕社会的坐标中才能显示出传统节日的准确定位。我们智慧的祖先把赖以生存的生产和生活方式所对应的农耕节令赋予了强烈的文化印记，以东方特有的文化仪式媲美于西方的宗教仪式。然而，当今天的文明土壤变了，文化的生成也会变；社会环境变了，文化的形态也会变；生活方式变了，过节的方式也会变。在这种变化中，那些适应传统社会的风俗必然会淡去消失。

那么，伴着现代化的步伐，又有哪些曾经迷人的风俗在离我们远去呢？看着年味逝去的背影，我们是否也看到了新年味的滋生？

传统年味渐成为美丽的乡愁

年味是什么？说到底是欢乐的气氛和幸福的感觉，而这种气氛和感觉是随着时代的发展而变化的。当"绿树村边合，青山郭外斜"的田园景色已被高楼大厦取代，那些曾经令人敬畏的年俗在水泥林立的城市中似乎已没有了立足之地，甚至占据不了人们心中的位置。

一是属于传统年俗核心位置的自然崇拜和民间信仰的动摇，导致一系列宗教性祭祀等仪式的式微。试问，人们还敬畏神灵吗？当代人谁还会担心灶王爷上天言事呢，类似"二十三，糖瓜粘"的祭灶王爷等系列祭拜事项成了部分人的记忆。当代人既不会把"年"作为怪兽来躲避，也不会像古人那样把腊月作为具有宗教神性的月份去完成一项项祭祀的仪式。

二是在科学技术高度发展的当代，物质的富有和生活的富裕，使人们对节日改善生活的企盼消失了。过去人们在年节里才能享受到的那些吃穿用的物质生活，如今随时都可以享用，所谓"有钱天天过年"，人们哪里还在乎过年不过年呢。

三是伴随着居住环境的改变，那些节日气氛浓烈的文化符号消失了。在传统民居上既美观又烘托气氛的年画、窗花、对联已很难在高楼中找到合适的位置，即使贴上了也总让人有不伦不类之感。

四是科技的发展和生态的变化，使传统的人际关系也随之变化。以往"肯与邻翁相对饮，隔篱呼取尽余杯"的邻里亲情被老死不相往来的别墅单元替代，人情味浓郁的挨家挨户拜年逐渐被电话、短信、微信、网络的虚拟世界取代。随着传统年俗的淡去，人情味也跟着淡去。

五是观念的转换使很多传统礼仪、审美、风尚今非昔比，曾经的节日内涵逐渐消解，传统的年味已风光不再。惊天动地辞旧迎新的鞭炮被今天的人们视为污染空气的祸源。聪明的祖先在一个时光转换点上让所有人的新仇旧恨一笔勾销的智慧如今已不为人们沿用。当今时代，与新年俱来的新服装、新年画、新气象的新鲜感已远不如前。"年货不用备，拜年不上门"，新方式给人带来方便的同时，也带走了年味给予人们的温馨和慰藉。

即便如此，中国人过年的心理依然保留着。这就是我们这个民族对幸福生活的不懈追求，对传统和祖先的感恩敬畏，对天地自然的虔诚信仰，对家庭团圆的永恒企盼。这种挥之不去的过年心理至今仍然支配着大多数人的年俗从众行为。这种心理需求一定会化为外在的形式，一定会在过年的过程中表达出来。因此，人们就会自觉地追逐年味儿。也许，这就是当代一些农村庙会、社火、民俗节庆红红火火，令人趋之若鹜的缘由吧。

古老庙会的年味儿气息和时代转型

与京城年节活动单调乏味、缺乏生机形成鲜明对照，隶属河南鹤壁的浚县则是一派红红火火的年味儿景观。源自人民群众主动参与和当地政府自觉引导，浚县这个素有"华北第一大古庙会"之称和被外国人称为"中国老百姓的狂欢节"之誉的地方成为春节文化的典型代表地和核心传承区。

红火的浚县正月古庙会，发轫于上古，形成于汉魏，繁盛于明清，以其悠久的历史、丰富的内涵、深远的影响和持久旺盛的生命力被誉为民间文化的"活化石"。作为保有中国春节文化原生态特征的浚县正月庙会，有着明显的地方特色，一是历史悠久，寺庙古迹多。起源于古代的祭祀活动，最远可追溯到上古时期的颛顼和大禹时期，特别是纪念治水的大禹王。如果从那时算起，庙会已有 4000 年历史，即使从至今依然矗立于后赵时所开凿的伾山大佛算起也有 1600 年历史，明清时期达到鼎盛，特别是明嘉靖二十一年（1542），浚县知县蒋虹泉修建浮丘山碧霞元君行宫，形成了现在的庙会规模，一城两山的格局，奠定了"豫北平原第一胜迹"的基础，从而使之成为如今中原地区首屈一指的盛大庙会。

二是会期长。这里的庙会从农历正月初一到二月二，历时一个月（一说从正月初九至二月初九）。这是劳动人民的一大创造，把农闲、寒冷、无事的冬季打造成了一个欢庆、热闹、交流的繁华盛会。

三是规模大。每逢会期，会场辐射方圆二十余里，上会人数日均

20 余万人，最热闹的正月初九和十六两天，上会人数可达 50 万人之多。

四是内容丰。主要有商品交易、地方特色小吃、民间民俗文化表演、祈福纳祥俗信等活动。庙会期间，民间社火是群众性传统娱乐活动的主要载体，高跷、抬阁、舞龙、斗狮、杂耍、竞技等民间社火相继出动，各种民间同乐花会达六十余支，参赛人数三万余。

五是影响广。正月庙会影响华北地区，每年吸引晋、冀、鲁、豫、鄂、皖 6 省近百个市县以及海内外 500 多万香客游人，成为中原地区的"龙头庙会"。

六是文化厚。浚县自古为"中州名区，河朔巨观"，是国家级历史文化名城；主会场大伾、浮丘两山文化积淀深厚，包含宗教文化、民俗文化、运河文化等。在长期的农耕时代，正月庙会所传达的信仰和理念与中华文明的理论观以及价值观高度吻合，不仅对人们的思想观念、道德观念、行为规范发生过重大影响，也对中原毗邻地区的民间文化发展产生巨大辐射作用，成为中原民俗文化的核心传承基地和共同精神家园。因此有专家说，浚县人民把中华民族最大节日——春节和最具中国特色的传统庙会融为一体，形成风貌独特的春节与庙会合二为一的春节庙会——浚县正月庙会，在我国北方春节文化与春节习俗中具有重要的代表性。

为实现古老庙会的华丽转身，借悠久的庙会历史和丰厚的民俗文化资源，中国民协自今年开始在这里举办"中国民俗文化节""全国社火大赛""春节文化论坛"等文化活动，力图使传统与现代，政府与民间，节庆与文化，组织与民众，社聚与家祭等融会贯通，塑造出一种融传统文化资源与民族意识形态紧密结合的节日文化空间和新时代的春节文化生态环境。

今年的浚县古庙会，各种各样的活动吸引着四面八方的人们。"八丈佛爷七丈楼"北侧石岩上的"子孙窑"旁，聚集着好奇欢乐的人群。全国社火大赛及各类传统的民间社火、扭秧歌、踩高跷、耍狮子、舞龙、竹马、武术、旱船等，热火朝天。当地及外来的文艺团体纷纷登场。马戏团、驯兽团、杂技团、武术气功表演团，把庙会声势推向一个又一个高潮。地方小吃香气扑鼻，铺牛肉、黄米糕、胡辣汤、酥火烧、石子馍、酸辣香麻丸子汤，不一而足，风味各异，煞是诱人。在街区的集市上，我们看到各式民间工艺玩具销售异常火爆。浚县的玩具，早就远近闻名。浚县泥玩诞生于隋末，品种繁多，细腻精致，构思巧妙，形象逼真，造型独特，栩栩如生；木玩具如红缨枪、刀剑、戟等，备受儿童喜爱；古风陶艺更是凝聚绘画雕刻特色，造型古朴典雅，具有极高的观赏价值和收藏价值。

老民俗的蜕变与新民俗的滋生

所谓庙会即"因庙而生，因庙而兴"。浚县正月庙会与其他各地庙会一样起源于古代的蜡祭、社祭和神灵祭祀活动。庙会祭祀的对象大多是与当地社会发展和人民生活有历史渊源和关联的神话、传说中的神灵和济世的英雄人物。浚县的庙会也是这样，由于历史上古黄河经常泛滥成灾，所以人们把治水有功的大禹、二郎神和镇河将军弥勒佛作为祭祀的神灵。由于碧霞宫的碧霞元君有专司人间生育之事的传说，"求子必应"成了民间的神话，至今仍吸引着络绎不绝的大批信众。

庙、庙会和许多民间文化以及非物质文化遗产一样，在历史的长河中时遇激流险滩，时而顺风前行。这既是太平盛世的写照，又是国泰民安的标志。就像作为信仰自由、民间崇拜的那些道观、庙宇，拆了又修，修了又拆，反反复复，至今香客仍不断流传。回顾历史我们也可看出，千百年来，那些香火的旺盛与否，正是社会兴衰的显现。无论社会生活如何发展变化，民众心中总会保留一块神圣不可侵犯的地方，那是善良人性的根源。

试看今日中国日新月异的建设与香烟袅袅的乡村社火交相辉映，新旧文化与民俗在生活里相互融合、互相渗透，交织成一幅绚烂多姿的时代生活画卷。站在社会转型的门槛，作为民间文艺工作者不仅要去欣赏它，而要思考我们能为优秀的文化遗产走进新时代做些什么。

作为非物质文化遗产的民间艺术，几乎无一例外地滋养于农耕社会的胎盘中。社会转型了，把那些与新时期意识形态相抵触的思想观念从旧仪式中选择出来，让今天的年味儿既不与时代精神相悖，又不背离农耕文化的血脉；既赋予年味儿以新的时代精神，又依附于农耕文明的节日文化之中。我想，这应是民间文化的涅槃新生之路径。比如发端于正月十五的陕北"闹秧歌"，从延安"新秧歌运动"时便开启了脱胎换骨的蜕变，以至于今天成了新潮舞蹈的舞台表演，而其中古老的仪式和信仰因素已不被新人所知。还有"花鼓灯""采茶灯"等很多社火中的仪式已逐渐脱于历史的陈迹，完全从原来所依附的社火仪式中分离出来，成为纯粹的"表演艺术"。民间艺术是生活的艺术，生活发展了民间艺术必然随之发展。也许我们应该分清，作为一项民间艺术，它是与时俱进的艺术，若作为非物质文化遗产，我们则应当原汁原味、原封不动地忠实记录，全面保留其原生态的形态，而不能随意肢解或改变。殊不知，作为社火核心价值的那些宗教信仰仪式也是非物质文化遗产的核心价值。

在现代化大潮的冲击下，发端并定型于农业文明的传统节日在与新的社会生活碰撞中，必然呈现出新的发展模式，对新时代年味儿变化的纠结，反映出中国人对文化的焦虑。文化的复兴不是简单的复古和复旧，人们期待着新的文化元素让春节更有文化味儿。这些新的文化，应该有传统的意蕴，但没有陈旧的陋习；应该有亲情的美好，但没有庸俗的人际；应该有灿烂的文化阳光，但没有铺张浪费的阴霾；应该有团圆喜庆的节日氛围，但没有过度商业化的奢靡。

民俗是在历史的赓续中逐渐沉淀而形成的，不可否认，进入新时期以来，我们产生了很多新民俗，最典型的莫过于深受华人关注的春晚。经过逾三十年的积累已融入人们的年俗之中。春晚以新媒体的强势改变和引领了新年俗的方式，新年俗在以新的娱乐方式兴起的同时，当然也弱化了传统年味儿中的情感性和仪式感。因此，这也提醒我们要想增强年味儿，就必须注重在新的年俗中不断增强文化的含量，不断增强其吸引力、传播力和凝聚力，以吸引更多的人参与，特别是年轻人，毕竟青年一代才是年文化的真正传承者。这方面的工作，尚有极大的提升空间。

作为民间文艺工作者，应担负起创新旧民俗、培育新民俗的责任，这既是人们的期待，也是时代发展给我们提出的新课题。让我们的节日吐故纳新、推陈出新，既传承历史的灿烂文明，又绽放当代的华光异彩；既弘扬优秀的文化遗产，又彰显正能量的核心价值观。这既是人们的期待，也是时代发展给我们提出的新课题。

本文原载于 2014 年 2 月 24 日 《中国艺术报》

春节是一出中国人的团圆大戏

　　春节是中国人最为看重的传统节日，老百姓习惯把过春节都叫过年。民谚说"百节年为首"，千百年来，民间过春节的方式和习俗也是最丰富、最隆重、最热闹、最喜庆的，就像是一台热热闹闹的大戏。

　　春节的习俗多为农耕文明的产物，冬季是农业上的农闲期，人们辛苦了一年，这时正好是轻松的时光。因此春节的习俗拉得很长。按照老礼儿，农历十二月为腊月，从腊月初八腊祭或腊月二十三的祭灶，一直到正月十五，其中除夕和正月初一为高潮。因此，民谚说"过了腊八就是年"，即从腊月初八喝"腊八粥"开始，春节的各种活动就进入"程序"了。可以说腊八是春节的序曲。有首童谣："小孩小孩你别馋，过了腊八就是年。腊八粥你喝几天，哩哩啦啦二十三。二十三，糖瓜粘；二十四，扫房子；二十五，做豆腐；二十六，炸羊肉；二十七，杀公鸡；二十八，把面发；二十九，蒸馒头；三十晚上玩一宿；大年初一扭一扭。"在春节这一传统节日里，我国汉族和大多数少数民族都要举行各式各样的庆祝活动，传统的内容和形式多是围绕祭祀神佛、祭奠祖先、除旧布新、迎禧接福、祈求丰年为主要内容而延伸和展开，既丰富多彩，又特色浓郁。一直到正月十五春节，这出热热闹闹的大戏才收尾，元宵节成为春节的压轴大戏。既然是大戏就还要有尾声，元宵节后还有余韵，一直要到二月二龙抬头，春节大戏才算全部落下帷幕，人们又要开始忙着新农活了。正如俗语所说："过个大年，忙乱半年，正要消闲，赶上种田。"我国传统的春节就是这样既丰富又丰满。

习俗是年味的承载和体现。农耕时代的习俗可谓千姿百态，丰富多彩，加上我国地域辽阔，民族众多，各地区、各民族风俗不一、形式各异，所谓"十里不同风，百里不同俗"。春节的习俗可分为宗教祭祀、礼仪禁忌、饮食文化、娱乐活动等方面，城乡又多有不同。

首先是腊八，也称腊八节，它源自佛教创始人释迦牟尼的成道日，喝粥习俗也是源自佛祖修行时曾因又累又饿而昏倒，得牧羊女的一碗稀粥而获救的故事。

腊八之后，离年渐近，腊月二十三或二十四是过小年，又称小岁、祭灶节、灶王节、灶神节。这一习俗在城市已不时兴。打尘埃："腊月二十四，掸尘扫房子"，按民间的说法：因"尘"与"陈"谐音，新春扫尘有"除陈布新"的含义。

贴春联：春联也叫门对、春贴、对联、对子、桃符等，它以工整、对偶、简洁、精巧的文字描绘时代背景，抒发美好愿望，是我国特有的文学形式。贴年画：年画是我国一种古老的民间艺术，反映人民朴素的风俗和信仰，寄托着人们对未来的希望。年画起源于"门神"。随着木版印刷术的兴起，年画的内容已不仅限于门神之类单调的主题而变得丰富多彩，近代的挂历可算作年画的发展，曾一度成为时尚。

贴窗花和贴"福"字：在民间人们还喜欢在窗户上贴上各种剪纸——窗花。人们还要在屋门上、墙壁上、门楣上贴上大大小小的"福"字，以寄托人们对幸福生活的向往，对美好未来的祝愿。

守岁：除夕守岁是最有趣味的年俗活动之一，除夕之夜，全家团聚在一起，吃过年的夜饭，点起蜡烛或油灯，围坐炉旁闲聊，等着辞旧迎新的时刻。

放爆竹：中国民间有"开门爆竹"一说，即在新的一年到来之际，家家户户开门的第一件事就是燃放爆竹，以噼里啪啦的爆竹声除旧迎新。

拜年：新年的初一，人们都早早起来，穿上"节日盛装"去走亲访友，相互拜年，恭祝新年大吉大利。拜年的方式多种多样，古时的一些士大夫们便使用贺帖相互投贺，由此发展成后来的"贺年片"。随着社会的发展，现在又发展成打电话、发信息等新形式。春节拜年时，晚辈要祝长辈长寿安康，长辈可将事先准备好的压岁钱分给晚辈。饺子和年糕：除夕的晚饭是一年中最重要的一顿饭，叫作年夜饭或团圆饭，饺子形似元宝，有"招财进宝"的寓意。吃年糕，取其"糕"的谐音"高"，为"年高"，寓意步步高，寿高，年年高。

闹元宵：正月十五是春节的压轴戏，这天正是新年的第一个月圆之夜，灯象征光明，因此，各处张灯结彩，把人们带入一个五彩缤纷、光亮明丽的新世界。这天人们还要吃"元宵"，南方吃"汤圆"。

春节禁忌：吃年夜饭忌说"破""死""不够"之类的话，要说"多""余""有""好""发"之类的吉祥词。初一也要多说吉利话，忌讳不吉的字眼；还要禁洒水、扫地、倒垃圾等以避免"破财"。这天早餐忌吃荤，最好不吃药，以求得一年身体好。还要忌杀生、忌讨债、忌花钱、忌理发、忌办丧事，等等。

古老的春节习俗是伴随着农耕文明漫长的时光逐步形成的，具有悠久的历史和丰富的内涵，是祖先给我们留下的美好的文化遗产。然而随着时代的变迁，农耕文明的田园生活离当代人渐行渐远，工业文明的城市化进程骤然而至，社会的经济基础变得越来越殷实，人们的生活越来越富有，节日与平日的物质生活区别越来越小，农业文明社会里所特有的节日特殊性与神圣性也越来越淡化。

曾经过年时才能吃上的饺子如今已成了家常便饭，过年时才能穿上的新衣也早已不敌随时更换的各种名牌。古人对季节、收成、天象、历法、岁时节令的认识遵循，也被工业文明的"人工干预"所替代和改变。人们在时代的转换里再也不像过去那样遵守祖先约定的年俗程序安排年的仪式，特别是城市里的人由于生活状态和生存环境的变化，已经使很多诸如送灶神、祭拜祖先、请门神、贴窗花等以往不可或缺的"规定动作"淡出年俗系列。

因此，今天的年明显少了各种各样古老的传说和神话色彩，多了"人文主义"的人本色彩；少了对先人的感念与沟通，多了当下家人的团聚；少了守岁的神秘与笃信，多了精神的企盼；少了回家的厮守，多了外出和旅游；少了几分质朴的热闹，多了几分放假的休闲；少了走家串亲的拜年，多了在虚拟世界里的互联。古老的习俗在不断地消逝或与时俱进、更新面目。

很多老习俗渐渐湮没在历史的尘埃中，同时也会有一些新习俗适时兴起。比如央视的"春晚"，已成为每个家庭和海外华人除夕夜不可或缺的文化盛宴，因此有人就把它称为"新民俗"。千百年来无论春节习俗有哪些演变，春节灵魂的民族精神和传统文化始终不变。除夕年夜饭对每个家庭来说，与其说是一次物质生活的聚餐莫如说是一次精神的盛宴。这顿饭重要吗？这顿饭凝聚了一年的亲情惦念，浓缩了一年的离合悲欢，一家人在一起咀嚼和回味流淌在欢声笑语中的温暖与祝福，这就是我们这个民族对美好理想和幸福生活的不懈追求，对宇宙自然的感恩和敬畏，对社会和谐和家庭团圆的永恒期盼。这已经成为我们的文化胎记。

毋庸讳言，时代发展到今天，这个胎记似乎越来越模糊，年的意味也似乎越来越淡。除了西方文化的冲击，当代人观念和生活方式的转变等因素外，还有一条原因就是很多习俗从年的活动中撤出。

因此，当人们在享受现实生活富足的同时就会愈加怀念那个物质匮乏年代里很容易得到的满足感，人们在走进五光十色现代文明的同时更渴望农耕时代的质朴情感。

有缘于此，春节节俗的传承和复兴就成为我们工作的当务之急，特别是那些关联着我们民族情感的习俗。因为正是春联、年画、鞭炮、龙灯、舞狮、庙会、社火、团圆饭、守岁、拜年等具有文化内涵、审美观念、生活情趣的习俗才营造出了春节的气氛。

当然，复兴不是复古和复旧，而是从文化上进行选择与弘扬，避免出现把传统丢得太多，扔得太快，而出现文化上的失落与空白。只要抓住团圆这个春节的内涵不变，一切形式皆可"因时而变"。

目前，我们缺少的是过年的新方式与新载体。如何让春节真正承载传统文化与文明的深刻含义；让传统文化与时代精神对接；让春节习俗融入现代人的价值观，如何使春节的年味浓起来，如何使我们的生活美起来，如何使人们的日子好起来，就成为时代留给我们的一个课题。

本文原载于《今日中国》2015 年第 2 期

和着生活的节拍才有年味

与北京等大城市正月十五已经悄然进入大年的尾声不同，鹤壁的社火和泉州的闹元宵则是把春节推向了红红火火的最后高潮。

古人把农历正月称元月，称夜为"宵"，正月十五是农历一年中的第一个月圆之夜，也是一元复始、大地回春的夜晚。至少自汉朝开始我们就开始了欢庆元宵节的习俗。观月、赏灯、猜灯谜、放焰火、吃元宵、闹社火等许多民俗活动，在几千年的传承中，元宵节的活动越来越多，形式越来越丰富，耍龙灯、耍狮子、踩高跷、划旱船、扭秧歌、打太平鼓不一而足，有着浓浓的年味。

而今天我们在大城市中总感叹没有年味，其实主要是许多曾经蕴含着我们丰富集体记忆的年俗活动淡出了年的现场，社会历史学家称其为"记忆场所"，非遗学者称其为"文化空间"。也许以往的文人对元宵节最美妙的记忆就是"蓦然回首，那人却在灯火阑珊处"，或者老舍先生所说的"到处都是欢天喜地、热热闹闹的气氛"。而现在那些迷人的场景在上了岁数人的眼里似乎只剩下了回忆。

元宵节据农业文明时代的传统历法而来，至今仍沿袭着农耕时代的习俗，从西汉到当代，从农耕文明到信息时代，闹元宵、闹社火已走过了两千年的时光，社火从最早传说中的模仿野兽、模仿历史人物发展到各种民俗仪式活动的表演，闹元宵的张灯结彩、欢庆狂欢走上了民俗盛会的舞台。在这条流淌的文化长河中不断有一些民俗事项被湮没在时代的浪花里，同时又不断有新的民俗事项应运而生。仿佛一切与十五有关的形式和内容都在悄无声息地变化着，甚至一些内容和形式也在逐渐地脱离。有些内容无关紧要，却留下了仪式感强烈的形式；有的内容还在，但已改变了以往的形式。而那些隐去和新生的、烘托出年味的民俗，就像是时代的影子始终黏着生活。黏着生活就跟着时代，脱离了生活就脱离了时代。

只要生活在变，民俗就一定会跟着变。古人在生活中有了蜡烛，元宵节就出现了花灯；生活中有了神荼、郁垒，过节时就有了贴门神之风；生活中出现了秦叔宝、尉迟敬德，门神就换成两位大将；生活中出现了纸张，节日里就有了名刺、贺年片；生活里发明了火药，节日里就有了爆竹的时兴；生活里通行了货币，节日里就有了压岁钱；生活里有了手机，节日中就有了短信拜年；生活中有了电视，除夕夜就有了春晚；生活中有了电子商务，节日里就有了"抢红包"……

人类社会生活的大小变化都会及时且潜移默化地渗透到节日习俗的细枝末节之中。它总是与历史共进，与时代共舞，既有承袭，又有创新，不断被深深地打上时代变迁的烙印，在变迁中不断获得新生。

"千门万户曈曈日，总把新桃换旧符。"时代在发展，年味就会与时俱进，生活在变好，年味就会有新花样。在当今所处的这样一个时代文明的转换期，一些传统年俗逐渐失去了依存的载体，而一些新样民俗又应时而生。生活会让很多传统习俗落伍，科技会让很多传统年味"出局"。从鹤壁的社火和泉州的元宵节来看，我国的传统节日正处在一个节日仪式繁简并举，新旧文化相互渗透，城市与乡村相互融会，陋俗与良习竞相并存的阶段。其中精华与糟粕杂陈，健康与腐朽共处，有益与有害并列，文明与愚昧兼有。

在中国社会快速发展的转型期，农业文明的文化活动逐渐式微，新的文明文化活动尚未形成，节日文化的构建显然已成为一项亟待解决的时代课题。

国家昌盛，节日兴旺，国家衰弱，节日淡飨。今日之中国我们显然比任何时期更为从容和珍惜地对待节日习俗。我们不能只想着坐在传统的板凳上回味"古老"，还要站在时代的高台上展望未来。让我们的节日既有传统的年味，又剔除不合时宜的陋俗；既有温馨的人间亲情，又减轻物欲的礼仪负担；既饱含传统文化的气息，又摒弃铺张奢靡的习气；既赓续千年的节日文化，又绽放出时代文明的礼花；既不断提升人民群众的民族节日文化品位，又引领当代人价值观的导向。让传统节日在时代的洗礼中以原生态的形式实现更新与超越，以新生态的形式放射出时代光芒。

人类社会发展是一个革故鼎新、优胜劣汰的过程。传统与时尚并不矛盾，传统即活态的历史，是走进现代的历史，是不断更新传统的历史。社会生活发展到每一个新阶段，都会生发出不同的节日方式，民间文艺工作者的任务是不断挖掘传统文化的有益部分，放大优秀文化的精华部分，善于在传统民俗与时代风尚之间找到契合点，不断为传统节日注入新的民俗文化元素，增加新的文化内涵，让新民俗接地气，让传统节日黏着时代、黏着生活，与时代和人民共欢乐。元宵节不仅是我们的节日，也是中国人生活方式的传递、中国人价值观的传播。怎样过好元宵节一定要由时代发展和现实生活需要决定，一定要由老百姓说了算。

本文原载于 2015 年 3 月 13 日《中国艺术报》

为什么选择屈原

作为楚文化的发祥地，湖北很多地方的端午节并不仅仅指农历五月初五这一天，这天只是当地人俗称的"小端阳"，人们更看重的是五月十五日的"大端阳"。在当代社会很多地方已看不到"大端阳"的时候，在黄石西塞山一个名为道士洑的村庄中，"西塞神舟会"筹办的"大端阳"活动，至今仍像"活化石"般完好地保存着楚地先民在"恶月"中的民俗履印和生活遗风，向人们展示着端午习俗的原始自然属性。

"西塞神舟会"作为纯粹的民间组织，是保留着原汁原味大端午节各种民俗事项的传承载体。正是这个民间组织，与湖北秭归的"屈原故里端午习俗"、湖南汨罗的"汨罗江畔端午习俗"、江苏苏州的"苏州端午习俗"共同培育"中国端午节"品牌，于2009年被联合国批准进入《人类非物质文化遗产代表作名录》。

由西塞神舟会操办的大端午节的民俗祭祀习俗活动，从每年的正月初一便开始运筹，主要包括"龙舟圣化仪式"和"祝福禳灾礼仪"两方面，跨度长达四十天。从农历四月初八开始的扎制龙舟和船上六十四位神仙，叫作"开工扎船"；五月初五进行"神舟开光"；五月十五"恭请祝神搭台唱戏"；五月十六"神舟巡游"；五月十七"打醮守夜"；五月十八，万人聚集"观者远来，填城溢郭"，鞭炮齐鸣，伞盖簇拥，旌旗招展，神舟登江。正是这样一种端午习俗和民俗观念所呈现出的民族文化差异性和丰富的地域性，凸显出了西塞神舟会的生动神韵和万千气象。

中国的传统节日无不充盈着我们祖先对宇宙自然的虔诚和对岁时节令的敬畏，同时又弥漫着浓厚的历史气息和人文蕴涵。如果节日中的文化内涵和精神价值被娱乐掏空，寓意丰富的节日就成了简单的集体狂欢，也必然失去其浓浓的文化魅力和精神张力。

西塞神舟会当然也不例外。作为一个具有传统生命力的节日，必须要由完整的民俗仪式和丰富的文化内涵共同构成，缺一不可，即使缺少了，也必然会被人们附着上去，否则，这个节日就会因缺少凝聚力和生命力而与时代和社会脱节。就西塞神舟会而言，端午节最初的内涵与外延均与纪念屈原无关，它的发端只是人们消灾送瘟，求祥祈福，这也可以称为其原生文化。随着社会的发展，今天的西塞神舟会端午节已与屈原密不可分，在道士洑村民众的心里，屈原已经成为一位有求必应的神灵，纪念屈原衍生为西塞神舟会的再生文化。

从西塞神舟会历史演进过程中我们可以看出，从人类最原始的本能即对人体疾病的预防进而转向对人性弱点的挑战，由对自然界恶劣环境的顽强适应进而转向对社会邪恶势力的抗争。这种最被崇尚的民族精神和气节曾先后被附着在介子推、伍子胥、屈原、曹娥等人的身上，最终又被集中赋予屈原。唐人有诗云："节分端午自谁言，万古传闻为屈原。"

人民群众为什么选择了屈原？因为在屈原身上体现出的嫉恶如仇、热爱祖国、为信念而死的境界，正是民众所崇拜和敬仰的。屈原的投江表达了他对信念的绝对忠诚，表明了他拒绝在虚妄的信念中生活的勇气。屈原之死并非无奈，而是他绝不放弃信念，以及对信念追求的勇气和绝不向邪恶妥协的胆量。屈原的投江，把死提升到一个空前深刻的文化批判高度，充分显示出屈原所有作品中的思想和精神的高尚主题。这正是民众对端午节文化意义所做出的一个必然和特殊的选择，也是我们这个民族不论是过去还是今天都需要的核心价值观。

因此，就端午节而言，无论在哪个地方，屈原投江的文化意义都比包粽子、划龙舟、送神舟、采艾蒿、集体狂欢和民众式热闹，更具有精神意义和文化价值。

人类社会发展和文明进步是不可阻挡的必然。在历史与当代文化转型中，总会交织着传统与现代的复杂故事，总会交集着城市与乡村的不解情缘，总会交互着历史风俗与时代风尚的镜像。其中，许多曾经美好的节日传统要素会在时光的磨砺中悄然褪去，而新的节日因子也必然会悄然萌发。古老民俗形式的简化和进化并不可怕，可怕的是情感的缺失和文化的丢失。怀旧情感并非要使传统节日在现代人的生活道路上越走越窄，原汁原味并不是排斥节日文化的新景观和新气象。传统节日的价值在于精神的洗礼和文化的氤氲，传统节日的真谛并不仅仅体现在各种繁复和古老的仪式中，中华民族美好的精神家园的建设最终将体现在超越一切物质的道德性的文化精神之上。

对当代人而言，每一次过端午节，都应该成为心灵的祭奠和精神的纪念；成为民族核心价值观的凝结和提升；成为民族气节和精神品格的沉淀和强化。如何让我们的端午节过得更有意义和新意，我想，上至国家的顶层设计，下至公众的集体意识都应该再多一些对历史和文化的挖掘，再多一些贴近现实生活的创新，再多一些与当代价值的链接，再多一些精神的升华和文化的畅想，让传统节日在新的时代环境里获得新生和滋养，为今天人们的社会生活和价值观不断补充正能量。

本文原载于 2015 年 7 月 24 日《中国艺术报》

当茂腔成为遗产

真正的艺术不是远在天上的神曲，而是人间那些可以直抵人类灵魂深处的心声。山东高密，是齐鲁大地上一颗璀璨的明珠，这里自古以来就涌动着、流传着人们所创造的精彩的生活与生动的故事，它们不仅在《红高粱》的小说和电影世界里跌宕起伏着，还在一种叫作"茂腔"的地方戏曲里娓娓动听着；它们不仅在现代的声光电里等候人们去读解，也在古老的唱腔里期待人们来探寻；它们在人声鼎沸的"华灯初上"时，它们也在人迹罕至的"灯火阑珊处"。

"一声直入青云去，多少悲欢起此时"，被列入首批国家级非物质文化遗产保护名录的茂腔，是高密市民间艺术"四宝"之一，清代李声振在《百戏竹枝词》中曾描述："齐剧也，亦名姑娘腔，以唢呐节之，曲终必绕场宛转，以尽其致。"茂腔的曲调质朴自然、唱腔委婉柔怨，生活气息浓郁，由于其曲调的明显特点是尾音"打冒"，"冒"又与"茂"音同，所以人们选取了"茂"字为其命名，是希望它能够发展茂盛。

关于茂腔的起源，人们说法不一，当地至今流传着"肘鼓子""周姑子""轴棍子"以及"姑娘腔"等传说。据《海州志》记载，茂腔前身最辉煌的一次记录是清康熙二年左右的进京演出，比"四大徽班"进京还要早近一百年。它作为一种演唱形式出现于高密、胶州、诸城一带，最初只是一个人挨门演唱，后来在集市广场或街道边设点演出吸引众人。20世纪初出现了戏班，开始向戏剧过渡，渐渐成为成熟的地方戏种。

在整个变迁中，茂腔戏由简单到复杂，由初级到高级渐渐发展得成熟、完备，但一直保持着通俗易懂、朴实无华的本色，洋溢着始终如一的生活气息和泥土芬芳，与高密人的情感世界水乳交融，与高密人的现实生活化为一体。在蕴含着浓郁高密文化特质的同时，茂腔还善于博采众长，能够兼收并蓄。

在表演程式上，茂腔与其他戏种一样，讲究"唱、念、做、打"的"四功"，讲究"手、眼、身、法、步"的"五法"；在剧目上，《西厢》《梁祝》《孟姜女哭长城》等剧目一旦被茂腔吸收，就会被赋予鲜明的胶东色彩再生于民众的舞台；在唱腔上，茂腔以民间说唱地方小调为骨干音，同时有机地吸收了一些外来戏曲音乐，如高密民歌、地秧歌、胶州大秧歌、胶州八角鼓、西河大鼓等。正因为有这样宽广的包容性，茂腔呈现出了多彩丰富的内涵和魅力。

法国艺术家丹纳曾说："要了解一件艺术品，一群艺术家，必须正确地设想它们所属时代的精神和风俗概况。"由于茂腔的唱腔婉转、悠扬，变化多，起伏大，它的喜调能够使人心花怒放、神舒意欢，悲调能使人凄凄惶惶、黯然欲泪，因此相比其他戏种，茂腔更适合表达人们情感上的大起大落。也正是这份对于感情如泣如诉的倾诉，成为茂腔特引观众特别是女性观众的重要原因。加上一些传统的茂腔戏，如《南京殿》《西京》《罗衫记》等总是以惩恶扬善、追求美好生活为主题，常常能够唱出旧社会人们心中想说又不敢说的想法与苦衷，很符合民众的心理与现实需要。所以20世纪80年代才会出现一有茂腔剧团在当地演出，许多妇女在清晨便来排队购票，甚至很多老年妇女，由儿孙们用车推着、搀扶着来看演出的壮观景象。

作家莫言说："离开故乡快三十年了，在京都繁华之地，各种堂皇的大戏，已经把我的耳朵养贵了，但有一次回故乡，一出火车站，就听到一家小饭店里传出了茂腔那缓慢凄切的调子，我的心中顿时百感交集，眼泪盈满了眼眶……"我想，正是茂腔那诙谐幽默、趣味性很强的方言和俚语，正是茂腔中所蕴含的浓重的、扑鼻的乡味和乡愁，打动了作家莫言，使得茂腔与高密这片土地和土地上的人融为一体、难解难分。艺术有多打动人，往往看它与人的距离有多近，当一门艺术走进了人们的生活，了解了人们的生活，表达了人们的生活，它就有可能成为人们的生活。茂腔就是沿着一条这样的轨迹，成就了它艺术的高度与纯度，也成就了高密人情感的深度与浓度。

时代以高歌猛进的开朗壮阔向未来敞开、向前方涌动，暮鼓晨钟的轮回反复间，山不转水转。不变的蓝天目睹着高粱地一茬茬的生长、见证着故事一代代的更迭。当人们的生活不断呈现出新的情态，曾经作为高密人心灵抒发与情绪表达的重要媒介的茂腔还会在四面八方的喧哗中发出它独特而亲切的声音吗？这样的声音里，还会一如既往地有对人们生活的了解、洞悉、同情、容纳，还能唱出人们心灵的故事与渴望、现实的问题与矛盾，进而对渴望宣泄的心灵、辛劳焦灼的人们产生慰藉与纾解的效果吗？面对时代发展中必然的角力，乐观坚韧、重情重义的高密人将矛盾化为机遇，对茂腔既有不离不弃的守护，又有风物长宜放眼量的智慧，还有与时俱进的措施方法。

当茂腔成为"遗产"，遗产正在与今天互为养料，并且播下明天的种子。在昨天、今天、明天的对话里，茂腔的未来值得相信和期待。

在民间文化的发展中，"保护"一直是一个恒常的主题与重要的旨归。比如最初的茂腔，在演出时还没有固定的词句，没有固定的曲谱，是由老艺人口传心授，拉出提纲，由演员在台上根据剧情自由发挥，即兴演唱。中华人民共和国成立之后，才有专门的音乐工作者帮助艺人们把茂腔的优秀唱腔记录下来，加以固定、推广。

今天，为了茂腔的"与时俱进"，高密茂腔剧团新创作了《公仆颂》《盼儿记》《根的呼唤》等剧目，并巧妙地移植了黄梅戏《女驸马》、吕剧《小姑贤》、京剧现代戏等，从内容上进行创新，拉近了和人们的时空距离，并在乐器演奏、舞台设计、服装、表演等方面进行了突破性的尝试，既坚持自我，又不画地为牢。很多的茂腔剧团，不仅继承了传统的精湛技巧，还与时俱进地更新着现代的观念，为了扩大传播范围，取得更好的传播效果，他们凭着自身的特色优势，创出了自己的品牌，尽管经历过艰难曲折、萧条冷落，但始终保持较大的演职阵容，为"茂腔"赢得了声誉，有些剧团还从全市招考学员，组建了茂腔艺术班，为高密茂腔的传承发展培养了后备人才……它们形成了茂腔现实生存的保障线与艺术发展的补给线。

当茂腔成为一种遗产，它需要人们注入呵护的情感，需要人们担起文化的自觉，需要人们采取专业的行动。由高密市人文自然遗产保护开发促进会编写的《高密茂腔剧本汇编》就是一次心血与智慧的汇集和文化与理想的实践。这部将被收入由国家文化和旅游部、国家民族事务委员会、中国文联主办，中国民间文艺家协会承办的"中国民间文化遗产抢救工程"的书系，以收录茂腔剧本最为详全的剧本集为目标，不仅全面记录了人物的唱词、念白，而且记述了茂腔表演、音乐、唱腔等方面的资料，对于保存茂腔资料，深入研究高密茂腔，推动茂腔事业发展必将起到重要的作用。

作为一种人民的艺术，茂腔需要这样的尊重；作为一种文化的"遗产"，茂腔需要这样的关注；作为一种"中国好声音"，茂腔需要这样的方式，以继续被更多的人聆听。

"戏文做与读书人与不读书人同看，又与不读书之妇人小儿同看，故贵浅不贵深。"茂腔很浅，浅到几乎不需要什么"学历"就能听懂它，被它感动；茂腔又很深，深到需要有很深的爱、很多的情、很柔软的心，才能享受它，被它哺育……

本文原载于 2015 年 7 月 10 日《中国艺术报》

第四辑　计望传承

剪纸：迎接新年的符号

中国人在传统的新年"春节"来临的时候，有着贴窗花的习俗。窗花即剪纸是中国最古老最具特色的民间艺术之一，是民间文化和民俗生活的完美结合，成为我们民族精神家园中一朵美丽的奇葩，成为每一个中国人心中魂牵梦绕的民俗文化传统。唐代诗人李商隐有诗云："镂金作胜传荆俗，剪彩为人起晋风"，即是对古人春节贴窗花习俗的生动描述。

剪纸，在中国民间扎根之深、范围之广令人难以想象，它的材料随处可见，它的技术不拘一格，它的作者遍布天下，它的使用平凡自然。中国老百姓用自己的艺术表现语言，传达出传统文化的内涵和本质，表现出我们民族的思想和情感，反映出悠久的艺术传承和手工技艺。剪纸的创作技法可谓不拘一格，有剪纸、刻纸、凿纸、冲纸、灼纸、撕纸等多种技法。

中国民间剪纸的丰富性和多样性，首先体现在传统节日的文化空间。作为中国最古老、最隆重的新年——春节，时至今日中国的广大农村仍然是从绞剪纸和贴窗花开始的，红红火火的窗花象征着年的喜庆、吉祥、幸福、美满。古老的剪纸遗存和积淀着丰富的生命情感和文化记忆，传递着中国本原的节日文化主题和叙事方式，至今那些喜庆的窗花仍然是中国年典型的象征符号。

中国的剪纸艺术起源于农耕文明，据考证，它起源于汉，成熟于南北朝，繁盛于清之后。围绕着剪纸的诞生有着很多美妙的民间故事，如有的是为了纪念后羿射日，有的是与女娲的传说有关，还有的是传说姜太公在封神时把自己忘了，没留下位置，最后只好把自己放在窗户上封为"窗神"，所以直到今天我们还可以看到在很多地方的窗花上还保留着"姜太公在此诸神回避"的剪纸式样。

作为中国古代"四大发明"之一的造纸术，纸的发明不仅推动了以汉字为主体的书写传统以及文人书画等艺术的普及与发展，同时也促进了以民间信仰文化为核心的活态文化的持续传承。民间剪纸即是古代纸文明形态的延续。纸不仅成为古代精英文化的载体，起到了复制、传播与记忆表达精神情感的作用，同时也成为信仰祭祀仪式中人与神、人与祖先灵魂沟通的媒介和通道。在民间的生存观念中，纸本身即是有神圣性的，纸可以是鬼魂的载体，也可以是人敬祭情感的载体。中国传统剪纸正是在这个古老的文化基点上去发挥其在活态文化中的民俗功能。

20 世纪 60 年代在新疆吐鲁番阿斯塔纳墓出土的公元 6 世纪南北朝时期的五幅交尾的对猴、对马、对蝶和几何形团花剪纸，是我们今天能看到的中国最早的团花剪纸，而这类剪纸至今仍流行于古丝绸之路的甘肃、陕西及黄河两岸广大地区，用于春节、婚俗、丧俗等民俗活动中，象征阴阳结合化生万物，体现了万物生生不息的本源生命的哲学内涵。

千百年来，剪纸始终伴随着中国人的喜庆节日出现在门窗、棚壁、柜橱、彩灯上，同时也作为辅助手段服务于刺绣、印染、皮影、面花、金银器、陶瓷装饰、木工雕花及建筑彩绘等专业，既是一门独立的民间艺术，又是多种民间美术造型的基础。

早期的剪纸多出自农妇之手，因此，其中承载着许多女性情感的东西，特别是母爱柔情和简易之美，有时这种感情似乎只能通过缝衣制裳的剪刀裁出，这种艺术与女性有着最天然、最紧密、最吻合的联系，剪纸里那种细腻的情感，那种柔美的趣味，那种天然的浑朴，无疑是中国传统文化中最深厚的、民间文化中最本质的东西。过年过节贴上火红的窗花，不仅增加了节日的气氛，更保留了一种民族心理，强化了一种民族自尊，达到了一种民族认同，体味了一种民族的审美。

　　窗花是中国人心底的一种美好记忆，也是我们民族的一种文化符号，看到她就可以产生民族文化的特定联想。窗花是独具中国特色的民间艺术，是中华民族文化精神的体现，传承千载的剪纸像生生不息的万涓清流汇成我们民族文化传承的一条根脉。

　　剪纸因其民间性强，传承便捷，在全国流布很广；因其题材、技法、表现内容带有浓厚的地域风情和时代特色，至今仍是装点生活、增强节日喜庆气氛的首选工艺品。剪纸之所以在中国民间得到广泛传播，一方面，剪纸能够折射出民间对理想生活的向往与追求，是农耕文明传统习俗的重要载体与传承；另一方面，剪纸因地制宜经济实际，使其极具群众参与性和实用性。因此，每逢过年，很多家庭，特别是农村，家家户户都喜欢贴上鲜红精致的窗花，令室内满壁生辉，洋溢欢快的节日气氛。在当代中国的很多地方，剪纸仍然是年节的必备标志，同时得到最广泛的传承，使民族的文化精神悄然溶解在中国人的日常生活之中。

　　一把剪刀一张纸，在民间艺人的手中轻盈地一折一剪就可以剪出一个精美的图案，一幅神奇的作品。在山村农舍，当你看那一片红红火火的窗花，那分明是一片醉人的春色。剪纸不仅是民间艺术，也是一种活生生的生活体现。剪纸既有中国民间艺术的特性，又有地域的个性，而这一无法替代的个性，使得剪纸成为中华民族一个地域民间艺术的一种象征符号。因此，剪纸不仅是地方的民间的，也是我们民族的，我们中国的。

　　对于一位民间艺人来说，一张剪纸就是心灵的故乡，一把剪刀就是美的制造者。"剪随心意走，图如幻化来。"走进这片神奇的剪纸世界，你可以听到如歌的行板，也可以感悟轻柔的欢畅。一张小小的纸片，在极为普通的农民手中，瞬间就可以变幻出千姿百态的美丽图案，剪出大千世界的风云变幻。

　　中国的剪纸看似简单，但是在这"简单"的背后凝聚了中国人独特的审美意识和情趣。纵观中国艺术发展史，贯穿其中的即是中国传统的"天人合一"的哲学观，人是自然的一部分，讲究人的灵性在自然中受到陶冶和升华。因而，中国的艺术大致走出了一条简约——繁华——

简约的道路，由简到繁再到"洗尽铅华"，重归质朴、自然，这是更高层次的质朴。所以中国的审美学把返璞归真视为美的最高境界。只有从简朴中领悟到万象，从单纯中体味到多彩，才算有了美的灵性。因此，简略的剪纸，给了我们这个民族以质朴、率真、热情而富于想象的大美。剪纸这种直面现实、贴近生活、充满奇瑰想象的夸张写意的特色，正是自然生动、平衡和谐的中国艺术的真髓。

剪纸作为民族的文化遗产，作为世界人类非物质文化遗产代表作，承载着我们民族的文化记忆，宛如一条不息的河流，不尽流淌着民族的风韵和风情，不分昼夜地滋养着我们的精神家园。在今天全球化的影响下，虽然各色艺术之花汹涌如潮，然而当落英缤纷之后，拨开霓裳翻飞的外衣，仔细咀嚼，认真回味，人们会惊奇地发现，那些深深熔铸在我们血液里的民间艺术，比如剪纸，依然令人气淡神明，回味悠长。

本文原载于《今日中国》2015 年第 12 期

让元宵节闹起来

如果问：中国的老百姓崇拜什么？也许会有许多种答案，但是归根到底，中国的老百姓最崇拜的就是幸福生活，因此老百姓追崇和热衷过年，因为"年"是生活的理想化，又是理想的生活化。所谓"年味"就是幸福生活与美好理想混合在一起的味道。过年重在"过"，传统的年是由腊八到正月十五的时间段里一系列幸福祥和喜气热闹的民俗文化仪式上演的过程。正月十五元宵节不仅是过年的一个句号，也是年文化中浓墨重彩的收官之笔，其本身更是一个独具特色的传统节日。

"一年明月打头圆"，正月十五是一年中第一个月圆之夜，也是一元复始、大地回春的夜晚。按照传统的民间习俗，在这个皓月高悬的夜晚，人们要点起彩灯万盏，出门赏月、燃灯放焰、喜猜灯谜、共吃元宵、合家团聚以示同庆佳节。元宵节可追溯至汉代，随着时代的发展，其内含和外延不断扩展，形式和内容也越来越多，耍龙灯、耍狮子、踩高跷、划旱船、扭秧歌、打太平鼓等各具地方特色的民俗节目把元宵节装点成一个盛大多彩的节日。辛弃疾的《青玉案·元夕》："东风夜放花千树，更吹落，星如雨。宝马雕车香满路，凤箫声动，玉壶光转，一夜鱼龙舞。"足见当时元宵节的精彩盛况。今年的元宵节，我们在天津葛沽镇，河北井陉县，广东的东莞、湛江等地方就看到了花会展演，满街花灯招展，人们纷纷走出家门，民间社火组织十分活跃，表现出传统元宵节特有的人文景观和古韵新风。

元宵节源自农耕文明，农闲时节会有大把的时间，而当代社会的发展，城市的人们已没有那么多闲暇的时光，春节七天假期之后就要重新投入紧张繁忙的工作。因此也使元宵节的很多文化传统和生活习俗离城市人的生活渐行渐远，丰富的文娱活动和繁复的节日仪式也逐渐被简化为"吃元宵"的食俗。过去为什么叫闹元宵、闹花灯，就是因为这个节日里民俗丰富，热闹非凡，而今却缺少了传统的节日习俗和热闹，不禁令人惆怅。

纵观元宵节的发展史，既有强烈的民族凝聚力，又具有广泛的包容性，既有相对稳定的传承性，又有发展的变异性，是从最初汉代祭神的元宵灯火逐步演变成元宵赏灯等内涵丰富的文化娱乐的发展过程。没有变异就没有发展，随着人类社会的发展，元宵节民俗当然会随着时代的发展不断注入新内容，古老的元宵节中包容着博大精深的中华文化内涵，它的形成过程就是中国文化的积淀过程，它的传承过程就是中国文化的发展过程。作为一宗珍贵的文化遗产，我们有责任充分利用好这一资源并让它重回人们的生活之中、回归社会，实现元宵节的"复兴"，让传统的元宵节在当代人的生活中再"闹"起来。

希尔斯曾在《论传统》中说："传统是不可或缺的，同时它们也很少是完美的，传统的存在本身就决定了人们要改变他们。……它蕴含着接受变化的潜力，并促发人们去改变它。"我们所说的"复兴"不是简单的"复古"或"复旧"，而是进行文化上的扬弃和创造。"传统的节日"要原汁原味地传承，而"节日的传统"要不断做出时代的解读。传承元宵节就是要把人民群众对美好生活的向往与现实美好的生活联系在一起，在守住元宵节传统人文情怀的同时，用创新的形式去诠释表达当下人的生活，而不是把节日珍藏在玻璃罩里奢谈保护，要让底蕴深厚的闹元宵成为当代人时尚的文化心灵的狂欢。

让元宵节"闹"起来，还有很多工作要做，比如首先要找到当代人过元宵的新方式和新载体；其次还要给人们一个闹元宵的时间和空间，即要让元宵节成为一个富有文化意蕴的假日。

本文原载于 2016 年 3 月 2 日《中国艺术报》

匠心永恒

匠心是一种境界，一种追求达到登峰造极工艺巅峰的境界；匠心是一种欲望，一种把自己的作品精雕细刻成为传世精品的欲望。一个具有匠心精神的手艺者，会专心于把作品完成得尽善尽美，一个具有匠心精神的工匠，会对作品的每个细节都注入不尽的爱心。匠心不仅是一种方法，一种技巧，更是一种态度和境界，一个不断攀登极致的修行。

匠源于木工，所以木匠是诸匠之祖。众所周知："鲁班是木匠，木匠不是鲁班"，鲁班之匠乃罕见之人才，鲁班之技乃稀有之能力，支撑他的是经验总结出的知识，长久训练出的技能以及独一无二的传承。这是一种积累的升华过程，所谓有技而能工为技艺，得一技之长则为匠。

凡人类文明史上那些最伟大的艺术杰作无不出自能工巧匠之手。埃及的金字塔，中国的万里长城，敦煌洞窟的壁画，云冈石窟的大佛，昭陵六骏的石刻，等等，皆无名之大匠耳。要成为一名大匠必须要对传承的技艺有着一颗虔诚和敬畏之心。如当代紫砂泰斗顾景舟一生惜壶如命，并非他的壶太值钱而是他把壶看得太重要，他说做一把壶太不容易。改革开放后全国首届工艺美术大师评选，顾景舟本该榜上有名，但是送评时省里有位主管领导要他送把壶被他断然拒绝了。厂里领导着急地告诉他，不送壶就不能报了。他一听当即就撕掉了填写的申报表，说"如果工艺美术大师是靠送壶送出来的，我宁可不要"。后来在全国首届工艺美术大师的名单上紫砂界果然无名，却震惊了整个工艺美术界，再后来顾景舟被评为全国工艺美术大师。在今天的收藏市场上风向起起落落，顾景舟的壶总是逆势一路上扬。顾景舟用一生对艺术虔诚地坚守，守护了艺人的尊严。

匠中能称大师的，不仅能用手用脑，还要用心。用力做可以把作品做完，用脑做可以把作品做成，只有用心做才可以把作品做好。因此，杰出的匠人，必有恒心和耐心，就像那些明式的宫廷家具皆为榫卯结构，做工考究，雕刻精美，历时百代仍可完好如初，牢固如新。这些美轮美奂的杰作从选材开始就精挑细选，采伐之后要晾晒四年，待水分蒸发后再等四年，待其自然变形，之后每制作一件家具有的要耗上万个工时慢慢打磨方可完成。一件手工作品若经不起时间的等待和岁月的磨砺，就如同不等树上的果子成熟就去摘，其味道必定是生涩的。

《菜根谭》说："文以拙进，道以拙成。"季羡林先生在谈到学习外语的方法时曾说，学外语最好的方法就是聪明人下笨功夫，聪明人下聪明功夫肯定学不扎实，笨人下笨功夫还能记得住，笨人下聪明功夫那就完蛋了。很多人学不好外语，就是太想找诀窍和捷径。聪明人下笨功夫不是真笨，而是成功的大道。因此在手工艺的创作上不应寄希望于"四两拨千斤"的成功，而应有"铁杵磨成针"的恒心和耐心。

虚心和慧心是成为大匠的必备品格。孔子讲："知之者不如好之者，好之者不如乐之者。"庖丁方为厨之时，所见不过全牛；三年之后，目无全牛；又过数年，乃以意念解牛，终于悟出解牛之规律。若庖丁没有虚心体悟勤学苦练必无娴熟之刀法，若没潜心钻研必无惊人之技艺，其游刃有余来自心手相应。正像爱因斯坦所说："天才是百分之九十九的汗水加上百分之一的灵感，然而这百分之一的灵感比百分之九十九的汗水更重要。"大科学家牛顿绝对是聪明智慧的人，他曾经养过两只猫，一只大，一只小，为此牛顿在门上打了一大一小两个洞，以方便猫出入。邻居见后说道：何必打两个洞，一个大的就够了。牛顿幡然大悟。所以说即使人再笨手再拙，只要有虚心、恒心、慧心都可以学会一门手艺本领。佛教认为每个人都有本觉心，用此心都可以开悟，而有慧心就会"心有灵犀一点通"。

精心和细心决定大匠之成败。朱熹在注《诗》中讲："治玉石者，既琢之而复磨之；治之已精，而益求其精也。"《论语》中孔子在回答子贡的问题时，也引《诗》中的"如切如磋，如琢如磨"说，无论是精致器具也好，进德修业也好，都不可安于小成，应力求好上加好，以期尽善尽美之道。某寺庙中有个新来的小和尚，住持就安排他敲钟，可是还不到半年住持就不让他敲了，要让他到后院去扫地。小和尚不解地说：我每天早上和黄昏都按时敲钟了，从未怠慢，而且我也非常用力，敲的声音也很大。住持说：虽然你敲得准时，声音也大，但是钟声都是空泛、疲软之声，因为你没有精心，不了解钟的意义，钟不仅要准时，还要深沉、悠远，方能唤醒众生。唯此，简单的事重复做，重复的事用心做，古人所谓："天下大事，必作于细。"如此才能把看似平凡的工艺做成不平凡的杰作。

杰出的手工艺术蕴含着人类心灵的温度，是人类勤劳智慧和情感的结晶。在现代机器工业化时代，节奏越来越快的社会里，工匠的生存空间仿佛日渐逼仄。但是人类美好的生活永远离不开匠人，特别是那些绽放着心灵智慧光芒的手工制作。不仅过去"荒年饿不死手艺人"，如今盛世更需要艺术家，一把机制的紫砂壶固然可以满足人们的饮茶之需，却难以媲美一把大师亲手做的紫砂壶所给人带来的精神上的享受和心灵上的愉悦。

手工虽然从手出发，但必须抵达心灵的深处。只要倾心于手，融情于艺，匠人的精魂将历久弥新，手工艺术品的魅力将永恒不灭，手艺永远，匠心永恒。

本文原载于 2016 年 3 月 2 日《中国艺术报》

文化遗产的两个当代考题

作为一个拥有五千年文明从未中断的伟大民族，我们的祖先在中华大地上以勤劳勇敢和智慧为人类创造了辉煌的物质文明与精神文明。而今，大都以文化遗产的形式留给了我们。这些文化遗产镌刻着中华民族在长期历史进程中所形成的价值观和审美理念，是文化延续和传承的重要载体，是中华各民族共有的精神家园，也是一笔不可再生的文化资源。保护文化遗产就是保护中华民族赖以生存、发展和走向未来的文化根基。因此，习近平总书记深情地指出：要像爱惜自己的生命一样保护好文化遗产。

中国是当之无愧的文化遗产大国，目前国家级风景名胜区已达 244处，非物质文化遗产项目已达 87 万项，全国不可移动文物近 77 万处。在世界文化遗产保护领域，中国处于领先。目前，中国列入《世界遗产名录》的项目首屈一指，非物质文化遗产项目总量位列世界第一（39项），世界遗产总量位列世界第二（50 处）。毋庸置疑，我们的遗产资源是领先的，与此同时，保护的困难也不容小觑。在迅猛的现代化大潮冲击下，文化遗产生存状态日益脆弱，而我们保护的脚步似乎跟不上文化遗产消失的速度。

文化遗产映现着历史的光辉，彰显着人文的精神，渗透着对未来的憧憬，保护文化遗产不仅是政府的责任，还必须得到社会和全民的普遍关注和积极参与。"文化和自然遗产日"正是实现政府与民众互动、官方与民间合作的有效平台，从而形成全社会合力，让当代中国呈现出

"保护遗产，人人有责"的局面。

在今年的遗产日，湖北神农架将召开首个"文化和自然遗产日"活动启动暨中国世界自然遗产推进会，四川成都将举办中国非物质文化遗产节活动，河南洛阳将举办文化遗产与"一带一路"论坛主场活动，等等，可谓精彩纷呈。

"一带一路"新平台，文化遗产活起来

在今年的诸多遗产日活动中，"一带一路"与文化遗产的结合牵动着世界目光，文化遗产与当代生活融合等主题汇聚着传承人的能动性与民众的生活期待，具有鲜明的时代特征。

"一带一路"参与国家和地区分布着为数众多的世界遗产，这一笔巨大的遗产是开展世界遗产保护与利用的共同基础。当下，加快"一带一路"文化遗产合作保护与传承，已成为各国人民的共同期待，古老文明间的交流将再次促进今天的人类建立更为紧密的社会、经济、文化联系。

当前，世界遗产保护面临着环境退化、战争与恐怖主义破坏、非法盗掘、过度旅游、快速城镇化等问题的威胁，亟须开展合作，共同应对挑战。中国作为一个遗产大国和负责任的大国，必将在其中发挥显著作用。以下三个方面可以作为努力的方向：遵循保护世界遗产的共同理念，构建文化遗产保护研究利用的国际合作新平台；加强国际"一带一路"文化遗产政策制定者之间的协商对话，提出科学务实的保护措施和利用办法；合作开展"一带一路"世界遗产的学术研究，以科研力量推动世界遗产的保护利用与可持续发展。

我们必须清醒地看到，"'一带一路'新平台，文化遗产活起来"是一次难得的机遇与挑战，如何把蕴含着千年中华文明智慧之光的文化宝藏开掘出来，如何向世界作出蕴含中国文化价值观的国际化表达，是摆在遗产工作面前的世界性课题。我们既要认同本民族文化，又要尊重其他民族文化；既要尊重文化多样性，又要加强文化交流；既要积极主

动推动中华文化走向世界，增强国际影响力，又要热情欢迎世界各国各民族文化来华展示交流，友善地学习吸收各国优秀的文化成果。

我们要以能够融通中外的新思维、新概念、新范畴、新表述来诠释好"中国故事"。今天的"一带一路"不是单纯的经贸之路，而是互惠互利的持续良性循环之路。置身全球化的背景下，没有哪一个国家和民族的文化可以孤掌而鸣，"一带一路"参与国家不同文化之间的相互学习和借鉴是文化遗产保护与利用的必要条件。须知"一带一路"是一条全新的"复兴"之路而不是盲目的"复古"之路，它是在千年底蕴的热土上拨亮的文明愿景，营造的是人类命运共同体的复兴之梦。

在生活中弘扬，在实践中振兴

非物质文化遗产是一个民族生生不息的文化基因。我国十分重视对非物质文化遗产的保护工作，至今列入国家级非遗名录的项目已达1372 项，国家级传承人 1986 位。然而，毋庸讳言，虽然国家重视了，社会关注度高了，知名度有了，非遗项目的生存发展和当代走向仍有待进一步廓清，大量非遗仍未摆脱失传和断层的困扰。非遗是迷人灿烂的，同时也是脆弱的。非遗本源自农耕文明祖先的创造，在今天它曾经赖以生存的社会文化空间已发生巨大变化，传统的手工制作在机械化生产中也不再有竞争力。21 世纪以来，政府和学术界不断提出从"抢救性保护"到"整体性保护"，再到"生产性保护""生活性保护"的理念，其宗旨都在力图激活非遗的潜能，满足社会和大众的生活实用和艺术观赏需求，这才是非遗回归生活的有效途径。

生活是变化的生活，文化是发展的文化。当"保护非遗，在生活中弘扬，在实践中振兴"已成为当代非遗传承发展的共识，当振兴传统工艺已上升为国家计划，当让非遗回归生活、融入社会已成为人们的期盼，非遗的传承必然离不开发展与出新。非遗本身就如一条流动的文化长河，在光阴里翻滚出跳动的涟漪，而从来不是干涸的枯井。

《天工开物》云："制以时变"，讲的就是手艺要顺应时代的发展而与时俱进。传承也好，保护也好，其宗旨绝不是抱残守缺，我们既要看到古老手工技艺的恒常不变，也要看到其因时而变。不变的是心手相应的核心技艺，变化的是应运而生的时代要求。只有让传承千年的老手艺以包容开放的姿态，在传承基础上出新，老手艺新工艺，老传统新创造，才能实现历史与当代的对接，古典与时尚的融合，使文化遗产在新的历史条件下更具生机和活力。保护的目的不是让人们只能品味欣赏"活化石"，而是激活遗产的DNA，让遗产在如梭岁月的流转中生生不息。

"江山留胜迹，我辈复登临"，国家和民族的文化进步是在既有文化传统基础上的继承和发展。我们既要以礼敬的态度对待文化遗产，以虔诚的心境学习文化遗产，更要以开拓的精神解读文化遗产，不断地为遗产补充新含义，注入新内涵，作出新解释。要克服当前在文化遗产保护中存在的重申报、轻保护，重开发利用、轻深入研究，重经济效益、轻文化内涵，重短期举措、轻长期规划的现实问题，真正让文化遗产在当代社会活起来，让祖先创造的文明成果重回当代人的心田，使中国的世界遗产既有古老的风貌，又有当代的风采，既有民族的意义，又有国际性的价值。

本文原载于 2017 年 6 月 9 日《人民日报》

打通文化遗产保护的壁垒

这是一个万事万物融合发展的新时代，在这一新的时代里，以往的学科边界正在被逐渐打破，从而产生新的聚合，迸发出新的精彩。

随着人类对文化遗产认识的不断深化，对文化遗产保护理念的内涵和外延的不断拓展，对文化遗产保护的探索和方法也在不断升华，对各类文化遗产融合保护的观念呼之欲出。就人们普遍关注的文化遗产，即物质文化遗产和非物质文化遗产两方面的保护而言，一项遗产的物质性与非物质性就如同"一个硬币的两面"，互为依存密不可分。关键的问题是我们能不能以科学全面的眼光去认识它，正如蒙田所说："重要的是不但要看到事物，而且要有看待事物的方法。"

人类共同保护文化遗产的行为发端于 20 世纪 50 年代埃及阿布辛贝勒神庙的迁移，正是这次被后人称为"阿布辛贝勒运动"的保护实践引发了联合国制订世界性公约的动议。1972 年联合国颁布《保护世界文化和自然遗产公约》，并逐步融入文化和自然混合遗产、文化景观遗产的内容。至 20 世纪与 21 世纪世纪之交，人类逐渐发现在那些有形的文化遗产之外还有一种"无形"的文化存在，时任联合国教科文组织总干事的松浦晃一郎提出了"口述与无形人类活动观念的遗产"的概念，2003 年 10 月《保护非物质文化遗产公约》正式问世。这些各种形态的文化遗产就如同从文化遗产大树上延伸出的支脉，使文化遗产之树枝繁叶茂，但不可忽略的是它们也是同根相生。

同一时期有我国古建筑专家罗哲文提出了文化遗产既要有形又要

有神的概念，历史文化遗址既要有其物质层面的遗存又有精神层面的存在，他借用北京历史文化名城的保护提出：北京作为历史文化名城如果只有故宫、颐和园、天坛……而没有京剧、相声、景泰蓝……就会只有外貌而缺少内涵。21世纪以来我国广泛开展保护古村落的实践，更是进一步说明，如果仅仅保住了古村落的民居建筑等历史风貌而不重视其传承久远的民风民俗等非物质文化，那么即使保下来村落也不是"活"态的村落。只有把古村落作为物质文化与非物质文化遗产的综合体采取相应的保护方法和措施，才能达到我们保护古村落的真正目的。

对于任何一项文化遗产来说，其物质性与非物质性都是融汇交织在一起的，你中有我，我中有你，密不可分。可以说，非物质文化遗产或显性或隐性地广泛存在于一切物质之中，物质文化遗产的机体内也或分散或集中地蕴含着非物质文化的基因。像故宫、颐和园等以木结构、榫卯技艺为主体的园林宫殿，如果只留下了有形的建筑形式而丢失了非物质性的营造技艺，那么就难以实现对于古建筑的正常修缮和维护，使之无法长久赓续。

反之如果没有了有形建筑的承载，非物质性的传统技艺也会脱离物质的依托而慢慢逝去。因此，对于非物质文化而言，如果我们在保护工作中只强调其非物质的一面，即所谓"看不见、摸不着"的属性，而忽视了其与物质载体的依赖依存关系，则会造成在保护工作中的失之于偏，从而造成保护工作的失当，促使有着"人去歌息"特点的非遗走向"自生自灭"。

用辩证的观点来看待文化遗产，我们会发现，既没有绝对的超物质的非物质存在，也没有绝对的超非物质的物质存在。正如同所有的历史文化建筑都有着物质功能与精神享受于一体的特征一样，文化遗产都是物质文化与非物质文化的结合。比如，万里长城可称作是体量最大的物质文化遗产，但也是中华民族精神的伟大象征，是有形的物质所承载的无形的精神。那些隐性的手工技艺最终都离不开显性的物化的呈现，剪纸技艺最终要在纸上表达，书法必须在作品上呈现，节日的习俗仪式也离不开物化的规范——春节的春联、饺子，十五的灯会、元宵，端午的龙舟、粽子等都离不开民俗生活中看得见、摸得着的那些事物。如果孟姜女的故事没有了屹立的长城，就很难让人产生"思古之幽情"的联想，失去迷人的魅力；愚公移山的传说脱离了太行山的存在则会索然无味；一旦中华大地上那些巧夺天工的赵州桥、应县木塔等古遗址不复存在，鲁班的故事将在历史的长河中被淹没。而3000年前的歌谣之所以没有随风而逝，西周的风俗我们今天仍可以了解一斑，全依赖于相传中孔子为后人编订了看得见摸得着的《诗经》。

非物质文化遗产作为一种学术概念的提出，其本意是强调其不依赖物质的形态而独立存在的文化现象，但在实践中人们越来越发现，在文化遗产中的物质与非物质的关联及影响、制约、渗透始终并存、难解难分。一旦离开了物质与非物质的相互联系，则很难对文化遗产进行"真实性、完整性"的客观保护和传承。所谓"见人见物见生活"保护理念的提出正是契合了非遗保护实践的趋势。

一切附着在物质文化遗产上的精神性、文化性、技术性、人文性等抽象的实质性内容，必然会以看得见、摸得着的实体为依托，折射出看不见、摸不着而又实实在在的文化遗存。因此，对于物质文化遗产的保护不能忽视非物质文化的存在，对于非物质文化遗产的保护也不能忽视其物质的属性，否则将使我们的保护工作失偏失衡。

回顾人类文明发展史我们可以看到，人类对科学世界的探索最初呈现的是一个混沌不分的状态，随后自然科学与社会科学逐渐分离，并越分越细，但当科学研究进一步深化，随之出现的是传统经典学科间的界限被不断打破，出现了学科领域的融合。21世纪以来，"诺贝尔奖"中学科交叉的成果已占获奖数的66.7%以上，且呈现出上升的新趋势。就像福楼拜在谈到科学与艺术的关系时所说："科学与艺术，在山麓分手，又在山顶汇合。"

文化遗产当然不是孤立的历史文化现象，通常与人文、社会和自然科学密切相关，因此，必须树立文化遗产保护的融合观，将物质与非物质文化遗产融合研究，使之呈现出"同频共振"的效应，从而获得单一研究和分割研究所无法取得的新成果，这也是做好文化遗产保护与发展的必由之路。

本文原载于 2018 年 1 月 26 日《中国艺术报》

榫卯发微

在人类文明的历史长河里，中华民族的祖先凭借灵巧的双手、聪慧的心灵，创造了无数巧夺天工的非凡技艺，留下了众多妙造自然的文化遗产。当我们走近这些遗产，探寻手艺的奥秘，会感悟到源自祖先心灵的温度和人性之灵光。每一门手艺的背后都有着充满神奇的动人故事，都隐藏着诸多匪夷所思的未解之谜。随着时代的发展，有些老手艺在传承人的坚守下默默地传承着，而有些则在岁月的风烟中渐渐被湮没，面临濒危失传的困境。作为中国传统木作技艺精华的榫卯技艺，就是在岁月流转中正待重生的一项。

榫卯是中国传统木作行当之魂。一榫一卯之间，一转一折之际，一凸一凹之巧，一阴一阳之妙，凝聚着中国几千年传统文化的精粹，沉淀着如梭岁月中工匠精神的复合传承，折射出勤劳祖先匠心独运的力学、数学、美学和哲学智慧。体现在那些古代经典家具上则表现为外观流畅优美、整齐匀称，内力牢固含而不露，极尽巧夺天工、暗藏玄机之奇。每一款经典的样式都能演绎出一段美妙的历史，每一榫每一卯都能讲述出一个神奇的传说。就如同那把有着千年历史，看似简单却难以琢磨的"鲁班锁"，在不用钉子、绳子、胶水等任何外力作用的情况下，可将六根木条交叉固定在一起而牢不可破。这是多么神奇的空间想象力，多么聪明的组合方法啊！这就是神奇的榫卯。绝妙的创意，精巧的工艺，靠的不仅是头脑里的智力，还有手上的功力。倘若榫卯之间稍有密合不足则会影响其稳固度，而缝隙过大又会影响其柔韧度。因此必须做到榫卯结构之间的恰到好处，既"可丁可卯"又"严丝合缝"，"多一分则肥，少一分则瘦"。你看看那座榫卯结构经典之作的山西应县辽代木塔，虽距今已千年之久，但由于设计合理工艺精细，即使历经了数次大地震的冲击仍能安然无恙、完好无损，足见榫卯之奇，工匠施技之妙。

"京作"明式硬木家具是榫卯技艺的经典之作，其工不瘟不火，亦俗亦雅，化"苏作""广作"为己用，融百工巧思而集大成，极具内涵而有张力，尽内敛又显霸气，极富简洁流畅之美，彰显王者风范，充分体现出京作红木家具的含蓄内敛之美。如今，能够"原汁原味"全面继承京作传统工艺的匠人当数"国家级京作硬木家具非遗传承人"种桂友和他的徒弟刘岩松。看着他们制作的这些触手可摸、爱不释手的木作精灵，也许人们会问：这些明明是"物质"的器物为什么会是"非物质"的文化？答案就是，在这些看得见摸得着的物件的背后，隐藏着像种桂友和刘岩松这样的一代代能工巧匠们祖祖辈辈薪火相传的榫卯技艺和手工秘籍，正是他们的慧心和巧手使京作硬木家具这门古老的技艺超越了简单的物质存在而成为一种看不见、摸不着的文化存在，使之成为一项弥足珍贵的非物质文化遗产。

作为一门手艺，除了手上的功夫之外，榫卯手艺与许多手艺不同的是，它还是一门心灵和心智的手艺。要想达到心手相应、精益求精、尽善尽美的境界，也许要耗尽一生的心智和心血。如果没有天生的巧手和妙悟的基因，即使熬干了心血也难如人愿。因为这门手艺有着太多的历史积淀和太多的前人智慧和经验，发展到今天已经成为内涵丰富、"玄而又玄"的"众妙之门"。因此这类"非遗"技艺基本上可以排除"自学成才"、无师自通的可能。

京作硬木技艺的榫卯手艺有史以来就产生于极为个体的工艺实践中，并通过师徒代代相传，通过不断积累逐步摸索总结出一定的范式、口诀、秘籍等行业规范。自明以来就有着一条明晰的发展脉络，在历代的传承中出现因人而异的，或不断发展、或有所失传。如果把榫卯手艺放在学术的语境上，这种技艺的传承则可视为"隐性"的知识。这是相对于"显性知识"而言。所谓"隐性"即指其传承不是通过文字、图表及数学公式等进行表述，而是靠"口传心授"的方式传承，有着"只可意会不可言传"的特征，其中许多知识和技能仅存于个人的头脑之中，正如《营造法式》中所说："有定式而无定法。"因此，便形成了这种传统的传承方式具有天然的封闭性。每个传承人头脑里和手指间都似乎有着一个记忆丰满和技艺成熟的"黑匣子"，而外人很难从中观察到。

随着人类工业化进程的发展，许多在人们脑海里留下难忘美好记忆的老手艺逐渐淡出人们的视线，与今天人们的生活渐行渐远，甚至面临着"人去歌息""人亡艺绝"的境地，榫卯技艺的传承同样也面对机械化时代所带来的挑战。我们应如何对于榫卯这座神秘丰富的记忆宝库进行科学而有序地发掘和整理？社会的发展不会逆转，想回到过去已不可能，要解决传承的困境和时代难题，最好的办法莫过于打开那些神秘的"黑匣子"，让更多的人知道和了解榫卯的奥秘，方可让榫卯在新的时代土壤中不断开出新的花朵。

面对神秘的榫卯所带给我们唯美的京作古典硬木家具，如果我们仅仅停留在怀旧的情感上慨叹时代给这门手艺带来的伤害和挤压，对榫卯的传承并无实际意义。令人欣喜的是，种桂友和刘岩松做了这样一件实实在在的事，他们把凝聚了京作艺人无穷智慧和京作榫卯技艺的所有要旨以及他们在实践中所知、所思、所想、所得，归纳总结并写成了一本书。对榫卯这项玄机重重、神秘莫测，非传授难得其法、非经验积累难入其道、非心有灵犀难解其妙的手艺而言：这本书相当于交给了我们一把打开榫卯"黑匣子"的钥匙，从而使榫卯的手艺秘籍得以保全和传承下去。这本书叫作《榫卯》并已由中共中央党校出版社出版。

"山重水复疑无路，柳暗花明又一村。"正是有了种师傅和刘岩松这种传承榫卯技艺的初心和恒心，一代代京作硬木的传承人才能不断为京作红木榫卯技艺注入一缕缕灵动的魂。

本文原载于 2018 年 6 月 8 日《中国艺术报》

第四辑 计望传承

从守望者到传承人

　　非物质文化遗产的概念正式形成于 2003 年 10 月联合国所公布的《保护非物质文化遗产公约》。而这一公约最初的表述则是 1989 年联合国教科文组织所推出的《关于保护民间口头创作的建议案》。至 1998 年联合国颁布《关于宣布人类口头和非物质遗产代表作名录》，旋即我国于 2001 年向联合国申报第一批人类口头和非物质文化遗产代表作，自此，"人类口头和非物质遗产"开始进入中国大众的视野。2005 年国务院发布《关于加强我国非物质文化遗产保护工作的意见》后，"非物质文化遗产"这一专有名词便在中国广泛流行起来。由此我们可以看到今天所谓的"非物文化遗产"系由"民间口头文化"而来。

　　把民间口头传承这种精神性极强的文化与以往的以物质属性为主的文化遗产对立呼应起来，最终定为"非物质文化遗产"，是人类对文化遗产给予全面认识的一次文化自觉，也是人类对于历史文化全面认知的一次升华。基于全球化发展的文明进程，中国学术界与世界学界表现出了文明进步的同步性。在联合国及世界学界关注到文化遗产的精神属性时，中国的学界也开始探究文化遗产的"非物质"特性。

　　在中国，对"看不见，摸不着"的民间口头文化的热切关注几乎与世界上对非物质文化遗产的关注不谋而合。2001 年，时任中国民间文艺家协会主席的冯骥才酝酿发起民间文化的抢救行动，至 2003 年中国民间文艺家协会正式启动了"中国民间文化遗产抢救工程"，正好与联合国的"非物质文化遗产"保护行动相向而行。而中国民协的这一文化行动被视为中国非物质文化遗产保护工作的先声，并引发促成了中国政府部门主导后来开展的非遗保护工程。

在我国文化遗产工作中通行的"项目代表性传承人"的概念，是中国在非遗保护实践工作中创造的名词。而其他国家用的不是这种称呼。在冯骥才先生倡导抢救民间文化之初，他就注意到了"人"在民间文化传承中的核心地位和关键作用。不过囿于抢救民间文化之初我们社会文化自觉程度及民间艺人的窘境，那时冯骥才使用的是"守望者"的称谓。这时的"守望"更多的在于守护、坚守，而很难担当起传承的使命。但是"人"是文化传承的主体，不仅是非自然传承的主体，也是自然传承的主要力量的判断已完整形成。整个民间文艺界也认识到当文化危机来临之时，只有民间艺人的存在，方能使他们所携带的文化得以幸免消亡，只有他们的存在方能保持这一民间文化活态的存在，所谓"人在艺在""人亡艺绝"。

2005 年初，中国民协全面开启第一批民间文化传承人普查，冯骥才将普查的对象定义为："数千年来一直活跃在民间的歌手、乐师、舞者、戏人、武师、绣娘、说书人、工匠、民俗活动的主持者和祭师。"并强调："他们上接来自远古中华的文化信息，如果其中一条线索断了，一种文化随即消失，如果他们大批中断，文化就会大批消亡。"

2006 年，中国民协在人民大会堂正式命名 166 位"民间文化杰出传承人"。此时"传承人"这一特有称号得到全社会的认可并开始风靡，也开始影响到国家的相关部门。文化部着手开展传承人的认定工作，并聘请冯骥才为专家委员会主任。

2007 年 6 月 5 日，文化部发文命名了 226 位国家级非遗"项目代表性传承人"。至此，一个由知识界、文化界呼吁发起的民间文化抢救行动，上升为由政府出面主导的"中国非物质文化遗产保护工程"，由专家学者关注的"民间文化杰出传承人"受到了国家的正式保护并获得了称号，即国家级非物质文化遗产"项目代表性传承人"。

当民间文化成为非物质文化遗产，当民间文化守望者成为非物质文化遗产的传承人。上千年的中国社会文化观念开始悄然地改变，被重新定义的社会文化的萌芽开始了"脱胎换骨"的新生，对农耕文明的保护与传承形成了全社会的肯定和共识。

"传承人"理念的推出及实行，改变了百年以来（可以追溯到新文化运动）民间文化携带者的社会地位，也改变了社会对他们的认知，甚至于改变了我国体制性制度与体制外文化的逻辑关系。"草根文化"不仅开始"活起来"也"火起来"。草根文化从来没有像现在这样被主流社会、主流媒体、主流体制如此高看过，过去的民间艺人往往被认为不能与现代社会的文明相融合，不能与都市生活相对接，很难在现代教育体系中加以传承，而被放在被社会所淘汰的行列。而现在，新型的"传承人"的身份，使他们重新回到当代社会文明的生活之中，并跻身于现代文明的主流社会中，在社会公共领域中有了一个有尊严、有地位的合法身份。

名分的重新定义，意义不在于称谓的表述，而是社会对一种文明的重新认识和观念更新。曾经有很多民间艺人为传承草根文化而受到伤害，而现在他们可以尽情地自在地传承祖辈传下来的文化；以往，很多民间艺人所传承的文化被封存被禁止，甚至被追缴，而现在，他们是文化财富的持有者、传承者，掌握着我们民族不可再生的文化资源；以往，对于来自民间的文化，我们首先要进行价值的判断和优劣的筛选，要作出是科学的还是迷信的，是先进的还是落后的，是精华还是糟粕的判断，而现在评判的标准强调的只是公约或非遗法中要求的"代表性"。这就是"项目代表性传承人"在不经意间所起到的"化腐朽为神奇"的功效。

"传承人"不仅是一种法定身份，也是一种文化身份。在"劳动创造人类""劳动创造美"的命题中，传承人创造了人类的物质文明也创造了精神文明，在人类社会的自然经济时代创造了男耕女织的人文图景和天人合一的生活方式。在这一漫长的文明发展过程中，他们逐渐从人类的生产生活中分离出来，成为以满足人类日益丰富的精神需求和提升社会生活品质的发明家、艺术家、手工艺家等多重身份或职业于一身的人。传承人既属一种历史范畴也属一种文化范畴，是人类非物质文化遗产传承的主体，是一个民族历史发展过程中所产生的民族文化心里底层结构和思维方式的文明基因承载者，是民族特殊性的重要标志。

"传承人"作为一个专有名词，其内在地具有民族性与代表性，传统性与现代性，技术性与情感性，个体性与国家性。作为一个民族文化基因的携带者和传承者，有着巨大的文化价值和生命力，即使他们具体的表现形态在不断前进的社会中有时会显得"陈旧过时"，但作为基因的核心精神是不会过时的。这本身就是传承人作为文化基因传承者的重要品性，他们身上所贮藏的民族共性的情感与审美体验，可以跨越时间的长河，具有永恒的价值。

在生物学中，生物遗传基因（DNA）是生命系统中的决定因素，改变意味着"变种"。文化基因也是文化传承中最基本、最持久的精神因素。不同的文化基因决定了不同的民族文化，不同的文化基因决定了不同的文化特性。因此非遗传承必须防止转基因。

非物质文化遗产是以人为本的文化遗产，既以传承人为载体，也以传承人为主体，它以活态记忆、动态技艺为核心加以传承。这一非遗特性决定了传承人的关键地位所在。历史上的传承人是生命文化和生活文化的创造者。

在当代市场经济大潮下，原来的手工艺品变成了产品和商品，但如果文化的属性变成了商品属性，传承人变成了商人，丧失了文化属性的非遗和传承人很快就失去了文化的意义和价值。

在当下的非遗实践中，一些传承人看重的不是非遗的传承使命，专注的不是非遗本身的继往开来，而只是看重非遗传承人的身份，从而利用这个身份获取经济利益。在非遗的名义下，有些传承人忽视或不了解非遗"草根"的本质，盲目迎合市场和时尚文化消费的意趣，追求精英化、高雅化、贵族化，使非遗日趋脱离其生长的土壤。有的传承人热衷参加展览，发表作品，开发产业。这些都使非遗改变了原有的生存状态，背离了非遗传承的真谛，掺入了太多的功利性。加之个别政府部门的误导和"砖家"的谬误，使传承人陷入迷茫的路径中。珠算和书法已经被联合国列入非遗名录多年了，但是我们现在有多少人在学珠算写书法？又有几家学校开设了珠算课和书法课？这岂不是辜负了我们当初申遗的良苦用心？

用现代理念改造民间文化，民间文化将寸步难行；让传承人离开民间的水土，传承人一定水土不服。冯骥才先生提出"重新定义传承人"的呼吁，让我们在当下非遗热中能够有足够的冷思考，从而完整、全面、深刻地把握住传承人应有的价值和维度。传承非遗不要电闪雷鸣而是要润物无声；传承非遗不仅要有滋有味，更要原汁原味。真正的传承人必须要在不失自身本色的前提下，在更为广阔的空间里绽放光彩。

本文是作者于 2018 年 10 月 25 日在天津大学冯骥才主持的《释义"传承人"》研讨会上的发言。刊载于 2019 年 5 月 6 日《中国艺术报》

欲流之远者，必浚其泉源

万事万物皆有源。

每一项历史存在的来龙去脉缘聚缘散，都不是简单的花落花开云去云来，而是蕴含着复杂的因果必然。

那个"我从哪里来？"的亘古命题，至今仍有诸多谜团有待破解。人类总是在不断的发现中不断接近自我的本来真相。研究起源文化正是要揭开一个个神秘的历史悬案的面纱。

源头蕴含着丰沛的原动力。从源头中汲取智慧的营养，把握事态的端倪和变化发展的轨迹，透彻地观照历史走向的规律，可以更好应对现实要求和社会变迁。

"往古者，所以知今也"，一个民族要敬仰自己的先贤，敬畏自己的历史，要记住和珍视自己从哪里来。不知道从哪里来，就不知道向哪里去，不了解自己的历史，就无法面向未来。

中国人素有认祖归宗的文化传统和追根溯源的民族特质。这是我们这个古老民族的美德和智慧，也是中华文明几千年薪火相传文脉不断的根本缘由。

一片能够孕育出文明的土地，就像是一个有着鲜活生命的机体存在，自有其精神灵性的飞动，如同一个有着时间与空间的历史孵化器，成为这一地域人类文化的生命摇篮。

每个地域都会生长出自己的精神，从而造就本地域独特的个性气质，成为本地域族群生命花朵的陈酿。

每当一种文化诞生后，都会带着一根隐形的脐带，那就是与他生死相连的源自起源地特有的血缘基因，鲜明地体现出文化的籍贯与烙印以及永远都抹不掉的胎记，成为一条不竭的文化脉动。

所谓"以古为鉴，可以知兴替"，历史是过去的现实，起源是历史的发端，所有现实的飞舞，都是历史的化蝶。起源的活水在，历史就是活着的；历史是活着的，现实就仍会生发着勃勃生机。

"问渠那得清如许，为有源头活水来"，对于那些已然消逝的过去和模糊的曾经，无论是盛世荣光还是乱世哀鸣，都有着必然的历史规律，挖掘出掩埋在古老时光中的那些宝贵的成因、经验和规律，以之馈赠给今天的人们，无疑有着重要的意义。因此找到和了解源头尤为重要。

中国人历来以自己有悠久的历史和光辉的古代文明而感到自豪。但这个文明究竟是什么时候起源的，在世界文明史上又占有什么地位，以前我们很少深究。

对起源地文化的探究，会让一个民族寻回自身的文化基因，从文化中获得警示，从文化中汲取力量，从民族根性文化和起源地文化之中挖掘原生的动力和潜力，而后则能够得到再创造、再发现、再前进的源发性活力与动力。

欧洲文艺复兴时期，知识精英们回望了先祖的文化。他们回到了古希腊、古罗马，去汲取他们祖先给予的力量，从而开创了欧洲文化的新纪元，也实现了人类文明的新发展。今天的中国进入了伟大复兴的新时代，是不是也应该对酝酿亘古动力的发掘呢。

在文化面前我们应该是卑躬的；在起源面前我们应该是敬重的。探寻起源文化需怀有一颗敬畏之心，毕恭毕敬地弯下腰来，沉下心来，轻轻地拂去时间的落垢尘埃，掬手映月，小心翼翼地触摸和捧奉，敛声屏气走进历史的地下层、文化的深水区，钩沉出诗意的碎片，打捞上史剧的绝响。

世事沧桑，弹指千年。或许人类对远古文明的起源记忆和线索，只有走出书斋深入生活，走进民间去洞悉那些来自农家的土炕上、乡村的田野里以及源自遥远的历史进程中带着泥土气息和乡音的传说和故事里去探寻和挖掘。

"礼失求诸野。"当我们以科学的态度去探索和诠释那些无法触及、很难追溯、不可思议的古老文明时，你会发现有一条民间的线索仍在延伸着、传承着、诉说着与此相关的，具有鲜活生命印记的许多优美传说。而这些都可以作为我们探寻起源地文化的佐证。

"中国起源地文化志系列丛书"在田野调查、文字记录、图片拍摄和音频视频等信息采集及查阅大量史料的基础上，形成了以中国起源地文化研究课题的成果，力求紧扣区域特色，彰显民族民间文化多样性，多维度、多向度、全方位、全景观地展现起源地文化风貌以及新时代人文精神的宏大历史背景和微观叙事的再现。以客观、科学、理性的态度记录、梳理、传承、发展、传播物质、非物质文化的起源。

找到了一种物质文明和非物质文明的起源，无异于获得了一把打开和解读物质世界和精神世界的钥匙。

"欲流之远者，必浚其泉源。"探明文化的积淀"库存"，开掘文化的富矿资源，用好文化的源头活水，激发文化的凝心聚力、成风化人的独特作用，我们就一定可以发时代之先声、开社会之先风、启智慧之先河，让古老的文化促进当代社会的变革、前进和国家的兴旺发展。功莫大焉。

本文是作者为知识产权出版社于2018开始陆续出版的"中国起源地文化志"系列丛书所作的序

第四辑　计望传承

香山帮踵事增华

香山帮，中国园林古建行业一个响当当的称呼。千百年来，层出不穷的能工巧匠凭着精湛的营造技艺树起了一座座行业丰碑，也孕育出精益求精、"不差毫厘"的工匠传统，并以其辉煌的经典之作，照亮了古代中国建筑艺术的大美星空。

自古以来，香山帮依靠"师傅带徒弟"的方式传承手艺，衍生出香山帮生生不息的工匠谱系和木作文脉。然而，在中国社会进入现代社会后，这种传统的传承模式始终未能与现代教育机制有机融合，致使师徒制逐渐与当代社会脱节，从而造成了香山帮工匠队伍日益老化，人才储备严重不足。很多老手艺、老行当"人亡艺绝"、后继无人已成为不争的事实。

历史积淀与当代创造相融合，传统文化与时代精神相对接是当代社会发展中不可逆转的趋势。如何让现代教育吸收借鉴"师徒制"的优长，如何使"师徒制"在时代的蜕变中实现再生，是实现香山帮工匠亟待解决的紧迫课题。

采取什么样的教育方式应由教育的内容而定。培养香山帮工匠的目的是培养出合格的工匠人才。今天苏州在高校中设立专门的"香山工匠学院"，是实现香山帮工匠传承面向现代和未来的具体探索和实践。

师徒制讲究"名师出高徒"。名师带徒有方，徒弟勤学得法，是历朝历代、各行各业工匠人才辈出的重要途径。手工技艺传承的最大特点是"身教"与"意会"。师傅身上的很多"绝技"和"秘籍"经常表现出一种"只可意会不可言传"的"隐性"知识形态。一个好徒弟不仅要有头脑的智力，还要有手上的功力，方可"青出于蓝而胜于蓝"。这也是一门手艺不断发展进步的基础。师徒制有"师徒如父子"的传统，这种传统使师徒之间建立起密切的情感和息息相通的默契，吸收其中的优长对于优化现存的师生关系不无裨益。

工匠传承的最好方法是"因材施教，个性化培养"。把师徒制传承模式引到学校教育的课堂，对于避免千人一面缺乏个性的教育方式，一定会起到积极作用。让师徒制传承与课堂式教学相结合相补充，培养适合于当代社会所需要的具有理论知识和高超手艺的新型人才，无疑是实现民族文化复兴之急需。

有理由相信，香山工匠学院的成立一定会为香山帮的薪火相传增添新的生机和活力。期待在我们的校园里看到教师育人、师傅带徒，"新竹高于旧竹枝，全凭老干来扶持"的新场景，更期待再来学院时已经是"下年再有新生者，十丈龙孙绕凤池"的盛况。

　　本文是作者于 2019 年 1 月 18 日在苏州农业学院设定"香山工匠学院"揭牌仪式上的致辞

从遗弃到遗产

中国改革开放的四十年，大体上也是我工作生涯的四十年。可以说，我们这一代人，既是改革开放的见证者，也是改革开放的受益者。

这批人，一定都体验过粉碎"四人帮"所带来的"翻身道情"般的喜悦；都记得改革开放的喜讯所带来的"科学的春天""文艺的春天"……一个接一个的春天，都记得学习热、外语热、高考热……仿佛中华崛起的历史使命已落在了我们这一代人的肩上。我也曾学音乐、学舞蹈、报美院、报电影学院……那种对知识的渴望和对文艺的热情，今天想起来仍觉得可爱。然而人生总是有着一种定数，最终我学的是历史和社会学。

回想起来，我这四十年虽然看着是在文艺界里"闯荡"，先是在文化部后又来文联，如果细抠下来，其实还是在文化遗产的小圈里学"游泳"。最初在文化部文物局，按现在的分类算是物质文化遗产，退休前在中国民间文艺家协会，也可算是非物质文化遗产。也许这就是"命运"，四十年里从文化遗产到文化遗产走了一个圈儿。

这四十年，发生了多么巨大的变化啊！就我走过的文化遗产历程，恐怕就能写几本书。四十年的文化遗产之路，印证了我们党和我们中华民族从文化自觉到文化自信的心路。

或许，这四十年间最令民间文艺界引以为荣的事，莫过于民间文艺这个曾经被社会漠视遗弃、几近灭绝的弃儿，如今已堂而皇之地登堂入室成了备受社会宠爱的"文化遗产"。

作为现代理念的文化遗产保护，中国相对起步较晚。当20世纪60年代埃及因修建阿斯旺水坝而引起联合国教科文组织直接关注和介入，从而引发了具有划时代意义的保护文化遗产行动之时，我们还处在"砸烂旧世界，建设新世界"的热情之中。比如，被誉为世界上最美丽、最完整的北京的城墙，就是在那一特定的历史条件下化为乌有的。

然而，一个具有五千年文明底蕴的伟大民族，决不应在世界文化潮流中落后，更不应在世界文化遗产保护的舞台上缺席。得益于改革开放，中国于1985年加入联合国《保护文化和自然遗产公约》，于2004年加入联合国《非物质文化遗产保护公约》。中国的加入，不仅完善了世界上保护文化遗产的许多认识和理论，也为世界遗产保护提供了中国的实践和经验。同时，中国也借鉴世界各国的经验改变了中国文化遗产保护的面貌并形成了新格局。

今天，我们终于可以说，中国的文化遗产排名，处于世界领先地位，中国的文化遗产保护世界发展最快。

其实，中国的文化人从来都不缺少文化自觉和文化先觉，民间文艺界和文化遗产保护者中也不乏知行合一的文化先行者。至少在20世纪七八十年代，文物界的专家就看到了物质文化遗产与非物质文化遗产的关系，有专家指出：北京作为历史文化名城，如果只有故宫、长城、天坛，而没有京剧、相声、景泰蓝就会失去诸多价值和魅力。而在20世纪末，冯骥才在担任中国民间文艺家协会主席时，就呼吁开展"中国民间文化遗产抢救工程"（这是后来我国政府开展的"非物质文化遗产抢救工程"的前奏）。而冯骥才这一理念的提出大大早于联合国"非遗公约"的公布时间。

记得当时冯骥才将他的想法向中央领导汇报时，中央领导同志不仅表现出了极大的兴趣并给予了充分的肯定，在中央领导同志的直接关心下，中宣部、文化部都给予了中国民协的呼吁以不同形式的响应与支持。

如今站在改革开放四十年的视角来回望中国文化遗产保护特别是"非遗"在今日中国的显赫成果，中国民间文艺界以及其中的代表性人物，功不可没。当然也不可否认，"非遗"来到中国，也使中国的民间文艺事业获得了"脱胎换骨"的"新生"。

可以说，"非物质文化遗产"基本上就是我们过去说的民间文艺。正如联合国教科文组织在 1998 年出台《关于宣布人类口头和非物质遗产代表作条件》时所做的注释："所谓人类口头和非物质遗产就是原封不动的，一字不差的民间创作的全部内涵和定义"。但是就是这样一个最初让中国人说起来非常拗口的外来词汇，让以往的民间文艺在改革开放的语境中发生了奇迹般的华丽变身。

正是因为"非物质文化遗产"在中国社会的走红，这一由联合国以国际社会名义创造的词汇，使很多民间艺术事项从过去被漠视、被轻视及被摒弃的草根文化得以受到全社会的郑重承认和前所未有的尊重。

被纳入或被认定为"非遗"的标志即被纳入联合国的"人类非物质文化遗产代表作名录""中国非物质文化遗产代表作名录"以及各级政府的"名录"，或者被纳入政府或专家保护的视野之中。而按照联合国的定义，进入"名录"的标准，其核心只有两条，一是要有"代表性"，这一文化的传承者及评审者共同确认的代表性；二是"真实性"，而不能是"伪文化"。只此而已。这种评判标准完全颠覆了多少年来我国社会对文化的认知观念。从我国加入《保护文化和自然遗产公约》那天起，就意味着中国的非物质文化保护与世界接轨，同时也预示着中国的民间文艺将以一种新的面貌走向世界舞台。

非物质文化遗产保护的理念，以一种潜移默化、悄无声息的方式改变了民间文艺的社会地位和身份。其效果不亚于一场文化运动，至少是对文化的一种重新定义。中国从百年前的新文化运动起，就开始了对几千年中国历史传统和文化的反思和抨击。以"打倒孔家店，反对旧道德"等为口号，而提倡科学民主的社会洪流，在荡涤"污泥浊水"的同时也革了很多传统文化的命。一直到改革开放之初，很多美妙的民俗仍然没有摘掉"封建迷信""愚昧落后""四旧"甚至"反动"的帽子，在那时的中国现实社会中，许多传统的生活方式整体上已不复存在，许多传统的民俗事项也灰飞烟灭。评判民间文化的标准仍然是：是科学的还是迷信的，是先进的还是落后的，是精华的还是糟粕的。而在这种观念下，大多数民间文化均可以归为负面的。而非物质文化遗产这一新名词，使诸多的民间文化转而成为被保护对象，成为不可再生的文化资源，成为具有精神价值的文化遗产，成为民族文化的财富，成为国家要给予资助的对象。谁伤害它，谁就是在犯罪。那些曾经低人一等的民间文化传承人则成为中国文化的脊梁。

思想上的大解放带来了民间文艺的大繁荣、大发展。仅我经历的一些事就足以令民间文艺人欣慰自豪不已。如 2002 年中国民间文化抢救工程正式启动，开创了中国非遗抢救与保护的先河；在民间文艺界的推动下，2005 年中国政府正式设立"文化遗产日"，使全体中国人有了一个了解关爱自己文化遗产的节日；2006 年，中国民协命名第一批民间艺术杰出传承人，放射出中国非遗传承人认定系统的第一支嚆矢；在民间文艺界的呼吁下，2007 年国务院宣布把清明、端午、中秋列为法定假日，几千年的传统节日有了专门庆祝的时间；2008 年，"5·12"大地震，中国民协以冯骥才为带头人组织专家赴抗震一线进行文化救援，并向国家提出建立地震博物馆等若干建议，得到中央领导的认可，很多建议被国家采纳；2008 年，北京奥运会上民间文艺家走进奥运村展示中华才艺得到世界体育健儿的赞叹，等等。

改革开放这四十年间，中国民协主持的《中国木版年画集成》圆满收官；《中国非遗百科全书》正式出版；《中国民间文艺十大集成》结集付梓；中国古村落保护工程全面铺开；中国唐卡文化档案工程被列入国家重大社科基金项目；民间家书抢救工程形成声势浩大的社会现象；中国传统村落评选命名成为国务院部委的工作职能；"我们的节日"风生水起波及全国；"民间文艺之乡"风起云涌，评选工作成为地方文化的工作抓手；中国民间文艺以非物质文化遗产的名义成为时代和社会的追捧热点，成为当代中国文化自信的浓重底色。

这四十年是一个文化大激荡、大交融、大变迁的时段。这一时段人们的精神文化是最丰富的。这种丰富，体现在文化的多样性，多元化流变势不可挡，民间文化出现了空前的解放和前所未有的自由。民间文艺在迎来最好的机遇期也面临着挑战。比如,在民间文艺复兴的过程中一些低俗化、低向度的旧文化沉渣泛起,借尸还魂,以至于非遗理念中不注重文化的先进与落后的价值观,在今后工作中都应该引起我们的思考。今天,我们的民间文艺已不缺少创新的激情,而是缺少对传统的传承;不缺少开放的勇气,而缺少文化走出去的能力;不缺少传统的底蕴和资源,而是缺少古老文化的当代融合和发展。改革开放四十年的成果辉煌,未来民间文艺事业发展的路更长。

重大的历史阶段,重要的时间节点,注定会被一个国家一个民族在发展的进程永恒记载。我相信,改革开放这四十年一定会以中华文化伟大复兴的辉煌写入我们民族的史册中。

本文是作者2019年参加中国文联主办的纪念中国文联成立70周年座谈会时的发言

第五辑

守望民艺

2012 年 12 月 16 日，在江西婺源欣赏民间艺人创作

守望中绽放辉煌

六十年前，有一个在中国民间文艺家心里极不平凡的日子，这就是中国民间文艺家协会（中国民间文艺研究会）在中华人民共和国领袖毛泽东主席的重视和关心下诞生了。六十年一甲子，历经一番令人心魂激荡的岁月沧桑，成就一种美好情愫的追忆回望。今天，民间文艺工作者相聚在人民大会堂，在国家的遗产日这个文化工作者的节日里欢度我们六十华诞，回顾中国民协六十年的光辉历程，展望民间文艺充满生机的未来。

六十年，大江东去，波澜壮阔；六十年，弹指一挥，岁月如歌。这六十年，有多少执着守望，有多少巨变沧桑，有多少醉人梦想，有多少山花绽放。一幅幅恢宏的画卷都牢牢印在民间文艺工作者的心里。

中国民间文艺家协会的六十年，是贯彻"百花齐放、百家争鸣"文艺方针的六十年。其间，既有风光无限、百舸争流的磅礴写意；又有杏花春雨、渔舟唱晚的婉约诗意。

中国民间文艺家协会的六十年，是为人民服务、为社会主义服务的六十年。其间，既有围绕中心、服务大局的重大举措；又有贴近实际、贴近生活、贴近群众、丰富多彩的民间文艺活动。

中国民间文艺家协会的六十年，是守望民间、传承文化、建设中华民族共有精神家园的六十年。其间，既有气势如虹的"新民歌运动""三套集成""抢救工程"的辉煌成果；又有在希望的田野上艰苦跋涉、无声守候、默默耕耘的喜悦收获。

中国民间文艺家协会的六十年，是团结、联络、协调、服务广大民间文艺工作者的六十年。其间，既有豪情满怀、肝胆相照、大爱无疆的牵手之情；又有矢志不移、不离不弃、峥嵘岁月的风雨同舟。

中国民间文艺家协会的六十年，是不辱使命、奋发有为、逐步发展壮大的六十年。其间，既有艰苦卓绝、历经阵痛的蹉跎岁月；又有双桨漫举、破浪前行的凯旋歌声。

这六十年，有一种信念叫守望，有一种精神叫传承，有一种称号叫脊梁，有一种荣誉叫辉煌。在我们这个曾经出现过《诗经》、乐府、六朝民歌等无数被誉为人类文化遗产的国度，今天的民间文艺工作者又怎能不心潮澎湃，我们不仅要享受祖先留下的辉煌，还将继续谱写新的辉煌。让我们高举民族文化的大旗，传递民间艺术的火炬，在历史的洪流中叱咤风云，在时代的浪尖上中流击水，用生命和灵魂不断谱写民间艺术的崭新篇章。

本文是作者于 2010 年 6 月 12 日在中国民协成立 60 周年纪念大会上的致辞

有一种信念叫守望

这是一次前所未有的文化苦旅，这是一批献身于民间文艺事业的守望者。经过三十年的艰苦跋涉，他们用辛勤的汗水在我们民族的精神家园建起了一座"文化长城"。正像周巍峙主席所说：这是一项在世界历史上，在中国历史上从来没有过的巨大工程，是文化史上的创举。我们经历并解决了许多在发动这一宏大工程时没有预想到的复杂情况和严重困难。光阴荏苒，今天我们在这里回顾编纂《谚语》《民间故事》《歌谣》的那些难忘岁月和不眠之夜。既有难言的喜忧，也有难解的情结；既有风餐露宿的跋涉，也有戈壁大漠的一路欢歌。如果说民间文学集成工作曾历经艰辛，困难重重，那么新疆的集成工作则是更加困难，新疆的民间文艺工作者则付出更多的艰辛和努力。你们立足新疆、扎根新疆、深入新疆、奉献新疆，成为民间文艺队伍中的一面旗帜。由于你们的努力，新疆的民间艺术之花在全国民间艺术的百花园里犹如一朵盛开在冰山上的雪莲，格外娇艳。

《中国民间文学集成》工作是一项既艰苦又光荣的事业。呕心沥血，殚精竭虑是每个工作人员的真实写照。"沧海横流方显英雄本色"，面对困难，我们民间文艺工作者表现出坚忍不拔的英雄气概。正像冯骥才主席说的，"历史总是把困难交给那些能够胜任它的人"。实践证明，中国的民间文艺家是一批能够担当起民族和时代所赋予使命的人。《中国民间文学集成》的每一段每一行，每一句每一字，都凝结着大家的心血，蕴含着大家智慧，彰显着大家的品质和精神，可谓"千载后，百篇存，更无一字不清真。"《中国民间文学集成》的启动正值民间文化面临传承危机的历史时期，民间文艺工作者把自己的生命与民族的文化命运联系在一起，凸显出民间文艺守护者的使命和价值。作为当代的一名民间文化工作者，有幸参与《中国民间文学集成》的编纂工作，我们很自豪，也很光荣。

《中国民间文学集成》是一项既平凡又伟大的事业。这里没有耀眼的闪光灯，也不是五光十色的舞台。这里有的只是无声的寂寞和无私的奉献。多少年来你们就是在这片宁静的田野里展现自己的生命信念，奉献自己的聪明才智。为了中华民族的文化对自己的承诺如此地坚持和厮守，在平凡的岗位上做出了伟大的事业。做好《中国民间文学集成》的工作是一项功在当代利在千秋的伟大事业。对于巩固民族文化的根基，保持民族文化的自信心，振兴和繁荣具有当代中国特色、中国风格、中国气派的优秀文化，增强中华文化的魅力、拓展中华文化的生命力和铸造中华文化的软实力，具有十分重大的意义。

艰难困苦、玉汝于成，《中国民间文学集成》的编纂者，在历时三十年的耕耘里体现了对民间文化历史的高度负责，体现了对这块深厚文化土壤的眷恋，体现了对民间文化遗产的捍卫与传承，体现了对各民族精神家园的文化情怀。或许你们没有为自己留下财产，但是你们为民族文化留下了一座宝库；或许你们没有为自己获得名利，但是你们用高尚的灵魂为民间文化树起了一座丰碑。我相信，我们这代人为民族留下的不仅是一座民间文学的丰富宝藏，它将见证着一个伟大民族的文化复兴和崛起！希望每位民间文艺工作者永远坚守出发时的信念和理想，永远守望在民间文艺的高地上，为祖国的民间文艺事业不断谱写壮丽篇章！

本文是作者于2010年7月18日在《中国民间文学集成·新疆卷》总结表彰会上的致辞

走在新农村文化建设前沿

社会进步的历史证明，经济越发展，文化的作用就越凸显。资源是发展的动力，而地球上人类的生态资源将会越来越少，文化的资源将会越来越多，就像矿产会越挖越少，而文化资源会越挖越多，这就是文化的后劲和软实力。随着农业经济的快速发展，各地政府和有关部门越来越注重把文化建设放在新农村建设的首位，而民间文艺之乡在保护非物质文化遗产、开创地域文化品牌、振奋民族精神、促进地区经济发展与社会和谐中发挥着不可替代的作用。

一、有利于保护抢救民间文化遗产，建设中华民族共有精神家园。

任何一个国家和民族文化的发展，都是对既有文化传统的传承和创新。如果离开传统、割断血脉，就会迷失方向、丧失根本。在全球化发展日趋迅猛的今天，很多文化遗产，特别是深藏在偏远乡村的文化遗产，有的因未被重视而灭绝，有的因无法传承而濒危，有的因过度开发而变得面目全非，因此，保护抢救民间文化遗产的任务就显得尤为重要。

民间文艺之乡以树立文化品牌为己任，着眼于文化类型和区域文化的特点，以政府、专家和人民群众的共识为合力，立足保护和传承本地别具一格的民族文化、传统文化、地域文化、特色文化等，挖掘整理抢救地区历史和民族文化中的思想情感、道德观念、信仰意识、价值取向、风土人情、民俗文化等核心内容，使体现当地形象的文化符号、文化景观、文化标志成为"名片"，并加以保护和宣传；将地区特色文化融入经济社会发展和新农村建设的方方面面，有效地保持了文化的历史性、丰富性、多样性、新颖性。

实践证明，民间文艺之乡评选活动是保护抢救民间文化遗产，建设中华民族共有精神家园的有效机制。

二、有利于扩大民间文化的影响力，增强民族的凝聚力和国家的综合实力。

发展的力量源自文化。在综合国力和核心竞争力的范畴中，民间文化是一个不可忽视的重要因素。人类以民族的方式存在，在劳动和文化实践中不断地形成了民族特色鲜明、地域风格独特的审美习惯。这种习惯深深镌刻着生动的民族图腾与民族印记，塑造了民间文化的灵魂。民间文艺之乡特有的文化基因代表着一个地方的个性，是这个地方的灵魂和象征，它所蕴含的人文精神是地域文化的历史沉淀和精神升华。

一方水土养一方人，一个民间文化之乡的历史传统和文化基因就成为这个地方广大人民共同的心灵家园。因此，人民群众在民间文化活动中所获得的不仅是简单的精神愉悦，而且获得生命和人格的文化认同以及人民自己的文化尊严。建设好民间文艺之乡，一方面能够使中华民族获得新的时代精神力量，从而直接增强综合国力中的软实力；另一方面也能使中华民族在复杂的竞争中增强自身的凝聚力和向心力，从而为地方经济发展提供精神动力和创造能力。

三、有利于打造地域文化品牌，发展社会主义先进文化。

每个民间文艺之乡各个历史阶段上的文化代表着那个时期人民的审美期待，决定着主流文化的发展方向。把最具影响力、最具穿透力、最具闪光点的传统文化挖掘整理出来，对于形成地区文化品牌，促进事业发展，推动旅游开发，产生经济效益，促进环境改善，扩大地域影响等都具有重大意义。

先进文化最深厚的根源在人民群众之中，民间文化是社会主义先进文化发展和繁荣的基石。民族和国家的发展所依赖的不仅仅是经济，而居于背后、决定民族命运的在于更深层次的文化因素，要发展当代社会主义文化就要全面继承和弘扬中华民族优秀传统文化。

通过弘扬和培养中华民族文化，可以在保持和发扬民族优秀文化传统的基础上抵制外来文化的消极影响和腐朽渗透，推动自身文化的创新和进步，从而保证先进文化的发展。从这个意义出发，民间文艺之乡在先进文化建设中所发挥的作用不可替代。因此，每个民间文化之乡不仅是百姓的自豪、文化的品牌，更是政府的担当，做好相关工作功在当代，利在千秋。

四、有利于满足人民精神生活，推进小康社会与和谐社会建设。

民间文艺之乡所承载的传统文化形式曾经在历史的文化生活中为群众所喜爱，同时又在新时代的文化形式中反映着人民群众新的审美理想和追求。我们在很多民间文艺之乡都欣喜地看到，人民群众对乡土文化的高度热爱和广泛参与，正在被内化为保护非物质文化遗产的文化自觉，这种文化自觉被转化为巨大的精神动力，在新农村文化建设、构建社会和谐中正释放出不可低估的能量。建设好民间文艺之乡，搭建起历史文脉与当代文化相衔接的桥梁，不断满足人民群众精神文化的需求，是民间文艺工作者的历史责任和当代任务。

全面建成小康社会和构建和谐社会，对民间文艺工作者提出新的要求。民间文艺之乡在凝聚民族精神和团结各界力量方面可以发挥重要作用，民间文艺之乡所保存的传统道德、优良品格、文化遗产、民族精神，能够激发人们投身社会主义新农村建设的热情，调动人们的积极性、主动性和开拓性，提供不懈的精神支撑和精神动力。通过民间文艺之乡的命名和建设，实现历史文化得以彰显，文化设施不断完善，文化精品层出不穷，文化市场繁荣有序，文化产业协调发展，群众文化丰富多彩，文明程度明显提高，综合实力明显增强的新农村文化建设的新局面，对于推进小康社会与和谐社会建设具有积极意义。

中华民族的繁荣发展归根到底有赖于五千年文明的薪火相传和文化积累。繁荣和发展民间文艺事业，建设好民间文艺之乡是与中华民族的伟大复兴牢牢联系在一起的，任何一个民族的崛起，都以本民族的文化作为后盾。社会主义新农村文化建设犹如一首波澜壮阔的历史诗篇，民间文艺之乡就如同这诗篇中的灵魂，让我们共同为民间文艺之乡的文化建设增添风采，不断谱写新农村建设的崭新篇章。

本文是作者于 2010 年 9 月 3 日在全国新农村新牧区文化暨民间文艺之乡建设经验交流会上的讲话

民间文化的本色不能丢

中国民间文化的保护工作，可谓政府高度重视，群众充分认识，总体环境不断向好。但是由于经济全球化的飓风愈演愈烈，民间文化的实际生存状态仍然不容乐观，尤其是一些地方颇具热情的生产性保护，活态传承中的一些生产性改造、活态性改变，不仅改变了民间文化的原生态和民间文化的属性，也丢失了民间文化的纯洁性。

民间文化的属性是文化的。民间文化中凝聚着中华民族的共同心愿，反映着我们的思想情感、道德观念、信仰意识、价值取向、风土人情和民俗文化，寄托着老百姓对理想生活的美好追求，是历史的积累和文化的积淀。她之所以历经岁月而光辉不灭是由于她的精神含量和文化价值。现在很多地方试图把民间文化的文化价值视作"文化资本"加以运作和打造，只选择可以"资本化"的民间文化进行所谓的抢救和保护，实际上这种看重"资本"而不是"价值"的"抢救"是对民间文化基因根本性的改造和商业利用。把民间文化当成"资本"首先想到的必然是市场，是利润，是经济效益，而这些绝非民间文化的属性，且与我们提出保护民间文化的初衷背道而驰。民间文化的保护在于传承我们民族文化的根脉和民族情感的血脉，而不应寄希望于带来多大的经济效益。民间文化的效益在于人的审美境界和生活品位的提升，在于人心向善、风俗纯美以及社会和谐，是利在当代、功在千秋的子孙大业，绝非屈指可数的蝇头小利。

民间文化的本色是民间的。民间文化生于民间，长于民间，存活

于民间。她是老百姓自己创造、自己喜欢和热爱的。而一些地方打着
"活态"传承的旗号，让民间文化与当代生硬地对接，为了增加民间文
化的观赏性，甚至把霹雳摇滚的表演和音乐植入少数民族的歌舞，使原
本幽居深谷的纯洁少女成为摩登女郎，丧失了其婀娜多姿的民间本色。
民间文艺应远离商业和包装，民间文化从她诞生的那天起就与商业无
关，今天我们仍应使之与商业化保持安全的距离。民间文化是老百姓和
民间艺人创造的，不能被商人和文化中间人任意改造；民间文化是反映
老百姓心声的，重在自娱娱人，不能以商业娱乐为目的；民间文化是口
口相传、集体参与、人人相因又变化万千的，不能成为标准化生产、流
水式操作、千篇一律的；民间文化有着非常强烈的地域特性、个性主题
以及现实愿望，不能逃避现实、抹杀个性，追求一般性消费。因此，决
不应将民间文化简单片面地直接与经济挂钩，人为地将民间文化作为旅
游产业推广，甚至热衷于斥巨资打造豪华的民间文化展览和表演，而无
视或忽略民间文化的历史价值、人文价值和民间本色，以另一种方式让
民间文化死去。

　　民间艺术对自我特色和个性的坚守，是区别于其他文化形式的根
本，也是其存在并得以传承和发展的基础。当民间文化的保护传承已成
为当代人的共识，民间艺术应坚守什么，应传承什么，越来越成为一个
不容忽视的问题。让生于民间的艺术回到民间，紧紧守住民间艺术的审
美核心，传承活态的民间艺术，保持民间艺术的多样性，应该成为我们
保护民间文化工作的重要选择和手段。

本文原载于 2010 年 9 月 15 日《中国社会科学报》

民间艺术遗产化的命运走向

后现代的趋势为民间艺术提供了一个发展的机遇，能否在自身延续的同时主动表现出某种外向的姿态，顺应新的社会环境，找到自身可持续发展的道路，是中国民协开展民间艺术工作的新视角、新思路。

大工业生产已让民间艺术产品从原初的、手工的、自然的艺术变成了批量生产的商品。当民间艺术成了商品，它就失去了自身的自主性，它的价值就取决于大众的接纳程度。文化的失序和商品化所带来的泛滥，对民间艺术最后的遗存构成了最大的威胁。

民间艺术遗产化的批评与正视

以上批评，是基于现代民间艺术的稳定性、连贯性和共同性学术共识下讨论的。从另一个角度看，历史对民间艺术的重构和改造从未停止过。也许今天的民间艺术正是昔日辉煌的宫廷艺术，经过朝代的更迭和政权的更替，民间艺术与宫廷文化的角色和地位不断地转换和互动。可以说，民间艺术作为商品已不是近代的事情。天津大学教授冯骥才在谈到民间艺术的变异问题时提出："从民间艺术史来看，民间艺术的全面发展和变迁是在近代。一方面是由于外来文化的涌入，影响了人们的审美习惯；另一方面是由于现代城市的崛起。城市文化是十分敏感的。愈是挨近城市的地方，民间艺术的变异就愈明显。这种变异是不可克制的，也是正常的文化现象。"

由此可见，当我们探讨的保护对象是某一民间艺术品种、艺术形式时，我们会发现它们自身有一种不断向前涌动的特性，希望让它凝固在某一时刻的想法是那么的苍白无力。民间艺术作为功能性的艺术，就是一种"生活艺术"，它不仅会由不同时代的人去传唱，它的内容和形式还会被注入时代的新生元素，因此它的发展和变化应得到尊重。

如此看来，在后现代的今天，作为遗产的民间艺术首先是被当作一种有历史距离的、承载着族群情感和记忆的文化形式，它是一种可供利用的资源、资产、原料；同时它也被有意识地作为"异己""差异""他者"引入当代社会中来，以增强当代文明的多样性。这样一来，这些遗产成为嵌入当代文化的特殊元素，让历史与现代成功对接。

民间艺术在当代的蜕变和再生

如今，市场经济体制已渗透到社会生活的方方面面。民间艺术在后现代社会中会向什么方向发展，会有怎样的命运？在目前非物质文化遗产保护研究中，许多尖锐的批评都集中在这一问题上。那么，如何看待非物质文化遗产的保护，如何看待"原汁原味"与商业包装的民间艺术，如何看待被异化的民间祈祷和祭祀仪式，如何看待一些名城古镇被列入世界遗产名录后，当地政府和商人进行的大规模商业包装和产业开发等。

笔者认为，批评市场包括市场产品的弱点是容易做到的。而中国人逐步摸索到市场经济的道路还只是 30 年左右的时间。因此，我们应历史地看待市场经济的优点与弊病。市场与文化是一场互动的博弈。市场是一个供需关系自动调控的过程。在现实中，市场并没有成为生活的全部，原创和市场还处于最初的接触当中。这就是说，在市场的边缘甚至市场之外，仍然有艺术原创的天地。在这样的社会状况下，民间艺术或说非物质文化遗产保护和利用也将呈现多元化的状态。民间艺术获得积极发展的机遇不同，传统艺术资源进入当代艺术原创的方式及其表现形式也势必是多种多样的。

民间艺术遗产的开发应体现对遗产价值的尊重，选择具有进入市场能力的、具有产业生产因素的民间艺术种类，并对其进行消费阶层细分和准确定位，凸显其作为遗产的民间艺术的文化价值和内涵，这可能是"遗产"成为商品的有效方法。

此外，作为商品的遗产应与一般商品有所区别，并限定其生产规模和消费条件。对民间艺术的商品化，发达国家有两种做法：一种是"美国式"，即直接把民间艺术功利地转化为商品，把赚取金钱作为唯一目的；另一种是"欧日式"，将其视为一种传统精神，充分发挥民间艺术的价值和审美功能。

因此，重要的不是探究市场在遗产产业方面的过失，而是告诉遗产部门如何进入市场更有利。在此过程中，再考虑如何利用公共投入帮助遗产保护部门做好保护传承工作，这才是非物质文化遗产保护的基本模式。

后现代的趋势为民间艺术提供了一个发展的机遇，能否在自身延续的同时主动表现出某种外向的姿态，顺应新的社会环境，找到自身可持续发展的道路，是中国民协开展民间艺术工作的新视角、新思路。

笔者认为，首先，作为遗产的传递者，理应为后人做好遗产的文化档案，普查记录其形态，见证和记载它的历史精神；其次，要进行民间艺术审美取向的引导，让民众参与到民间艺术的传承和发展中来；再次，对民间艺术产业提供理论支撑和实践指导，充分发挥民间艺术作品的民众性基础，为其进入市场做好引导；最后，做好遗产时代民间艺术形态、风格、消费、传播等方面的工作。

本文原载于 2011 年 12 月 8 日《中国社会科学报》

破解维权难题　呵护民间文艺

　　民间文艺是从民众文化生活的土壤里自然生长出来的花朵，是从民众深层精神需要中迸发出来的火花，是由民众生产的田野里传播出来的天籁之音，是在民众社会生活里相传的天工开物。民间文艺是与民间文化生活水乳交融的生活情态。她始终洋溢着民间情调和草根精神；她始终根植于民众的日常生产生活，保留了文艺与世俗生活、衣食住行不曾分离的原汁原味；她从来不与生活分离而飘向精神的苍穹。作为民间集体智慧的结晶，又由人民群众传承的文艺形式，与其他文学艺术形式有着明显的区别。民间文艺正是因为这一显著特点而使得她的维权产生了难点。不可否认，对于我国民间文艺工作者来说，民间文艺的权益保护很多是陌生问题，甚至在国际学界也是一个尚未解决的课题。

　　一个不热爱本民族民间文艺的民族，不可能赢得人类的热爱，一个不尊重本国民间文艺的国家，不可能得到世界的尊重。热爱民间文艺，尊重民间文艺就要呵护和维护好民间文艺的权益，使之得到持续传承，使之持续健康发展。然而，当代民间文艺现状仍有许多堪忧的现象：民间文化产业化的开发，使民间文艺变异；旅游化的改造，使民间文艺变味；娱乐化的表演，使民间文艺变调；政绩化的打造，使民间文艺变质。

　　民间文艺是灿烂美好的，也是敏感脆弱的，它需要精心的照料和培育，需要法律的保驾护航，需要权益的呵护和伸张。民间文艺的维权有很多事要做。

一要加强宣传舆论工作，形成全民性保护民间文艺权益的共同意志和愿望，尤其应提高民间文艺家、非遗传承人的维权意识，使得民间文艺权益保护的"集体无意识""无忧无虑"的现状得到改观。

　　二要切实做好民间文艺权益保护的立法工作。《非遗法》的颁布实施虽然使民间文艺的权益保护进入有法可依的良性轨道，然而对民间文艺权益的保护仍有很多未尽事项。比如，要进一步细化传承人、采录人和整理人各自的权益，同时应针对无具体传承人、采录人和整理人的作品提出明确的保护对策。

　　三要提供组织保障，建立民间文艺权益保护机构，专门负责民间文艺维权工作，形成有人抓、有人管的权益保障体系。

　　四要深入开展民间文艺权益保护的研究，吸收国际先进经验并与国际组织合作，开展民间文艺维权工作，加强对跨国界非物质文化遗产项目的权益保护。

　　通过加强权益保护工作，真正实现让全社会敬畏民间，让民间艺术得到应有的尊严，让民间艺术在全民关注的同时得到全民的关爱，让民间艺术在全民的关爱中薪火相传，弦歌不断。

　　　　　　本文原载于 2011 年 12 月 9 日《中国艺术报》

敬畏民俗

　　是什么塑造了大多数人的心灵？是什么约定了大多数人的共同记忆？又是什么给我们烙上了中国人的文化印记？也许并不是那些惊天动地的重大事件，也不是那些厚重博大的学术经典，而是我们生长于斯发生在身边的那些小事，是那些我们与之相生相伴的生活习惯。这就是我们的民俗。就像唐代大诗人张九龄说的"人之性情，莫不由习"。

　　民俗，即民间风俗，是一个国家或民族中广大民众所创造、享用和传承的生活文化。它起源于人类社会群体生活，并在特定的民族、时代和地域中不断形成、扩大和衍变，为民众的日常生活服务。民俗是一种来源于人民、传承于人民、规范于人民、深藏于人民的行为、语言和心理的基本力量，具有广泛的社会性、集体性和传承性。中国地域广大、民族众多、历史悠久，在漫长的生产和生活过程中逐渐积淀出丰富多彩、千姿百态的民俗。她凝结着中华民族的民族精神和情感，承载着中华民族的文化血脉和思想精华，她既是中华文明的符号，也是中华软实力的载体。它有维系社会稳定、促进民族团结、推动国家统一进步的独特力量。经过五千年历史长河的不断积淀和洗礼，很多民俗至今仍活态地在民间传承、应用，很多已被列入世界非物质文化遗产名录，成为人类精神文明的共同财富。

　　民俗蕴含着一个民族的个性。王安石说："风俗之变，迁染民志，关之盛衰，不可不慎也。"民俗是灿烂美好的，有时也是脆弱的。随着时光的流逝，那些农耕时代的许多美好温暖的民俗与当代人的生活渐行渐远，特别是西方文化的涌入，使很多民俗正在遭遇严峻的挑战。然而，对传统文化的致命伤害往往不是来自外部，而是文明传承者和携带者自己的随意抛弃。因此，我们应以文化的自信更加自觉地了解和热爱自己的传统民俗，不能等到外国人拿着我们的民俗去申遗时才惊呼被自己淡漠和忽视的民俗是多么珍贵和美妙。决不能让我们的下一代只知道情人节而忘了元宵节，只热衷圣诞节而忘了腊八节，只喜欢芭比娃娃而不知道泥人张……

民俗是民间文化中最贴切身心和生活的文化，它无处不在、无所不包。民俗在民间根深蒂固，源远流长。无论时代如何更替，历史如何变迁，许多人在兢兢业业地遵循着自己的民俗，人民群众以自己的方式不断展示出民俗的独特魅力和民俗文化的文明之光。

民俗作为一套通过人民群众身体力行而得到保持、传承和革新的完整的礼仪系统，具有无法言说的文化魅力和生命魅力，苏轼："人之寿夭在元气，国之长短在风俗。"可见，在古人的眼中民俗是何等的重要，它甚至与国运息息相关。

一个人从出生就在民俗中塑造着自己的行为，一个民族只有保留自己的文化和民俗才能保护民族的情感和个性不会消散。民俗是维系一个社会和谐运行和发展的内在动力。一个人可以老去，一个国家可以灭亡，民俗却可以穿越时空一代一代地传承下去。因此，我们今天在这里围绕当下城市化语境中如何对中国民俗艺术的保护、研究、传承、开发与应用进行深入的探索，以期作出时代的解答，以及探索民俗的扬弃工作，使我们民俗的文化内涵更加丰富和完善，有着十分重要的意义。

任何民俗的背后都有着相应的文化阐释和表达系统，都有着传统的美好情怀和现实的人文关怀。呵护好我们的美好民俗，关乎全球化时代中华民族身份的确立，关乎我们能否拥有一个美好的精神家园。恪守民俗的心灵密码，每个中华儿女都不应是冷静的旁观者和沉默的看客；传承文脉、传承民俗就在我们的日常生活中，就在我们的心中。我想，传承民俗最重要的不是守住炉中的那些灰烬，而是对那束热情火焰的不断传递。

本文原载于 2012 年 6 月 11 日《中国艺术报》

民间文化遗产保护的辉煌十年

21 世纪初，当中国的民间文艺还没来得及从传统社会中转过身来，现代化社会已轰然而至。此间，中国经历了一场人类历史上最大规模的城市化运动，从 2001 年开始，我国的自然村落以每天 300 个的速度消失，至 2012 年中国城镇化率已达 51.27%。急剧的社会转型给民间文艺带来了冲击和骤变。

民间文化遗产保护扬帆启程

要在十年的时间厘清一个民族几千年发展形成的文化积淀，是一项较为艰巨的任务。同时，面对经济的快速发展，我们在民间文化遗产的保护上没有任何先例可循。2001 年，以冯骥才为代表的一批中国民间文艺有识之士率先认识到民间文化的这场困局，有着责任担当的民间文艺工作者，以实践先于理念的睿智，由中国民间文艺家协会倡导发起了一场具有划时代意义的"中国民间文化遗产抢救工程"。至 2005 年，中国加入联合国《保护非物质文化遗产公约》，由此，中国民间文化与世界人类非物质文化遗产保护理念接轨并行。

截至目前，中国列入联合国名录的非遗项目已达 36 项，成为列入名录最多的国家，国家公布的三批非遗项目共达 1219 项。民间艺术从与当代人生活渐行渐远的边缘化境地逐渐回归当代社会和人们的文化生活，中国固有的民间文化的概念与国际非物质文化遗产的概念彼此呼应、相得益彰，民间文化遗产、非物质文化遗产的保护理念逐渐得到了全社会的认同，一个由政府主导、专家指导、民间参与的保护文化遗产热潮方兴未艾，全面展开。

民间文化遗产研究理论的形成

这是一场通过民间文艺工作者的伟大实践不断孕育民间文化遗产理论的实践运动，民间文艺工作者完成了思想理念、工作原则以及行动方法的统一，在走出书桌回归田野的旗帜下，对民间文化遗产进行了地毯式的普查，对大到村落、小到荷包的遗产进行了拉网式的调查，得到了我国目前尚存有 87 万项非物质文化遗产项目的庞大数字。

民间文艺界学者在行动中摸索，在比较中吸收，逐渐确立了中国民间文化遗产的传承发展之路。大量丰富的田野实践化解了变幻莫测的理论问题，源于精神高地的文化分析廓清了抢救和传承工作的疑问。民间文艺及非物质文化遗产研究从边缘化的"隐学"成为一门时代文化的"显学"。关于中国社会发展转型期的民间文化研究已成为热点领域，并初步形成了具有中国特色的民间文化遗产保护体系。其先进思想、学科理念、田野作业、科学方法及其理论成果都为人类文化多样性保护和发展贡献出了中国人民的智慧与经验；其优越的举国体制保障和"国家、省、市、县"四级管理网络以及由文化官员、专家学者、民间文化传承人和民间文艺工作者、媒体人、出版人、民间文化管理者经营者与广大人民群众共同参与所形成的最为行之有效的运行机制，既是中国人民及其民间文化工作实践的伟大创举，也是中国特色社会主义制度无比优越性的生动体现。这一具有中国特色的民间文化遗产保护体系，既丰富、发展和提升了民间文化的理论水平和学术高度，又回过身来指导着民间文化的调查、研究和传承实践。

民间文化遗产保护的自觉意识

改革开放以来，中国经济社会的迅猛发展使人们看到了中华民族力量的强盛和精神力量的伟大，民间文化的生命力是世界上任何一种艺术都难以与之颉颃的。面对西方文化的大规模入侵，中国民间文艺工作者率先提出将民族传统节日纳入国家法定假日的呼吁。

民间文化永续传承的希望就在民间文化自觉的先行者。人们越来越认识到民间文化的复兴既是民族复兴的组成部分，又是民族复兴的先导与前奏。文化遗产作为国家软实力的竞争已经成为世界各国在国际舞台上较量的一项新内容。

在这方面，中国的民间文化工作者是文化自觉的先行者。2003年，联合国教科文组织大会第32届会议通过的《保护非物质文化遗产公约》，较之中国民间文化遗产抢救工程已滞后两年。2003年，中国的民间文艺工作者着手参与起草《中国民族民间传统文化保护法》。2011年，全国人大以《中华人民共和国非物质文化遗产法》的形式正式颁布实施。2012年，由建设部等国家四部委正式开启了"中国传统村落国家名录"工程。

民间文艺工作者呼吁的遗产日在2006年由国家正式设立，除夕、清明、端午、中秋等传统节日也在民间工作者的期盼中正式列入国家法定假日。

在民间文化工作者的先行步伐中，中国的民间文化正在从文化自尊走向文化自觉，从文化自觉迈向文化自强。

民间文化遗产保护成果丰硕

历经十余年努力，民间文艺抢救工程取得辉煌成就。一部堪与"四库全书"媲美的民间口头文学集成数字化工程基本完工，这是一部历时愈60年，遍及全国2800个县，汇集了10万余民间文艺工作者劳动成果的田野采风，采撷达10亿字的中国口头民间文学宝库。22卷的

《中国木版年画集成》全部出版完毕，记录了包括台湾、澳门及流散海外的中国年画全貌，可谓对农耕文明全景式总结。《中国民间文化杰出传承人名录》《中国民间文化杰出传承人个人成就卷》系列成果相继出版，使我国民间文化长廊得到极大地丰富和延伸，也使我国优秀艺术家和民间传承人有了更加生动的形式和档案化的存录。

十余年来，从传统节日文化的回归到文化生态保护的重建；从民族生活习俗的挖掘到民族服饰的整理；从民族舞蹈的传承到原生态歌曲的采录；从民间传统美术的汇集到民间手工艺保护的全方位实施，都取得了丰硕的成果，并得到国内外的广泛好评。

十年的民间文化及非物质文化遗产的积淀，不仅使我们夯实了民间文化的基础，同时也让人们尽情体验到民间艺术的骄傲和自豪。进入"后非遗时代"，我们当前传承和弘扬优秀民间文化的工作只是开始，民间文化是灿烂的，也是脆弱的，在市场和商业的挤压下，民间文化正面临着蜕变和再生的考验。

无疑，民间文化必须与时代文化相衔接，不应忽略民间文化与市场的结合，更不应排斥民间文化的时代新生。面对当代中国经济实力日益强大，文化软实力亟待提升的迫切形势，社会更需要从民间文化中汲取精华，只有这种深深扎根五千年文明的根脉强劲，中华当代文化之树才能开出绚烂之花。

本文原载于 2012 年 11 月 26 日《中国社会科学报》

中国民间艺术走出去不是梦

在世界文化多元化发展的背景下，中国的民间艺术日益凸显出独特的魅力。日前由中国文联组织的中国民间艺术家赴美参加"中国民间文化周"展演在得克萨斯州掀起了一股中国民间文化风。巧夺天工的蛋雕，精美绝伦的料器，活灵活现的泥塑，引人入胜的内画……无不彰显出民间艺术的神奇美妙。一个民族的民间文化，凝聚着这个民族对世界和生命的历史认知和现实感受，积淀着这个民族最深层的精神追求和行为准则。古往今来，中华民族历经磨难而绵延不绝，一个重要原因就是有着深厚的民间文化传统和强烈的文化认同。历史悠久、特色鲜明的民间艺术，集中反映了中华民族的思维方式和精神追求。愚公移山的坚忍不拔，嫦娥奔月的浪漫情怀以及风筝放飞的美好梦想等已经深深熔铸在民族的血脉之中，始终是民族生存发展和国家繁荣振兴取之不尽、用之不竭的力量源泉。

随着全球化的深入发展和科学技术的日新月异，文化与经济、政治相互交融的程度不断加深，文化已经成为国家核心竞争力的重要因素。谁占据了文化发展的制高点，谁拥有了强大的文化软实力，谁就能够在激烈的国际竞争中赢得主动。中国民间艺术要屹立于世界民族艺术之林，就要千方百计壮大本国文化的整体实力和国际竞争力，就一定要推动中华文化更加主动地走出国门、进入世界文化舞台。中国文化"走出去"的目的是将一个古老的中国、发展的中国、开放的中国、文明的中国的完整全新形象展示给世界，以中国文化对世界的新贡献维护人类文明的多样性，促进不同文明、不同社会制度和发展道路的国家相互交流、取长补短、和谐共处。这是文化和文化工作者肩负的历史重任，也是中国进一步发展的重要战略抉择，更是民间艺术工作者的神圣使命。

在美国举办"中国民间文化周"让我们再次感到，民间文化"走出去"，可以展示自己的风采；民间文化"走出去"，可以发出自己的"声音"；民间文化"走出去"，可以增强自身的可持续发展活力；民间文化"走出去"不仅事关国家文化的利益，也关乎中国民间文化自身在全球化进程中的生存和发展。美国学者赫伯特·席勒在研究了当代西方与第三世界之间文化交流问题时，提出了"文化帝国主义"论。席勒通过对美国政府推进美国影视工业向海外扩张的分析，认为"文化帝国主义"的实质，是少数国家（特别是美国）控制国内外大众媒体，强制性地输出自己的政治文化、商业规范、文化习俗、价值观念及生活方式，这是近代殖民主义在文化领域的延续。中国的民间传说《花木兰》被迪士尼拍成动画片，并以美国的文化方式向世界输出，而这可能会令世人分不清这些文化的渊源，而以为这些是美国的文化。

一个封闭的文化体系必然是一个走向衰落终将消亡的文化体系，沉默无作为只会令中国文化更早地埋葬在西方世界持续的文化轰炸之中，我们应当像"中国制造"走出去一样大胆地推动民间文化"走出去"。中华民族五千年的文明史为我们留下了丰厚的民间文化资源。

当然，文化资源的优势并不能自然而然地转化为文化竞争的优势。民间文化的国际竞争力，既体现深厚的文化底蕴和丰富的文化内涵，还富于民族特色和时代色彩，成为使世界人民共享的文明成果。当代中国的强大令世人瞩目，我们应更加自信地让民间文化"走出去"，让世界看到我国改革开放取得辉煌经济成就的同时也体验到中国民间艺术所传递出的神奇魅力和软实力。

当今时代，世界了解中国文化的兴趣不断增加，各国研究中国文化的动机愈加强烈。这次"中国民间文化周"即是在西方对东方文化的强烈渴望的大背景下，在美国得克萨斯州所举办的为期近一年的"聚焦中国·国际节"的一部分。民间艺术家的到访是增强中外文化交流，让外国人了解中国文化的有效途径，也为推动中国人近观外国文化提供了很好的机会。通过中外文化进行频繁而良好的交流，不仅有利于两国人民间的彼此了解和友谊，更有利于中国文化进一步增强活力，在继承的基础上推陈出新，在抢救保护中薪火相传，持续向前发展。

民间文化走出去，以精美的亮相走上世界文艺舞台，还有很长的路要走。

本文原载于 2013 年 5 月 22 日《中国艺术报》

多彩的民间信仰世界

丰富多彩的信仰习俗是中国传统文化的重要组成部分。在民间文化中，信仰最能展现民族的性格和精神世界。无论世事变幻，沧海桑田，民间信仰始终在民间社会长盛不衰。走进民间既神圣又神秘的信仰世界，不能不为民众奇异多姿的想象力和创造力所折服，也不能不为普通百姓人生的执着与希冀所感叹。在这个神奇的世界里，既可以触摸到先民的心理、情感脉搏，又可以触摸到民族的深层性格。不了解民间信仰，就进入不了中国的民俗文化之门。

信仰是人类特有的一种文化存在和精神生活方式，是每一个人都有的一种精神权利。中国古人信仰的是"天"。所以问究于天、听命于天，遵从天意、天命、天理，但并没有把天具体的人格化成一个神。"天人合一"这样一种信仰理念和思维方式，成就了中国人以人为本的信仰理念，同时又给人们的自主体验和自由选择留出了一些空间，从而造就出与现实社会和世俗的人联系起来的"众神"。

多神崇拜是中国民间信仰的主要特点之一，所以老百姓在生活上渴望什么神灵，就会在精神上创造出什么神灵；人们在世俗生活中遇到无法排解的挫折和困难时，就会将美好的愿望寄托在神灵的身上。正如费尔巴哈所说："人们的愿望是怎样的，他们的神就是怎样的。"人们的需求各不相同，因此神灵也千姿百态，人们的愿望多种多样，因此神灵也各有不同。在众多的神灵中，主要可分为自然神和人神两大系统。所有的神都有超自然的力量，反映出老百姓浪漫的智慧和天才的创造灵感。人们通过信仰经营着自己的精神世界。

在多彩的民间信仰中有着一个始终不变的基调，这就是历代的中国人对美好愿景的不懈追求，对宇宙自然的感恩敬畏，对幸福生活的永恒企盼。民间崇拜信仰的人物，都富有传奇的故事，代代相传。

妈祖是民间影响最大的女神之一。史料记载，妈祖确有其人，姓林名默，生于福建湄洲屿。她二十几岁时，因在海上救险而升天成仙。从历史文献中我们可以看出妈祖不断被神话的过程。对妈祖的信仰起源于宋代，经过宋元明清的发展，在中国沿海地区拥有众多的信众，并且随着华人足迹传播到世界各地，成为凝聚世界华人民族精神的重要内容之一。

以妈祖信仰为核心，形成了以宫庙建筑、雕刻、文献等有形文化和神话、传说、故事、祭典、民俗、艺术等无形文化为基本内容的民间文化。妈祖信仰广泛传播过程中形成、累积起来的各种形式的妈祖文化遗产，是中华民族优秀传统文化的重要内容之一，其中包含着丰富的人文价值。

妈祖的形象已经成为人们心目中善良、智慧和正义的化身。关于妈祖的口传故事和神话描述，反映了人们对扶危济困、舍身助人等高尚品德的颂扬和追求，从而激励人们积极向善，涵养一种朴实而崇高的人性品格，体现了妈祖的正义、勇敢、无私、孝悌、仁爱、乐善好施等美德，对于提升人们心性、净化社会道德，都有积极意义。

原始社会的民间信仰，在漫长的农耕文明中不断成熟和发展。正如马克思所说：原始先民"他们用人格化的方法来同化自然力。正是这种人格化的欲念，到处创造了许多神"。正是那些美妙的民间信仰使我们一代代的祖先获得了心灵上的安慰与宁静。在当代社会，很多迷人的民间信仰逐渐被人们放弃、淡忘而远离了今天的生活。按照人类学家的理论，文化传统分为"大传统"和"小传统"，所谓"大传统"包括社会的主流文化形态，民间文化和民间信仰包括在"小传统"之内。而中国社会的"小传统"特别发达，这是由于中国有着长期完整的民间社会，造成了中国传统社会诸多的文化空间。五四运动反传统的目标在

"大传统"，而"文化大革命"则集中摧毁了"小传统"。

不可否认，我们在批判封建愚昧落后迷信的同时，也抛掉了封建时代人民群众创造的很多灿烂的文化和属于人类共有的文明。就像妈祖的信仰和祭拜一样，民间信仰都会表现在一定的仪式上，这些仪式逐渐形成了民俗。民间信仰的传承属于"非制度化"的家庭、社区及民间的"耳濡目染"，不依赖于现代社会的教育机制。民众是其旺盛生命力的生存土壤。

民俗不是凝固不变的，民俗当然会与时俱进，需要传承和扬弃，需要在流变中做出新的诠释。我想对于民间文艺工作者而言，对民间信仰的研究和抢救，不仅仅只是做到恢复历史文化的记忆，而应做出深刻的文化价值的解读和文化传统的当代重建，重塑出具有终极人文关怀和正能量的民间信仰精神体系。

本文原载于 2013 年 8 月 19 日《中国艺术报》

民间文艺不仅仅是名片

由中国民间文艺家协会命名的各具特色的中国民间文化之乡既像一幅展示历史文化记忆和地域风采的绚丽画卷，又如一曲谱写着新农村文化建设和精神家园和谐乐章的恢宏诗篇。人们越来越深刻地认识到，在当今各种思想文化相互激荡的时代，保护本民族和本地区的文化遗产，捍卫民族民间文化的独立性，进而展示其别具一格的地方文化特色，已成为当代民间文艺工作的神圣使命。

民间文艺之乡是灵魂的居所

在全球化发展日趋迅猛的今天，很多文化遗产，特别是深藏在偏远乡村的文化遗产，有的因未被重视而灭绝，有的因无法传承而濒危，有的因过度开发而变得面目全非，而民间文艺之乡在保护非物质文化遗产、开创地域文化品牌、振奋民族精神、促进地区经济发展与社会和谐方面正发挥着不可替代的作用。

我们非常高兴地看到，很多地方政府充分认识到了民间文艺之乡在新农村文化建设中的价值和作用。他们以民间文艺之乡为依托，以树立文化品牌为己任，着眼于文化类型和区域文化的特点，以政府、专家和人民群众的共识为合力，立足保护和传承本地别具一格的民族文化、传统文化、地域文化、特色文化等，挖掘整理抢救地区历史和民族文化中的思想情感、道德观念、信仰意识、价值取向、风土人情、民俗文化等核心内容，使体现当地形象的文化符号、文化景观、文化标志成为

"名片"，并加以保护和宣传；将地区特色文化融入经济社会发展和新农村建设的方方面面，有效地保持了文化的历史性、丰富性以及多样性、新颖性。

民间文艺之乡既是生活的家园，又是灵魂的居所。民间文艺之乡既承载一个地区历史文化发展轨迹，又反映着这一地域民众的道德观念和审美情趣。丰富的历史文化基因和独特的心灵密码使之成为当地人民群众灵魂的归宿。人类生活不仅要有一个生态良好宜居的物质家园，还要有一个能够让人们可以耳闻目睹到鲜明的历史印记，浓郁的文化风尚的灵魂居所。只有保留住灵魂的家园，才能使人在浮躁的社会里得到更多的心理安宁和身心愉悦，从而提高生存和发展的质量。如果割断了历史记忆和文脉传续，忽视了对当地民俗的尊重和精神传续，即使把房子盖得再好，设施再现代，都会使人产生陌生和距离感，从而得不到内心的安宁和精神的愉悦。

如果没有那些世代流传于村巷阡陌，铭刻于民众心头，穿越历史时空的神话、传说、故事、歌谣以及代表地域特色的民间习俗，我们该如何理解家园和故乡？民间文化寄托着民众的欢乐和悲伤，引导着民众对宇宙、历史、地方和家园万物的理解。离开了民间文化我们无法认识和了解一个地方的地域特色和乡土世界。

可以说，在我国每一个地方都有着与其独特的地理景观相映照的民间文化和地方风物传说。在地理学上一个地方也许只是一片自然形成和人工造就的地形地貌而已，而正是由于有了风土人物等民间文化的晕染，才使一个地方有了诸如精卫填海、嫦娥奔月、天女下凡、得道升天、风水堪舆、福地洞天等富有传奇色彩的文化意义，才有了超越自然景观以外的丰富内涵，从而在本地人心中勾勒出一幅美妙的乡土画卷，在外来者心中揭开一个令人向往的世界。青田的石雕文化，荆州的三国文化，庆阳的香包文化，宜兴的紫砂文化，丽水的龙泉青瓷……为什么阆中有个春节老人？为什么涉县唐王山有座女娲宫？为什么这里是愚公的故里？为什么这里是孟姜女哭长城的地方？为什么沙田唱水上民歌？为什么祁连唱藏族拉伊？……

正是这些历久弥新的风物传说，使一片原本洪荒的土地成为具有深厚文化底蕴的沃土，成为受人关注的地方，令民间文艺研究工作者接踵于此。而民间文艺之乡所关注的并不在于那里是否有一个山川环绕、山花盛开的自然世界，我们探索的是一个活生生的精神世界和人文空间。遍布神州的民间文艺之乡在中国版图上也绝不是要铺陈出一个自然地理的图卷，而是要展开一幅铭刻在中华儿女心中的人文地图。

民间文化之乡不仅仅是名片

随着中国社会经济的发展，民间文化建设越来越受到各方面重视。很多地方通过对本地民间文化的深入挖掘和整理，建设成为富有历史底蕴和文化特色的民间文艺之乡，使优秀的民间文化成为地方发展的一张亮丽文化名片。

与此同时，我们也注意到，本来我们应将有限的经费用于普查、挖掘、整理、研究民间文化历史资源和恢复历史文化的本来面目，客观完整、真实准确地反映出本地民间文化中不可替代的历史文化价值，表现出实事求是的历史唯物主义精神。但也有一些地方出现了拼命寻找和争抢民间历史文化资源的现象，甚至夸大其词制造假象，出现了"先造谣再造庙"浅薄浮躁的诟病，甚至以传承文化的名义打造出一批真实性与文化内涵近乎乌有的假景观和假人物，并借此大搞商业开发活动。

如果民间文化不再是自然原生态的文化，而是按照旅游经济的需求重塑文化的认同，则必然会损害民间文化的真正内涵，既严重亵渎了我们的民间文化资源，又浪费了大量经费。

那么，我们申办民间文艺之乡的目的是什么？我们对待民间文化遗产应采取怎样的态度？毫无疑问，申办民间文艺之乡的初衷是为了抢救和保护优秀的民间文化，应该把着眼点放在民族民间文化和人类文明的未来上，而不是放在一地一时的功利上。申办民间文艺之乡只是动力，保护才是根本，甚至不能把"品牌"和"名片"作为建设民间文艺之乡的目的，不应把迷人的民间文化当作商业标签来使用。风物长宜放眼量，要有着眼长远和未来的襟怀和气魄，决不能寅吃卯粮鼠目寸光。祖先给我们留下的壮丽河山与丰富的人文遗产，首先是对人类文化多样的完美演绎，是对人类精神世界的满足，是对于人民文化生活的丰富，是对人们道德情操的培养，是对民族精神的凝聚与升华，是对悠久历史与美好未来的寄托与拓展。所谓的品牌与名片可以有助于文化的传播与发展，但如果缺失了对文化的虔诚和敬畏，就会造成对文化传统的歪曲和贬低。

正因如此，民间文艺之乡的创建应该有自己的品位与追求，有自己的境界与底线，不能停留在市场与传媒炒作的层面，不能停留在招牌与名片的层次。任何与民间文化遗产相关的开发项目，都应当考虑其对文化传承的影响。要避免过度开发和不当开发破坏其固有的遗产价值。

民间文化之乡是历史文化的展示，是民俗文化的传承和积淀，民间文艺之乡命名不是民间文艺抢救保护工作的结束，而是文化传承弘扬和发展的开始。在获得了中国民间文艺之乡的荣誉后，民间文艺之乡的建设者还要花更大、更多的人力、财力和物力确保民间文化"原汁原味"地传承下去，使它的历史价值和文化意义不止于过去和眼前的显现，还要让她在未来焕发出更加迷人的光彩。

实践证明，民间文艺之乡是保护抢救民间文化遗产，建设中华民族共有精神家园的有效机制。凡是民间文艺之乡发展好的地区，都呈现出经济发展、社会和谐的局面。人民群众对乡土文化的高度热爱和广泛参与，正在被内化为保护非物质文化遗产的文化自觉，这种文化自觉被转化为巨大的精神动力，在新农村文化建设、构建社会和谐中释放出不可低估的能量。通过民间文艺之乡的品牌效应，真正实现了历史文化得以彰显，文化设施不断完善，文化精品层出不穷，文化市场繁荣有序，文化产业协调发展，群众文化丰富多彩，文明程度明显提高的良好态势。因此，充分发挥民间文艺之乡在推动社会主义文化大发展大繁荣中的作用，将是中国民协一个长期的课题和长远的任务。

本文原载于 2013 年 9 月 13 日《中国艺术报》

市场经济语境下的民间文艺

　　经济全球化的飓风挟着市场经济的浪潮，一方面无情地摧毁着本已脆弱的民间文艺，另一方面也拨动着民间艺术复苏的某些神经，使民间文艺的传承保护在面临诸多困境和危机的同时，也不断闪烁出惹人的灵光。研究民间文化的保护传承离不开时代和社会的发展，封闭式的保护必然会造成"温室培育"，脱离现实的保护，必然会造成"无土栽培"，因此，必须还民间文化于现实生活的活态中，从而探寻出具有规律性的认识和把握。

　　近年来，当我们目睹民间文艺不断地凋落为非物质遗产的同时，非物质文化遗产成了一个热词，让人不能不感慨万千。以遗产的视角审视民间艺术是一种复杂的或辩证的态度。一方面我们要从遗产的角度审视民间艺术，另一方面也要从民间艺术的角度审视遗产。既然是遗产就不是一般的遗物，而是遗物中的精华，即一个国家和民族的文化财富。在商品社会里，遗产会被变成资源、资本，成为具体生产生活的物质条件和前提。不可否认，市场经济包括旅游业在内的迅猛发展在一定程度上刺激了一些地方民间艺术的活跃和复兴，一些民间艺术被请上舞台或被生产成旅游商品。但这些并不足以说明或意味着民间艺术被当代人重新重视起来，只是被作为赢利的商品和资源而已。

　　文化的发展比物质生产的发展要复杂得多，文化的发展意味着伦理观念的提升和转换。当民间文艺成为遗产时，这种遗产不仅在于其外在的审美形式，还有着更重要的精神内涵和价值。作为文化遗产，它的艺术魅力是永存的，它的精神延续也应该是绵绵不绝的。民间文化作为一种与人们生活方式息息相关的精神载体，最宝贵的就是活态。

在民间文艺的保护实践中，我们会发现民间文艺自身有一种不断向前涌动的特性，希望让它停在某一时刻的想法可能会苍白无力。如果我们走进那些边远地区的少数民族村寨，就会发现那些代表着原生态的歌者，他们身上包括服装饰品在内的外在因素都在发生迅速的改变。特别是山村里的年轻人已经被市场经济大潮裹挟进了大城市，只有当他们回乡时才在村口换上本民族的服装，抑或已经把城里的服装带回了山村，并成为寨子里追捧的新潮。对此，讲课和参加培训的专家或许有着截然不同的评价和看法。我个人以为，变化是必然的，变化成什么样子才是值得我们去研究、关注和引导的。

在市场经济语境中，在非遗后时代，民间文艺被作为遗产看待，首先是被当作一种有历史距离的因而是外在的事物看待的，被当作一种可供利用的资源、资产、原料看待。20世纪中叶，中国民间文艺家协会曾组织过大规模的民间文艺普查和发掘，现在回过头去看那时的作品，从整体上说虽然表达了文化人的情感和思绪，但主要还是"原生态"的。而在今天全然不同了，民间艺术的形象和元素被并不珍爱民间文艺的人们"生硬"地安置和拼贴在被肢解的作品中。如同中国民间故事花木兰被美国拍成电影并以美国的价值观向世界输出一样，反而使那些对民间文艺不甚熟悉的人们对民间文艺产生误读。

现代社会在很大程度上是商业社会，市场经济渗透到社会生活的方方面面。民间艺术与市场经济形成着一种交叉、互动的关系。毋庸讳言，今天国内的民间文艺及非物质文化遗产保护研究中，许多尖锐的批评都集中在这个问题上。学者从情感及研究出发会把"原汁原味"的民间艺术及民俗传承与有着商业动机的行为看成是水火不容的两个世界。对于这些非物质文化遗产的传承来说，进行静态的、摆在博物馆里的保护是没有意义的，只有动态的、有生存空间的保护才是最好的传承和保护。

因此，当我们看到那些本来是当地百姓用于祈祷、祭祀的傩戏被搬上声光电的舞台，我们会觉得匪夷所思。还有一些地方的民歌，为了适应地方经济的发展，按照当代人及外来游人的审美需求加以包装，表面上看似乎得到了地方政府的重视，走出了山野，甚至走向了世界，但是山歌离开了山野还是山歌吗？民间艺术一旦离开了其赖以生存的文化沃土，就成为一叶无根的浮萍，成为一种纯粹的商业表演。还有那些本来只在特定情境和固定节令举行的祈祷祭祀仪式，变成了每天都在重复的表演。云南傣族一年一度的三月三泼水节，被变成了天天泼水的游戏。如果傩舞傩戏不再传递那些神秘的祈祷祭祀等神圣的宗教文化内涵，不过是突出形式的面具表演，最多也只是特色浓郁的当代民族舞蹈，不再是我们所说的文化遗产了。

这些面目全非的"非物质文化遗产"只会令专家们哭笑不得。而这样做又满足了那些也许一生中只来一次的游客。所以也有人说，这是民间艺术古为今用。无论如何，这些再造与复苏的民间文艺与传统的原生的民间文艺相比，毕竟少了许多禁忌和神圣性，增加了许多世俗性和娱乐性；少了许多原汁原味，多了趋同的表演性。或许，最让专家们哭笑不得或难以理解的也许是观看演出时的商业气氛。难怪有专家尖锐地指出："当我们对非物质文化遗产的保护还没有到家的时候，就将其推上市场进行开发，实际上是等于把原生态的非物质文化遗产撕成碎片，广大商家各取所需罢了。"

那么，市场能否进行有关民间艺术或民俗的开发呢？我们能不能找到一种非市场的正确保护方式呢？当代人是否找到了一条正确的保护与利用民间文化的道路呢？我们认为，批评市场包括市场产品的弱点是容易做到的，然而，我们必须历史地看待市场经济的优点与弊病。我们必须看到，文化、艺术本身都不是那么虚弱、那么无力的。市场与文化是一场互动的博弈。我们既要承认文化由于进入了市场因而难免沾染了几分铜臭，也要相信市场由于有了文化的参与而增添了些许书香。市场是一个供需关系自动调控的过程。在我们城乡居民还不太富裕的情况下，在千百万农村人口刚刚闯到城市寻找生存和致富机遇的情况下，我们很难设想文化市场里会充满高雅的艺术作品，更何况高雅艺术本身就不在多数。对于已经客观地成为文化资源的民间文化遗产，市场当然不会袖手旁观。它们的积极参与恰恰反映出当代社会和当代人的巨大需求。所以，产生"我们实在不甘愿守着丰富的民俗文化金碗去要饭，我们不能守着文化宝藏祖祖辈辈受穷，我们要开发民间文化市场"的市场诉求就不足为怪了。简单的抵制商品经济对文化遗产的渗透并非治本之策，我们应把更多的精力和心思用在对文化遗产的历史价值、文化价值的挖掘研究和推广上。

让民间艺术留在乡土社会中自生自灭的态度过于消极，而在这个领域排斥市场更是不现实不积极的。在市场经济下，非物质文化遗产保护和利用也将呈现为一个多元化的状态。民间艺术获得积极发展也将会有多种道路选择。民间艺术资源进入当代艺术原创的方式及其表现形式也势必是多种多样的。在这个过程中，民间艺术过渡成为文化遗产，文化遗产再寻找文化市场的动机就成了一些地方急切想使民间艺术商品化的做法，而旅游业显然是最活跃的。有些地方政府从政绩和利益的角度出发，盲目追求民间艺术的商品价值而忽视了对遗产的保护责任。

对于民间文艺工作者来说，重要的不在于声讨文化遗产产业化的过失，更重要的是告诉政府部门应如何面对和回避市场，如何正确地面对历史与现实，如何正确地处理经济与文化，如何正确地看待遗产与利益，如何正确地评判政绩与公益，如何寻找到一条保护传承与合理利用的两全之策。在这个过程中，民间文艺家、专家、政府都不能缺位。

我想，所谓非遗后时代，市场经济对民间文艺的挤压，不仅表现在民间文艺工作者对文化遗产传承现代性的反思和批判上，也表现在民间文艺在当代的蜕变和新生上。当今各种文化艺术资源已经成为商业媒体、文化产业部门争夺的对象。毫无疑问，市场经济有短期行为的倾向，势必会在一定程度上压抑文化的多样性，但是，仅仅抱怨市场有弊病是不够的。

对于民间艺术本身来说，在自身延续的同时顺应新的环境，找到自身发展的宽阔道路，就成为一个极富时代性、考验性的课题。为推动中国民间文艺理论研究与传承实践，特别是探索在市场经济环境下如何化解民间文艺走出危机，使更多优秀民间文化创意人才脱颖而出，中国民协特地举办了一次全国中青年民间文艺人才高级研修班。这次研修活动以生动的案例为很多来自基层的学员开拓了视野，打开了思路，他们呼吁中国民协持续以专家力量有针对性地为各地民间文艺资源合理利用和可持续发展出谋划策。为满足广大学员和读者的期盼，我们选取部分文章结集成册出版。不当之处，望读者指正。

　　本文是作者于 2013 年为《全国中青年民间文艺人才高级研修班论文集》一书所作的序

优秀民间文化是社会主义核心价值观的深厚根基

习近平总书记在一系列重要讲话中多次强调，"要把培育和弘扬社会主义核心价值观作为凝魂聚气、强基固本的基础工程"，要"继承和发扬中华优秀传统文化和传统美德"，要"让收藏在禁宫里的文物、陈列在广阔大地上的遗产、书写在古籍里的文字都活起来"。总书记的重要讲话，为中华文化的传承和创新指明了前进方向，具有极强的针对性和现实指导性。

我认为核心价值观是文化软实力的灵魂，是决定一国文化性质和方向的最深层次要素。而优秀民间文化是民族价值观生成的坚实根基。作为祖先留下的精神遗产，那些流淌在人民群众的血液里，扎根在华夏儿女骨子里的民风民俗、思想观念、人格操守，成为一代又一代中国人立身处世的风向标，潜移默化地规范着中国人的行为准则。我们要全面客观地认识包括民间文化在内的中国传统文化，以新的视野重新审视民间文化，对民族民间文化中的经典、人物、制度、风俗、思想境界、价值理念、乡规家风以及它的发展成因重新加以梳理和诠释，为当代价值观的构建提供文化源泉。物质贫穷、社会落后不是社会主义，文化衰败、精神空虚也不是社会主义。加快构建充分反映中国特色、民族特性、时代特征的价值体系，大力培育和弘扬我们的核心价值观，从而为中华民族的伟大复兴，实现中国人"光复旧物，自立于世界民族之林"提供不竭的精神动力，是时代赋予我们的责任和神圣使命。

以优秀中华文明为基石的社会主义核心价值观，体现在三个方面的有机结合，一是包括优秀民间文化在内的传统文化与现代文化的有机结合；二是中国本土文化与世界优秀文明成果的有机结合；三是国家政治理想、社会价值取向与个人道德准则的有机结合。追本溯源，优秀的民间文化是核心价值观的固有之根。中华民族五千多年文明源远流长，创造了博大精深、辉煌灿烂的中华文化。时代变迁，从光辉闪耀，到沉沦嬗变，再到重拾新生，中华文化始终积淀着中华民族最深层的精神追求，代表着中华民族独特的精神标志，为中华民族生生不息、发展壮大提供着丰厚滋养。这不仅是我们应该珍惜的宝贵财富，也是我们在世界文化激荡中站稳脚跟的根基。不忘本才能开辟未来，善于继承才能更好创新。在提倡大力培育和弘扬社会主义核心价值观的今天，我们只有继续把民间文化这个宝库开掘好、利用好，才能更好地实现以文化人、以文育人。

人类历史表明，世界上每一个民族价值观的形成，都脱离不开从本民族的生产生活中衍生的文化土壤，因地域地理不同，气候环境不同，所形成的不同文化为价值观打上了不同的烙印。抛弃传统，就等于割断了自己的精神命脉，就会丧失自我。百余年前，一批中国的精英群体断然抛弃民族民间文化，一味投向西方文化的怀抱，使中华文化特别是迷人的民间文化屡遭冷遇。

中国共产党在苦苦求索中创造性地将马克思主义基本原理与中国实际相结合，找到了一条中国人自己的复兴之路。可以说，中国特色社会主义道路之所以能够在中华大地生根发芽、枝繁叶茂，一个重要原因就是注重对民间文化的尊重和传承。中华民族历经磨难而仍屹立于世界民族之林，在很大程度上得益于滋生在民间的强大的文化生命力。高度的文化自信和价值观自信，是我们自立于世界民族之林的精神根基。这是已经被历史证明了的事实，也是已经被事实证明了的历史。

在政治经济格局全球化的风云激荡中，国家间文化软实力的竞争、意识形态的交流和冲撞日趋激烈。在这场较量中，最激烈也最关键的就是核心价值观的竞争。谁忽视这一领域，谁就可能不打自败，甚至一败涂地。要在国际竞争中把握主动权，我们必须从中华优秀传统文化中汲取营养，深入挖掘和阐发其时代价值。五千年的悠久民间文化至今在思想学说、经验智慧、道德传统、民族精神和历史认同等方面仍具有强大的感召力和生命力。几千年在人民之中传承绵延的那些儒雅的、纯正的、善良的、勤劳的、勇敢的、高尚的、优美的、古朴的、豪放的、婉约的、亲情的、温馨的、诗意的细腻情感追求，那些充满亲情、人情、友情、乡情、公正、平等、民主、自由、良知、人文、人道、诗意、理想的为人处世之道，经过今人的重新阐释，都可以成为当代人的价值体系和信仰参照，增强社会主义核心价值观的生命力、凝聚力、感召力，让"中国价值"成为推动发展的力量之源。

"礼失求诸野。"增强文化自觉，培育社会主义核心价值观，实现中国梦，就要把根深深扎在民间文化的土壤里，向民间文化学习，向祖先留下的灿烂文化遗产学习，把蕴含了中国民间文化中所固有的修身齐家治国平天下，中庸之道，仁义礼智信，忠孝节义、礼义廉耻等美德的文化观念融于当代人的社会主义核心价值观之中，把核心价值观贯穿于社会生活的方方面面和每一个人的自觉行动，使之展现出深厚坚实的文化底气和当代中国人的骨气和正气，以此振奋我们的精神，净化我们的灵魂，实现人人按照"先天下之忧而忧，后天下之乐而乐"的思维方式生活，把个人的命运与祖国的安危紧密相连，把个人的梦想融入伟大的民族复兴梦想之中，以自强不息的强大正能量奏响中国特色、中国风格、中国气派人文景象的乐章，把"为天地立心，为生民立命，为往圣继绝学，为万世开太平"的人性美德和思想境界弘扬光大。

本文原载于 2014 年 3 月 19 日《中国艺术报》

农民画　中国梦

　　如果说中国梦是一幅充满着理想的美丽图画，中国的农民就能画出这幅美丽的图画。我相信，看了"我们的中国梦·全国农民画展"，你也会深信不疑。

　　金秋时节，一幅幅来自全国的梦幻般的农民画在中国农民画之乡万安县如约展示。万安农民画有着悠久的历史文脉和富有生机的当代传承。万安遗存的唐宋时期的寺庙中，就有着大量的壁画和丰富的雕刻，民间则有着古老的悬挂"水路画"之风。近年来，万安人又在田北村兴建了农民画村，村中有农民画展示墙、画苑、画家住宅等设施，成为集创作、展示、培训、写生为一体的创作基地和良好的交流平台。万安犹如一棵巨大的梧桐树，招来八方农民画家；这次全国性的展览如同吹响了全国农民画的集结号，引来各地的农民画高手一展风采。每一幅画都散发出浓郁的生活气息，透露出诱人的泥土芳香。此刻走进田北村就像走进了一幅绚丽多彩的中国梦画卷。

　　农民画作为一种单独的绘画样式，其概念出现于20世纪的50年代，它是在那样一个年代里所兴起的由农民所作的画，强调的首先是农民的画，而不是其他人所画的农民题材的画。农民不受绘画理论的约束，只追求真实地表达自己的生活体验和感受。因此，农民画一经出现便以其简单的艺术理念、直白的造型追求、随意的透视和鲜明浓重的装饰色彩引来了专家和观者的刮目相看。

　　美从民间来，民间有大美。农民画扎根于中华五千年文明的沃土，以民间文化为创作基础，以乡村生活为创作素材。在农民画家的头脑里，绘画不仅不神秘也不是一个专业。他们没有受过透视原理和解剖学的训练，但他们可以凭超凡的想象构出任意立体多维和平面透视的画面；他们没有学过色彩学和颜色搭配理论，但他们可以毫无忌讳地运用大红大绿等专业画家所回避的颜色而随意赋彩，搭配出冷暖结合、对比强烈、单纯鲜明的色调，以质朴简洁的绘画语言描绘出令人耳目一新的画作。他们不受绘画法则的约束，不受色彩原理的制约，没有他们不能画的，没有他们画不出来的，他们是无法而得法。

在几十年的发展中，农民画家不断总结着创作经验，逐渐形成了独特的创作要领和风格，"红红绿绿，图个吉利"；"红与黄，喜煞娘"；"要喜气，红与绿；要求洋，一片黄"等就是农民画家创作经验的生动总结。特别是在热心的专业美术工作者的辅导下，农民画家绘画的技巧和理论知识在不断提高，并逐步摸索出了许多绘画窍门。"色要少，还要好，看你使得巧不巧"等口诀充分体现出农民画家的聪明与智慧。中国农民画以其奇特的风格、夸张的手法、大胆的用色以及醉人的情感被媲美为"东方毕加索"。

正所谓"天真烂漫是吾师"，农民画家能抓住事物的特征进行大胆夸张，能突破时空的概念任由画笔"天马行空""独来独往"，极具天真之趣。综观全国的农民画，虽然鲜明的地域特色带来千姿百态的迥异画风，但在核心表述方式上又呈现出明显的"趋同性"。这就是对生活中真善美的刻意还原和美好愿望的尽情表现。

农民画家在对生活抽象深刻了解的基础上，在作品上表现出最能体现对象本质的东西，不是去忠实描绘事物的外部形象，而是表现出他们对客观事物的主观认识，从而把看到的、听到的、感觉到的、经历到的、想象到的一切生活中美妙的东西都组织进画面，不局限于对象的逼真，不在乎比例透视，描绘的不是客体本身，而是极富浪漫诗意的主观情感。因此，对农民画家来说，"画什么"远比"画成什么样"重要。

农民画所表现的大都是他们亲身经历和感受的生活。他们画自己的人生情感、人情美善，画自己的欢笑眷恋、悲欢离合，画自己的衣食、生产、欢乐。他们熟悉啥就画啥，想画啥就画啥，从而表现出高度的主观性、随意性和自由性。他们用画笔夸张地描绘现实生活。他们善于发现精神的光辉和生命的色彩，从而用浓重的色彩滤去那些生活的艰辛，尽情地渲染和铺陈生活的欢乐和人生的快意，赋予生活过程的每一个细节以神圣的美感和温暖的情趣，展示的是农民对现实生活的感受和对未来生活的感觉。因此，中国人心中有多少美好的梦想，农民画就可以画出多少美好的图画。

"每个人都有人生出彩的机会。"中国梦的愿景只有扎根在中国的文化沃土里才能生根发芽，只有沐浴中国田野的阳光雨露才能开花结果。欣赏和评判农民画时只有把它放在指定的语境中才能更好地理解它。在田北村已经有一批农民告别了原有的生产生活方式而专业从事绘画。看到他们全身心拥抱绘画梦的同时，我期望他们永远不要割断与农民画生命相连的生活本源，并始终保持住朴素的、原生态的、乡土味十足的画风。因为真正的农民画，靠的不是绘画技巧而是生活本身。我相信，农民画作为"中国精神、中国形象、中国文化、中国表达"中最接地气的一种艺术形式，一定会为我们的中国梦增添更多的精彩。

本文原载于 2014 年 9 月 29 日《中国艺术报》

民间文艺不是摇钱树

　　一个民族最大的资源是文化，最能打动人心的是文化，在一个地方的历史长河中最耀眼的还是文化。对民间文化资源的开发是一把"双刃剑"，我们可以保护性开采，但不能"吃祖宗饭、断子孙路"。蜂拥而起的盲目开发等急功近利的做法，会对民间文艺资源造成毁灭性的破坏。

　　如一些地方把美妙的民俗节日变成了"吃节"，把对民间传说的挖掘变成了"先造谣再造庙"的牵强附会，质朴动听的山歌变成了卖弄情调的旅游表演。就连民间传说中的牛郎织女也被"找"到了故事的发生地，观音有了出生地，王母娘娘也有了真身。

　　如此一来，民间文艺资源成为商业资本，民间文艺可以兑换成人民币。这些做法直接消解了民间文艺的文化功能，不仅不能传承弘扬民间文化，还亵渎了民间文化资源，并在一定程度上误导了民间文艺的传承。

　　我国民间文艺资源遍布乡野，蕴含丰富，仅国家公布的民间文艺项目就有数十万项之多。当我到地方调研民间文艺时看到，地方政府面对丰厚的民间文艺资源，他们所关注的往往不是如何把当地的民间文艺挖掘好、保护好、传承好，而是思考着如何让民间文艺资源走向市场，如何将其培育成产业并不断把这个产业做大、做强，最好能让民间文艺开发成为推动当地经济增长的"大户"。

　　民间文艺资源能不能进行商业化开发？可以，但不是所有的民间文艺资源都适合商业开发的。即使开发，也要适度、合理，不能违背民间文艺发展的内在规律。对一部分民间文艺进行开发，实现其时代的蜕变与新生无可厚非，但这只是民间文艺里为数不多的一小部分，而更多的民间文艺特别是已经成为民间文化遗产的那一部分，更为突出的是其精神属性，我们不能期望这部分民间文艺产生巨大的经济效益。民间文艺的本质功能在于引导风俗醇美、人心向善、家庭和睦，其核心价值在于"成孝敬、厚人伦、美教化、移风俗"，千百年来中国的老百姓正是从这些优秀的民间文艺中不断获得精神上的鼓舞，并不断形成了中国人的价值观、人生观。有专家将这些原生的民间文艺称为民族文化的"脐带血"，并不为过。而这些是不能用物质利益所取代的，也不能用金钱来衡量的。

当然，有些民间文艺资源适合转化并也取得了一定的成绩。比如潍坊利用民间风筝的盛行创办了国际风筝节，莆田利用传统民间雕刻技术打造的木雕、石雕民间工艺产业聚集圈，吴桥利用民间杂技传承举办的国际杂技节，等等。对于各地的民间文艺资源要有科学的认识和判断，要分清哪些需要"原汁原味"地传承、哪些可以与时俱进地在传承中有所发展、哪些可以作为新工艺的创作元素。在这方面，人们应多听一听专家的意见。

传统的民间文艺在现代化浪潮中很脆弱，每每面临"人去歌息""人亡艺绝"的境地。我们不能把民间文艺等同于可贩售的旅游商品，更不能把民间文艺的文化价值等同于可量化的经济效益。民间文艺的存在价值不在于赚钱盈利，而在于体现中国老百姓审美与创造性的非精英文艺的赓续，民间艺人的使命也不在于创新，而在于尽好传承的本分。我们对民间文艺的过度开发将造成民间文艺的内涵尽失、传承人的使命殆尽。那些曾经点亮我们心灵的民间文艺一旦消失，我们面临的将不仅是一项项灿烂的民间文艺的不复存在，还有民族文化认同的危机。

本文原载于 2016 年 3 月 29 日《人民日报》

民间艺术让生活更美好

民间文化像一片海，滋润着辉煌的中华文明；民间文化是文化的根，滋养出五千年的中华文脉。

民间有大美，大美在民间。民间文化既蔚为大观泽被天下，又静水流深隐于寻常。灿烂迷人的民间文化就在中国人日常生活的角落里，就在吃穿住行的琐事中，就在生老病死的仪式上，就在言谈举止的行为间。百姓日用而不觉，历经千年嬗变而不断，支撑着中国人的文化定力。

民间文化是生活的文化。她起源于生活，也伴随着生活的发展变化而发展。或许有人以为，许多传统的民间文艺的表现形式在日新月异的时代发展面前显得有些"过时陈旧"，很难迎合当代人的欣赏口味。但不可否认，民间文艺中所蕴含的民族情感、审美体验，可以跨越时空历久弥新，释放出迷人的魅力和永恒的价值。

生活是民间艺术的起源，也是民间文艺的载体。我们既要保护传承民间艺术的古老样式，也要将其融入新的生活方式。当一项民间艺术脱离了生活的润泽，失去了人民的喜爱，生命力就会衰退，甚至淡出社会与生活的舞台而难以传承下去。

民间艺术不能脱离生活而孤立存在，而是要与社会发展和时代生活相适应。适应时代的发展和融入生活，不是简单的"原封不动"地"古为今用"，而是要让民间艺术在历史的发展中不断成为人民群众所喜闻乐见的文化形式。因此，传承和扬弃都会成为时代的命题。

用现代表达以缩小古今距离，用时尚语言诠释民间艺术的魅力，从而让当代人认知民间艺术的内涵，感受其魅力。如用表情包展现和推广甲骨文即收到了很好的成效，不仅给古老高深的甲骨文赋予了时代魅力，也符合互联网文化传播的规律。这样的创意可以借鉴，有的年画之乡把木版年画的图案印在年轻人喜欢的 T 恤衫上，有的竹编艺人把竹编器皿与咖啡杯具结合，有的手工油纸伞工匠在琢磨让油纸伞携带和使用更轻便，等等。对于手工技艺来说，在不失以"心手"为核心技艺的前提下，唤醒那些沉睡于深山、失落于乡野的民间艺术，让传统与现代对接，乡村与城市对接，文化与市场对接，使民间艺术重回生活、点亮生活。

守护民间艺术不仅要有怀古思幽的情怀，还要有继往开来的理性。把濒危物种放到动物园的笼子里是一种抢救，但并非最好的保护；把即将消失的民间艺术放到博物馆里是一种收藏，但不是最好的保护。最好的保护是让他们回归自然和生活。蝴蝶标本，再美丽，也失去了在自然中漫天飞舞的生命力。

无论是过去还是现在，民间艺术离生活都不遥远，也不能遥远。我们不能把民间艺术石化，而是要生活化。民间艺术不仅是传统的也是当代的，不仅是古老的也是鲜活的。她不仅意味着祖先留下的传统经验，也包括当代人的生活实践。所谓"原汁原味"不是"原封不动"，世代相传不是世代不变。我们要怀着对民间艺术的温情与敬意，既要让民间艺术保持古老的样式，也要让其融入新的生活方式，使民间艺术既原汁原味又有滋有味，既世代相传又创新发展。让那些在岁月深处闪烁着智慧之光的民间艺术，成为当代中国人的生活滋养。

本文是作者于 2019 年 6 月 29 日在"中国民间艺术融入当代生活论坛"上的发言

第六辑

回望乡愁

在翁丁村寨寨主家中聊「乡愁」

守望养育我们的故乡

一句"记得住乡愁"拨动了多少人的心弦，深情的话语，就像是时光流转的不舍眷恋。乡愁是一种岁月沧桑的文化积淀，一种洞穿繁华回归故土的质朴情感。在广袤的中华大地上和青山绿水间，散落着数以万计的村落，描绘出一幅"桑叶隐村户，芦花映钓船"的农耕文明的美妙画卷。斗转星移，岁月沧桑，很多具有悠久历史的古村落在时代流转中巨变，农耕渔猎瞬间被工业生产取代，特别是在我国加快城镇化发展的当代，平均每天将近三百个自然村落消失在城镇化建设推土机的轰鸣声中。蓦然间，我们发现那里是我们民族的诞生地，那里是我们美好的精神家园。作为文化工作者，我们有责任守望养育我们的故乡。有缘于此，中国民间文艺家协会近期分赴各地调研普查村落当代生存现状，力求找到久违的"乡愁"，探寻一条古村落保护与发展的两全良策，在文化产业商品化狂潮的袭击下多一些理性的思考，使那些具有深厚人文蕴含的村落不至成为美丽的传说。

魂系廊桥的古老技艺

置身泰顺的崇山峻岭清波碧水之间，满目郁郁葱葱层林尽染会令人产生方向的迷失感。此时那一座座跨水而建、隔山而连的迷人廊桥会指引给你前行的路，走上廊桥，一股回归心灵家园的快感油然而生。清爽的空气，叠翠的山峦，清澈的溪流，田园的风光陪伴着道不尽的古老传说使廊桥显得扑朔迷离愈加迷人。作为世界桥梁建筑形式的"活化石",廊桥曾是先民们赶路歇脚、遮风避雨、聚会纳凉以及文娱生活的好去处,至今这些基本功能仍发挥着作用,仍然承担着人们休息、社交、祈福、祭拜、观光的功能。曾经,廊桥在高速发展的社会中仿佛逐渐退出了以往的历史地位,与之相生相伴的巧夺天工的营造技术也面临失传的境地。2009 年,中国民间文艺家协会发现并命名泰顺为"廊桥之乡",同年"木拱桥传统营造技艺(泰顺)"入选联合国急需保护的非物质文化遗产名录。目前,泰顺境内保存完好的古代木拱廊桥达 33 座,其中在世界桥梁史上有重要地位的木拱廊桥有泗溪姐妹桥、三魁薛宅桥、仙稔仙居桥、筱村文兴桥、洲岭三条桥,是全国保存最好、数量最多的地方。

泰顺素有"廊桥博物馆"之称,廊桥为泰顺连接起一连串的完整的民间文化脉络,构建起泰顺一方乡土文化的空间。廊桥与泰顺如此贴切和完美的结合,又在泰顺构成了一幅古今风情的人文画卷。今天,泰顺政府出台了一系列历史文化保护和利用的规划方案。以廊桥为地域文化标志并带动了药发木偶、提线木偶以及特色浓郁的碇步龙、龙凤狮子灯和吊九楼,风味独特的元宵百家宴,二月二拦街福,畲族三月三风情节、六月六襁神节、七夕乞巧节等民间文化遗产交相辉映,使历史遗迹与民俗风情相得益彰,自然山水与人文遗产和谐共舞。廊桥作为一种文化遗产,不是孤立产生也不能孤立存在。廊桥是集山、水、屋、桥于一体,是在泰顺特有的地理环境和错综复杂的族群结构以及民俗风情背景中造就出的历史文化产物,处处蕴含着"天人合一"的理念和"和谐共生"的传统,时时慰藉着心灵。每一座廊桥都拥有美妙的传说,每座廊桥都镌刻着泰顺人民生生不息的文脉,使廊桥成为一种文化,一种情感,一种民族精神的载体。

两个碗窑村的不同生存模式

中国是陶瓷的故乡,因此在许多地方有曾经以烧制陶瓷而名的碗窑村。说来也巧，我刚刚在温州考察了苍南的碗窑村，几天后来到云南临沧市又撞见了这里的碗窑村，进而发现仅云南以"碗窑""瓦窑"为名的村寨简直是数不胜数。那么，这些因窑而建的村落今天还安然无恙吗？因窑而居的村民今天的生产生活还好吗？窑，这个生产生活的核心是否还能维系着这些村落的生存？

苍南碗窑村很小，很僻静。小小碗窑村在温州的地图上几乎找不到，就连许多温州人也不知道这个村落的存在。村中仅数十户人家，村子背山临水，每户人家的房前屋后都有山泉绕过，恬淡秀美，宛如人间仙境，村落中至今仍保留着 300 多间清初样式的古建筑。

村子最北端有一栋类似明末闽南民居的建筑，据说是碗窑村年纪最大的房子。这老态龙钟的木结构房屋，至今仍有人居住。碗窑村周边有气势磅礴的三折瀑布，吊脚楼更具畲乡风格，顺坡拾级而筑，宛如一座古朴的山城。这里曾是清代浙南地区烧制民用青花瓷的主要基地。始建于明洪武年间。融民居、古陶瓷生产线、古庙古戏台于一体，至今仍完整保留着商品经济萌芽时期以手工业工场为中心的古老村落形态，是活生生的历史博物馆，堪称人文景观之一绝。

碗窑即俗称的龙窑，依坡而筑，每座窑有八九格，故名阶级窑。古代工匠充分利用水力建成八级水碓，计有 46 个捣臼的半自动生产流水线。

物换星移，世事变迁。如今的碗窑村已不做碗了，只有老戏台还在无声地矗立着。村中制碗手艺仅存的一家，还保留着古老的制碗作坊，其生意完全在于旅游，游客花上十元钱便可以亲手用泥坯做一只碗，感受一次与泥土亲近的陶醉。

得益于文物专家的关注，苍南碗窑村如今已是全国重点文物单位，并按照文物单位管理的规范，有保护范围，有保护标志，有记录档案和保管机构。相信，古老的传统风貌将会得以完整长效地传承下去。但我又在担心，这样一个因窑而建，因窑而兴，以窑为魂的古村，如果抽掉了过去赖以生存的"魂"，那么它还能"活"下去吗？或者说它还是过去的活法吗？当然碗窑村的人是不愿丢掉"魂"的，他们在朱氏故宅里建起了碗窑博物馆，向客人展示碗窑村的历史文化。曾经在现代化浪潮中因窑而衰的古村又重新因窑而兴盛起来，不过，现在的兴盛不是重拾过去土陶的生产而是发展旅游，如果用专业术语诠释的话可以说——现在的碗窑村不是制窑，而是传播文化。所以我们可以把苍南碗窑村的这种保护形式叫作博物馆模式吧。

与苍南不同，临沧碗窑村则是另一番景象。这个从清代开始的以烧窑为生的村落，至今仍然窑火兴旺。目前，村中共存有龙窑11条，除了个别属于个人，大部分龙窑都是村中制作土陶的村民共用共护，此外尚有大小手工陶作坊108间。上了岁数的窑工们大多沿袭传统的方法烧制陶制品，传承着祖辈的手艺，坚守着手工的方法，甚至他们在脑子里不把自己看成民间艺人。站在窑口的罗师傅笑呵呵地对我说："我这是什么艺人啊，就会一门维持生计的活儿，你把我看成是个陶工我就很高兴了。"

与此同时，受旅游介入及年轻一代对外来文化的接受，现在这里也开始生产加工旅游商品，除满足当地需求外，还销往云南各州市、上海、广州、香港和日本、韩国、缅甸、泰国及至美国市场，每年给碗窑村带来近四百万元的收入。尽管如此，原本占村中人口90%的烧陶人在近年已减少至30%。在一些农户家中我们看到他们安装了电烧炉。与苍南最大的不同是，这里的制陶生产虽然还在传承，但村容风貌已大为改观，有钱的人家已拆掉了旧房屋盖起了新房，古老的民居基本上荡然无存。而让人担忧的可能是科技的发展会让接受土陶的群体不断地减少，再过几年这些带着泥土气息的坛坛罐罐会让人难以寻觅。

如果说苍南碗窑村是形在神离，那么临沧碗窑村是魂在形变。我突发奇想，如果把这两个碗窑村搬到一起就好了。

原始部落的时代切换

冒着忽紧忽慢的淋漓山雨，经过一个多小时的山路，我们来到了山峦环抱、古木成荫的翁丁古寨。这里的佤族人民世代居住在此已有四千多年的历史，他们传承着佤族独有的文化和习俗。"翁丁"是云雾缭绕之意。这里保存了原始的佤族民居建筑和完整的佤族风俗，尚存最完整的原始群居村落，有"最后一个原始部落"和"佤族历史文化的自然博物馆"之美誉。

这里几乎没有交通和信息，是个被社会遗忘的村落。在走进寨主家促膝探寻后我们仿佛找到了一点线索。佤族在古语当中意为"住在山上的人"，翁丁佤族地居偏远闭塞，中华人民共和国成立前一直处于原始社会的刀耕火种阶段，中华人民共和国成立后一夜之间跨入现代社会，但思想观念风俗习惯是难以迅速改变的。寨中至今留有很多原始社会的印记。寨子里有党组织有村委会，佤族人民热爱党热爱新中国，那首在20世纪唱响祖国大地的《阿佤人民唱新歌》反映出了佤族人民的真情心声。然而寨子中至今仍保留着父系氏族时期的头人制，寨主全盘管理寨中的民俗事务，另外还有居于"精神领袖"地位的"魔巴"（相当于先知和祭司）。魔巴的产生来自众人的公认，既要知识丰富还要品德高尚，不能在人品方面有污点。寨中家家户户从来都不安锁，质朴纯洁的人际社会一方面体现乡土熟人社会的特点，一方面就乡规民约的道德约束力吧。但是这些古老的风尚只保留在出生在那个年代的人身上，后来出生的一代新人则对质朴的风俗有着他们自己的理解。

古往今来独具魅力的木鼓一直被佤族人民作为灵物崇拜，被认为是可通天的神器。佤族人以特有的方式敲击木鼓，认为它既可以通神灵，又可以驱邪魔、降吉祥。因此敲木鼓既神圣又神秘，千百年来传承着不许女人敲木鼓的习俗。进入市场经济后，木鼓经过改制，已成为能被外界和时尚接受和喜爱的一种佤族表演乐器，甚至佤族人组成了新的女子木鼓演出团队，登上了今天的文艺舞台，让木鼓有了新生命。如今，木鼓已被列入国家非遗名录。我想，如果要从非遗的视角探求木鼓，恐怕一定要走进翁丁的古寨才能揭示那些隐藏在木鼓深处的核心精神价值，而不只是在城市的舞台中去观赏那些近乎时尚的优美形式。

前些年在翁丁刚一打开旅游寨门的时候，寨子里出现了很多奇怪现象，原本宁静的寨子有多起年轻人不明猝死的事件。在传统观念和信仰的影响下，全寨的人按照祖传的规矩围绕着寨中的古树像古人一样举行镖牛、镖猪祭祀神灵、送鬼等祷告仪式。祭祀神灵的话，牛头放神林里；送鬼的话，牛头送鬼林（墓地方向）；如果是祭祀祖先，牛头放家里。学者李泽厚在研究远古艺术时曾发现："牛头作为巫术宗教仪典的主要标志，被高高挂在树梢，对该氏族部落具有极为重要的神圣意义和保护功能。它实际是原始祭祀礼仪的符号标记，这符号在幻想中含有巨大的原始力量。"按照佤族的习俗，过去在翁丁，牛头是挂在神林、鬼林或家里，不可随意见树就挂。现在为了开发旅游，迎合观光者的喜好，在寨子里的路边树上一排排整整齐齐地挂上了牛头。

今天翁丁的旅游越来越火，翁丁人已适应了旅游的喧嚣，寨子也和谐兴旺。我在想，如今虽然寨中的年轻人已掌握了计算机，每天都有来自世界各地的参观者，经济充盈生活富裕然而是什么力量让他们坚守着这些古老的文化，是什么精神使他们传承着祖先的信仰，又是什么信念使他们有了如此的凝聚力？也许这些都是民间文化研究者的重要课题。

为了保护翁丁古寨的风貌同时也改善群众的生活，政府想了很多办法，现在已在寨外不远处规划并建设了新的居住地，是一幢幢具有现代生活设施的砖混结构新居。现在大部分向往当代生活的年轻人已在新村生活，而一些老人已习惯了竹楼的传统生活方式，同时，他们还相信祖宅有着神灵的护佑。县里的同志告诉我们，以后翁丁将变为晚上村民到新村居住，白天到古寨"上班"的方式。我想这会不会是一条保护与发展的两全之策呢？

对翁丁的印象就是处处有文化，哪怕是一棵树，一块石头，如果你去寻根溯源的话都能挖出一个神奇的传说。我想，对于一个地方文化的保护，既要看到它的文脉，也要看到它的人脉；既要看到它的物质表象，又要看到它的精神内涵。对于民间文化来说，特别不能忽视某些宗教信仰及宗族文化因素在其中发挥的重要作用，有时这些恰恰是一个民族旺盛生命力、感召力、凝聚力和使之世代延续和谐共生的精神支柱和心灵寄托。

因此，对古村落的保护除了对具有传统风貌的古民居等物质载体实施全面保护外，还要对其精神内核和文化内涵进行挖掘整理和保护，才能使古村落客观全面真实完整地保护下来并传承下去。也就是说，要让那些美好的古村落，既要"望得见山，看得见水，记得住乡愁"，还要"留得住文化"。

诗意地栖居在大地上

一句"记得住乡愁"深深勾起当代人对故乡的眷恋，道出人们内心的失落与向往。

乡愁是什么？就是你离开了这个地方还会不断想念的一种情结。乡愁就是家乡的味道、故土的情结、精神的依托。每个人的心里都有着或淡或浓的乡愁，扎根在灵魂深处，挥之不去，历久弥新。故乡的一草一木、一砖一瓦，都会牵出万般情丝，让我们"此愁无计可消除"。在今天这个喧嚣的时代，人们对乡愁的渴望或追寻，超越了以往任何一个时期。

乡愁何处？天然亲切的田园景致，千姿百态的自然物种，丰富多彩的生活情趣，令人神往的居住环境，既鸟语花香又宁静温馨，既诗情画意又平实亲切。

说一千道一万，归根结底，乡愁是一种情感，只不过这是一种需要载体的情感。这种载体可以是具象的景物，比如，错落有致的民居、古朴典雅的街巷、清澈见底的溪流，甚至，可以是故乡的缕缕炊烟、朵朵白云。这种载体也可以是淳朴的民风，比如，邻里间亲如家人的相互关照、年节时和睦温馨的互致问候、独特的民俗、民间的手艺、散发乡土气息的民俗表演等。正是依托这些独具原生态风格的载体，乡愁越发显得迷人并透出浓浓的文化味。

乡愁妙在触痛了精神匮乏文化背景下心灵的渴望与呼唤。乡愁是人们对故乡的一种深切的思念。这种思念需要寄托在文化的记忆和视觉的凭证上面，故乡的景象所勾勒出的难忘情致，一人一事、一物一景所组成的光阴的故事，它们是人们在那里所形成的生活体系、人生观和价值观。如果脱离开这些情感元素和精神内涵，只留下空荡的房屋和户籍所在地，乡愁则无可寄托。乡愁中所蕴含的是一种对故乡的热爱和眷恋，而这种对故乡的情感不单纯是眷顾自己的出生地，还有对本土文化的认同和民族情感的热爱。

乡愁是一种悠远的文化情怀。回望乡愁是人们对故土文化的追踪溯源。历史的车轮可以碾碎如梭的岁月，但不应剪断我们心灵回归故乡的路。尽管发展是人类社会的必然走向，但不应让没有灵性的钢筋水泥去残忍地毁坏祖先和大自然所给予人类的恩赐。"发展是硬道理"，但"硬发展是没道理"。千篇一律的城市化运动使千百年来古村落中美丽的自然景观、自足的生产方式、和谐的邻里关系、奇妙的民风民俗所构成的田园牧歌般的瑰丽画卷，以及由此所展现出的乡愁荡然无存。

盲目地发展和大拆大建使很多具有悠久历史的古村落在推土机的轰鸣声中毁于一旦，抑或人去村空。古老的手艺濒临失传，传统的习俗被人遗忘，乡规民约无人理睬，族规家谱无人续传，村志村史无人问津。在当代人的脑海里，乡愁在甜蜜的憧憬中充满着苦涩的味道。

守护古村落就是守护我们文化的根，古村落凝结着民族的历史记忆，记录着历史文明的印记，贮藏着民族的精神信息，是我们心灵的故园。中国文化遗产的丰富性留存在古村落里，中国的非物质文化遗产精华闪烁在古村落里，中国传统文化的多样性散落在古村落里，中国民间文化的独特魅力积淀在古村落里，中华文化的根脉深深地扎根在古村落里。只有这个故园在，我们才能回望来路，才能追溯文化，才能回眸历史，才能把过去、现在、未来衔接为一条绵延不绝、奔腾不息的长河，从而氤氲我们的文化底气，激荡我们的文化情怀。

乡愁是一种朴素的文明基因。在乡愁的土地里埋下的梦想种子会孕育出中国人朴素的道德准则和价值认同。在古村落漫长的历史里产生的杰出人物、神话传说、民间故事、民间艺术、能工巧匠、竞技游艺、民俗风情、村寨文化、园林草堂、民居艺术、祠堂庙宇、民族风貌、特色餐饮，等等，不仅保存着中国农耕文明的文化因子，也展现出民族的独特魅力和文化价值。记住乡愁就能让我们困惑的灵魂和焦灼的心灵得到真切的慰藉；就能让那些漂泊的游子得到生命和精神的呼应；就能让一座座古风犹存的村落被科学地保留下来；就能让我们身边翻滚着麦浪、耳边萦绕着鸟鸣、头顶有一片蓝天、脚下有一湾绿水。古老的村庄作为"天人合一"的乡土家园，如同一部农耕文明的历史百科全书，记录和镌刻着我们民族的文化基因和历史记忆；如同一条历史长河滋润着中华儿女的心田。

故乡的村落养育了祖祖辈辈的中国人，曾以五千年的文脉涵养了一个泱泱中华。梁漱溟先生曾经说过：中国新文化的嫩芽绝不会凭空萌生，她离不开那些虽然已经衰老却蕴含着生机和活力的老根：乡村。忘却了乡愁，我们的历史就会被割断，我们的心灵将日趋空荡，我们就会丢失文化记忆，我们的生命就没有了智慧和根基，我们的生活就远离了诗意，我们民族的生命就没有了灵魂。

乡愁是一种深沉的文化反思。只有知道"我"是谁，"我"从哪里来，才能从文化的视角界定自己。近些年，我们的许多城市不仅出现了比发达国家要多得多的高层建筑，也出现了比发达国家当年还要严重的环境问题。我们的祖先在熟悉的人群中、在熟悉的土地上体验着四季轮回，感受着人间冷暖，从而形成了中国社会所特有的以血缘为主体的伦理道德意识。而今天，人们在车水马龙的柏油路上行驶，在拥挤的电梯中并行，却陌生得没有眼神的对视，遑论心灵的沟通。我们纠结于传统文化精华与糟粕的辨析之中，困惑于传统的回归和现代思潮的选择之上。我们的文化自觉和文化自信被某些实验科学和时尚风潮所遮蔽，让我们迷失了自己。其实，传统文化不仅是中华民族根性的文化，也是我们面向现代和未来的思想支撑和不竭动力。

乡愁是一种美丽的文化境界。故乡是美好的，也是古老的，参天的老树只有不断绽放出新的嫩芽才能显示出旺盛的生命力。因此，在新农村建设中，我们既不能让古村落在"破坏性建设"中死亡，也不能看着它在岁月的流逝中老去。我们既要改善乡村的居住环境，提高人们的生活水平，优化生存质量，同时还要留住古色古香的传统风貌和优秀的文化传统。

保护古村落并非被动地对抗岁月的磨砺，而是既要保护古村落文化遗产的属性，又要让古村落跟上时代的节拍，让历史遗存与当代生活共融，让村落景观与人文蕴含并存，使传统文化与时代精神承接，使古老记忆与未来的憧憬贯穿，使古老的原生态与美好的新生态交相辉映，实现古村落在原有文化根脉上的涅槃新生。

乡愁是一首永远唱不完的曼妙之歌。在历史面前我们应该是虔诚的，在文化面前我们应该是恭敬的，在故土面前我们应该是敬畏的。人类在社会发展的进程中曾经付出过惨痛的代价，历史的经验告诉我们，人类曾经有过很多美好的东西，只有当失去时人们才发现它的宝贵。在城市化的过程中，我们已经失去了很多温馨、充满诗意的村庄，是鳞次栉比的水泥森林再次唤醒了人们对古村落价值的重新认识。田园牧歌式的居住不仅是古人的理想生活状态，更是当代人的精神诉求。我们在渴望享受现代城市文明的同时，也渴望留住那些养育了我们祖辈，温暖了我们心灵的原生态、多样性的古老家园。祖先们恬然的生活方式，以及由此而生的民风民情，使得古村落弥漫着淳朴和清新，绿水青山中隐含着神秘，鸟语花香间唤起人性中久违的归属欲。

乡愁的永恒魅力无处不在，只有记得住乡愁，我们才能带着传统走进现代，铭记历史走向未来，走出一条以人为本、公平共享、四化同步、统筹城乡、文化传承、彰显特色的新型城镇之路，建设出更多富有历史记忆、文化脉络、地域风貌、民族特色的美丽村落。

世界上所有的民族都热爱和歌颂自己的故乡。乡愁作为人类心灵最柔软的部分，应当永远吟出诗一样的咏叹，从而让我们"诗意地栖居在这片大地上"。

给古村落一个美好的未来

五千年源远流长的中华文明史上留下了许许多多遍布祖国锦绣山河的村落。作为农耕文明演绎变迁的见证，古村落是祖先馈赠给我们的丰厚遗产，也是中华民族优秀传统文化得以流传的血脉以及给我们留下美好记忆的精神家园。在经济高速发展，城市化进程汹涌而来的今天，守护和保护好每一处古村落就意味着守护好我们的精神家园，这是国家赋予民间文艺工作者的历史责任。

每个古村落都是一个自然的社会单元，也是物质与文化的综合体，是民俗民间文化的重要载体，是不可再生的文化资源。完整的古村落包括民宅建筑、桥梁、庙宇、祠堂、古树、亭台楼阁、古戏台、碑廊等丰富的物质文化遗产，还包括与之密切关联的各种民俗、生产生活、婚丧嫁娶、民间信仰崇拜以及民间神话、民间故事、民间谚语、民间歌谣、民间戏剧、民间音乐、民间舞蹈、民间工艺制作等非物质文化遗产。理解了古村落就可以理解中华文化的民族密码和历史细节，读懂了古村落就可以读懂民间文化的百科全书。中国文化遗产的丰富性留存在古村落里，中国非物质文化遗产的精华闪烁在古村落里，中国文化的多样性散落在古村落里，中国民间文化的独特魅力汇聚在古村落里，中华文化的根脉深深扎在古村落里。冯骥才先生曾说：中国最大的物质遗产是万里长城，最大的非遗是春节，最大的物质和非物质文化遗产就是古村落。

人类在社会发展的进程中曾经付出过惨痛的代价，历史的经验告诉我们，很多美好的东西只有当失去时才发现她的宝贵。在城市化的过程中，我们曾经失去了很多充满温馨、充满诗意的村庄，是层峦叠嶂的水泥森林重新唤醒了人们对古村落的宝贵认识。古村落的历史积淀和文化底蕴，是祖先长期适应自然、利用自然的见证。它如同一部历史教科书，记录和镌刻着我们民族的文化基因和历史记忆；如同一条历史长河，至今滋养着中华儿女的心田。我们在渴望享受现代城市文明的同时，也渴望留住那些曾经养育了我们祖辈、温暖了我们心灵的原生态、多样性的古村落。

古村落是一个完整的生命体，有自己的外形和内核，有自己的精神和灵魂。保护古村落，并非被动地对抗岁月的磨蚀，其中也包含着对古村落人文生命的挖掘与扬弃。因此，对古村落的保护、建设和开发一定要按规律办事，切忌在开发和建设中造成不可补救的破坏，从而让在历史浩劫中幸存的古村落在开发中死去。保护与开发看似是一对矛盾，对古村落是作为文化基因完整地加以保护，还是作为生财之道尽快地开发赚钱，这是摆在我们面前亟待解决的重要课题。各级政府应本着高度的文化自觉，以历史的情怀，超前的眼光，长远的规划，持之以恒的决心，积极开展对古村落的保护，既注重对古村落的活态传承，又防止过度的开发，正确地面对历史与现实，正确地处理经济与文化，正确地看待遗产与利益，正确地评判政绩与公益，寻找出一条适合中国国情的古村落保护与发展的两全之策，逐步建立起科学有效的古村落传承保护机制，从而不断增强古村落的魅力和生命力，给古村落一个和谐美好的未来。

本文是作者于 2010 年 10 月 29 日在中国古村落保护与发展研讨会上的致辞。刊载于 2010 年 11 月 19 日《中国艺术报》

古村落最怕的就是开发

古村落从被遗忘的角落转为炙手可热的关键词，人们的话题和实践都集中在开发利用上。与此同时，对古村落的开发迅速升温。当越来越多的商业资本和形象工程参与其中，那些沉寂了千年的古村落便在升温的热潮中遭到破坏。

面对蕴含着中华文明远古信息的古村落，我们应保持着虔诚的敬畏。当很多人和地方有关部门还没有正确地认识到古村落的价值到底是什么，意义究竟在哪里的时候，开发便显出了局促和盲目。应该看到，不是所有的古村落都具有开发的价值，对于那些浸透了历史沧桑、世纪风云，传承着文明基因、文化记忆的精神家园，价值不在于商业开发，而在于其历史文化和科学研究，保护古村落的意义在于保护好中华文明的根和源流。古村落是我们鉴往知今，面向未来的"活化石"和"百科全书"。

就像梁漱溟先生所说的，中国新文化嫩芽的萌发一定离不开乡村这个虽然已经衰老，但仍然蕴含着生机和活力的老根。我们时常呼唤的所谓乡愁，不就是中华儿女那一份热恋故乡的认同感和归属感吗？不就是维系着中华各民族家国情怀的情感纽带吗？因此说古村落留给我们最重要的价值是精神文化层面的，而非其他。如果这一点不能得到很好的宣传和广泛的认同，那么就很难保护古村落的积极性和有效成果。只有当古村落中的文脉还在的情境下，我们来到曾经的故园时，才可以在宁静中承接与先民的情感，在回望中实现当代与历史的对话，在瞻仰中领略古人的情怀而充满生命的活力。

面对古村落，保护与开发也许是一对矛盾。这就更需要我们厘清保护与开发的关系，细化保护与开发的界限。比如，对于一些不具有历史文化价值的村落则可以进行旅游开发，甚至完全可以交给旅游商业和企业去规划和开发。博大的中国有很大的空间。目前我国自然村落有逾二百万以上，而被列入国家保护名录的只近三千，尚不到五百分之一。当然，列入国家保护名录的大多是有历史有文化有特色有观赏价值的村落，从而更容易引起人们的关注。因而以规划之名村落原有的格局遭到破坏，以当代的理念违背了乡村的智慧，以接轨的悖论破坏了文脉生态，在追逐现代性的同时却忘了"我是谁"。

此外，笔者在当下的保护实践中，也发现有一些列入传统村落名录的村寨，不过是按照所谓"传统风貌"建设的农家乐和度假村，对此类我们大可不必苛求。传统是活态和流动的，我们要保护的是具有历史和文化价值的古村落，所谓必须有"古"即要有年代和时间的划线和界定，比如可按照农耕文明的转换或历史阶段的成因，经专家论证进行科学的分类，因此我更赞成使用"古村落"一词，以便于人们的理解和实践认识，从而使那些必须保护的古村落能够被原汁原味地保护下来。

必须清醒地看到，对于那些以保护为主的古村落，我们首先要关注的是它的历史和文化价值，而决不能只盯着它的经济利益，也就是说保护古村落的文化意义大于其经济意义。否则，就会出现"不保护没破坏，一保护就破坏"的现象。因此，保护好古村落并不需要盛大的声势和广泛的热潮，而要有专业的认知和关怀；也不在于强大的资本，更在于长久的温情。少一些商业开发，多一些文化开掘。

本文原载于 2016 年 5 月 30 日《中国艺术报》

第六辑　回望乡愁

翁丁重建可以缓行

——与《西部时报》记者席昕问答

前不久，一场大火让"中国最后一个原始部落"翁丁老寨化为灰烬。这是一个经历了四百多年雨雪风霜而能留存至今的古寨，却没幸免于今天的一场大火。

翁丁老寨位于云南省临沧市沧源佤族自治县勐角民族乡，是中国唯一完整保存了原始风貌的佤族部落。翁丁老寨被火烧一事在网络上迅速发酵，引发社会各界人士关注和惋惜，同时更是引起专家学者的关切呼吁和学术探讨。本报记者就此采访了罗杨。

记者：您认为翁丁火灾造成的损失主要有哪些？

罗杨：对于翁丁的这场火灾，我感到非常难过心痛，我对翁丁更有着一种特殊的情感。普通人意识不到它的文化价值，认为只是烧了几间茅草屋。佤族是什么？就是那个从原始社会一步跨入社会主义社会的可爱民族；翁丁是什么？就是那个飞出了《阿瓦人民唱新歌》的神奇地方。这些年，我调查走访过的古村落不计其数，翁丁是给我留下印象最深的一个。我和头人、寨主聊过天，和"魔巴"有过交谈（"魔巴"是佤族传统宗教生活的最高权威，是原始宗教活动的组织者、主持者，是佤族社会的智者，传统文化的保存者和传承人）。我对翁丁的印象就是处处有文化，哪怕是一棵树，一块石头，只要你去寻根溯源的话就能挖出一个神奇的传说。我还推荐过很多人去翁丁考察。

而这次失火使我更意识到翁丁具有不可复制的唯一性，因此更加心痛。翁丁是文物保护单位，文物的最主要特性之一就是"不可再生性",烧掉了就再也没有了。

记者:"炊烟袅袅"是古村落的活态象征,但防火却是困难重重,尤其是木石结构,甚至是纯木结构,更是防不胜防。您对此有何建议?

罗杨:我认为,一是汲取学习古人的乡村智慧;二是采用现代科学的办法。比如翁丁虽然是茅草房,但是400年来基本没有发生火灾,其一是聪明智慧的佤族人民在房屋上都安装有装满水的竹筒,可备灭火使用。二是老寨中过去的风俗是每天傍晚都会有人轮流值班,在寨子里检查一圈儿察看是否有火灾隐患,如果有火灾发生,大家会齐心协力及时扑灭。在日本也有很多茅草屋的村落,采取的是埋地下管线的喷淋灭火方法,堪为现代灭火设施,也可以学习借鉴。

记者:"炊烟袅袅"还涉及另外一个问题,就是居住者的生活质量。不能因为文物保护而让居住者生活在刀耕火种时代吧?

罗杨:在实际文物保护工作中,有两种极端行为。一是重视文物保护、轻视居住质量的"沙文主义";二是重视居住质量、轻视文物保护的"人文主义"。这两种都要不得。

记得八年前我到翁丁时,接待的同志介绍说,以后翁丁的保护模式将变为村民晚上到新村居住,白天到古寨"上班"的方式。并说现在大部分向往当代生活的年轻人已在新村生活,而一些老人已习惯了竹楼的传统生活方式,还相信祖宅有着神灵的护佑,留在了老寨。

其实当地政府早在老村附近修建了翁丁新村。大部分村民已经搬入新村,只是还有少部分村民不愿意搬出来。翁丁新村道路宽敞、整洁。一排排住房漂亮而有民族特色,设施齐备,非常方便翁丁村民的生活,新村"让翁丁村民过上了翻天覆地焕然一新的新生活"。当然,在老人的心里,新村缺少了老村的神性。

我当时对此提出过疑问,并希望能够找到一种保护与发展的两全之策。村民与村落原本是一种共生关系,村落是人的生存之本;村民是村落的守护人,文化是村与人共生的根。现在人与村分开了,起火时大多数村民不在场,再赶来时火势蔓延,为时已晚。这反映了这些年来,我们在古村落保护中存在的一个问题，就是重物质轻人文。村落遗产和其他遗产最大的不同就是，它是物质文化和非物质文化的有机结合体，冯骥才先生把它称作"另类文化遗产"。

需要我们反思的是，如何在保护古村落民居建筑历史风貌和肌理的同时，改善村民的生活质量。既保护原有的历史风貌，又能够让人在古老的村落中生活，让村民的生活"既原汁原味儿又有滋有味儿"，当然这考验着我们的智慧。

记者：从这次火灾中我们应当得到什么警示？

罗杨：这次火灾警示我们，在保护古村落的工作中，在保护传统民居的同时，也要注意保护好村落赖以生存的"生态链"。保护与发展看似是一对矛盾，变是绝对的，不变是相对的。比如，古村落的生产方式要改变，但乡愁不应该被改变；古村落的生活方式会变，但小桥流水人家的乡土格局不应被改变；古村落的生存环境要变，但天人合一道法自然的民间生存智慧不应改变；古村落中落后的文化习俗要改变，但闪烁着人文精神光芒的中华美德不应该被改变……要特别关注原住民的生产和生活，改变以往的重物质载体，轻文化传承，改变商业开发行为大于保护措施的种种现象。

在旅游开发中也应杜绝那些把民间智慧简化为风水秘籍，把本来一年一度的民俗节庆变成一天一场的表演，把富有深意的宗教仪式变成热闹的礼仪展示等使民俗文化舞台化，宗教仪式表演化的倾向。

记者：现在不少专家在呼吁尽快重建翁丁新寨，您对此有何看法？

罗杨：如果新建一个没有历史包浆的翁丁新寨，或许不如保留一处给我们带来美丽痛楚的老寨遗址更有价值。是"文物"，就应该尊重她被损毁时的历史原初性，崭新的美取代不了残缺沧桑之美，没有文物的 DNA 时间再长也不会变成真文物，断壁残垣或瓦砾堆也能展现出永恒之美。

我认为，翁丁老寨应建成一处露天的遗址博物馆。目前的四五幢茅草屋可以保留下来，仍有人在此生活居住。把原址建设成为一处佤族人民神圣的祭祀圣地及瞻仰场所。即使要在原址复建新寨，最好能等一等，不必仓促而为。当然，翁丁的未来向何处去，最终还是要尊重和取决于翁丁人的意愿。

本文原载于 2021 年 3 月 16 日《西部时报》

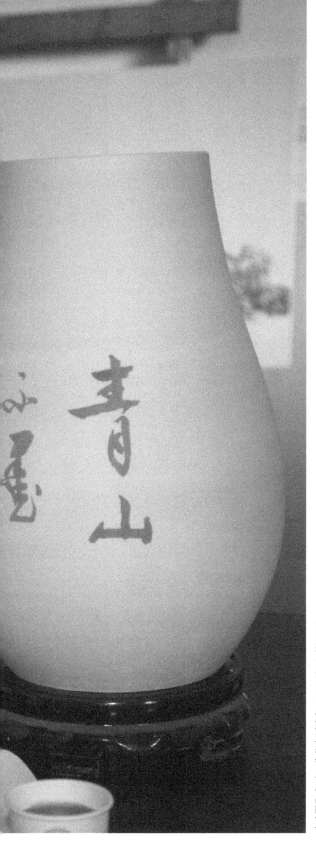

相望丹青

2012年6月30日，在江西景德镇昌南瓷画院创作

雅与俗的辨析

黄庭坚说:"士大夫处世可以百为,惟不可俗。……学子既成,且养于心中无俗气,然后可以作,示人为楷式。"古人以为庸俗乃断不可取,刘熙载在《艺概》中列数了庸俗之气的具体表现,他说"凡论书气,以士气为上。若妇气、兵气、村气、市气、匠气……江湖气、酒肉气……皆士之弃也"。

挥毫书法,是雅事也是俗事,好的书法令人俗中求雅,视之怡然。

书法衍生于汉字,天生带着文化基因和文雅气质。书法上的雅俗之分,是书法家情调的雅俗表现在笔墨情调中的雅俗之别。无论是"二王"还是"颜柳",我们从他们的笔墨中,都可以揣度出那种汉字被激活后,在书法中所蕴含的空间具象、运动想象、符号抽象以及笔墨意象的直觉能力。

所谓字如其人,字愈精神人愈灵,字越潦倒人愈庸。书法与人的气质、涵养、修行、境界以及关照世界的方式有着直接的血脉联系,孔颖达说得好:"书者,写其言,如其意,情得展舒。"

书法上的雅,流露于笔墨之中,洋溢于点画之外。意会之确有此物,言传之又渺然难述,它是才学的积淀,意趣的蕴藉。

吴道子和王维都是一代画圣,王维更是占尽诗才。苏轼对吴道子的画极为推崇,赞为绘画的极致。但当他同时欣赏吴道子和王维的画时,最终还是认为王维要高出一筹,原因是王维的画中有诗,画如其诗般的"清且敦"。由此我们是不是可以理解为苏东坡已经点明了,笔墨的高低与画品的雅俗之分，在于诗书的气韵和文化的修养。

大才子唐寅曾拜在老师周臣门下学艺，尽得其笔法精要，后名声远播超越其师，曾有人问其师周臣：为何技不如弟子？周臣自叹道：非技也，只是自己少唐生胸中数千卷书耳！自然是少了唐伯虎的文雅气。可见雅俗之隔，无非诗书而已。因此，林散之说"不读书，越工越俗"。

齐白石乃木匠出身，其俗气、匠气与生俱来，然而，他经过修炼使得文化素养炉火纯青，深得大彻大悟之道，加之老天爷帮忙得以大寿，终于大器晚成，其画之雅更不待言，酣畅的写意自带一种不修边幅的雅致，奇妙动人，此乃诗书氤氲出的悟性和勤奋使然。

雅乃书法审美趣味的一个方面，俗也始终作为雅的变化更新的对立因素，雅与俗一定是对立的统一并存且可转化，所谓大俗大雅也。

雅是书法艺术象牙塔的顶端，而俗是艺术象牙塔之塔基，从社会发展角度来看，俗和雅是可以互相转化的，书法艺术的最高境界应当是"雅俗共赏"，既是阳春白雪的创作又能让"下里巴人"易赏。当然，雅俗共赏不是指雅俗混杂的中间状态，而是指雅和俗两种审美层次被共同接受。需要明确的是，这里所说的"俗"指的是"通俗"。

"通俗"不是"庸俗"，庸俗无药可治。文化昌明的时代不应让庸俗排挤高雅。

本文发表于 2020 年 10 月 10 日百家号《罗杨墨艺》

仓颉南乐有遗篇

文字是人类文明的开始，汉字是中华文明的开端。汉字是中华民族的鲜明标志，汉字是我们的文化身份。中华民族上下五千年，纵横十万里，因为有了汉字，使我们不仅是人种意义上的中国人，也是文化意义上的中国人。

汉字是一条长河，千百年来在时光隧道中穿梭，踏着秦砖汉瓦，穿越唐宋山水，乘着明月清风一路走来，不断被诗词歌赋擦亮，被风雅曲文吹拂，承载着民族的独特思维，温润我们的心灵，点亮我们的心灯，成为延续历史与开拓未来的精神血脉。历史告诉我们，正是汉字的产生，才成就了中华五千年的辉煌文明史，才有了精彩纷呈的文化艺术，才有了世界上唯一没有中断过历史的中国，才造就了具有顽强生命力的民族。每一个汉字都是一个生命单位，中华民族对人与大自然的关系，对人与人、人与事的关系，对现实和未来的关系，都渗透在汉字系统里；中华民族得以一统，沧海桑田得以延续，历经磨难得以繁衍的重要基因都蕴藏在汉字里。世界上没有哪个民族的文字能像汉字这样具有如此丰富的形、声、意的内容，也没有哪个国家的文字能像汉字这样传承几千年而永葆青春。

汉字的产生本身就是一个奇迹，我们勤劳智慧勇敢的祖先创造了伟大的汉字。据《吕氏春秋》载：仓颉，传说为黄帝的史官，汉字的创造者，被后人尊为中华文字始祖。《说文解字》尊仓颉为"造字圣人"。而事实上，汉字的形成是一个漫长的历史进程。仓颉是一位伟大的汉字的整理者，正如《荀子》中说："好书者众矣，而仓颉独传者壹也。"

无疑，仓颉是汉字形成过程中的集大成者，也是汉字发明阶段的代表人物。既然仓颉被尊为"文字始祖"，当然受到民族的尊敬和爱戴。这种尊重是对民族历史的尊重，这种爱戴是对民族文明的爱戴。现在全国各地有着很多仓颉的遗迹和纪念地，有些地方是遗留下来的，有的是流传过来的，有的是请来的，因为中国人素有请"神"的传统，今后还会有关乎仓颉的遗迹被发现出来。对于汉字这宗中华文明史以至人类文明史的伟大发明和文化遗产来说，对于仓颉这样一位妇孺皆知的传奇人物来讲，重要的不在于用文献资料考证她的发明者，也不是用史料的辨伪考证仓颉出生地和埋葬地，而汉字是不是中华民族的伟大创造，汉字是不是中华文明之母，仓颉是不是汉字发明的杰出代表，在南乐仓颉是不是家喻户晓，在南乐仓颉是不是口碑传诵了数千年且独具魅力，而这些今天又是不是值得我们保护和弘扬。

回答是肯定的，仓颉的民间传说，经过千年传承，已经在南乐形成独具特色、落地生根的文化空间，南乐县委县政府站在具有深厚历史文化底蕴的高地，立足传承中华文明的高度，充分挖掘南乐的历史文化资源。在调查研究和传承保护仓颉文化方面走在了时代前列，并以高度的文化自觉展示了独具本地特色的仓颉文化面貌，为营造仓颉遗产文化空间做出突出贡献。

放眼中华民族文明史，汉字不是静态的符号，而是文明发展的活态载体；汉语不是停泊的航船，而是不断反映时代前行的航标。通过建设仓颉文化，激发人们对汉字悠远的想象，把古老汉字中最具活力、最具价值的东西激活和张扬开来，将汉字的魅力发扬光大，让人们在南乐景仰仓颉创造精神遗产的同时，领略汉字透射出的民族精神强光。

　　　　本文是作者于 2010 年 11 月 12 日在"中国仓颉文化之乡"
　　揭牌仪式上的致辞

文化是书法的核心

　　书法艺术的独特魅力特征，令任何一个门类的艺术很难与其相提并论。书法艺术的创作过程也是一种抒情的过程。人们对书法作品的审美过程也应该是一个综合的、立体的过程，不应满足于表层的视觉感受，而是一种包括文辞内容、文化含量的深层文化信息的全面体验过程。可以说，"文化是书法的核心"，书法就其技法层面，如间架结构、章法布局、笔墨技巧而言，在几百年前就走过了它的鼎盛时期，成为高度完善、程式化极强的认知体系；对后来者而言，王羲之、颜真卿等代表人物至今无法超越。从这个意义上讲，"法"已终结，只剩下"书以载道"了。这个"道"的延续和张扬，就是文化的延续和张扬。书法艺术作为中国传统文化的一个重要组成部分，它与当代文化相互交织，以其自身悠久的传统、丰富的内涵，在纵向、横向上对其他类别的艺术产生着重要的影响。它如同一颗明珠，使中国传统文化散发出魅力与灵光。

书法的核心魅力即文化

　　书法本身负载着历史沉淀下来的深厚文化内涵。书法之所以在中国的艺术和文化中独领风骚、永葆青春，不在于它的表层艺术，而在于它内部蕴含的深邃的文化。对书法的审美必须把它放到中国哲学观的层面。可以说，书法是一个文化的概念，而不是一个简单的艺术概念。书法应该是艺术而不是技术，无论从它的产生、发展，还是所承载的内涵来讲，都是毋庸置疑的。书法与中国千百年来的传统文化是密不可分的，传统文化与书法有着一种无法拆解的因缘，所以说书法因文化而具有了灵魂。书法又以其形式美让文化放射出光彩。可以说，只有当文化作为书法的内涵时，书法才能够感人。比如说《祭侄文稿》之所以被千古传颂，不仅因为颜真卿的笔墨技巧打动人心，更在于其背后的爱国精神、道德人品和文化含量。书法是以文化精神打动人心，又以自身的形式美令人赏心悦目。古代的文人可以不是大书法家，但古代的大书法家无一不是大文学家、大政治家、大文人或者大学者。

目前书坛上大师难觅，经典难见。一些人认为，与历史上的辉煌相比，当代书坛可谓黯然失色。我认为存在的一个主要问题就是形式的丰富和内涵的退化。内涵就是文化含量。所谓退化，就是无论从展览抑或大赛来看，书法反映出来的都是偏重笔墨的效果，而淡化了传统书法抒情达意的本质。

书法必须以国学为基础，以传统文化为基础。所谓国学，就是旧学。在古代，传统文化的教育是从小就接触到的；而现在的国学教育成了一门专门的学科了，很多书法家与传统文化有所脱离。他们往往是学了书法之后再去补传统文化，虽然耗费了很多的时间和精力，却收效甚微。现在我们搞书法，经常套用西方的概念，把书法纳入一个学科，这就把书法推向一个单纯的造型艺术范畴。如果一味地让书法接近抽象性，就会造成书法内涵的消减。

抽象是对书法的误读

书法不是抽象艺术，抽象是对书法的误读。书法的定义是意象性。康定斯基是19世纪初期在德国发展的俄罗斯籍画家，他是抽象派的鼻祖。所谓抽象艺术，最主要的两点：一是抽去思想的内涵；二是用点、线、面、块、色来表现作者的情感和对美学的阐释。这种艺术理念与书法有着天壤之别。因为西方人不识中国字，读不懂内容，只看到笔墨线条的流淌，所以他们对书法的解读只停留在表象上，而无法深入解读其精神内核。而书法艺术价值最主要体现在文字的情感和文学的内涵，即所谓的"书以载道"。乾隆评价怀素草书时引用的一段话特别好："云中龙爪不模糊。"书法就如同藏在云彩后面的龙，其首尾俱清，这是具象；首尾均不清，这是抽象。也就是说，书法是具有丰富文学内涵的抽象化了的汉字书写艺术，其表现形态在一些人眼里是抽象的，但抽象并不能概括书法的全部特征。古人对此有个概括，叫作"意象"。

欣赏书法不应把书法的内容与形式分开。文辞的内容与书法的线条形态、节局创意有着内在的联系，不能把书法与内容割裂开来而作为一种"纯书法"进行审美。

也就是说，撇开文辞内容，书法作品在视觉上的审美有其独立性，我们所感知的是一种"包含了内容"的形式。一些书法家试图摒弃文辞，在作品中有意对汉字结构作增减、重组、切割，就是为了证明"带汉字意味"的线条组合本身的审美价值，但这算不算完整意义上的"书法"？只要还是搞"书法"，而不是其他什么艺术，就不能彻底摒弃汉字的内涵。任何一门艺术都允许有一点"边缘性"，允许作一些跨门类的交叉性的尝试，但我们认识一门艺术的本质特征，总是要看它的主流、历史、成因。

"道"与"技"而论高低

能把字写好是技术，能把"情"写出来才是艺术，因此书法要把文化当主体，不能把简单的笔墨当主体。古人说书法是"小道"，指的就是技法方面。书法同时也是"大道"，因为它表现的是中国的文化、中国的哲学、中国的伦理价值以及中国人的人生态度等。"小道"可以悦人耳目，"大道"可以震撼心灵。古人说："非志士高人，不得言其妙。"这句话说得特别有道理。书法是有生命的，不是僵死的，每一个字都是一个生命单位，书法是文人向社会发出的生命信号。由此看来，书法既是"浅学"又是"显学"，既是"简学"又是"难学"。书法既通俗又高尚。就是说，书法既平易近人，又高深莫测。这是为什么呢？因为认识汉字的人都会对书法有不同程度的兴趣，而且对书法也会有不同层次的理解，所以它有广泛的文化基础；但是并不是识字的人都能讲出它的深刻内涵和深奥的审美意趣。

一般来讲，艺术来源于生活又高于生活。比如小说、剧本、绘画等，都能找到生活中真实的影子。而书法作为中国传统艺术，其"影子"在哪里？

书法跟其他艺术不同，它不是从生活中来的，也不是从自然中来的。我们知道，画家的创作是从自然中来的，绘画作品是对自然界的反映，如其所绘人物、花鸟、山水等，都是对自然界中物象的形象描述，是凭借自己的生活经验对物象进行的反映，而我们每个人都有这种生活经验，都可以去解释它。

如果画家画马不像马、画虎不像虎，大家也能很容易地辨别出来他画得不像。而书法不同，它没有自然界和社会生活的参照物。对于一般人来说，认识和理解书法有一道坎儿。这道坎儿是什么呢？就是文化。如果你不具备一定的文化素养，你就不能理解和认识书法，也不会成为书法家。

可以说，大多数艺术来源于生活，都是在俗文化基础上的一种上升。而且，俗文化可以作为很多艺术的源头，很多的雅文化是在俗文化的基础上形成的。最典型的如京剧，原来就是草台班子，属于走穴，或者说是民间流行的。京剧的产生时间虽然没有严格到哪年，但是它的形成就是从徽班进京、汉调北上、徽汉合流开始的。他们的演出被宫廷认识了，经过宫廷的精雕细琢，京剧产生了。但是唯独书法和其他艺术不同。因为书法从一开始就是雅文化，就是与文人密不可分的，与文化有不解之缘。无论书法如何发展，可以肯定地说，书法离不开中国文化。

民族的才是世界的

当代世界是一个多元的世界，各种思潮、文化、艺术相互影响和渗透，中国书法也走向了世界。有人认为应该多汲取一些西方的艺术元素，让书法艺术具有鲜明的时代特色，进而树立新的属于世界的书法高峰。如果说中国书法已经走向世界，那么我认为世界人民接受和欣赏的恰恰是中国书法的民族性，正所谓"越是民族的，越是世界的"。因而中国书法走向世界，就更应该保持它的传统。我反对书法的"现代化"，因为书法是传统文化。按照哲学的观点，任何一个艺术都是历史的、民族的和时代的。书法也是这样。所以它更重要的是对传统的追溯和回归。

书法要创新，就必须延续传统而不违背时尚，能创新而不带有弊病。这两条是对书法创新的一个基本的把握。而更多时候，书法的好坏是以高、低来判定，而不是看新、旧。当然，书法艺术是民族的，更是世界的。但是西方人很难真正触摸到书法的真谛和灵魂。这一点西方人自己很清楚。贡布里希说过，外国人学一百年也理解不了中国书法。笔者认识一个热爱京剧的德国留学生，他想把京剧推向世界，就组织了一个京剧团到慕尼黑演出。当时台上台下也很热闹，好像效果挺好。第二天，报纸报道也很多，但刊登的内容却是：从中国来了一个类似杂技和歌剧的演出团，表演得很热闹。这不是很滑稽的说法吗？

书法也是这样。很多外国人把书法看成是一种原始文字的书写。西方抽象艺术家不模拟物象，也不用文字作为艺术载体，他们追求独特的样式，甚至连自己的每幅作品也要大异其趣，以显示自己的个性以及对待一切传统和程式的反叛精神。书法则不同。书法有一定的笔法、章法，有秩序，有韵律，以汉字作为载体，一气呵成写出来，并力求使欣赏者能够辨识，因此在"游戏规则"及艺术旨趣方面与西方艺术迥然不同。书法的目的在于拨动心弦，抚慰心灵。

最近也不知是谁提倡的，说什么书法要产业化。我觉得书法不能产业化，产业化是对书法的伤害。书法的发展不是做大做强，而是要创造经典。

书法的明天会更好

现在大家都在呼唤书法大师的出现。中国书法史上，草体、行书、楷书等都在不同时期达到了高峰，那么，当代书法能够超越历史上的高峰吗？笔者以为，这就如李白、杜甫的诗歌，因为它是在那样一个富有诗境的环境中产生，你让后人怎么超越？

古人从小就把《三字经》《百家姓》等背下来了，从小就用毛笔写字；而现在的人都用电子产品，那种书法生存、生长的语境已不复存在了，我们又怎能与那时相提并论、同日而语？这就和京剧一样，说京剧走进校园了、京剧得到弘扬了、大学生都成戏迷了，那只是美丽的梦。个别人作为票友可以，但是全国人民都唱京剧的时代毕竟已经过去了。对于书法，我们要做的工作是普及书法，不是普及书法家，也不可能普及书法家。

中国书法正行进在一个蜕变的道路上，正在完成它的时代转身——从历史的"工具"向当代的"审美"转型，由文学表达的"手段"向艺术表现的"目的"转变。从时代的发展和历史的趋势看，书法的思想观念表达正在悄然让位于审美功能。令人担忧的是，书法的思想价值和文化内涵会被视网膜艺术所冲淡；令人欣慰的是，书坛上仍有一批有志于书法传承的耕耘者。我们不能因盲目自卑而止步不前，也不能因盲目自大而陷入保守，只有让书法超越现实的功利，真正深入传统，方能幻化出大师和经典。我们有理由相信和期盼：书法的明天会更好！

本文原载于《中国政协》杂志 2012 年第 2 期

书法的精神境界和追求

    在当代大众式文化崛起和五光十色的繁荣语境中，精神的疏离和文化的边缘化使得书法呈现出技法层面的丰富多彩而文化深度的苍白乏力。当代书法市场化的燥热并非使书法艺术上升到文化自觉和文化复兴的高度。众所周知，文化需要沉淀，需要培育。这种积淀和培育不是一朝一夕之事，要通过几代人，甚至是十几代人共同的努力才能形成。一件好的作品，需要有一定的文化内涵、文化底蕴。这就需要艺术家不仅要懂得书法技巧，更要有一定的文化素养以及深厚的文化根基。这种文化根基不是靠笔墨能够培养出来的，是艺术家长期积累的不可逾越的"读万卷书，行万里路"的修炼结果。

    今天我们感叹某些书法展览和书法作品太肤浅，其实就是由于这些书法或书法家缺少文化的积淀，致使当代的书法拉开了书法家与文化的距离。对"文化产业化"的盲从，对商品化的屈从，使书法创作脱离了精神创作的本体，某些书法家未能坚守艺术的纯粹性，使书法正走向文化的反面。从本质上讲书法作为文化现象是一种意识形态，是一种精神力量的总和，与经济生产、物质利益无关。

    不能用书法在现实社会中的普及程度和追捧热度来衡量当代书法的发展高度，也不能用发展规划的制定和院校及学位的设计来评价当代书法的实际水准，更不能简单地把能用毛笔在宣纸上抄写唐诗宋词甚至会用毛笔写汉字的人誉为书法家。

    纵观书法史，我们不得不承认，经典的产生有赖于个别的精英人才，即所谓大师的产生。人多势众热气腾腾的书法只是泛漫的汪洋，其中挟裹着大量的淤沙。

在古代，书法家往往被分作两类。一类是单纯的书家，这类书家的身份与地位和其他诸如工匠、杂技、方术等具有特殊技能的人一样，地位不高，处于社会的中下层。他们的书法大多为人所约，抄书写卷，等等，和其他普通商品一样流通，成为寻常百姓装饰家居或一般庙宇、佛寺举办法事的用品，其实用性代替了艺术性，这些人在古代常被称为"写字匠"或"抄书匠"。什么是写字匠？就是对某种书体临摹得心应手，一旦让他脱开原稿抒发自己的理念表现文化的涵养，他们的面前则被一道墙阻隔，这道墙就是"文化"。

另一类是文人书家，他们本身是诗人、学者或晋身仕途的举子，他们一般具有较高的学养。在其书法中，往往书中有诗；在其诗中，则诗中有书，是典型的文人字。比如苏东坡、王羲之、黄庭坚等，其艺术性胜于实用性。由于书法多是社会上层人士所欣赏，故工匠字流传下来的极少，而留下来的也是他们抄下的文章、著作、经卷等，抄书匠的名字则往往忽略不计。我们今天见到的绝大部分经典书法，多为文人书法。这是因为文人字本身具有丰富的文化内涵，反映了一个时代、一个书家所展现的一种形而上的精神世界，是人们企求的一种境界，因而受到历代文人墨客和收藏家的追捧。

历史上大凡高超的书法家既是文人也是匠人。他们既要有文人的妙悟又要有匠人的巧手，只有文人的妙悟而没有匠人的巧手，虽有创作的欲望但很难把字写得尽善尽美。因此并非历史上的大文学家都能成为书法家，比如李、杜均没有在书法成就上名标青史。妙悟来自文人的修养和灵性，巧手来自对书写的追摩和苦练，而要想成为成功的书法家则缺一不可。

书法的价值绝不应以表现形式和时尚风标的不同或所谓的先进与否论高下，其存在的意义和价值的高低主要取决于对人的智能的开启、精神世界的涵养、人生境界的塑造，以及对现实生活和生存目标的终极关怀。我们反观今天的书法，很多作品其实并没有被赋予像古代文人书法那样的文化内涵，有的甚至还远不及古代的工匠字。一些被文人学者视为文化垃圾的书法本应该不为社会所接受，至少不能被主流的文化阶层所接受。然而实际上正好相反，这类严重缺失文化的书法在一定领域、一段时间可以说是大行其道，受到不少藏家的追捧。导致今天书法创作的乱象丛生和书法家的贬值，就是因为有太多不是真正书法家的人混迹于书坛，并自封为"著名"或谋到了一官半职。高下不分，真伪不辨，黄钟喑音，瓦釜雷鸣。看职位不看作品，要名头不要经典，造就了文化内涵的平庸化，思想品位的零度化。

书法市场化、消费化背后的经济利益反衬出我们这个时代文化的流失所引发的审美倾向。这种倾向反过来又影响到书法的创作。不能不说这是一种可悲的现象。纵观数千年的历史发展，这些书法最终会被滚滚长江东流水吞噬，这是毫无疑问的。

优秀的书法，不是单纯的审美和娱乐，也不是转瞬即逝的感官刺激，而是生命的信息、生存的意义，经典的书法作品中每一个字都是一个生命单位，体现实现精神的丰富和升华。但可悲的是，不是所有书家都能认识到这一点。他们没有承担起成教化、助人伦的书法职能，也没有有意识地去引导受众向美的境界而逐步登堂入室，而一味地去迎合受众，甚至迎合一些低俗的藏家，距离书法之于文化人"抒情达意""取会风骚"的文脉越来越远，已经不是为书法而艺术，而是为市场俗规而艺术。一些书法家思考的是如何进入交换体系，如何赢得市场份额，如何获得货币价值，所有的跻身参展、揽衔挂职、钻营名位都是为了商品化的明码标价。而非考虑怎样使自己的书法更富有内涵，更有艺术价值。这是世风使然，也是我们这个时代在培育文化方面的缺失。

书到深处见文化，书到极致靠修养，书写的技巧可以通过日久天长的磨炼而获得无限的接近，而心灵的丰富程度是深不见底无穷无尽的。历史上真正的书法家都是淡泊名利，能耐得住寂寞，他们把书法当作心灵的慰藉和心灵的创造。一旦做了物质的俘虏，必然会牺牲其精神，一旦失去文人的文化品格，其艺术必然失败。

可喜的是，现在已经有不少先知先觉的艺术家认识到这一点。他们没有一味地追求轰动，追求炒作，追求艺术以外虚幻的云彩，而是踏踏实实坐下来，认真读书，潜心写字，或者从古人的法帖中寻找灵感，在前人的行迹中寻找文化，在不断的历练中渐臻化境。他们多渠道、全方位地提升自己，慢慢积累。他们不急于成名，也不急于谋利，更不去追逐潮流。在潜移默化中逐步积累，成为书法家所坚守的永恒的一以贯之的理念。如果现在绝大多数艺术家能做到这一点，他们所创作的作品必将和古今中外水准上乘的艺术佳构一样，成为人类的宝贵精神财富，引领普罗大众在茫然的艺术追求中进入高雅的殿堂。

毋庸讳言，与古时相比，我们缺少力透纸背的经典力作，缺少入木三分的创作境界，缺少众望所归的书法权威。书圣王羲之有一卷《兰亭序》，颜真卿有一封《祭侄文稿》，欧阳询有一通《九成宫》，等等，这都是经历史检验，大浪淘金使然，而今天的大家们能拿出什么呢？我还没发现。难怪有人悲观地论断这是一个没有大师和经典的时代。为什么难以产生大家和经典，原因固然是多方面的，但终结到一点，就是当代的书法家缺少书法作品应具备的文化深度和精神高度。要改变这种只有泛漫，没有经典的现状，当代书法家就必须提升自己的品位与追求，有自己的境界与底线，有自己的抱负与志向，有深厚的文化和高尚的精神，以文化铸就书法新的辉煌。

本文原载于《中国美术》2014 年第 2 期

"笔墨当随时代"的悖论

　　任何一种艺术样式都会受到其所处的时代风尚的影响而带有时代的气息。书法笔墨的时代性是一种时间化的概念，呈现的是书法风貌的当下性，而非书法艺术发展变化的历史分期。

　　就当下的书法创作而言，往往会受到当下的各种文艺思潮的影响而带上时代的印痕。曾有一段时间，浮躁的时代氛围使书坛上轻传统、重创新、从流俗、好丑怪之所谓"流行"风盛行，为迎合市场一时风潮，趋于低层审美的媚俗之风，以反传统甚至与传统决裂的方式来表现创新，不仅消解了书法的文化内涵，也使书法创作失去了对崇高精神价值的追求。虽然产生了一时的视觉冲击力和所谓的标新立异，但搅乱了书法文脉的历史逻辑，丢失了书法艺术所应具有的精神内质，即书法传统中的"精气神"。既不能让观赏者产生对现实生活中庸俗现象的超脱，也拨动不了人们心田中最柔软部分的激动，终将使彼时的书法创作陷入形式上的炫技，精神内涵上的浅薄之流弊。

　　书法创作为什么不可盲从于时风？时风常为流行世俗之风，书法一旦沾染上时弊则会失去生气，而难免有世俗气，丢掉书法作为高雅文化的气质与品格。书法作为传统文化要与"时代"拉开距离，追求高古的风尚。其实，石涛所说的"笔墨当随时代"恰恰讲的就是这个意思，而非一些不明此理的人所宣扬的创新口号。只是很多人由于断章取义而望文生义，错误地理解了石涛这句话的本意。

　　石涛的这句话的全句为"笔墨当随时代，犹诗文风气所转"，大意是：笔墨面对时代而跟着时代，就会像诗文一样，一代不如一代。此语出自石涛《大涤子题画诗跋》，为便于各位领会石涛此语的本义，在此不妨将全文抄录如下："笔墨当随时代，犹诗文风气所转。上古之画迹简而意淡，如汉魏六朝之句；然中古之画，如初盛唐之句，雄浑壮丽，下古之画如晚唐之句，虽清丽而渐渐薄矣；到元则如阮籍王粲辈，倪、黄辈如口诵陶潜之句，悲佳人之屡沐，从白水以枯煎，恐无复佳矣。"

书法的艺术因子不属于任何一个特定的时代。追求时风的书法家成不了传世的大家，有些人虽然喧嚣一阵博得一时之名，但风行一过便烟消云散，没有留下任何经典。而为什么启功先生能够备受书坛的尊崇？启功先生之书法无论在其生前身后都备受人们喜爱？探究起来，我们可以看到：在他所处的时代中，当同时代的书家都在试图开宗立派独辟新境之时，启功先生绝不随波逐流，始终保持着内心的澄静，坚守着古人传承的书法的遗传基因和文化精髓。从他的作品上我们可以看到，他的笔墨几乎没有受到时代审美风尚的影响，而是以古为师，从而使他的作品超越了时代审美的局限，正因为如此，也成就了其书法成为我们这个时代里的艺术经典。

启功先生也用他的执着与坚守告诉我们，经典往往与传统相向而行，不被时代的流行风气所染，这是书家的毕生修炼。

中国的书法历经千年的发展已成为一种相当成熟和完备的艺术形式，并早已达到了"程式化"的高度。对当代人来说，对于书法的传承和发展，重要的不在于要有多少创新，而是在于对于书法的传统基因是否能够做到"原真性"的保留并传承。

我想，这也正是 2009 年中国的书法被联合国列入"人类非物质文化遗产名录"的重要原因。当书法作为"文化遗产"，它就告诉我们，古人留下的真草隶篆行诸书体不能变，古人规定的书写法度和汉字的书写也不能变，笔墨中传承的"颜柳欧赵、苏黄米蔡"的笔墨基因也不能变，变了就不是我们向联合国申请的"书法"了。书法作为传统艺术必须与历史一脉相承，必须与古人息息相通。

对于学习书法的人来讲，对颜柳欧赵各经典名家名帖的临习摹写已成为不可逾越的古今范式，对于书法创作而言，传统的经典之中蕴含着足以令今人取之不竭的文化资源和艺术能量。梁启超曾说："艺术是情感的表现，情感是不受进化法则支配的。不能说现代人的情感一定比古人优美，不能说现代人的艺术比古人进步。"我以为梁先生的这一说法用在书法上还是恰如其分的，甚至我认为，对于书法这项博大精深的文化遗产，今人能把祖先留给我们的精华化为己有已很难，超越古人所达到的高峰而创新的机会几近为零。

对于书法的评判必须要超越出简单化的"新"与"旧"，区别书法的优劣只能靠文化品位的低俗与高雅，艺术水平的高超与低下。而新与旧、古典与时代不能成为其审美价值的标准。须知在艺术上今天的新未必是新，过去的旧未必是旧，就像流行的文化不一定能够成为经典，而经典则是永恒的流行。唐中叶，韩愈为抵制当时盛行的骈文，发起了古文运动，力倡用散句写散文。苏轼称其为"文起八代之衰"，以赞美韩愈不为时代风气所染的复兴精神。今天之书坛，有多少创新实际上只是停留在浅层的形式改造而已，一些无根无法的书写形式，就如同"揪着自己的头发企图飞天"一样，留给人们的只能是功力与文化内涵的双重缺失。

为什么只有那些具有传统文化底蕴的书家才能矗立于书坛历史的云端，古人云"神采为上，形质次之"。书法承载着中华文化的精髓，笔墨表达的是中国人的精神世界，需要学养、涵养、修养的滋养。如果简单地用现代艺术语言对传统书法进行勾兑，必然会稀释书法的历史浓度，放逐书法的精神品质。优美的书法作品带给人的不仅是视觉感官的艺术享受，还要有诗意与哲思的智慧以及精神思想的启迪。正所谓："文以文而工，不以文而妙"，书法之笔墨重在古法，而其妙趣则在于风神骨气。如果说书法应具有时代性的话，那么，这种时代性就应是对中华传统人文精神世界的挖掘与时代精神的拓展。

本文原载于 2018 年 5 月 14 日《中国艺术报》，5 月 15 日被人民网转载

诗与书的缠绵缱绻

中国是诗的国度，也是书法的原乡。

苏轼有语："诗不能尽，溢而为书，变而为画，皆诗之余。"诗是内容，书是形式；诗是灵魂，书是躯体；诗是生命，书是载体。

孙过庭以降，诗的因子就不断融注在文人的笔墨之中，诗书结合的艺术思维便逐渐深入书法家的骨子里。直到今天，书法家喜欢写的、写得最多的还是诗。诗与书的结合，成为书法家和中国人特别钟爱的艺术呈现样式，书法借助诗词的文字内涵和张力，传达出富有灵魂的水墨晕染意境。

诗词与书法是中国传统文化的重要表现形式。虽然分属于语言和艺术两种形态，有着各自的审美特征，二者间却紧密相连。诗与书法在文化基础、境界追求以及对情与义的表达上达到了高度的一致。正因为此，在中国文化的演进过程中，诗与书法成为中国历代文人表达情志的两种相互依存的重要手段，因而有了"诗为书之魂""凌云健笔意纵横"等关于诗书关系的诸多表述。

"草章师其断续处，诗意妙在离合间"，诗词和书法是中国文人用以表达内心情感的重要手段，在传统儒家的诗学看来，无论是诗词还是书法，创作者往往注重通过"比兴"的手法，引发人的思考，笔不到意到，或笔在此而意在彼。

回望史上那些文人墨客，是诗人又擅长书法的名家不在少数，大诗人李白、大词人苏轼、大才子唐伯虎，等等，他们都在其诗词和书法上体现了中国传统文化的精髓。

内容决定形式，作为灵魂的诗，主宰着书法作品的意境，因此笔墨的灵感往往从诗中来，诗不同书亦不同。苏轼的《梅花帖》写到结尾处忽作狂草，那是由诗中奔放的句子所决定的；《寒食帖》写到"年年欲惜春"的"年年"二字，顿时打破格局，忽作大字，借鉴了狂草的章法，为的是突出"年年"的心境。由于形式与内容的完美结合，便使之成为史上最优美的一幅行书，亦契合了作者所崇尚追求的境界。所谓一言一语，一笔一墨，无不关乎情，"形似"显然不是他所在意的目的。他用深邃的诗境和酣畅淋漓的笔墨诠释出了他"论画以形似，见与儿童邻。赋诗必此诗，定非知诗人"的艺术见解。

诗词是书法创作的内生动力，自张怀瓘在《书议》中提出"兼文墨"的概念后，便成为史上那些大书家的标准。就当下的书坛而言，最缺乏的还是"文"，倘若书家没有深厚的文学修养，没有广博的文化素养，书法的艺术境界也是上不去的，故"腹有诗书气自华"仍然是我们今天追寻的目标。

诗词与书法是一个有机的整体，互相映照，缠绵缱绻，彼此生发。因此我们常会看到，诗人写作之余近墨，书家创作闲暇之时撰文赋诗，皆是其情发意至之时的一种心态情境的自然流露，也是其文化涵养后的必然。

诗人书家都需要在文化传统哲学诗词文学修养等方面融会贯通，才能卓尔不群自立成家。或许读诗写诗不一定能作诗，但是可以为我们不断丰富心灵世界和涵养笔墨注入精神力量。

本文发表于 2020 年 10 月 18 日百家号《罗杨墨艺》

第七辑　相望丹青

疫情对书法的启示

对于人类生息繁衍的家园，大到山川宇宙，小到一滴水，一片叶子，我们都应怀有敬畏之心，与自然和谐相处。人与自然的平衡关系一旦被打破，人类将受到自然的惩罚。正像恩格斯告诫的：人类对大自然的每一次胜利，都会换来大自然的无情报复。

每每读《兰亭序》时我都会温情地感到，古人那种崇尚自然敬畏生态，于崇山峻岭、茂林修竹之间，列坐其次、畅叙幽情的人文雅趣；发出"天下第一行书"为什么会诞生于曲水流觞、兰花草亭之中的感叹。这不正是对"天地有大美而不言"的完美诠释吗？

或许只有在安素心之静，无车马之喧的自然状态下，人们方可从世俗的欲望中摆脱出来，从而以自由洒脱的精神境界，率性恣意的笔墨表达，出淋漓尽致挥写千古名篇。后人一谈《兰亭》便赞叹王羲之的笔墨技法，其实所谓"技"在一千多年前的古人那里不过是读书人基本功而已。真正成就《兰亭》的是那种"返璞归真"的天然，"知足常乐"的淡泊，"虚怀若谷"的气度以及"庄生梦蝶"的诗意。

中国艺术强调"外师造化，中得心源"。所谓"造化"即自然，所谓"心源"即作者的内心感悟。在王羲之所生活的魏晋时代，许多文人士大夫由于不满当时的朝政，而将心思和情趣寄寓于文艺，纵情于山水，从自然生态和园林山水中体味和感悟人生之优雅和艺术的浪漫。诚如《易传·系辞》所云："仰以观于天文，俯以察于地理，是故知幽明之故。"

书法最基本的要素是汉字，汉字即起源于象形，所谓象形即古人把对山川自然事物的观察描摹下来。有若后来卫夫人在《笔阵图》中所形容的："横如千里之阵云、点似高山之坠石、撇如陆断犀象之角、竖如万岁枯藤、捺如崩浪奔雷、折如百钧弩发、钩如劲弩筋节"。书法历经几千年的发展嬗变，已经不仅仅是一种技法的传承，而成为一种文化的现象和延续。因此，山水情怀和人文素养是书法中必有之意。清人唐岱指出："欲求神逸兼到，无过于遍历名山大川，则胸襟开豁，毫无尘俗之气，落笔自有佳境矣"。中国的画如此，书亦无二。

　　大自然就是如此奇妙，有着许多令人惊叹的神奇，也有着数不尽的资源。于是，人们开始开垦放牧、砍伐树木、捕猎动物，无休止地向自然索取。导致了生态环境严重破坏，很多动物无家可归，人与自然的关系也变得剑拔弩张。

　　现代社会的最大的缺憾和不如人意，就是人类在物欲生活中与大自然不断分隔，人类以挥霍自然生态为代价，逐步遁入世俗的歧路之上，成为精神世界的迷失者。欣闻，日前全国人大通过了"关于全面禁止非法野生动物交易、革除滥食野生动物陋习"的相关决定，可谓正当其时，令人欣慰。

　　倘若我们能够静心凝神，细细触摸感悟自然的脉搏，则可以感到天地间有一种"造化无言却有情，每于寒尽觉春生"的脉动。冬日的大寒已过，春天已经不再遥远了。

　　"行到水穷处，坐看云起时。"书法家理应更多地走进自然，像怀素那样"吾观夏云多奇峰，辄常效之，其痛快处，如飞鸟出林，惊蛇入草，又如壁坼之路……"在生机盎然的自然里洞悉书法之妙，寻觅其妙在道法自然的玄机。找回松下听琴、涧边观瀑、弄箫品茗的优雅生活状态。

　　"闲时观天气，忙里做文章。"亲近自然，心随白云去，人在画中游，脱离市井浮躁之气，厘清完美人格之源流，与自然生物和谐相处，在自然生态中诗意栖居，在山水之间获得"乘天地之正，御六气之变"的势能；在天地间获得"独与天地精神往来"的潇洒；在笔墨挥洒中领悟到"天真烂漫是吾师"的真谛和"凌云健笔意纵横"的快意。

本文发表 2020 年 2 月 26 日百家号《罗杨墨艺》

春天就该属于书法

春天是浪漫的，仿佛有一种生命的动力在激荡，大地圣灵都在此刻被召唤，书法家可以任由灵魂遨游可以抵达的地方。

或许，在书法家的心里，春天不是依节气而来，就像星云大师所说："春天不是季节，而是内心"。自从书圣王羲之在永和九年的那个春天里种下了一粒魅力书法的种子，千年以来，无论枝头的花开与否，笔底的墨花就会如约在书法家的心里悄然绽放。

姹紫嫣红的春天与知白守黑的玄妙在此刻交汇，就注定了这是一个滋长传世书法的机缘际会，从上巳节到寒食节再到清明节的节点之间，不知道古人于此间写出了多少传神的佳作。仅天下三大行书之中就有其二诞生于此刻。

为什么这是一个能够诞生书法经典的时节？我想，真正的书法不是"写"出来的，而是涌自心底深处的灵光乍现，是此情此景此心的一种显现，所谓"情动行言，取会风骚之意"，有此情便有此景，有此景便有此心，有此心便有此书。不是人在"写"书法，而是书法在召唤人，甚至可以说是身临其境之人被莫名的神来之笔牵引着，这些墨迹是作者生命历程的一个切片，记录着唯有此时此刻方可显现出来的独特感受和心境。

"天下第一行书"写于"江南草长，群莺乱飞"的三月初三，那时古人都会在这一天到水边嬉戏以消除不祥，即古老的"修禊"之习俗。永和九年是日，王羲之把大家招呼到了会稽山阴的兰溪岸边，尽情地享受"天朗气清，惠风和畅"的自然风光，举行了一场流觞饮酒作诗的雅集。《兰亭序》便于此诞生了。正是这场雅集使文人与上巳节结下了不解之缘，雅集也在很长一段时间里成了上巳的风俗。王羲之写下的不仅是一篇集序，而创造了一个完美的艺术生命形象，自有其完美的精血骨肉，尺幅之间，歌舞坐卧，潜行游走，百态俱妙。它树立起了一座令后人难以逾越的书法高峰，千百年来不知迷倒了多少书法中人。

"天下第三行书"成于宋神宗元丰五年细雨绵绵的寒食节之际，乃出自文豪苏东坡之手的《黄州寒食诗帖》。从帖中我们可以读出苏东坡当时是怎样一种万念俱灰、生不如死的心境。字里行间充溢着让人心惊肉跳的动势，其艺术品格和人物情绪无不跃然纸上，让人充分感受到书者此时心绪的苍凉、惆怅及有感而发，一落墨，一起笔，莫不迅疾如飞，痛快淋漓，一气呵成。这种寓诗句以心境情感的变化，表现在浓淡相交的点画笔墨之中，可谓浑然天成。足以达及令后人高山仰止的程度。

"第一""第三"，一个写于上巳一个写于寒食，而上巳与寒食由于时间相近、内涵相近，在宋代之后即合并到了清明节之中。今天我们的清明习俗已囊括了"上巳"与"寒食"的内涵，包括了"敬畏自然、慎终追远、拥抱春天"的丰富内容。这是一个既生机勃勃又悲喜交集的灿烂时节。

王羲之在这个时节找到了那种独与天地精神往来的理想家园和心灵皈依；此时的苏东坡则感受到了去国怀乡蹉跎坎坷途中的无奈。书法创作的目的就是抒发情感，表达情绪。蔡邕云："为书之体，须入其形，或悲或喜。"孙过庭在《书谱》中认为，书法应该"达其情性，形其哀乐"，否则，"不入其门，讵窥其奥者也！"看来王、苏二人都是触景生情的性情中人。

所谓触景生情，《翰林要诀》中说："喜即气和而字舒，怒则气粗而字险，哀即气郁而自敛，乐则气平而字丽。情有重轻，则字之敛舒险丽亦有浅深，变化无穷。"可见，王羲之心平，苏东坡气郁却都在这样一个季节里写出了旷世唯美之杰作，恐怕不是偶然。

眼下清明将至，我与曾共事十余年的前辈、著名作家冯骥才先生通话，他告诉我，他已经"宅出了新长篇"的文学作品。我想，清明已经到来。一个书法人，是不是也应该让那颗心底的种子开出笔墨的美丽花朵呢，千万不要辜负了这样一个于书法有着某种玄机的时间节点。

人生的欢喜与忧愁都会在春光里激荡，天空中的云卷云舒都会营造出空灵悠远的意境，此刻天地万物都会融入那种亦真亦幻的意境之中，春天里应该书写，春天应该属于书法。

本文发表 2020 年 3 月 27 日百家号《罗杨墨艺》

毛泽东书法的艺术高度

　　毛泽东是一位融家国之大爱于一身、集百家之情怀于一体的人民领袖，他以极大的个人天赋、极高的学识修养以及极其神奇的人生阅历和其突出的书法艺术实践成就，以一笔之力重兴了草书艺术，承继了重绝之学，于笔墨挥洒中营造出了"天地为之久低昂"之磅礴气象。

　　书法是中华艺术的"国粹"。书法以唐楷的出现为标志而达到了艺术的高峰，而张旭、怀素狂草书风的出现又使草书成了高峰中的高峰。草书的创作过程能让作者体会到一种极致的享受以及"天人合一"的满足感，同时又把这一切倒映在作品中，仿佛一个个神奇的字被注入了鲜活的生命，即使不懂书法的人看到一幅优秀的草书，也能被感染，被打动，从中欣赏到那优美的节奏和韵律，发出由衷的赞叹。

　　书法艺术史告诉我们的就是唯草书至上，若昧乎此，就是没有弄懂书法的真正奥妙所在。比如，在草书出现之前的书体常被以为是传言记事而已，故有"篆书朴，隶书俗"的说法，加之篆字隶字缺少中国艺术核心的写意精神和意味，在很长的历史阶段并未得到古代文人的青睐。

　　书法的出现源自人类传言达意的使用功能，由于汉字具有象形基因的天然属性而逐渐上升为一种艺术形式。虽然书法在何时成为艺术尚未有定论，但是历史上出现的第一位大书家恰恰是"草圣"，而不是"篆圣"亦非"隶圣"。由此可见，只有草书的出现才使得笔墨的书写意多于法，使创作者可以自由抒情，从而笔墨中有了音乐之节奏，舞蹈之律动。

"草圣最为难，龙蛇竞笔端。"草书是书法艺术的皇冠，谁攻下草书，攻下了狂草，谁就是一代书法宗师，一代艺术天骄。毛泽东的书法艺术可谓进入了"纵无石破也天惊"的出神化境。

"掌上千秋史，胸中百万兵"，以毛主席的领悟力和性格志趣是一定会选择写草书的，而毛泽东所写出的草书，也确实表现出了伟人的智慧和艺术上的天才。

毛泽东早年也是写碑出身，郭沫若曾在延安看见毛泽东所写的一副对联后评价"大有何绍基笔意"。1945年毛泽东在重庆重新书写了《沁园春·雪》，当时写的也是楷体。可以想象，1949年之前毛泽东戎马倥偬，没有更多的心思琢磨笔墨艺术。当他成为共和国的领袖之后才真正进入艺术的自由王国。1958年，毛泽东曾经亲函让秘书田家英向故宫借阅古人草书帖本研习，田家英曾说："毛泽东的字是学怀素体的，写起来很有气魄"。毛泽东涉猎之广、用功之巨、法度严谨、个性鲜明、超凡脱俗。正如"庾信文章老更成""暮年诗赋动江关"。1962年毛泽东所书《忆秦娥·娄山关》已大有张旭、怀素笔墨之精华。但见其字已是无天无地，壁立万仞，屈铁盘丝，瘦劲秀挺，淡墨枯毫……当年毛泽东"朋友圈"里的一些文人曾说，主席的书法"越写越好，越写越草"，当然这里的"草"不是潦草之草，而是"狂草"之草，即满纸"健笔凌云意纵横"之神来之笔。

回眸毛泽东之前的中国书坛，自嘉庆六年钱泳所公布阮元的书论时算起，已经有近150年的时间以碑学为尊了。其间的书家大多被北碑所桎梏着，没有出现过一位像样的草书大家，以至于碑学殿军吴昌硕晚年曾感叹："今人谁解为草书"。而今放眼望去，彼时何尝不是书法史上"江山代有才人出"的景象呢。再看看那些风云时代我们熟悉的巨匠，梁启超、鲁迅、郭沫若等均不胜草书之功力。

有人说，毛泽东如果只专心写字，一定会成为更大的书法家，在书法艺术上取得更大的成就。须知那些在历史上被称为大书法家的颜柳欧赵苏黄米蔡等名家巨匠，没有一个是以书法为职业而成为书法家的。

书法表面看是写字，实则是写书家自身的阅历、学识、修养，以及对人生、国家、世界和宇宙的认识、思考和感悟，这种"道痕"对一个书家书风的形成具有十分重要的影响，也是决定其是否能成为大家的重要因素。毛泽东身边的工作人员曾说，主席对"文房四宝"珍爱有加，他常说："我要用'文房四宝'打败国民党四大家族"。毛泽东胸中的笔墨世界是何等令人高山仰止，又有着一种怎样的豪迈气概！

清代文学家刘熙载在《艺概》中说："写字者，写志也。"要想把书法写出气势、写出气象、写出情趣、写出特色、写出意味，就要有渊博的知识、丰厚的素养、博大的文化、非凡的精神气质、不同寻常的人生经历以及过人的才华和悟性。你有知识才华，书法中就能表现出你的知识才华；你有文化底蕴，书法中就能表现出你的文化底蕴；你有情趣志向，书法中就能表现出你的情趣志向；你有人格境界，书法中就能表现出你的人格境界。一个心胸狭隘的人，写不出颜真卿的磅礴大气，即使写一辈子《多宝塔》也没有用。没有伟人的站位高度也写不出毛泽东的如虹气象。毛泽东书法反映的是他波澜壮阔的一生所积淀出的气吞山河的气概，彰显出的是宏大的天下胸怀和人文关照。

只有读懂毛泽东的人生和人格，才能读懂毛泽东的书法，才知道毛泽东的书法成就是任何人都难以企及的一个绝对高度。

本文发表 2020 年 12 月 26 日百家号《罗杨墨艺》

被束缚文人的书法内在抗争

　　傅山的书法其实不是书法，或者说不是为了把字写得美观的书法。他是用笔墨挥洒的方式荡涤胸中的块垒，挣脱精神的藩篱和人生的桎梏，仿佛是以心血赋予一个个汉字以新的生命，在"达其情性，形其哀乐"之中体现作者的精神气质与审美追求，表达更深层次的对生命形象的构思，成就反映生命抗争和人生态度的艺术。

　　傅山讲书法时强调首先学做人："作字先做人，人奇字自古"。很多人以为傅山的"四宁四毋"讲的是书法，其实他说的是他的政治观点和处世态度，反映的是他的社会主张和对现实的鞭挞和抨击。

　　"四宁四毋"出自傅山《作字示儿孙》的小序中，他说，写字要注意"宁拙毋巧，宁丑毋媚，宁支离毋轻滑，宁直率毋安排"。用白话来解说，就是作书宁可追求古拙而不要追求华巧，宁可写得丑些，也不要有取悦于人、奴颜婢膝之态，宁可追求松散参差也不能有轻佻，宁可信笔直书，也不要描眉画鬓、搔首弄姿。

　　这种书法观实在是傅山从"国破家亡"的心境中提炼出来的艺术价值理念。傅山生在大明朝，经历了明亡清起那个风云激荡的时代，虽怀有反清复明的情志，但对明亡的现实也只能无奈地接受，因此，他心灵的痛苦可想而知。他在苦闷之中，将情绪转嫁于书法创作之上，书风也随之一变。身处历史的剧变，每个人都有自己的选择。有人选择以身殉国，有人选择抗争到底；有人投降保命，归隐山林；有人顺应时局，再求功名。有趣的是，这几类人当中，都出现了名贯古今的艺术翘楚。

　　"四宁四毋"乃傅山感于时政，意在借书法喻世道，表达出他的政治主张和观点。明末清初社会的动荡促成了思想的活跃，在文学艺术领域掀起了一股以明遗民文人士大夫为代表，厚古薄今崇尚"高古奇逸"风格的浪潮，也出现了一批特立独行的书画家，被后世誉为"遗民画派"，傅山就是杰出的代表人物之一。

　　傅山的书法，原本是学赵孟頫的，他曾说："偶得赵子昂《香光诗墨迹》，爱其圆转流丽，遂临之，不数过而欲乱真。"明亡之后他看到清朝廷推崇赵、董，一时书风均为赵、董所笼罩。在傅山的眼中，赵孟頫身为南宋宗室，却做了元朝的顺臣，因而"恶其余胥"，对赵字也深恶痛绝，于是就开始猛贬赵字，说赵字"熟媚绰约，自是贱态"。表面上说的是字，实际上攻的是人，他提出"四宁四毋"的主张，正是要与当时讨巧朝廷之风拉开距离，所表明的则是自己的政治态度和立场。他以为只有这样，才不会受当朝好恶的驱使，从而避免流入赵书的软美之途，进而在思想上被朝廷所统御，才能够归于书法学习的正道，进而不卑躬屈膝于朝廷而成为奴才，此也是"做人"的正道。这种与时代书风大相径庭的书论，剑指的当然是社会风向。

　　"时势造英雄"，历史是无法回避的，个人遭遇对于历史的认识也像是一面镜子。在特定的历史年代，加之当时的社会体制特征，文人的命运，文人的性格品质，都会受到较大的影响。傅山一生傲骨凛然、特立独行，他对于经典、名士、权贵时有贬损讽刺之语，唯独对于崇尚自由而不应楚威王之聘的庄子大加褒扬，并将"内圣外王"及《庄子》奉为至论。借"四宁四毋"以发泄对社会现实的不满，其"醉翁之意不在酒"，而他的"借题发挥"恰当深刻，这也是傅山的高妙之处。

　　正像杜甫诗云"艳色天下重"，人类的审美具有极强的趋同性，美者人皆以为美，丑者人皆以为丑。美是书法艺术的基本属性，也是书法艺术的最高法则。读傅山的书法，必须要了解其所处的时代，并从那个年代的社会动荡之中，从政治和思想领域的重大变化之中，从阶级矛盾、民族矛盾以及社会各种矛盾交织在一起的异常复杂的时事之中，去把握其书法的意蕴。否则"只知其然而不知其所以然"，就会出现时下一些不明就里的人以丑为美的俗书，以至于像鲁迅先生讥讽的"即使无名肿毒，倘若生在中国人身上，也便红肿之处，艳若桃花；溃烂之时，美如乳酪"如此一种错把痈疽当桃花的谬误。"失之毫厘，谬以千里"会让书法走向堕落的不归之路。

"多一分则腴，少一分则瘦。"美与丑或许只在一笔一墨间。《书法雅言》说："正能含奇，奇不失正，会于中和，斯为美善。"读傅山既要把握美丑的分界线，又要守住审美的底线，找到美与丑的平衡点。

学习傅山的书法，首先是读懂"四宁四毋"的真实意旨，弄懂他的书法审美观，弄明白他的生命哲学观，从而在傅山激荡生命的创作中寻找出书法的艺术灵感，重在找到以书明志表达自我的方法。写出言之必沁人心脾，意境必豁人耳目，笔墨必富感染力，思想必有境界的作品。

本文发表 2021 年 1 月 12 日百家号《罗杨墨艺》

美与丑的辨析

今日之书坛虽然呈现出热闹繁荣的景象，但书法并没有得到真正的振兴和全面的普及，甚至仍然面临着传承的危机。在繁花似锦的书园中时有乍泄并备受争议的"丑书"，是否可以作为另类奇葩而留有一席之地呢？

说到"丑书"人们马上会想起傅山的"四宁四毋"说。其实在古人的书法术语中是没有"丑书"的，古人评价书法一般用"雅"与"俗"或格调的高和低，或者直接从技法的角度去评价，而很少直接说"丑"。傅山说的"丑"并非今人所理解的丑书。

中国的书法艺术，有着一个从"自发"到"自觉"的演进过程。至少从六千年以前大汶口的陶罐上我们所看到的被认为象形文字雏形的那个神秘刻画符号，书法艺术的自发就已经开始了。至魏晋时期二王的这种艺术自发已经成为自觉并蓬勃地发展起来。此后上千年间，人们在学习书法的时候都自觉遵循二王的审美标准，力求流丽儒雅。明代著名的书法理论著作《书法雅言》，更是强调了中和："宣圣曰：'文质彬彬，然后君子'"。这种书法审美体系被后世称之为"帖学"。

回顾帖学历史，从二王到清初，历经一千多年的发展演变后，各种风格形式已得到相当充分的表现。曾经的书法家大多或匍匐在赵孟𫖯下，或拜在董其昌门庭，风格面貌陈陈相因，媚巧靡弱。其时，傅山在特定的历史背景和人生经历中，提出了"四宁四毋"说，其意本是讲做人立世的道理，从而强调艺术风格的偏向发展，认为书法创作不必面面俱到，完全可以根据自己的个性去自由发挥。这一惊世骇俗的观点影响深远，金农的"同能不如独诣"，郑板桥的"师心自用""怒不同人"，等等，都是在它基础上派生出来的，清以后碑学书法的百花齐放都离不开它的精神启蒙。

乾嘉年间，帖学受各种因素的影响似乎丧失了创造的活力。这时书法家在考据学家用以证史的北魏时期的许多碑书上，竟然发现了它们大不同于帖学的神韵、风采，不仅从这里获得了极大的审美享受，而且产生了亟欲学习它、汲取它的强烈愿望和具体内容。

一般研究书法史的人认为，碑学的诞生是丑书出现的背景。碑学区别于二王时代的帖学，金石碑版、造像墓志所表现出来的狂放不羁，粗野雄强，让那个时代的书家激动不已，一时间出现了"三尺之童，十室之社，莫不口北碑，写魏体"（康有为语）。他们以"丑到极点便是美到极点"为审美标准，因此落脚于"继由工求不工"。此后"碑学"的诞生似乎营造出了一轮"书道中兴"的局面。

然而，我们所说的当代的"丑书"，与古人对丑的认识却大相径庭，当代丑书是几十年来，书法艺术在改革开放的大潮下西风东渐，狂飙突进所涌现出的一些探索创新之作，它们为表现当代人的思想感情，在许多方面突破了传统的审美习惯和表现形式，肆意放弃传统书法的美感，因而被视为"丑书"。如果将今天的丑书放到古人的眼里，很多丑书只能被认作是书写风格上的"俗书"和笔墨功夫上的"八病"。

当代丑书的产生原因和表现形式与历史上书法发展两个阶段也完全不可同日而语。书法史上的"丑书"都是时代精神的表现，是审美取向的超越或突破。当代丑书则大多是盲目地照抄借鉴西方的现代美学观念。西方的审美理论是把具象抽象化，而书法首先是把抽象的文字具象到形，再通过这个过程感悟成法理，法理好像程序一样成了潜意识，字就可随意念去抒发了。这种理论要融化到人的一生中去感悟方可获得，所以谓之文化，谓之修养，谓之人书俱老。用西方美术理论解析书法则必然水土不服。

美是什么？它能够使人感到愉悦或引起人们心灵共鸣，而丑是难看、卑贱、阴暗、虚伪、邪恶等的代名词。生活中美与丑的概念是截然对立的。美便是美，丑便是丑，美不可能是丑，丑也不可能成为美。但除却生活、道德意义上的概念外，美与丑在艺术审美中的涵义却是极为复杂的。譬如说罗丹的代表作《老娼妇》。罗丹的主张就是："在自然中一般人所谓'丑'，在艺术中能变成非常美，在艺术中有性格的作品，才能算是美的。"他的这尊雕塑是一个形象丑陋、干瘪如柴的老娼妇，但由于他反映出了那个社会中人的含辛茹苦的真实，并能够引起观赏者的心灵共鸣，从而实现了"美"与"丑"的互相转化，而成为是一件恒世的佳美之作。书法即使再标新立异刺激感官，如果达不到让观众达到忘我状态，触动其心灵中最柔软的部分的效果，仍然是垃圾。

古人论帖学强调从"有法"求"至法"；古人讲碑学强调以"无法"为"至法"。在古人那里帖学也好碑学也好，都是在书法本体之内呈现出的不同的艺术观念主张，就如同中国传统绘画史上的正统派和野逸派，宋词中的婉约派和豪放派。画还是画，词还是词，所谓万变不离其宗，只是不同的艺术风格而已。虽然我们可以认为，帖学一派法度严密，过于僵化或带来束缚，碑学法度松弛或激发创意，而矫枉过正却容易导致浮躁而走火入魔。当下不少丑书都表现出走火入魔的状态，因此令人难以接受。

对书法而言，这是一个没有了书写实用性的时代，一个追求自我表现的时代，一个急功近利浮躁的时代。没有了实用性，还要靠"写"去还原古人的过程和发展是极困难的。当今的中国书法，其功能在欣赏，以往的书法偏重修身，注重书写内容；而现在的书法偏重审美，强调视觉效果。美学意义上的"丑"，无疑是对传统的继承与发展，书法境界的不同反映了书家所处时代的书法风貌和审美标准的不同。毋庸讳言，当代书法已经整体从人文领域滑向视觉领域，逐渐偏离中国传统文化的文脉，越来越缺少传统文化的神采。

"横看成岭侧成峰"，书法艺术是一种心灵的表达，它要展示给人们的是一种美的需求及生活的向往。我反感那些突破了审美底线的

"丑"，当然也并不排斥"百家争鸣"中的任何一家，因此，丑书可以存在，无丑也彰显不了美，但是如果把涂鸦的丑书奉为神品，把涂鸦的作者称为大师则是滑天下之大稽了。

　　本文发表于 2021 年 2 月 22 日百家号《罗杨墨艺》

园林的点睛之笔

　　中国的古典园林是综合的艺术杰作，书法是中国传统艺术的集大成者。园林与书法的结合，营造出了自然山水的人文情趣，对于提升建筑的格调，阐发园林的意境，起着点睛之笔的作用。

　　中国的园林为什么能够让人陶然自得乐在其中，"风景绚美，固然是重要原因，但还有个重要因素，即其中有文化、有历史。"（陈从周《说园》）园林里的书法墨痕往往是洞悉园子主人人生密码的钥匙。

　　书法以飞扬的生命意象，丰富的文化内涵，凝结在园林建筑之上，激发着人们的联想，氤氲出物我同一的超然境界。大凡古典名园，如果没有书法，没有文化名人的墨迹，是很难成为名园的。当我们在园林中驻足欣赏那些前贤题留下的墨迹时，不仅会增加对园林历史文化的了解，更会享受到无尽的人文意境之美。

　　绍兴有座沈园，是建于宋代的私家园林，系由当时的沈氏商人所建，园林在营造上并无奇特之处，但因有了一首陆游的题壁诗和一段凄婉动人的爱情故事而声名远播。陆游20岁时娶了表妹唐婉为妻，两人志趣相投，感情深厚，生活美满。可是陆游的母亲不喜欢这个儿媳妇，并逼迫陆游离异。迫于母命陆游忍痛与唐婉分手。后来陆游31岁那年，在一个春光明媚的日子里，踱步沈园之时恰与已再婚的唐婉夫妇不期而遇。触景生情，陆游即兴吟出一首《钗头凤》书写在沈园的墙壁上，词中痛惜"……一怀愁绪，几年离索，错！错！错！……"唐婉见此词后不久即因内心压抑忧郁而离世。史载陆游60岁以后还三次来到沈园怀念唐婉。随着光阴的推移，沈园的主人已多次变更，而到这里的游人总是络绎不绝，人们看重的不仅是沈园的景致，更是来看陆游的诗并回味那个神话般的爱情故事。

绍兴的兰亭，本也是一座极为普通的园林，而王羲之的故事和他的那篇千古书法杰作，使之成为千百年来书法家及游客的朝圣之地。《红楼梦》中有一段贾政带人巡视刚竣工的大观园的记述，贾政在园子里说道："偌大景致，若干亭榭，无一字标题，也觉寥落无趣，任有花柳山水，断不能生色"。这也从另一个视角说明了书法对园林的重要性。

园林与书法皆源于"意象"，都是道法自然、取象自然，同为象征中华文明的符号系统。二者结合在一起，成为浓缩的名胜，既有山水草木，又有人文题咏，从而使之成为可以居、可以观、可以游、可遐想的，人与自然诗意栖居的和谐空间。

"中国园林能在世界上独树一帜，实以诗文造园。"中国古典园林是由山水、建筑、花木和人文"景境"共同组成的一个整体，人文"景境"是中国园林的一大特色，而书法又是人文景境的重要载体和组成部分。书法所表达出的文学意境和内涵，正是一座园林之灵魂所在和精神所系。

书法所蕴含和表达的思想内容，在园林的建造和观赏中有外显和内化的功能。所谓外显，即具有纯粹视觉欣赏和信息传达上的意义，而内化则是园林可以借助书法，沟通人与物、人与境，使园林与书法表达的两种"意象"产生互相提示共鸣的作用，从而引导游者达到某种意境。书法艺术之美与园林意境之美，互相依存、互渗互融，一笔一故事，一字一世界，如胶似漆不分轩轾。这种内外两个方面的功能互为表里不可分割，从而在园林欣赏中发挥着不可替代的作用。

书法在园林中既是艺术的装点，又有着文化上的功能和装饰作用。园林中的书法大多不是以通常的纸墨形式呈现，更多的是经过工艺的制作，以匾额、楹联、屏版、砖雕、书条石等工艺作品的形式再现，作为一种经过加工转换的艺术品，成为园林建筑的构件和景观的一部分。很多名园中的名家字迹，真草隶篆琳琅满目，俨然就是一座书法艺术观赏馆。

陈从周在其《说园》里这样谈书法与园景的关系："亭榭之额真是

赏景的说明书，拙政园的'荷风四面亭'，人临其境，既无荷风，亦觉风在其中，发人遐思。而联对文辞之隽永，书法之美妙，更令人一唱三叹，徘徊不已"。可见园林中的书法有着点题的功效，其功能有似于题画诗，起到点睛、引导、提示的多重作用。这种书法意境的营造集中体现在了匾额、楹联上，一入园林，触目皆是。游园有动静节奏，凡有书法点缀之处，皆是需要静观凝思之处。匾额楹联上的书法，是一种"作为传达旨趣、透露景境的文学渊源或人文内蕴、升华意境的手段，是景的诗话、心灵化，是对于景境意象和心灵境界的一种审美概括"。

书法所蕴含的文化底蕴和诗意情景，几乎与园林同生共存，相生相伴。正是书法的点缀、渗透与生发，使园林的诗情画意更加具有中国式审美，更加契合中国人生活哲理的诉求。

园林的观赏者需要具备一定的文化底蕴和书法修养，方能领略到园林与翰墨之间的美妙之处。在杭州的灵隐寺和飞来峰之间，有一孔冷泉，明代书法家董其昌来此时，曾在冷泉亭上题写了一副对联："泉自几时冷起，峰从何处飞来？"为此胜景增添了许多文化趣味。到了清代，学者俞樾来此见董其昌的书联，颇感有趣，于是对题了："泉自有时冷起，峰从无处飞来。"自觉得意便问随行的夫人如何？其夫人也是腹有诗书之人，答曰："不如改为泉自冷时冷起，峰从飞处飞来。"尔后两人相视而笑，此一趣闻又为冷泉亭增添了无尽的文学魅力和人文色彩。

需要特别提醒的是，园林中往往会有一些谐趣的"别字"，很多是另有寓趣的雅意及哲思所为。如"避暑山庄"的"避"字多了一横，相传是康熙皇帝有意而为，以示此避暑之"避"非避难之"避"。扬州大明寺平山堂"风流宛在"匾，其"流"字少了一点，"在"字多了一点，其实正是题写者故意要表达强调"宛在"意境的神韵之笔。

"似此园林无限好"，书法的神奇与美妙，已成为中国园林不可或缺的审美要素。

本文发表 2021 年 5 月 15 日百家号《罗杨墨艺》

不应止于练字

书法作为中国传统文化中最具代表性的符号之一，承载着民族精神，彰显着民族品格，对民族文化的传承有重要意义。

"飞鸿戏海道劲藏，舞鹤游天灵韵扬。"汉字的毛笔书写曾经是中国人全民性的文化行为，当遭遇键盘时代的冲击后，如今已经越来越被边缘化，甚至在很多年轻人的眼里，古老的书法已经离当代人的生活很遥远了。书法的失落和失传，无疑会使以汉字书法为代表的中华优秀文化基因受到伤害和冲击。

让书法走进校园，激活青少年心中中华优秀传统文化的精神基因，引导他们从中华优秀传统文化中汲取成长的力量，找回民族精神的根基，确立中华文化的自信；让青少年在书法的训练中，欣赏传统文化、参与传统文化，传播继承传统文化，从而提高整体文化素养和思辨能力；通过书法的训练，开发智力、锻炼意志、养成良好的写字习惯，是我们书法工作的未来方向。

强化书法教育不仅得到全社会的广泛认同并取得了良好的成效。目前的问题在于，大多数教育部门把书法教育简单归结为"学书法就是练字""练书法就是写一手好字"的单一理念，而忽略了书法课在教学体系中的整体性和系统性作用，从而造成了重技法讲授、轻精神内涵阐释的现象，书法的文化渗透力明显不足，这就有失偏颇了。

将书法教育植入青少年学习的各个阶段，其最终目的并非仅仅是让学生学到一门手艺，或写出一手好字而已，更为重要的是要将作为中华优秀传统文化重要基因的书法引入课堂，从而在提高学生书写水平的同时，由此拓展他们对传统文化更为广泛深入的学习，包括与书法密切相关的，如古典文学、文字学、哲学以及国画，传统的音乐、舞蹈，还有"知白守黑""阴阳""写意"等传统的美学观念等文化思想的认识和了解。因此，书法进课堂的重要性不仅体现在要写好字，更为重要的是通过书法这把钥匙，进入传统文化的殿堂中，让学生进一步学习和传承优秀的传统文化，让优秀传统思想观念、美德情操陶冶青少年的心智，滋养他们的心灵，把民族的文明基因、文化的血脉不断地传承下去。

书法不仅是一门写字的技艺，更是一门蕴含着丰富多彩的中华文化的艺术。在学习书法的过程中，学习和传承传统文化，体验前人的创造精神以及聪明智慧和生活的审美情趣。在书写的过程中去触摸、去了解、去关注、去感悟、去领略世代中国人相传的思维方式、价值追求和人生准则，从而在传统文化的氤氲中找到精神的归宿和寄托，而不是去计算学习知识技能所获得的功利价值。

"墨池笔冢任纷纷，参透书禅未易论。"在书法教育的实践中，应该特别关注传统书法理论中"技与道"的结合。技是技法，道是升华。技与道二者的相辅相成和完美结合，是对技的捃取与运用，对道的体悟与表达。古人云："师者，传道授业解惑也。"传道，是为师者最重要和高层次的任务。在今天的书法教育中，对"道"的阐释和弘扬，仍然是不可忽视的重要内容。通过教学使学生进入一个心手双畅、"神乎其技"的阶段，实现生命节奏与天地自然的彼此交融，个人性格与人生激情的恣意倾泻，胸襟气概与艺术特质随意流露的高级境界。

书法教育普及的是"书法"，而不是要普及"书法家"。学习书法可以提升学生的专注力，锻炼学生的耐力毅力，有效调节学生的情绪稳定力，提升学生的审美能力，促进学生心理健康发展，提升学生的综合素养和整体素质。倘若在教学中只是围绕纯粹专业化的技法训练，紧紧围绕练字而练字，那么各种技法的训练，不仅难以达到成效，还会变得枯燥乏味，从而丢失掉提高学生传统文化整体素养的可能性，使书法教学迷失方向。在书法的实用性日趋淡化，艺术性愈加凸显的时代，少数人会通过书法的学习走上艺术创作的专业之路，而更多的人还将在我国面向现代化的未来发展中，带着文化自信走向更为广阔的领域，让我们这个民族的聪明才智在更加广阔的天空里展开。

书法是中国独特的艺术奇葩，但并非唯一的民族艺术样式。五千年的中华文明孕育出了灿若繁星的艺术品种，如京剧、昆曲众多门类的艺术皆为国粹。让青少年接触传统文化和民族艺术不应只限于书法，特别是一些民族风情独特的地区，甚至那些保留了自己民族语言和文字的民族，更应结合实际情况，让当地独具特色和魅力的民族民间艺术走进课堂。由此，我更觉得现在所提的"书法进课堂""京剧进校园"等，皆应为"民族民间文化进课堂"，因为传统文化本身就在课堂教育之中。在文化传承的"大传统"和"小传统"中，我们缺的是被长期忽略的"小传统"这块。

中国优秀传统文化内涵丰富，不仅包括思想巨匠的思想文化或观念形态，还包括琴棋书画、民间工艺、宗教哲学、地域文化等。学习中国优秀传统文化，可以促进青少年个人全面发展。阅读经典的书籍，对青少年人生观、世界观、价值观的形成具有引导意义。

"垂露春光满，崩云骨气余。"书法艺术不仅关乎人的文化修养、人的品格塑造等人格的培养，还蕴含着文脉的传承、文化的认同等深刻丰富的内涵。因此不能把教育和学习书法降格为教写字和学写字，而理应站在历史发展的新高度上，承担起传承文脉的时代使命。

本文原载于 2021 年 7 月 27 日《西部时报》

书法与建筑的审美通感

有人说建筑是人的生活空间，书法是人的心灵空间。中国建筑以"四梁八柱"构建起物质的殿堂，书法以"横竖撇捺"支撑起精神的家园。

书法是中国人认识美的本源之一。林语堂说："书法提供给了中国人民以基本的美学，中国人民就是通过书法才学会线条和形体的基本概念的。因此，如果不了解中国书法及其艺术灵感，就无法谈论中国的艺术。比方说，中国的建筑，不管是牌楼、亭子还是庙宇，没有任何一种建筑的和谐感与形式美，不是导源于某种中国书法的风格。"

亘古以来，中国人在城池的经营和建筑的营造中，始终贯穿着一种神秘的"中轴"意识，即以轴为准，上下起伏变化，左右对称均衡，而这种意识即源自汉字"中"的意象。传统建筑上的法式、布局、造型、结构等与书法的法度、结体、章法、笔墨、体势等都有着艺术形态上的共通性和审美取向的共同性。

建筑是立体的书法，书法是意象的建筑。中国古代的宫殿以对称、均衡、方正等一梁一柱构建起一座汉字的宫阙；书法用一横一竖书写出一座文字的建筑。

建筑上的空间布局，书法中的疏密安排；建筑上的曲径通幽、鳞次栉比，书法中的龙蛇飞动、行云流水，无一不是中国传统哲学观念的反映。

书法创作与建筑营造也有许多审美一致性。与其他艺术不同，书法在创作过程中，对于题材内容、表现手法、艺术风格上并不回避其他门类艺术所抵制的重复和同质化，且书法作为一种创作的例外，往往会大量运用"重复"的手法。历史上的大书家，都是乐于守着某种前人的风格不断地重复摹写，从而形成了书法史上普遍的重复现象。正是重复使书法的悠久传统得以传承升华。书家乐于重复前人的风格，同时也普遍形成了自我重复的现象。有着草圣之誉的智永禅师曾将相同的《真草千字文》写了八百多册，分赠浙东各寺庙。当代"草圣"林散之单是写毛泽东的《咏梅》就达三百多篇，不一而足。

梁思成先生曾在一篇论述中国古建筑与其他艺术审美的文章中说：至于颐和园的长廊，可谓千篇一律之尤者也。然而正是那目之所及的无尽的重复，才给游人以那种只有它才能给人的特殊感受。大胆来个荒谬绝伦的设想：那八百米长廊的几百根柱子，几百根梁枋，一根方，一根圆，一根八角，一根六角；一根肥，一根瘦，一根曲，一根直；一根木，一根石，一根铜，一根钢筋混凝土；一根红，一根绿，一根黄，一根蓝；一根素净无饰，一根高浮盘龙，一根浅雕卷草，一根彩绘团花；这样"千变万化"地排列过去，那长廊将成何景象！有人会问：乐寿堂临湖回廊墙上的花窗不是各具一格，千变万化的吗？是的。就回廊整体来说，这正是一个"大同小异"，大统一中的小变化的问题。既得花窗"小异"之谐趣，又无伤回廊"大同"之统一。且先以这些花窗的小小变化，作为廊柱无尽重复的"前奏"，也是一种"欲扬先抑"的手法。

或许这就是中国传统艺术的重要特色之一：变化尽在千篇一律的重复之中。

书法与建筑不仅具有某种形质和形式的天然契合，我们的古人还从社会文化因素出发，借书法以装点建筑，如镶嵌在建筑上的牌匾、楹联和悬挂于厅堂的书法作品等。既增加了建筑的思想感染力，又提高了建筑的文化品位，形成了建筑与书法完美结合的特有文化现象。

清朝的开国皇帝顺治手书了"正大光明"匾，悬挂在太和殿上，以借此表明清朝政治的光明磊落。有着一代清官美名的郑板桥，在自己的小楼上题写了"难得糊涂"，昭示出其在纷乱的世道上不随波逐流，坚守一身正气的崇高品质。在有着"北方民居建筑璀璨明珠"之称的晋商乔家大院里，院中的匾额楹联构成了一道底蕴深厚的"书法风景线"，如在明楼三进院的屏门上，有一幅由清代书法家何绍基书写的楹联："行事莫将天理错；立身宜与古人争"彰显出院主人立身处世的态度。

书法以飞扬的生命意象、丰富的文化内涵，凝结在建筑之上，激发着人们去想象、去思古之幽情，从而烘云托月、画龙点睛地营造出物我同一的生命境界。

建筑是凝固的历史，书法与建筑的结合赋予建筑以有机的生命，使古建筑绽放出人文的生命光彩。

灿烂迷人的书法艺术和悠久的建筑传统，是物质文明和精神文明成果的结晶。历史上每个时期都出现过杰出的书法家和优秀的建筑巨匠，今天我们应该学习和承接古人的审美意识，继续演绎出书法与建筑完美结合的辉煌乐章。

本文发表于 2021 年 8 月 28 日百家号《罗杨墨艺》

第八辑

仰望前贤

启功先生二三事

启功先生仙逝，噩耗传来，学术界、文艺界涌动起一片哀伤，大家都沉浸在"相顾无言"的悲境中。先生是大家，其献身教育桃李满天下，且精通文史、著述颇丰，又鉴定字画慧眼辨真假，为诗为书为画，卓然自成一家……钟敬文先生曾诗赞启老曰："鉴古双眸如闪电，挥毫一管压群才。论文别有灵奇想，拒拾他人牙慧来。"

启先生有数不清的头衔，已经多到反而可以忽略不计，只知道"启功"两个字就可以了。不只在业内，就是在老百姓当中，如果不知启先生的大名则无疑是孤陋寡闻了，然而这流芳千古的美名都是先生以毕生的心血，从一点一滴的小事而赢来的。

童心烂漫

熟悉启先生的人都知道启先生对人对事天真烂漫不设防，有着一颗永不泯灭的童心。大家经常把他看作老顽童、老小孩。

2002年农历马年春节前，我去启先生府上拜年，启先生家中当然是门庭若市，热闹非凡。启先生91岁高龄，频频作揖拱手，决不怠慢任何一个来拜访者，虽然礼数很周全却难免略带愁容和倦意。满地的鲜花和堆积如山的礼物，启先生根本无暇顾及。这时有位学生抱着一个布制玩具马来到厅中，启先生眼睛一亮，抢着抱了过去，坐在沙发上又是抚摩又是撸毛，好是开心。这时我注意到在启先生挤满书柜的厅房里有着一个玩具领地，小熊、狗、兔、猫、虎，一个个都瞪着天真的大眼睛，令人顿生温存怜爱之情，启老生活在一个童趣的天地之中。

启先生戏言："动物比人可爱。"这一风趣的话隐着启先生一生多少酸甜苦辣。但不管历经多少坎坷，启先生始终童心不泯。童心是纯洁美好的，童心是艺术家的生命和灵魂。古诗云"天真烂漫是我师"，道出了艺术家所追求真善美的真谛。

启先生一生于物质无所求，1983 年启先生出国讲学回到北京机场，大家看到他什么"大件"也没带，都觉得奇怪。海关工作人员却盘问他随身行李中有没有什么仪器，启先生稍怔后哈哈大笑，说："你们可以打开检查。"原来启先生从国外带了一个小白兔打鼓的机器玩具。

谦和善良

我一直崇拜启先生的人品，追摩启先生的书法。

那年启先生有新作品出版，我向启先生讨书，启先生在书上写了一大串谦辞，其中自谦他的书法是"涂鸦之作"，而"罗杨同志对拙作有痂嗜"，"弥增惭悚也"，使我深感受宠若惊。

前年我要出版书法集，就去请启老题写书名。那时启老身体已十分不好了，当时在场的人都说别让启老写字了，我也不好意思了。可是启先生却说："我和罗杨是世交，我一定得写。"启先生一下就写了六条，还十分谦和地说，现在眼神不济，写不好，你别用这个，可以集我过去的字。字拿回来后我确实内疚了很久。

启先生是大家，但是一点没有大家的架子，总是乐呵呵的笑模样。启先生书法"字字千金"，但不难求。我在红楼工作时，我们楼内的几个单位，凡是有年轻人结婚，都能拿到启先生的墨宝。后来启先生年龄大了，求字的人也太多，启先生感慨地说："我现在哪是写字呀，简直是在'刷字'。"实在写不过来，而且还要钻研学问，他就只好东躲西藏，落了个"狡兔三窟"的称号，甚至还在门上贴了"大熊猫冬眠"的字条，不想有细心者居然把这纸"真迹"也收藏去了。只要你下决心找到了他，他就一定会给你写，他就是那种宁可"牺牲"自己也不让别人为难的人。

在当代书坛，启先生当然是老资格，市场上也把启先生的字确定在高位。其实启先生自己从不在乎钱，也从不收钱，收的钱全都化私为公交给学校的基金会了。1990年，启先生义卖作品110件，捐资160余万元给学校，并坚持不同意用他自己的名字命名。基金会取名"励耘奖学金"，是以启老恩师陈垣先生的书屋而命名，旨在绵延陈垣先生励精图治、勤奋耕耘的教泽，继承和发扬陈垣先生的崇高师德。启先生是这样一位不计名利、知恩图报的人，所以找先生请字，都能拿到学校办公室开具的发票。我父亲和启先生是老友，一次一个博物馆托我父亲找启先生题字，我父亲也不知此中玄机，就给启先生打了电话，启先生非常痛快，第二天就在政协会上交给了我父亲，并不无幽默地悄声对我父亲说，千万不要让别人知道，因为都知道我的字能卖钱，现在找我写字的人都要通过学校办登记，万一要是让别人知道了私下给别人写字，就说不清了。

没傲气有傲骨

启功先生的书法虽然超凡脱俗，但是启先生为人却极具平民意识。启先生曾说字要写得让人能看懂，因此，在当代启先生的书法极有人缘和人气，可以说是老少皆爱，雅俗共赏。

启先生也有一批平民朋友，我在文物局工作时，单位有个老王头，他是住在启先生小乘巷胡同里的邻居，是个地地道道的老实人。只要是老王头开口，总能拿到启先生的字。因此，我们单位的不少人都通过老王收藏了启先生的墨宝，搞得老王很"被动"。

据我所知，你要是拿什么大头衔大人物来压启先生，却是很难拿到墨宝的。启先生学富五车，功名盖世，书法只是他成就中的一小部分，但对那些以字为生的人，启先生从来都给予仁慈的宽容。市场上假冒启功的字满天飞，养了一批造假的人，启先生只是熟视无睹。

有一次启先生到了字画市场，亲眼看到人家在卖赝品，但他还当面对别人说，他们比我写得好。当时有人建议启先生打假，他说："这些假字都是些穷困之人因生活所迫，寻到一种谋生手段，我不能砸他们的饭碗。""他们是缺钱才干这行，他要是向我伸手要钱，我不是也得给嘛。"启先生就是这样，有一种博大的胸怀和慈善的心肠。

谁说启老不发火

启老给人的既定印象就是笑容可掬，憨态可掬，是个和蔼可亲的长者，很难想到他发脾气的样子。你可别以为启先生是个和事佬，其实启先生爱憎分明，极有主见。他对小事十分宽容，但对原则问题却决不让步。

一次在启先生家，有人请启老为一本书题写书名。启先生一听到作者的名字，骤然像是换了个人似的，立刻拍案而起，在场的人都吓了一跳。启先生说，我决不写！这个人做学问不诚实，做了很多坏事，是个学术骗子。

去年北京一家拍卖行把已经请启先生看过并确定是赝品的 25 幅作品当作真迹以高价拍卖，启先生得知后又坐在轮椅上发了一次大火，还用了一个"欺人太甚"的词，并且公开发表声明，甚至要诉诸法律。

启先生素有儒家之风，以"温良恭俭让"著称。字画市场卖假字，人们知道是假，就是喜欢这种字体，启先生还说："人家用我的名是看得起我。"而这家拍卖行卖假就是假的当真的卖，完全丧失了"诚和信、德与义"。在治学态度和大是大非上，启先生是眼里不揉沙子的。

薪尽火传

启先生一生淡泊名利，既是一位高逸之士，又是一个尘世之人，在他的身上集中体现了中华民族正直、善良、宽厚、博爱、谦虚的美德。启功先生 66 岁时写了一首看似戏言的《自撰墓志铭》，后来被广为流传，曰："中学生，副教授。博不精，专不透。名虽扬，实不够。高不成，低不就。瘫趋左，派曾右。面微圆，皮欠厚。妻已亡，并无后。丧犹新，病照旧。六十六，非不寿。八宝山，渐相凑。计平生，谥曰陋。身与名，一齐臭。"这个风格戏谑的顺口溜透着几许苍凉，几许幽默，几许谦恭。

然现启先生盖棺论定，我看如果稍改几个字还是可以用的。"中学生，名教授。博而精，专且透。……计平生，谥当优。身与名，天下留。"当然，启先生一生令人肃然起敬，令人高山仰止，难以用几句话评价。我想中国文化史上将记下这样一个事实：在中国当代，像启先生这样的人，去了一个就少一个。

启先生逝世的消息传出，不少人痛惜中国失去了一位书坛泰斗。我虽然也从事书法创作，但我知道，如果仅以此看待启先生，就是太小瞧他老人家了。他曾多次声明，他没有书法弟子，只有中文系的学生。书法只是他事业中的一点，他的成就还表现在对文学、史学、美学、文物鉴定等方面。

而最重要的就是在先生经常引以为豪和津津乐道的教书育人方面。启老将毕生为之奋斗的教育事业归结为八个大字："学为人师，行为世范"。后来这八个字成了北京师范大学的校训。我曾见有人当面奉承他是当代书法大师时，他却慢条斯理地郑重声明："我这一辈子主要工作是教书，我不过是一个教书匠。"但这个"教书匠"实际上是个"巨匠"。他一生亲手培育了莘莘学子。同时，由于他的著书立说和"行为世范"之影响，仰慕之士无数。启先生一生奋斗为他所从事的事业，当然包括书法，为中华文化树立了一座丰碑。

启先生一生勤勉治学，为后人留下了一份宝贵的遗产。而最可贵的不仅是他的学术，更在于他的为人。如果从书法的角度说，启功书法清高，首推人品。人品既优，故世人不但人人重其笔墨，更钦仰其人。

本文原载于2005年7月5日《人民日报海外版》

吹尽狂沙始见金

刘炳森先生离开我们五周年了。对当代书坛来说，刘炳森始终活在我们心中。刘炳森先生生前是书坛的一个标志，倒下了是一座丰碑。

人们为什么会这样怀念他？作为书法界的旗帜性人物，在他身上有两大必备的要点：一是高超的书艺；二是高贵的人品。我不会作诗，所以写了两句白话：怀念先生给我们留下"书法经典三千卷"，感叹先生"人品堪称第一流"。古人讲"书画清高，首重人品，品节既优，不但人人重其笔墨，更钦仰其人"，刘先生人品和艺品都令人景仰。

今天在这里怀念刘炳森，我有两点感想或叫作启示。

一、艺术的追求永远在生命之上。衡量书家的优劣和书艺水平的高低，除了其作品的思想文化含量之外，一是要看其技术含量，是否达到技法的完备和难度；二是要看其情感含量，即看其作品是否融入和浸润了个人的情感。真正完美的书法作品是作者美好品质和高超技艺的结晶，它标志着书家自我修养与自我完善所能达到的高度。

刘先生是把书法当事业、当生命来追求的。他终生追求对隶书的继承和发展，矢志不渝，他全面继承了汉隶的神采和风貌，又有明显出新，他的"刘体隶书"融入了时代精神，但他从不轻言创新。我认为，中国书法博大精深，源远流长，几千年的书法积淀，对当代人来说，终其一生也难学成。为了创新而创新只会把原本宁静的书法搅得喧嚣热闹而已。

文明是靠积淀的，书法也是靠积淀的。历代书法的时代风尚和书家的风格趣味随着时代的发展不断嬗变，但书法的书写本质和生命文化精神却未曾改变。"真正的艺术家是不想成功的，所要的是伟大"。这是刘海粟谈及梵高的作品时所说的话。我想，艺术是不能穷尽的，就是说天底下所有的艺术家都不能超过艺术，再大的艺术家，最后也只能停留在走向艺术的半路上。刘炳森去世时，正值他的创作成熟期和高峰期，人的生命匆匆忙忙，但他留下的艺术将亘古永存。当然，他研究探索书法的道路还远远没有走完，我们应沿着他的道路走下去。

二、时代呼唤大师。毋庸讳言，启先生、刘先生去世后，书坛上缺失了两位大师。大师离去，如何把大师的衣钵传承下去是书界永久的话题。不可否认，没有大师的时代是一个平淡的时代，没有大师的书坛也是平淡的书坛。所谓大师："是对有很高成就的学者或艺术家的尊称"，其中的两个要素：一是成就过人，二是受人尊敬。毫无疑问，大师不能自封出来，不能靠包装出来，也不能靠展览比赛评出来。

虽然当今书坛呈现出繁华景观，但是有多少书家能像刘先生那样静下心来，为性情写，为安顿自己的生命和心灵写，而那些为参赛写、为参展写、为市场写、为浮名写，必然导致书家虚静审美情怀和正确思维理性的缺失，使创作游离书法本体和文化本源，逐致浮躁之风日盛，何谈佳作，何谈精品，何谈大师。

我们希望炳森之后，"江山代有人才出"，但是要把这种美好的愿望变成现实，必须要有更多的人像刘炳森那样，沉下心来，经过长期的苦修苦练之后不断取得艺术技艺的提高，从而得到世人的认可，唯此，才有可能不辜负刘炳森先生对书法艺术的深情厚爱。

本文是作者 2010 年 2 月 20 日在纪念刘炳森逝世五周年座谈会上的发言

第八辑　仰望前贤

取会风骚之意

——沈鹏书法的学术阐释

西汉扬雄在《法言·问神》中提出，"书，心画也"。今天，沈鹏先生再次提出，书法应回归"心画"本体。此语恰好戳到了当代书法的痛点，"心画"可谓书法之最初形式和最高境界。书法是文人心性意态的自然流露。在笔歌墨舞之间，流淌着情思，表达着人生，所谓"达其性情，形其哀乐"。

从沈先生的书法中我们可以明显地感悟到他的心画印迹，他的草书达到了人格、修养、感情以及技巧的浑然一体，实现了线条墨韵的生命化。沈先生书法作品多为其自作诗词，继承了传统文人以诗为魂的创作理念。

众所周知，自从张怀瓘在《书议》中提出书家要"兼文墨"的要求以后，历代书家都十分重视文学的修养，从而形成了一个传统，即历史上有成就的书法家一定是诗人、文学家、学问家。而他们留给我们的又多是以诗词歌赋为基本内容的书法作品。这种诗书结合的创作思维方式也早已深入人心。《毛诗序》中说："诗者，志之所之也。在心为志，发言为诗。"

从沈先生的诗词中我们很容易读出他的志趣和志向，洞悉他的心灵世界和隐秘情感。他在诗词中所寄托的精神追求，通过书法的转化凝聚在书法线条的运动中。此时，诗人心灵深处最微妙的颤动，都通过书家敏感灵巧的手而流淌在书法里，而这些笔墨痕迹，心与手的合计，在书法中得以展现，而诗人内心的性格情感也得以释放，达到"凛之以风神，温之以妍润，鼓之以枯劲，和之以娴雅"之情境。从诗词到书法无不充溢着令人心醉的气韵。

衡量书法艺术之高低，其首要标准即有无意境，而意境之高低又全看其诗境。有诗境则成高格，无诗境则为笔墨之堆砌。沈先生具有深厚的古诗词功底。沈先生是从诗词的门槛中走入书法的，而诗词是一个较高的门槛，对当代人来说，句未押韵也就罢了，还要每个字都要符合平仄的规矩，每一联的起承转合都有讲究。非要在如此严密的语音规范下创造出想象力飞扬的文字，难度之高，成就了作品之精，文化之深，成了诗词之美。他的书法将自己诗词中的情感思绪，生命情思，诗意憧憬幻化为或纵或收，或浓或淡，或枯或润的线条，并通过这些笔墨线条的枯润浓淡反映出人的审美经验。在他流淌的笔墨线条上，在他磅礴的诗篇布局间，以及那些激荡人心的清词丽句中，传导出心灵的节律，留下的是他生命情感活动的痕迹，凸显着他的情感思绪，趣味意向，人格魅力。在他富有情感化的线条上，不时唤起人们的诗意联想和相应的审美体验，令人感悟到他的人格襟抱和喜怒哀乐，得到美的陶冶和审美的享受。这就是古人说的那种"骚魂草法"。

沈先生的诗词和书法可贵就可贵在诗意全自胸中自然流出，笔墨在不知不觉中张扬性情，通篇书法作品表现出完美的"取会风骚之意"。相反，如果只是埋头于点画形貌与技巧的刻意追求必然会过于雕琢而流于匠气。只有这种写自己的诗，把广博的学识与书法创作紧密联系在一起，诗情的语言表达与书法的艺术语言表达相合相生，即诗情与书情合而为一，不知不觉地进入"无意于佳乃佳"之状态方能不断创作出精品。

书法是一种艺术，更是一种文化现象。沈先生提到要"敬畏汉字的传统"，"对伟大的文化传统不能掉以轻心"。书法是中华民族文化之母的一个骄子，它的点线形韵构成，并不是单纯的笔画再现，而是整个民族文化隐微曲折的表现，每个汉字都是一个生命单位。对于中国人来说，汉字书写是一种强大的信仰。汉字是人类文明里唯一传承超过五千

第八辑　仰望前贤

年的最古老的文字，也是至今仍然可以方便地在电脑中使用的最年轻的文字，汉字使我们的民族有了悠长的活力和不间断的记忆。

书法的基础是汉字，汉字具有独特的致美因素，只有熟练地掌握了解运用汉字，才能在更丰富的知识修养和情感体验上投入书法的创作。在这个意义上讲，书法家应首先是个文人，"识文断字"是起码的条件。沈先生曾多年从事文学美术的编辑工作，可谓"与生俱来"地在中国文字的长河中浸淫。正是由于有了这样的文字熏陶和功力，他才能创造出舒展恣肆、纵横有象、波磔怪奇、妙趣横生的书法来。

读沈先生的书法，不能不令我们对当代书法稍有些遗憾。看似百花齐放的当代书法创作，明显地表现出形式的多样和内涵的苍白。为什么书法热了，而有成就的书法家少了；为什么书法作品多了，而有影响的书法家少了。按说在书法的领域里，诗词应是春莺暖树一般与之最适合相互依偎的地方，然而，如同鸠占鹊巢一般，在书法的天地里诗人和诗意已经成了遥远的唐宋时代的回忆，曾经追求理想与浪漫，讴歌极致与美好的诗人似乎已经淡出书坛。当今唯我们的沈先生成了书坛上诗有所成的为数不多的独行者和风向标。

诗和诗意，是一个美好时代的精神。一个和谐美好生机盎然的书坛需要自己的诗人，书法家需要涵养自己的诗意，只有用诗情画意去耕耘书法的园地，才能不断开启和领略书法的美感和尊严。

　　本文是作者于 2011 年 2 月 26 日在"原创·艺术·诗意·人本——沈鹏书法艺术学术研讨会"上的发言

唯"原点"有大师

　　都说这是一个没有大师没有传世经典作品的时代，我看即便如此，中国的民间文艺界也是一个例外。近日，在杭州举办的浙江民间文艺十大特聘专家师生精品展上，我看到了十位国家级大师为我们呈现出的令人拍手叫绝、堪称传世杰作的民间工艺精品。这些作品巧夺天工、叹为观止，无论是放在博物馆或被人收藏，都一定是流芳千古的传家宝。

　　为什么在浮躁的年代民间艺术界仍能出现大师和精品？我想起韩美林说的一句话："为什么我的创作从不枯竭？因为我知道艺术的起点在哪里，民间艺术是我取之不尽的源泉。"毫无疑问，一切艺术都源自民间，民间艺术就是生活艺术，生活是艺术的源泉，而民间艺术家与生活有着天然联系。历史有多久远，民间艺术就有多久远；生活有多精彩，民间艺术就有多精彩。生活是艺术之母，民间艺术是一切艺术的母体。民间艺术家也许一辈子都没有学过色彩学原理，他们却可以毫无忌讳地运用红与绿、蓝与橘等高饱和度的色彩搭配表达出对大千世界的五彩憧憬；他们也许一辈子也没学过气象物理学，却能凭着对自然界的认真观察和体悟，巧妙地把美丽的风筝系上蓝天的同时也将一代代华夏儿女的美好心愿放飞云霄。

　　民间手工艺具有源自生活的智慧和心灵的独特魅力，有着工业制品无法超越的情感和灵性。工业社会使当代人失去的不仅仅是妙趣横生的手工技艺，还有人与自然交流和血脉相传的文化情感，以及那些原生的文化记忆。

在现代化社会，如何使传统民间技艺得到有效传承是摆在民间文艺工作者面前的迫切课题。特别令人高兴的是，浙江省文联在举办这次十大特聘专家师生精品展的同时，还开设了民间工艺传承人培训班，让大师和学员面对面、手把手地交流。民间艺术有着独特的传承方式，即传统的"口口相传""手手相教"。实践证明，民间手工艺最好的传承方法，不是把它记在书本上，不是关在课堂里，而是让它回到生活里、回到民间。民间艺术的提升不能企图抓住自己的头发腾空，一定要扎根在泥土中才能生根发芽，一定要沐浴在田野的阳光雨露里才能开花结果。

民间技艺是带着心灵的温度从手出发的技艺，其本质境界是化腐朽为神奇，是用心灵和双手演绎出的蝶变和涅槃。所谓"心灵手巧"，是指"心"与"手"的双畅。我以为，优秀的民间艺术大师应该既是哲人，又是匠人，没有哲人的妙悟就不能进行超凡脱俗的构思和创作，没有匠人的巧手就不能把作品精雕细琢得尽善尽美。我们知道，鲁班是木匠，但木匠绝非都是鲁班。鲁班是木匠中的佼佼者，他完成了从木匠到巨匠的升华。大师和匠人只有一步之遥，然而要完成这一步的跨越也许要花费一生的时间和努力。

对于从事民间艺术创作的人来说，都希望有一天能成为大师，然而能成为大师的又凤毛麟角，谈何容易。这不仅要下苦功夫，还要有天赋和丰厚的学养。民间艺术家能不能使自己的作品富有深厚的文化底蕴、丰富的审美内涵和强烈的时代精神，取决于其是否具有全面的学养。只有学养厚重方能走上大师之路。

匠人靠的是功夫，大师靠的是功力；大师能看到心灵的世界，匠人只看到眼中的世界；大师在古人走过的路上能走出自己的路，匠人只会踩在古人的脚印里走路；大师在"天地人"的大境界里畅游，匠人在"人事物"的小圈子里挣扎；大师观察世界，匠人观察市场。因此，大师用一块泥巴捏出的作品比山还重，匠人即使雕出一座山也轻如一堆泥。

浙江的民间艺术家是幸运的，浙江省文联的领导是有眼光的。人文气息是浙江之魂，民间艺术是浙江之基。民间艺术的独特魅力是浙江魅力的重要元素，也是浙江影响力和创造力不可替代的重要源泉。当这种魅力发展到极致，就会形成光芒四射的人文精神。我相信，绚丽的民间艺术一定会在美丽的浙江有一个美好的未来；缤纷的民间艺术一定会让浙江的未来更美好。

本文原载于 2012 年 9 月 14 日《中国艺术报》

百岁学人贾芝的草根情怀

　　贾芝是位跨入百岁的世纪老人。在他的人生经历中实际掌管过中国民间文艺家协会近半个世纪，在这个领域里他是唯一。他做过国家前总理人李鹏同志的老师，是李大钊的女婿，在延安时期参加革命，算得上资深革命家。他的理论每有建树、著作颇丰，是位令人景仰的学者。但他既没有腐朽的官气，也没有学究气，平易近人，浑身散发着草根的芳泽。

　　贾芝 95 岁生日时，我去看望他。那天他身体有些不适在家卧床，礼节性问安后我们准备离开，临走时告诉他《中国歌谣集成》马上要截稿了。没想到老爷子跳下了床，先是唱起了延安时期的儿歌，接着背诵我们听起来"土得掉渣"的歌谣。贾芝的夫人金老师不好意思地说，"一说到民间文学他就魔怔了"。一位 95 岁的老者手舞足蹈唱儿歌时那种天真烂漫的可爱劲儿，可想而知。那天临别时，他还为在场每个人写了一幅书法作品，内容都是李大钊的名言。他不是那种老顽童式人物，身上没有那种看破红尘的玩世不恭。那是一种真正的童真，是草根文化学人的天真烂漫。我想，他就是为民间文学而生的。

　　他的人生背景并没有使其眼光瞄向政界，深厚的学识也没有让他坐拥书斋沽名钓誉。中国的民间文学是中华人民共和国成立后的一门崭新的学科。他以一种草根式的学术方法创立了一套独特的民间文学研究方法与学术理念，与学术界通常的那一套学者个人做"系统研究"的传统方式，既拉开了距离又形成了互补。他人生的大部分时间都身体力行，并组织全国民间文艺工作者对正在失传的民间口头文学作品进行实地调查、收集、采录和整理。他说"这是时代交给我们的任务"。这样做就是为我们的民族"保存国家的文化财富"。

他反对坐在书斋里面壁苦思，提倡走出书斋、回归田野。他认为，一切艺术都源自民间，人民群众是文化的创造者。其实，他就是一位民间文化的创造者、守望者、传承者。他喜欢田野实践，不喜欢云端的高论。他不仅是民间文艺的知音，也是最懂得民间文艺的学者。其实民间文学的意义，更在于创造性而不在于学术性，要想真正了解和读懂民间文艺，更在于心灵之境界的沟通而不在于知识层面分析，这也许是他带给民间文艺工作者的启示。

他与有"利用"价值或者能帮助自己改变人生地位的人近乎疏离。然而在他的周围却聚集着很多小人物，在他眼里，他们中的每个人都是民间文学的宝藏。因此在他的工作原则中就有一条，即"群众来信，每信必回；群众求助，有求必应"。

20世纪60年代，他组织了对于小人物的口头文学普查，就是被后来称作我国第一次对50多个民族口头文学进行的普查和记录，从而使得这些小人物身上的艺术光彩显示出瑰丽的科学价值。他编选出版了我国第一部史诗出版物《洪古尔》，而这是来自一位名叫边垣的作者从蒙古族民间艺人口中所记录的《江格尔》的章节。这部书的面世，改变了世界上关于"中国无史诗"的偏见。第一本在民间口口相传的《中国民间故事选》也是由他编选的。

贾芝对自己的生活没有要求。在同事眼里他很抠门，花钱很吝啬。在干校时他有个宝物箱，大家都很好奇。有一天几个年轻人悄悄打开他的"宝箱"，里面藏的竟然是两个萝卜。他把所有的积蓄都用在了民间文学的收集上，煮一锅大白菜是家中最好的团圆饭，就是那种"一箪食，一瓢饮，在陋巷，人不堪其忧，回也不改其乐"的人生境界。他心中最值钱的就是家里几大捆来自田野的口头文学手抄本和几大箱口头文学研究资料。你要让他为自己和生活的事找领导帮忙是绝对不可能的，但我知道他有一次找了国务院某位领导，是为抢救民间文学的三套集成。

　　贾芝喜欢自称是草根学者，而草根的生命力是最强的。贾芝跨入百岁那天我去医院看望他，他已住院近三年，体质很弱、交流有障碍，然而当赵实说到民间艺术的时候，他的脸上绽开了笑容，我想到了民间文学中那些美好的童话。有草根在，民间口头文学就不会消失，即使再大的野火烧过，春风后又是一片生机。

　　本文是作者在贾芝从艺八十周年、百岁寿辰座谈会上的发言，发表于 2013 年 1 月 24 日《人民日报》

被民间文艺润泽的华美人生

今天，民间文艺工作者群贤毕至，少长咸集，共同纪念和缅怀中国民间文艺事业的先驱钟敬文先生。此刻不禁令人浮想联翩，思绪万千。

作为中华文明和中华文化根脉的民间文化，源远流长，浩如烟海，博大精深。而历代封建帝王视民间文化为草根。自五四时期新文化运动起，中国进步的知识分子自觉地把民间文化作为反抗封建旧文化、创造现代新文明的有生力量。钟敬文先生从刘半农、郑振铎、周作人、董作宾等民俗学研究先行者那里以及西方文化人类学学者那里接手了民俗学研究的基本方式与方法，在新的历史时期，构建了民间文艺学理论体系，开辟了民俗文化学的学术领域，并朝着建立中国民俗学派的方向发展。他用温暖的现实主义情怀来讴歌民间文学作品，抵制民俗学研究当中脱离田野、急功近利，将民俗学演变为现实斗争工具的不良趋势，凸显出中国历代知识分子视"学术乃天下之公器"的学术独立精神和价值追求。他大力提倡调查研究及重视实证的学术研究新风气。

天道酬勤，通过钟老和他的弟子们半个多世纪的努力，如今，民俗学终于发展为我国学科领域中的一棵参天大树，并以"中国学派"巍然屹立于世界民俗学之林。

钟老一生浸润着民间文艺的乳汁，毕生致力于学者与民众的对接，专家与草根的对接，书斋与田野的对接，民族与世界的对接。1984年钟老在步入80高龄时，众望所归地当选为继郭沫若、周扬之后的第四届中国民间文艺家协会主席。晚年的钟老依然每天夜以继日埋头于民俗资料堆中，沉醉于民俗研究，不计功名利禄，排除世俗烦扰，清心寡欲浑然忘我，所有的心血都化作民间文艺的蜡炬在炽热地燃烧。

钟老晚年还参与了中国民协所主持的中国民间文学"三套集成"的收集、整理及编撰工作，并任"中国民间故事集成"的主编，这也为中国民协后来开展的民间文化遗产抢救和非物质文化遗产保护工作做了前期的理论奠基和人才准备工作。

大批具有民间文学研究天赋和兴趣的年轻学子，在他的感召下，走进了民间文学的研究领域，殚精竭虑，薪火传承，确保了中国的民俗学在世界民俗研究领域的勃勃生机和强劲后劲。作为师长，他所展现出的"化作春泥更护花"的大家风范和高尚学养，正是中华民族千百年来"自强不息、厚德载物"优秀传统美德的自觉继承，他所发出的正能量无疑具有"灯塔效应"，成为引导年青一代的民间文化工作者的灯盏。

光阴荏苒，在钟敬文先生离开我们已 10 年的日子里，高速发展的中国社会发生了深刻的变化，民间文化研究也遇到了前所未有的新挑战、新机遇。当历史的车轮进入"非遗后时代"，中国民间文艺家协会与以冯骥才主席为代表的一批民间文艺界的中坚力量一道，在继续沿着钟敬文先生规划的民俗学研究方向前行的同时，不断地探索着具有当代中国特色的民间文艺研究的新途径，以追求"为天地立心，为生民立命，为往圣继绝学，为万世开太平"的学术理想。

钟敬文先生一生筚路蓝缕、百折不回，将毕生献给了他所挚爱的民间文艺事业。或许，我们不易从他身上看到那些轰轰烈烈、可歌可泣的惊天事件，而他内心所蕴含和身上所散发出那种治学严谨、虚怀若谷、雅量高致、善为人梯的人格魅力和强大精神力量在穿越历史的时空后仍然折射出熠熠华彩。

缅怀钟老，方知世事之沧桑；缅怀钟老，方知事业之艰辛；缅怀钟老，方知民间文化之绚烂；缅怀钟老，方知生命之华美。

我想，在当今这样一个民间文学特别容易被人们所忽视所忘记，而实现"中国梦"的美好愿景又特别需要民间文化作为民族复兴文化底蕴的今天，民间文艺工作者的使命不是在书斋里穷其学理，或钻进象牙塔里舞文弄墨，最紧要的任务是融入如火如荼的社会生活的洪流之中，与民族文化的命运紧紧联系在一起，像钟老那样去不断揭示民间文化的真谛，彰显民间文艺工作者应有的时代品格，去完成钟老及老一代民间文艺工作者的未竟事业，从而创造出属于我们这个时代的民间文艺的新辉煌。

我相信，今后在我们为实现民间文艺事业理想的道路中，钟老学术思想的精魂将会始终与我们一起同行。

本文是作者于 2013 年 6 月 29 日在"钟敬文先生 110 周年诞辰纪念暨钟敬文高等教育与学术文化思想座谈会"上的发言

第八辑　仰望前贤

505

他们照亮了中华民族文化复兴的前夜

大师是一个时代引领风气的学术精英，是一个民族特立独行的杰出人才，是一个国家精神文化的基石。他们的思想和作品也是民族在特定历史时代的精神之光，其中孕育着超越该特定历史时代的最大信息量。

当代中国是一个风云际会壮怀激烈的美好时代，绚烂的生活不断呈现出史诗般的壮丽画卷。对于这样一个辉煌的历史时期来说，没有大师就如同夜空中没有闪烁的繁星，不仅毫无璀璨夺目可言，甚至会有几分黯然失色。我们无法想象，一个没有天才的社会，她的创造力从何而来？一个没有文化巨匠的国度，她的竞争力从何而来？一个没有浪漫情怀的民族，她的吸引力从何而来？一个没有经典的时代，她的大气从何而来？

一个国家的真正强大不在于其国土上有多少高楼大厦，而是看是否占据了精神文化的高地，在这个高地上是否有着推进人类文明进程的人物。一个民族令人可敬不在于其创造了多少经济实力，而是看是否有征服人类心灵的文化魅力。中国的大唐之所以成为盛世而被中华儿女所称颂并引以为自豪，正是因为有着李白、杜甫、白居易等一批文化巨人永远高唱着不朽的经典诗篇。

今年收藏界所评选出的十位大师级人物使我们可以从当代中国浩瀚的文化星空中，找到我们的心灵家园。纵观十位大师的一生，他们的生与死都展现出生命的完美姿态。他们走完了生命的长度，却为我们展开了生命的无穷宽度。衡量一个文化人是否配得上"大师"这个称谓，不仅要看其是否知识渊博，是否具有指点江山的能力，是否有自己的论著或作品，而更重要的要看他是否有着摆脱一己私利之纠缠、拥有心怀天下的家国气度。这十位长者的学术和人品皆堪称泰山北斗，令人高山仰止。他们是文化的耕耘者，在学术的领域上开拓，在理想的天空中畅想，为我们民族乃至人类创造了丰厚的精神财富。

"有的人活着，他已经死了；有的人死了，他还活着。"这十位大师虽然已离我们远去，然而让我们扼腕叹息的同时，仍然可以真切地感受到他们投射出的强大的人文气场，领略到他们身上散发出的那种高蹈超拔的人文精神之美。这次为大师造像的获奖艺术家，不仅是为大师造像，也是为民族造像，为我们的国家造像，为我们的时代造像。让我们可以更好地吸收大师的思想，欣赏他们的成就，品味他们的人生，铭记他们的业绩，延续他们的脚步。

一个民族只有有了一些仰望星空的人，这个民族才有希望。正是这十位大师的高度、广度和深度最终体现出了我们这个时代文化的高度、广度和深度。对于一个民族来说，一批大师不断涌现的时代，往往也是一个民族鼎盛的美好时代，或者是鼎盛时代到来的前夜。

本文原载于《收藏界》2014 年第 7 期

第八辑　仰望前贤

满目青山夕照明

　　关于刘锡诚老师，可说的太多，他满身的书生意气所释放出的纯粹与坦诚，使人产生由衷的敬意和亲切感。先生在文学界是知名的评论家，在民间文艺界也是德高望重举足轻重的人物。他喜欢说他是农民的儿子，强大的文人磁场始终没有改变他源自草根的质朴，也许这就是他献身于民间文艺事业的遗传基因吧。

　　他是从乡野里走出来的一名学子，从学子成长为一名作家，从作家又转身到一名学者。深厚的文学功力和丰富的工作经历使他既有站在巨人肩上的宽广视野，又有脚踏实地接地气的实践经验。谈文论艺笔锋犀利，学术研究造诣高深。他在文学界、民间文艺界和非遗保护工作中都担任过要职，为中国民间文艺的保护和发展，发挥了积极作用，有着巨大的影响。

　　中国历史上大凡性情独特的文人学者可归为两类：一类是擅造新境，天马行空，重在表现个性，有如诗仙李白那种狂傲不羁的天真烂漫，草圣怀素那样龙飞凤舞的狂放率真；另一类则是博观约取，厚积薄发，含英咀华，有如史家司马迁那种文采飞扬的秉笔直书，像楷圣颜真卿那样笔笔在法的正大气象。刘锡诚先生为文严谨，言之有物，论之有据，惜墨如金，字字珠玑，为人为文之道颇具司马迁的风骨和颜真卿的法度。他从艺60年著作等身，为我们留下了彪炳青史的文化财富。

　　自古文科的大家皆为触类旁通的博学之士，皆具广博的视野和精辟的见地。专而不博难以精深，博而不专一业难成。作为文艺圈里的跨界人物，刘锡诚先生一脚踏入民间文艺这个本身就充满了诸多跨越的研究领域，突破了门户之见，打通了作家文学与民间文学的领域；打通了民间文学与民俗学、人类学的场域；打通了民间文学学术史与民俗学体系的阻隔；打通了民间文艺与非物质文化遗产的桥梁通道，进而拓宽了民间文学研究领域，汲取融汇了不同的研究方法，摒除了学科界限的干扰，打开了现代学科划分形成的壁垒，以开放的学术视野进行民间文艺的研究，以超越的状态开启民间文艺研究的思维，显示了其视野的广阔和思维的深度和广度。刘先生把自己比喻为"边缘人"，而正是这种边缘的站位使他有了一种跳出圈外的独立思考和独立精神。他可以没有任何框框地用自己的理性去判断，而不是人云亦云，老生常谈。他以丰厚的知识储备和高尚的精神境界积淀的一家之言向学界和社会发声。

锡诚先生的《原始艺术与民间文化》《中国原始艺术》《象征——对一种民间文化模式的考察》《20世纪中国民间文学学术史》《民间文学：理论与方法》《非物质文化遗产：理论与实践》《民间文学的整体研究》等20余部著作，填补了学科建设的空白，成为引领学术研究方向的开山之作，在学界产生了重大影响。

作为中国非遗保护和民间文化抢救工作的开拓者，刘先生始终心存知识分子的使命感、责任感和担当意识，做了很多知其不可为而为之的事。在锡诚先生主持中国民间文艺研究会工作期间，他积极倡导、引领、规划和组织开展我国民间文艺界的学术研究，特别是国家重大科研项目"民间文学三套集成"工作。他不仅在行政工作中极力促成"三套集成"工作走向正轨，更在业务上指导和参与《中国民间文学集成工作手册》的编纂，对集成工作的指导思想、编纂原则、普查采录方法和作品编码等，进行反复研究和斟酌。

1986年，他主持组织的中芬民间文学联合考察活动，开创了中国民间文学界组织国际田野调查的先例。两国学者交流了民间文学搜集保管方面的经验，培养和锻炼了中青年学者，推动了田野作业方法在中国民间文学领域内的运用。作为这项活动的成果，《中芬民间文学搜集保管学术研讨会文集》为我国民间文艺学史积累了一份珍贵的文化资料。

2001年以来，作为抢救工程的发起专家之一和专家委员，锡诚先生积极投身于中国民协实施的中国民间文化遗产抢救工程，始终为抢救民间文化遗产工作献计献策、奔走呼吁，身体力行地指导和推动一些民间文化遗产抢救项目的实施。2010年至2014年，锡诚先生以古稀之龄参加了中国口头文学遗产数字化保护工程（一期）并任专家组负责人，参与项目标准规范论证、培训、数据分类、验收等环节。

锡诚先生始终以他的思想和品行守护着知识分子的道德良心。我以为，作为一个文人只有敢于为我们的国家和社会担当起责任，才是知识分子立足于时代的一种特殊的存在方式。一个有良知的知识分子应该在社会狂热的时候保持清醒，在社会失范的时候能够发出警醒，以自身的知识和能量报效祖国和社会。这种中国知识分子的胎记，刻在他的身上，印在他的文字里。

据我接触所见，刘先生绝非鲁莽之人，而且有着知识分子那种温恭、谦忍，甚至带有从权妥协的秉性，因此他待人和蔼可亲。但他坚守的思想和理念从来不是浮水，而是有如高山，凛然不可侵犯。他把他的思想、理念等同于他的生命，视为安身立命的基石，即使面对政治权威，他也会毫无畏惧。

也许，作为一个文学艺术工作者，对文明的最大贡献不在于或者说不仅仅在于他创作了多少文学作品，更在于他对于我们的国家和民族在思想和精神上有多大的启迪和贡献。刘先生所坚守和为之奋笔的这样一种文化精神，正是把文学当做"投枪和匕首"，因而也成全了他"为天地立心，为生民立命，为往圣继绝学，为万世开太平"的真正文人风骨。刘先生品行清高，从文高产，做人低调，既不善经营人际关系，更不屑于名位之争。他以一种独有的人生态度和处世行为坚守了精英知识分子的境界与尊严，用心灵守望着文化遗产的精神和价值，用品格塑造了知识分子的道德和风范。

"老夫喜作黄昏颂，满目青山夕照明。"今天是刘锡诚先生从事民间文艺60年，也是他80岁诞辰。然而岁至耄耋，宝刀不老；文笔犀利，老而弥坚。正可谓"最美不过夕阳红"，祝锡诚先生的学术之树常青。

　　本文是作者在"刘锡诚先生从事民间文艺研究60周年"座谈会上的发言，发表于2014年8月22日《中国艺术报》

镌刻在文化长城上那个雄赳赳的身影

——回忆周巍峙

"政声人去后，功德民心中。"

当周老作为中国文化艺术界的领导者和著名文艺家离开我们后，人们给予他越来越多的赞誉。今天，我再次从大家溢于言表的情感中读出了八个字："高山仰止，景行行止。"

我生长的年代正是那激昂的"雄赳赳气昂昂"的歌响彻中国大地的时候，曲作者周老自然也是我们敬重的"偶像"。后来我有幸到文化部工作，可以近距离地见到真实的周部长，更觉周老之可敬可佩。从他身上我也感受到了什么是大家风范。周老身上所散发出的那种从政甘为孺子牛，为艺"但开风气不为师"的人格魅力，足以令每个与他接触过的人心悦诚服，并化作一种可以穿越时空而永恒的力量。

再后来，我加入了民间文艺家的队伍里，更加体会到周老就像是民间文化界的主心骨和提灯人。周老的心灵就像是一盏灯，给人带来温暖和光明。周老以一生的修为告诉我们，一个人不论有多高的地位，最可贵的是保持着一颗历经沧桑后仍赤诚的心灵。

一个民族的文化史，就是在那片民族文化的沃土上创造了丰富文化的那些人的历史。而想要了解这个民族文化的成就，也莫过于去了解那些在特定时期的文化长河中跋涉者所留下的人生履痕。他们在那里耕耘过、播种过、收获过，不仅留下了独特的生命痕迹，也积淀了一个民族厚重的文化财富。

在世纪之交的这段时光中，有位老者的身影始终雄起起地走在保护和抢救民间文化的道路上，带着先觉者的沉着与清晰的步伐，释放出持久而深沉的力量，成为中国这一时期的民间文化拓荒者和引领者。他是这段中华文明史上不可或缺的人，他的作为代表了中国民间文艺这一历史时期发展的脉络和走向。

当中国改革开放大潮风起云涌，文化领域西风东渐之际，周老以超乎常人的眼光和胆识，领导和发起了"十大集成"的工作。他坚定不移、运筹帷幄，淡然地面对种种质疑；他睿智果敢、足智多谋地克服了重重困难；他躬行亲为、奔走呼号，每每乞浆得酒；他殚精竭虑、奔波田野，屡屡履穿踵决。正是以这样一种"不破楼兰终不还"的意志和"咬定青山不放松"的坚韧，为中华五千年的文化史册增添了一部百科全书式的"中国民间文艺宝库"，建起了一座巍峨的"中国民间文艺的万里长城"。

蓦然回首，如果没有"十大集成"这样里程碑式的工程，很多迷人的民间文艺必将难逃"人去歌息""人亡艺绝"的厄运，甚至早已荡然无存；如果没有周老这样身份和地位的领导出面发起和主持，"十大集成"也势必很难立项并开展；如果没有周老这种一路蓬勃、百折不回的决心和毅力，"十大集成"也很难圆满收官。正是由于周老的努力，使很多民间文艺从濒危的"绝学"成为当今的"显学"，从而焕发出新的生机和活力。

我想，对于周老为中国的民间文艺事业所做出的这种震古烁今、功德无量的贡献，评价再高也难言其功，更难以概括出他的丰功伟绩。时间越久，人们会看得越清楚。

周老身居文化艺术的象牙塔，声名显赫，但始终把自己视为民间文艺队伍中的一员，始终心怀对民间文艺的热爱与衷情。和所有的中国人一样，他从小就受到民间文艺的熏陶，正如他自己所说："我非常喜欢那些清丽悠扬的乡间小调，甚至还去看和尚、道士为死者做道场，听他们念经、唱民歌、表演乐器合奏"。"我还参加过群众性的演出，在春节活动中扮演女孩表演挑花篮的节目，亲身体会到民间文化和民俗活动的魅力。"

作为一位文化大家，他深知民间文化是中华优秀文化的源泉与根脉，"一切艺术皆源于民间，一切文化都由人民创造"。周老有如当代中国文艺界的一棵参天大树，花团锦簇硕果满枝，民间文艺或许只是其中几朵小花，但这几朵小花却显得格外耀眼夺目，也深受周老珍视。他说："我一生从事过很多工作，在我的生命里时间最长、倾力最多的莫过于这十部集成志书的组织和编纂工作。"

正如黑格尔所言："玫瑰灿烂绽放的瞬间并不逊色于高山的永恒。"这几朵民间文艺之花绽放的馨香，已足够溢满中国民间文艺事业烂漫的花园，已足够吸引与指引后来者继续耕耘的信念与方式。周老之令人敬仰，不在于他的官位之大和名声之大，更重要的是他所具有的一种崇高精神，一种完美的人格，一种博大的胸襟，一种通达的境界。

当今文坛也许不缺少领导者，但缺少像周老这样懂得和掌握文艺规律的领导；不缺少知名大家，但缺少像周老这样既有极高艺术造诣又如此珍爱自己民族的草根文化的大家；周老开创的民间文化的存录和保护体系，已成为中国民间文艺后世的范本，这一宏伟的范本也成为当代民间文艺工作者一种共同的荣誉和象征；周巍峙也成为一个时代民间文艺成就的代名词。有了周老才使得民间文化在这个时代走得更远。

今天，作为民间文艺战线的后来者，我们怀念周老，再次感受到他身上所保有的那种虚怀若谷、操持有节的胸襟和气度；再次感受他雅量高致、善为人梯、甘为铺路石的人格魅力与强大的精神磁场。处在当今民间文艺仍然容易被忽视、被人们所遗忘的社会，而实现文化复兴的伟大中国梦又离不开民间文艺滋养的历史机遇期，我想，缅怀周老的最好方式，就是像周老那样全身心投入火热的民间文艺事业发展的时代洪流中，永远"雄赳赳"地阔步走在民间文艺的田野上，继续完成周老描绘的事业蓝图，为中华民族的文化大厦添砖加瓦，为子孙万代留下永久的文化财富。

一首歌，凝聚了一个时代的精神；一份执着，塑造了一个民族的文化长城；一个文艺界歌者的身影，将永久地镌刻在民族的文化史册上。

本文是作者在周巍峙晚年文化工作座谈会上的发言，发表于2015 年 1 月 30 日《中国艺术报》

古村落保护的第一支嚆矢

　　世界上有很多事，你不做我不做，会有很多人去做；还有一些事，你不做我不做，就没有人去做了。有些没做的事可能就会成为千古遗憾，有些做了的事就会成为万代功绩。做与不做往往会改变历史或文化的走向。费孝通先生曾说，一个成熟的民族要有文化自觉，做到"各美其美，美人之美，美美与共，天下大同"，只有能够准确地认识自己文化的价值，才能珍惜它，爱护它，保护它，发展它。缺少了文化自觉，自己的文化毁在自己的手上，都全然不知。

　　中华民族之所以伟大，并不完全在于我们有辽阔的疆域、发展的经济，而是在于我们有着一批富有伟大思想、理想信仰、精神动力的先觉者和先行者。不管什么时代，他们都能够超越社会现状、超越普通常识，从人类历史发展的长远视角、用未来的眼光进行观察和分析，对社会予以深刻的理解和超前的判断，并促发人们付诸实践，带领人们改变现状。

　　知识分子不仅要有文化自觉的意识，还应具有文化先觉的眼光。知识不仅是学识和力量，更是一种责任和远见。真正的知识分子往往都是有强烈的现实关怀的人，他们的思想和观点常常直接针对现实问题，不仅能解释过去，还能分析现实和谋划未来。他们用炽热的信念默默坚守，用饱满的精神不停前行。

　　13 年前，当全球化的飓风把我们的民间文化吹得濒临"灰飞烟灭"之时，当民间文化的生存和发展似乎走到"山穷水尽"的境地之际，以冯骥才为首的一批民间文艺工作者来到后沟村，在这里开辟出一条"柳暗花明"的抢救之路，以自己的行动向社会发出了一支抢救民间文化遗产的嚆矢，并得到社会响应，使后沟村成为开启中国民间文化遗产抢救工程的始发地。从此，中国非物质文化遗产保护工程的前身：中国民间文化遗产抢救工程在中华大地蔓延。广大的民间文艺工作者以后沟为原点，不断延伸着抢救工程的半径，扩大着中华传统文化的时空。当越来越多的人因为"文化自觉"聚集在这片天空下，我们越会想起那些具有"文化先觉"的人，当所有人都涌向热闹都市的时候，他们没有在大拆大建的热情中丧失理性的思考，没有在日新月异的变迁中忘记中国传统文化的原乡，没有在创新中抹杀古老文明的珍贵，没有因为想"顾此"就迫不及待地"失彼"，他们的文化信仰不仅没有因为社会时空的变化而改变，反而因此迸发出直接的推动事物发展的正能量。在联合国教科文组织通过《保护非物质文化遗产公约》之前，在中国加入该公约之前，就提早做了应该做的事，尽到了应该尽的责任。在以冯骥才为首的这批知识分子身上，我们看到了传统文人所秉持的那种"为天地立心，为生民立命，为往圣继绝学，为万世开太平"的责任与担当。

既能在思维领域认识世界，又能在实践层面改造世界；既有站在前人肩膀上的宽广视野，又具有从原点起步的从容，是我们这个时代优秀知识分子的可贵品德。

文化先觉是知识分子的文化自觉，知识分子之所以与众不同，就在于他们具有先觉的预见性，就在于他们能够基于对人类社会普遍发展规律的深刻认识，对事物提出具有超前性的判断。而比先觉更可贵的是先行，常常是能够想到的人有很多，善于表达的人也很多，而真正愿意把想法化作行动、能够善始善终的人，才是真正让人敬仰和铭记的。

任何时代都不缺少思维敏捷的"聪明人"，不缺少心眼明亮的"智者"，也不缺少慷慨激昂的"演说家"，缺少的是知行合一、真诚执着的先觉者。先觉者不能只是好高骛远地口吐莲花，也不能成为闭门空想的无本之木，而必须让思想的浪花汇聚成奔腾向前的洪流，必须让自我能够超越"小我"的利益得失，为自己的人生信仰和文化良心真正做些什么，哪怕是微不足道的小事，也远胜过只停留在脑海里的"智力游戏"、只出现在纸面上的"理论分析"、只热闹在媒体上的"号召宣传"。这是知识分子的真、善、美。"先天下之忧而忧，后天下之乐而乐"不只是一种觉悟和情怀的"美"，它同时还意味责任和作为的"真"，只有实现了二者的平衡，才算是真正做到了知识分子的"善"。时代的发展和进步不是由那些"揣着明白装糊涂""明哲保身求太平"的知识分子所推动的，真正创造历史的是那些能够超越"上帝之事归上帝，恺撒之事归恺撒"的旁观视界，积极投身到改造现实社会中去管"恺撒之事"的先觉者。

13年前，这些知识界精英走进这个深藏在黄土高原深处的后沟村进行田野考察，挽救这些以我们几乎快追不上的速度在消亡的民间文化。因为文化先觉，他们比一般人更能感受到这些民间文化的美好的价值，也更能看得清这些民间文化的危难的处境；因为文化先觉，他们比一般人更加知道这场抢救行动的刻不容缓，也更加知道这场抢救行动的艰难复杂。但他们没有坐在那里长吁短叹，而是以满腔的热血、坚定的脚步率先走上了这条"呼吁、论证、发起、推动"保护传统文化的路，通过这次行动，他们写出了"盘清文化家底"的全国性田野普查工作手册，争取到公众的理解与呼应，唤起了全社会的文化自觉，促成了国家文化方略的制定。来自先觉的"痛苦"和"压力"变成了促成他们先行的理由和动力。

13年后，当我们一同注视他们风雨兼程的来路，我们发现这些文化先觉者的文化成果，已经成为当代中国文明史诗般的历史存照。

责任感、使命感、奉献精神和担当精神，不仅是他们的渊薮，也是他们先觉、先行的基因。冰心老人在20世纪80年代末曾发问："前几年，不少领导人常说：无农不稳，无工不富，无商不活。其后，又有人加了一句：无兵不安。这些话都对，概括得也非常准确。可惜尚缺一个重要方面——无士怎么样呢？"她最后的结论是"无士不兴"。

一个国家、一个民族的兴盛需要这种"士"的存在做引擎，更需要这种"士"的精神做火种。不管在哪一个年代，"士"的精神对己就是一种自强不息、厚德载物的精进精神，对世界就是一种抱道救世、身体力行的担当精神。这种精进精神和担当精神是一种道德的情操，是一种大爱的精神，是一种巨大的能量，是一种精神的境界，这种精神的境界，必定能创造出一个美好的世界。

循着文化先觉者的脚步，中国民间文艺家协会在这13年间团结各方面的力量开展了一系列的民间文化遗产抢救保护活动：中国传统村落立档调查、中国口头文学遗产数字化工程、中国民间故事全书、中国木版年画集成、中国剪纸集成、中国唐卡文化档案……一项又一项的抢救保护工作在全国范围内启动、展开，开花、结果，越来越多的有识之士加入抢救保护民间文化遗产的行列，很多工作不只在全国是首创，在世界范围内也具有示范的意义，越来越多的民间文化管理者、研究者、传承实践者和我们站在了一起，很多志愿者在没有经费的情况下，为古村落保护贡献自己的时间和智慧，不求回报并且甘之如饴。

我想，这就是"文化自觉"的能量，它无处不在、生生不息；这就是"文化先觉"的果实，它落地生根、源源不断。文化先觉者应该会对此感到欣慰吧，在保护和发展民间文化这条充满艰辛的长路上，他们"不离不弃，莫失莫忘"的火种，终于引来了更多"不离不弃，莫失莫忘"的人们；尽管他们筚路蓝缕、默默无闻，但是他们放射出的文明的信号，却为无数后来者提供了前行的线索。

我们要感谢那些文化的先觉者不断为我们推开一扇扇门，带领更多的人走进未知的世界，帮助更多的人学会了仰望星空，帮助更多的人明确了现实职责。先觉者往往是辛苦的，是势单力薄的，是缺乏支持的；先觉者也一直是乐观的，是一呼百应的，是不屈不挠的。我们敬仰这些先觉者，珍惜这些先觉者，并且期待更多的先觉者。我想，当我们与当年的先觉者一起重回后沟，其意义不在于"旧梦重温"，而是带着抢救民间文化遗产新的梦想，站在振兴民族民间文化的新高度再次出发，踏上"沉舟侧畔千帆过，病树前头万木春"的新征程。

文化先觉者精神之薪火不懈传递，这是民间文艺工作者坚守和奉献的精神食粮，也是民间文艺传承发展的动力和源泉。

本文选自作者为中国文史出版社 2015 年出版的《中国民间文化遗产抢救工程巡礼论文集》一书所写的序言

大师之爱

很高兴在这激动人心的时刻，回到我的家乡。这里是一个历史遗迹积淀深厚，民族精神涵养折射，人文情怀光芒绽放，被誉为"抗战文化中心"的美好地方。当然，我不是在这里出生。我父亲罗哲文七十多年前在这里跟随梁思成先生走进了营造学社，又追随梁先生的脚步终生从事文物保护与古建筑研究工作。七十多年前，抗战烽火燃遍了全国，国破家亡，偌大的中国已经无处安放一张学者的书桌了。就是在这中华文脉命悬一刻的关键时刻，李庄人民"以国家之务为己任"，接纳了一批文化精英，在这里保存了我们中华文化的火种，留住了我们中华文化的基因，也使这里成为当时在世界上只要写上"中国李庄"就可以找到的村庄。

七十多年前，梁思成先生就是在这样的时刻随营造学社来到了李庄，在这里他以学人的知识和情怀、以发奋治学来报效祖国，以六年的时光演绎了一段段精彩的传奇，书写了一篇篇可歌可泣的华章；也是在这里创立了建筑学领域的中国学派，奠定了其成为一代宗师的历史地位。

什么人能成为大师巨匠？如何评价一位知识分子是否配得上大师巨匠的称号？我想不仅仅要看他的学识有多么渊博，他的学术造诣有多么高深，他是否有等身的著作，更要看他是否放弃了一己私利，从而拥有了兼济天下的家国情怀，能够把自己的命运和国家的命运联系在一起，做到如古人所说的"为天地立心，为生民立命，为往圣继绝学，为万世开太平"。

我想梁先生做到了。梁、林在美国学成后，带着梁启超传给他的《营造法式》，揣着知识强国的梦想，返回积贫积弱的祖国，以赤子之心专攻中国古建研究并锚定了中国建筑考古的世界地位。就像刚刚我们在参观营造学社月亮田旧址的时候所看到的，梁、林二位就是拖着残病的身躯在那种艰苦环境笔耕不辍、殚精竭虑。当年费正清和费慰梅来到这里考察时，看到中国的学者在如此艰苦的环境下生活、工作，并取得了如此丰硕的学术成果，感慨地说，这是世界上任何一个国家的科学家都做不到的，这种生存状态，很多学者一定会跑掉的。

当他们得知林徽因先生久病卧床不起的时候，表示要安排梁、林两位老师到美国治病和工作，但梁、林两位先生表示感谢时坚定地说道，"我们的国家正在危难之中，我们不能离开她。假如我们必须死在刺刀和炮弹之下，我们要死在自己祖国的土地上。"这就是大师的情怀和境界。所谓"知识无国界，知识分子有祖国"，在这里可见一斑。

对祖国和人民的爱永远是知识分子的崇高大爱。

今天，《百年巨匠——梁思成》就要开机了，我期待这部影片不仅能够再现历史记忆，向我们展示大师用生命燃烧中国文化之光所留下的成灰蜡炬，而更重要的是让大师手中那份灼热的中华复兴的火炬不懈地传递下去。这部片子拍的是大师巨匠，更希望这部片子本身也拍成精品力作。

此文是作者于2018年7月8日在《百年巨匠——梁思成》开机仪式上的发言